REGIÃO: ESPAÇO, LINGUAGEM E PODER

REGIÃO: ESPAÇO, LINGUAGEM E PODER

Jean Rodrigues Sales
Liliane Freitag
Milton Stanczyk Filho

(organização)

Copyright© 2010 Jean Rodrigues Sales, Liliane Freitag, Milton Stanczyk Filho

Publishers: Joana Monteleone/ Haroldo Ceravolo Sereza/ Roberto Cosso
Edição: Joana Monteleone
Editor Assistente: Vitor Rodrigo Donofrio Arruda
Projeto gráfico, capa e diagramação: Marília Reis
Assistente de produção: Marília Reis
Revisão: Paula Carolina de Andrade Carvalho

CIP-BRASIL. CATALOGAÇÃO-NA-FONTE
SINDICATO NACIONAL DOS EDITORES DE LIVROS, RJ

R261

REGIÃO: ESPAÇO, LINGUAGEM E PODER
Jean Rodrigues Sales, Liliane Freitag, Milton Stanczyk Filho [organizadores].
São Paulo: Alameda, 2010.
348p.

Inclui bibliografia

ISBN 978-85-7939-030-2

1. Geografia política. 2. Geopolítica. 3. Espaços públicos. 4. Brasil – Historiografia.
I. Sales, Jean Rodrigues. II. Freitag, Liliane. III. Stanczyk Filho, Milton.

10-1852.   CDD: 320.12
           CDU: 911.3.32

018648

ALAMEDA CASA EDITORIAL
Rua Conselheiro Ramalho, 694, Bela Vista
CEP: 01325-000 – São Paulo – SP
Tel: (11) 3012-2400
www.alamedaeditorial.com.br

Sumário

APRESENTAÇÃO 09

I - AS REGIÕES E SUAS CONSTRUÇÕES 13

O NORDESTE DAS TEMPESTADES 15
História e etnografia dos espaços no livro *Mar morto* de Jorge Amado
Durval Muniz de Albuquerque Júnior

SÃO PAULO NUNCA COUBE DENTRO DE SUAS FRONTEIRAS 29
A escrita da história de Afonso de Taunay e a invenção das regiões
Karina Anhezini

LINGUAGEM, REGIÃO, FRONTEIRA E HISTÓRIA 41
José Adilçon Campigoto

REGIÃO EDITADA 53
História territorial em narrativas de Paraná
Liliane Freitag

Região 71
Discurso e identidade
Marcos Nestor Stein; Beatriz Anselmo Olinto

Revisitando o debate sobre o mandonismo na América Latina 85
Francisco Carlos Teixeira da Silva

II- Política, poder e instituições 107

Jornal Folha do Oeste 109
Um instrumento de cooptação integralista em Guarapuava
Carlos Roberto Delattre; Walderez Pohl da Silva

Periferias pobres em Jaraguá do Sul (SC) e Santa Cruz do Sul (RS) 123
A difícil arte de viver na "Pérola do Itapocu" e na "Capital mundial do fumo" – 1970-2000
Ancelmo Schörner

A Cepal e o desenvolvimento regional 135
Carlos Alberto Ferreira Gomes

A saúde pública em Guarapuava na primeira república 145
Alguns apontamentos
Michele Tupich Barbosa

A construção da memória comunista 163
O caso do PC do B
Jean Rodrigues Sales

"Punto de Vista" 173
Cultura, política, história (1978-1983)
Raphael Nunes Nicoletti Sebrian

História e tragicidade 191
O jovem Nietzsche, a leitura e o *fatum*
Hélio Sochodolak

III - DAS CONDUTAS NORMATIVAS ÀS *PRÁXIS* NA AMÉRICA PORTUGUESA   201

AFORTUNADOS E DESAFORTUNADOS   203
Mecanismos de acumulação de cabedal simbólico e material
nos sertões curitibanos do setecentos
Milton Stanczyk Filho

CONSTRUINDO A PAISAGEM DA AMÉRICA PORTUGUESA   219
Imagens textuais nos relatos de viagem do final do período colonial
Tiago Bonato

RELIGIÃO E PATRONATO   235
Relatos católicos e calvinistas no tempo
da Guerra do Açúcar (1630-1654)
Michelle de Araujo Schampovski Rodrigues

RETRATOS DO ABANDONO NA AMÉRICA PORTUGUESA   249
Dados para uma história social dos enjeitados
na Curitiba setecentista
André Luiz M. Cavazzani

PARA O MUNDO E PARA A ETERNIDADE   265
Idade do batismo nas atas paroquiais (Curitiba,
séculos XVIII-XIX)
Paula Roberta Chagas; Sergio Odilon Nadalin

IV - SOCIABILIDADES E HIERARQUIAS DE COR NO IMPÉRIO LUSO-BRASILEIRO   283

DEGREDO E SUPLÍCIO   285
A Justiça e as formas de aplicação da pena de degredo
interno no Brasil imperial
Fabio Pontarolo

CLASSIFICADOS PELAS ARMAS   299
Homens de cor nos corpos militares de Minas Gerais (1709-1777)
Leandro Francisco de Paula

HOMENS DE COR AO LADO DE BRANCOS   311
A formação de corpos militares mistos em São Paulo (1765-1821)
Fernando Prestes de Souza

PATENTES MILICIANAS DOS CHEFES COM DOMICÍLIO URBANO   325
Organização sócio-espacial a partir da Décima
Urbana de Paranaguá (1808)
Allan Thomas Tadashi Kato

ESCRAVOS EM BUSCA DA LIBERDADE   337
Interpretações e apropriações na América Portuguesa
das leis antiescravistas pombalinas
(segunda metade do século XVIII e início do XIX)
Priscila de Lima

Apresentação

Na primeira metade do século xx, Marc Bloch e Lucien Febvre, fundadores dos *Annales*, propunham uma história que reconhecia e caminhava junto com outras ciências sociais, entre as quais estava a geografia. Nesse sentido, Febvre, ao publicar *A terra e a evolução humana*, discute relações entre sociedade e ambiente que transformam "a paisagem no produto e também no quadro da história".[1] Já na segunda geração dos *Annales*, a influência geográfica é patente no trabalho de Fernand Braudel, que tomou, em seu *O Mediterrâneo e o mundo mediterrâneo na época de Felipe II*, "uma personagem geográfica"[2] como tema de estudo.

As relações entre história e geografia, que em sua origem procuravam romper com o determinismo geográfico nas explicações históricas, seguiram caminhos que, em vários aspectos, afastaram-se dessa tradição. Nesse sentido, ao mesmo tempo em que há, no Brasil, variados programas de pós-graduação em história regional ou em história e região que dialogam com tal tradição, não é incomum encontrarmos em dissertações e teses de doutorado a ideia de espaço regional como palco, cenário ou delimitação, "muitas vezes não constitutiva do objeto do historiador".[3] Ou ainda, nas palavras de Durval Muniz de Albuquerque Júnior, em muitos desses trabalhos

---

[1] Burguière, A. *Dicionário das ciências históricas*. Rio de Janeiro: Imago, 1993, p. 348.

[2] *Ibidem*.

[3] Projeto do Programa de mestrado em história enviado à capes em 2009 pelos departamentos de História da unicentro (Guarapuava e Irati) e da uepg.

(...) a história ocorreria na região, mas não existiria história da região. A história da região seria o que teria acontecido no interior de seus limites, não a história da constituição destes limites. A história regional seria aquela que aconteceria no interior das fronteiras regionais, não a história dos acontecimentos que produziram essas dadas fronteiras regionais (...).[4]

Inseridos nesse debate, os Departamentos de História da Universidade Estadual do Centro-Oeste (UNICENTRO) de Guarapuava e Irati, juntamente com o Departamento de História da Universidade Estadual de Ponta Grossa (UPEG), trabalham pela criação de um Programa de pós-graduação em história que tem como área de concentração "História e regiões" e uma linha de pesquisa denominada "Região: espaço, linguagem e poder". O propósito principal do programa, que o deve diferenciar de outros existentes no país, é a ênfase na interpretação dos "significados que a categoria região assumiu em diferentes regimes de historicidade". Dessa forma, objetiva-se a investigação de como os discursos constituem sujeitos regionais, concebendo, assim, a região como um objeto em permanente construção e desconstrução e colocando-se em questão a sua existência naturalizada.[5]

Partindo das preocupações com a implantação do referido curso de pós-graduação, foi realizada, em maio de 2009, a XVII Semana de História da UNICENTRO, que teve como temática "Região: espaço, linguagem e poder", evento que deu origem e título a este trabalho. Este livro, porém, é mais do que a simples reunião dos textos apresentados no decorrer das palestras e comunicações. Contando com a colaboração dos participantes, esperamos ter conseguido, no conjunto da obra, abarcar discussões teóricas e estudos monográficos que partem da temática da região, tomando-a como objeto de reflexão e desvendando os meandros de suas diversas construções.

O livro está dividido em quatro partes. Na primeira, estão agrupados trabalhos que se debruçaram, de perspectivas variadas, sobre as construções e desconstruções das regiões. Nos textos, a região pode ser o sertão paranaense, o viver no mar, a escrita da história a partir de São Paulo, a linguagem, a fronteira ou uma forma

---

4 ALBUQUERQUE JR., Durval Muniz de. "O objeto em fuga: algumas reflexões em torno do conceito de região". http://www.cchla.ufrn.br/ppgh/docentes/durval/index2.htm. Acesso: 10/08/2009.

5 Cf. Projeto do Programa de mestrado em história enviado à CAPES em 2009 pelos Departamentos de História da UNICENTRO (Guarapuava e Irati) e da UEPG.

continental persistente de arranjo político. Na segunda parte, agrupam-se os textos que problematizam aspectos da política, do poder e das instituições, além de uma reflexão historiográfica a partir de trabalhos de Nietzsche. A terceira e quarta partes, "Das condutas normativas às *práxis* na América Portuguesa" e "Sociabilidades e hierarquias de cor no Império luso-brasileiro", são constituídas por uma série de trabalhos monográficos de jovens pesquisadores que abordam temas relacionados à economia, à política e à sociedade colonial e imperial. Esses estudos, que verticalizam a abordagem em diversas regiões, ajudam a compreender a pluralidade e complexidade das criações e delimitações regionais entre os séculos xv e xix.

Esperamos que este livro possa cumprir o seu objetivo principal que, longe de apontar caminhos prontos para serem trilhados, é o de instigar o debate a respeito da prática e das perspectivas da produção historiográfica relacionada à história da e nas regiões, considerando que essa prática e essa temática precisam ser desnaturalizadas para se buscar a compreensão de suas construções nos planos histórico e teórico.

Os organizadores

I
As regiões e suas construções

O NORDESTE DAS TEMPESTADES

HISTÓRIA E ETNOGRAFIA DOS ESPAÇOS NO LIVRO *MAR MORTO* DE JORGE AMADO

Durval Muniz de Albuquerque Júnior[1]

MAR MORTO,[2] LIVRO PUBLICADO EM 1936, é o quinto romance de autoria de Jorge Amado. Inscrevendo-se no que ficou conhecida como sua fase de escritor de "romances proletários", fase que coincide com seu ingresso e militância no Partido Comunista nos anos 30 do século passado é, curiosamente, um livro que se estrutura muito mais em torno de uma etnografia dos espaços, de certa cartografia dos espaços da cidade da Bahia, do que propriamente em torno de uma trama histórica, como era comum nos romances considerados frutos do chamado realismo-socialista. As poucas referências que podemos encontrar ao passado, neste romance, traçam uma visão bastante convencional e tradicional da história. Embora a postura política e ideológica que articula a narrativa leve a se contar a história a partir do povo, a partir das experiências dos homens do cais, o que se poderia considerar a escritura de uma história "vista de baixo", antes mesmo de que esta expressão tenha sido cunhada pelo historiador marxista Edward Palmer Thompson,[3] a história é reduzida aí ao feito dos heróis, daqueles que deixaram nome e fama, mesmo que

---

[1] Professor da Universidade Federal do Rio Grande do Norte.

[2] AMADO, Jorge. *Mar morto*, 26ª ed. São Paulo: Livraria Martins Editora, 1970.

[3] Ver THOMPSON, E. P. *Costumes em comum*. São Paulo: Companhia das Letras, 1998.

seja nas páginas de simples ABCs ou nas canções ou histórias cantadas e contadas pelos velhos menestréis e narradores da beira do cais, como Jeremias e seu Francisco, homens que conseguiram sobreviver a uma vida vivida nas ondas e que, agora, imprestáveis para suas labutas, vivem de relembrar o passado, vivem de recordar suas glórias e daqueles homens que por terem sido valentes e corajosos, por terem cumprido as leis do cais, merecem ficar não apenas tatuados na memória, como no próprio corpo daqueles que ficaram vivos para relembrarem seus feitos.

Nesse livro ele conta as histórias que ouviu dos velhos marinheiros que remendam velas, dos mestres de saveiros, dos pretos tatuados, dos malandros. Histórias que ouviu nas noites de lua no cais do Mercado, nas feiras, nos pequenos portos do Recôncavo, junto aos enormes navios suecos nas pontes de Ilhéus.[4] Mas ao mesmo tempo em que sua história se propõe a não mais se reduzir aos feitos de viscondes, de condes, de marqueses, de barões do Império, que dominaram as cidades do Recôncavo, que ditaram leis, que casaram e batizaram e mandaram matar e enterrar, termina por ser, contraditoriamente, com uma leitura da história feita pelo marxismo, uma história também pontificada por indivíduos excepcionais, aos moldes da historiografia feita no século XIX, a historiografia dita positivista, aquela feita em torno da biografia de grandes homens. Amado apenas propõe a troca dos heróis das classes dominantes pelos heróis populares. Talvez influenciado pela ideia que grassava nos meios comunistas, como justificativa para o culto à personalidade praticada por Stalin na URSS, que o proletariado precisava de heróis, de figuras exemplares, exemplos de rebeldia, de luta contra a exploração e a opressão, Amado elabora, tal como faziam os intelectuais dos Institutos Históricos, um panteão de heróis, heróis populares, estrelas que brilham no céu, como guias para a descoberta do novo mundo que se anunciava. Essa imagem parece nos remeter para o imaginário cristão, da estrela guia que levou os pastores e os reis magos até o salvador. Besouro era uma estrela que brilhava no céu de Santo Amaro. Por causa dele, e não por causa dos inúmeros nobres que a terra produziu, é que era terra amada dos homens do cais. Ali tinha derramado sangue, tinha esfaqueado, atirado, lutado capoeira, cantado sambas e ali tinha aparecido todo retalhado a facão, cortado pelo ódio dos poderosos que desafiara. Como ele, brilhavam neste panteão de heróis populares Lucas da Feira, Zumbi e Zé Ninck, e um dia figuraria Virgulino Ferreira

---

4 AMADO, Jorge, *op. cit.*, p. 15.

da Silva, o Lampião. Ressalte-se que, talvez, tenha sido Jorge Amado um dos poucos homens de esquerda no país a ver em Lampião, quando este ainda estava vivo e atuando no sertão, um representante da luta e da rebeldia popular, uma manifestação contrária à opressão e exploração de classes.[5] Basta ver os artigos escritos por outro escritor comunista, Graciliano Ramos, sobre o rei do cangaço, para ver como Amado estava sozinho, naquele momento, em sua posição.

Mas se *Mar morto* é pobre em referências históricas é, como grande parte das obras de Jorge Amado, rico em observações etnográficas e, principalmente, importante narrativa para quem quer fazer uma etnografia dos espaços, uma etnografia dos lugares da cidade da Bahia, como chamava Salvador. O livro está estruturado em torno de hierarquias e conflitos espaciais, que materializam e dão visibilidades às hierarquias e conflitos sociais, às diferenças culturais e de valores, mas, ao mesmo tempo, em torno da circulação entre estes espaços e da transgressão destes lugares fixos, destes lugares antagônicos em que se segmentava a cidade. A dicotomia espacial principal, aquela que organiza toda a história, é a que separa o mar da terra, homens e vidas do mar e da terra. Essa dicotomia maior se subdivide em outras dela derivadas, como a que separa o cais da cidade, que no caso de Salvador se materializa numa dicotomia entre o alto e o baixo, mediados pela presença do elevador Lacerda. Mas a mesma dicotomia também se desdobra na que separa a casa do barco, do saveiro, da canoa, do batelão, do baiano, do navio; dicotomia de espaços de gênero, separação entre o espaço do trabalho doméstico e da espera, espaço feminino, e o espaço do trabalho público e da ação, espaço masculino. Separação que também se dá entre o espaço da casa e os espaços da rua e do bar, apenas frequentados por homens e por mulheres que não são direitas, não são casadas, pelas putas e pelos boêmios e vagabundos. Em todos estes espaços corpos circulam, corpos que ganham identidades específicas em cada um deles, mas que também podem vir a transgredir suas normas, suas hierarquias, seus significados. Esses espaços, pelas ações e sentimentos humanos, tornam-se ambivalentes, podem ser amigos ou inimigos, lugares de liberdade e de escravidão, podem ser doces ou terríveis, podem ser para o amor ou para a morte. As emoções das personagens podem

---

5 *Ibidem*, p. 123-4.

dar cores diferentes aos mesmos espaços, já que, como nos ensina Bachelard,[6] os espaços são construções subjetivas, construções poéticas, além de suportes materiais de relações sociais e culturais. O livro também nos oferece espaços utópicos, espaços para a fuga do real, para a construção de outras realidades, o que Michel Foucault chamou de construção de heterotopias,[7] espaços que dão passagem para o sonho e o desejo.

Nesse livro de Amado, como indicia o próprio título, a grande personagem é o mar. É em torno dele que gira a vida de todas as outras personagens que compõem a trama da história. O livro trata das vidas que dependem do mar, que a ele estão atreladas, vidas que seriam mais miseráveis e mais penosas do que daqueles que trabalham no campo ou nas fábricas; vidas que, mais do que aquelas, estão condenadas à morte certa, à morte rápida e de repente, à morte na juventude; vidas escravizadas ao mar, mais infelizes do que as daqueles que vivem a escravidão ao capital e ao patrão na terra.[8] O mar é, antes de tudo, mistério, lugar difícil para a racionalidade, espaço que, ao contrário da cidade, não se submete aos ditames e projetos de intervenção racionalizadores.[9] O mar é rebelde à razão, é espaço do mito, do sagrado, do incontrolável, do ingovernável, da morte. Como entender o mar, como entender os que vivem e morrem no mar? Para um homem da terra isto é impossível. O mar é lugar de poesia, de música, de sentimento, de sensações, avesso à lógica e à compreensão. O mar é, nas palavras de Deleuze e Guattari,[10] espaço liso, espaço difícil de ser estriado, de ser marcado pela passagem dos homens, explicado por suas reflexões. O mar a tudo dissolve; tudo o que ele dá, ele toma.[11] Ele dá a vida e a tira da forma mais abrupta. O mar é uma estrada larga e traiçoeira, oscilante e perigosa, que tem que ser conquistada a cada dia: caminho movente, instável, tempestuoso, balançante, caminho sem fim.[12] Dele vem toda a alegria e toda a tristeza: a alegria do reencontro

---

6 BACHELARD, Gaston. *A poética dos espaços*. São Paulo: Martins Fontes, 1993.

7 FOUCAULT, Michel. "Outros espaços". In: *Ditos e Escritos*, vol. v. Rio de Janeiro: Forense Universitária, 2001, p. 411-22.

8 AMADO, Jorge. *op. cit.*, p. 51.

9 *Ibidem*, p. 24.

10 DELEUZE, Gilles; GUATTARI, Félix. *Mil platôs*, vol. 5. São Paulo: Ed. 34, 1997, p. 179-214.

11 AMADO, Jorge, *op. cit.*, p. 153.

12 *Ibidem*, p. 54.

diário com o cais, com a casa e com o amor; a alegria diária do peixe na mesa; a tristeza da chegada do cadáver do corpo amado na praia, da chegada de corpos despedaçados por tubarões, inchados e cheios de siris, de velas quebradas e cascos rotos, do peixe mirrado e das dívidas impagáveis aos patrões. O mar é mudança, é movimento permanente, incessante, é surpresa, é o inesperado. O mar é violência e é doçura, é fúria e é carícia. O mar é trágico, até sua luz come os olhos da gente. Anti-iluminista, o olhar aí não alcança suas profundezas, não consegue apreender sua essência, talvez porque esta é líquida, é movente. O mar nos recorda as forças indomáveis do cosmos, da natureza, e aponta para a pequenez humana. O mar é agitação constante, tudo o que os poderes da terra temem. O mar é o indomável, é o ingovernável. O mar é livre, mas acorrenta aqueles que dele vivem. O mar é aventura, é afrontar a incerteza cada vez que se parte. Como se pode construir uma ciência do mar, se ele é inimigo das verdades definitivas? O mar não tem sequer cores definitivas: o mar azul dos dias calmos, o mar verde dos dias de paixão, dá lugar ao mar negro das noites de tempestade ou ao mar plúmbeo, o mar de chumbo dos dias de desgraças, de mortes no mar, de mar morto.[13]

O mar é a pátria de uma gente estranha para os que vivem na terra, pátria do povo de Iemanjá. Gente com corpo de pele de sal, de vida e humor instáveis e oscilantes como o mar; gente em que até o andar é gingante, balançante, ondeante como as águas e as embarcações em que vive todos os dias; gente de passos largos e inseguros como se tivessem apanhado vento forte. Gente sempre próxima a se afundar, nas águas, na cachaça, nas dívidas, na prostituição, na miséria, no desejo, no amor. Náufragos da vida, que afogam as mágoas e as desilusões nos bares pobres do cais. Gente que entoa as tristes canções do mar, as canções que falam de morte e de amores perdidos. Canções que dizem ser doce morrer no mar, pois é morte rápida.[14] Gente que ama rapidamente, mas que se prolonga nos beijos e nas noites de amor, porque elas podem ser sempre as últimas; gente que dá adeuses longos, com mãos que acenam, como que ainda chamando o ser que parte e pode não voltar, bem diferente da gente da terra, que dá beijos rápidos quando sai para os negócios,

---

13 *Ibidem*, p. 25, 27, 31, 45, 46, 49, 51, 74, 78, 106, 109, 131, 141, 160, 184, 185, 193, 209, 221, 254, 262 e 263.

14 *Ibidem*, p. 31.

para a velocidade do tempo das mercadorias.[15] Aqui o tempo ainda é marcado pelos ritmos da natureza, relógio serve muito pouco. Gente que nunca irá viver na terra, ter outra profissão, porque desde criança é ensinada a amar o mar, desde pequena é por ele alimentada e educada, que não tem tempo nem para a escola: o mar a convoca cedo. O mar fascina e apaixona, o mar tem feitiço, por isso é muito difícil abandoná-lo.[16] Gente fatalista, que acredita em destino traçado, que espera pelo dia em que a desgraça virá bater à porta. É para essa gente que Amado volta seu olhar de ternura e incompreensão, pois é homem da terra. Como entender os sentimentos desta gente, como traduzi-los literariamente?[17] Além de homem da cidade, é um intelectual, intelectual que ama o povo, que é solidário com suas lutas, como D. Dulce e Dr. Rodrigo que, no entanto, apesar de terem se mudado para o cais, apesar de terem dedicado suas vidas a tentarem ajudar aqueles homens e mulheres, aquelas crianças, não são capazes de compreendê-los, embora saibam, mais do que eles mesmos, o que deveriam fazer para mudarem suas vidas.

O cais é descrito por Amado como o antípoda da cidade, assim como o mar é da terra.[18] A cidade é espaço iluminado por mil lâmpadas elétricas, espaço feérico, espaço barulhento, onde os sinos badalam e ouvem-se músicas alegres, risada de homens, ruídos de carros. No cais apenas a luz da lua e das estrelas, músicas tristes e o ruído apenas de canoas e saveiros a balançar nas águas ou de pequenos pulos de peixes que passavam sob as águas.[19] A cidade encarapitada lá no morro, indiciava em sua geografia a hierarquia que lhe sobrepunha ao cais. Lá moravam os que dominavam os barcos e o povo do cais; era para lá que subia o produto de seus dias de trabalho para alimentar o bolso de comerciantes e atravessadores ricos; era para lá que subia o contrabando desembarcado clandestinamente de porões de saveiros para enriquecer os Toufick e os Hadad, que falavam até uma língua enrolada e diferente. A cidade era barulhenta, mas era mais calma que o cais, pois lá não havia a ameaça de morte incessante. Na cidade havia mulheres lindas, coisas diferentes, cinema e teatro, botequins e muita gente. No cais havia apenas o Farol das Estrelas para os ho-

---

15 *Ibidem*, p. 25.

16 *Ibidem*, p. 209.

17 *Ibidem*, p. 15.

18 *Ibidem*, p. 15, 56, 75, 118, 205 e 209.

19 *Ibidem*, p. 54.

mens beberem e discutirem suas misérias. Na cidade, ao contrário do mar, não havia mistério, tudo era claro como a luz das lâmpadas. A cidade é racionalista, iluminista, cartesiana, sem sinuosidades, geométrica, matemática. O mar é barroco, embora a cidade alta é que se diz assim. As estradas da cidade, suas ruas, eram muitas e bem calçadas e já estavam há muito conquistadas. No mar só havia uma estrada, e essa era de conquista diuturna, estrada traiçoeira, estrada desterritorializada. A cidade é previsível, é governável, é disciplinar, é de lá que vinha o governo e os governantes. A cidade é feita de fluxos previsíveis; o mar de rajadas inesperadas. A cidade tem ruas bonitas, casas fortes e amplas; na beira do cais tudo é tosco, provisório, até as habitações são precárias. A cidade era o lugar da higiene e da medicalização; o cais era o lugar dos destroços, do lixo, dos ratos e das doenças endêmicas. A cidade daria vida sem risco, vida rotineira, mas vida sem aventura e sem poesia. A cidade era onde se faziam as leis, para onde iam presos aqueles que da cidade baixa descumpriam estas leis que eram feitas lá em cima, pelos de cima. Mas o cais tinha suas próprias leis que, se desobedecidas, transformavam seu infrator em pária, que passava a não valer nada para os demais. É na cidade onde estão os museus, os monumentos, as estátuas que falam de homens famosos, onde se cultua a memória dos grandes homens da pátria. Mas o cais tem também a sua própria história, aí se cultua a memória de seus heróis, aí se transformam corpos em monumentos para aqueles que tombaram em luta com o mar. Até a morte, que podia irmanar terra e mar, cidade e cais – pois lá em cima também se morria – também os separava: a morte na terra, a morte na cidade era lenta, sem aventura, morte hospitalar. No cais tudo começa e acaba de repente, como a tempestade, até mesmo a vida.[20]

Mas estes espaços não são praticados, como diria Certeau,[21] da mesma forma por homens e mulheres, adultos e crianças, jovens e velhos. Há em *Mar morto* uma clara distinção entre os espaços das mulheres, espaços femininos, e os espaços dos homens, espaços masculinos. O cais é o lugar dos velhos, os poucos sobreviventes que não podem ir mais para o mar, que agora, como mulheres, tremem nas tempestades e ajudam a enterrar os mortos; das crianças, que ainda não podem navegar; e das mulheres. O cais é o lugar da espera feminina, das horas compridas, em que aguarda a chegada dos homens, vindos do mar. O cais é o lugar das amantes,

---

20 *Ibidem*, p. 54, 117, 118, 164, 209, 215 e 244.

21 CERTEAU, Michel de. *A invenção do cotidiano I: artes de fazer*. Petrópolis: Vozes, 1984, p. 169-217.

das namoradas e das esposas sentirem o vento batendo em seus rostos e em seus cabelos, corpo atirado para frente, enquanto os olhos se espicham até o horizonte tentando reconhecer a vela do saveiro que traz os seus homens, sentindo um forte frio no peito quando este demora. O mar é o espaço dos homens, é o mundo proibido para as mulheres, por seus perigos, pelas habilidades que exige. Nele, em seus barcos, saveiros, canoas ou batelões, os homens exercem o seu papel de arrimo de família, de chefe da casa, de mestre dos mares, de carregadores, de pescadores. O mar e as embarcações são espaços de trabalho, espaços masculinos, para onde as mulheres só são chamadas para o amor, para o sexo, nas noites de mar calmo e noite estrelada. Quando estes partiam para o mar deixavam suas mulheres em suas casinhas velhas no cais, este era o espaço feminino por excelência. Em casa elas pariam e criavam os filhos, preparavam a comida para quando o marido chegasse, aí também amavam os seus homens, se entregavam a companheiros cujas carnes tinham gosto de mar e de morte. Homens musculosos, com setas tatuadas nos braços, cabelos negros enrolados e caídos sobre o rosto, homens que pitavam sossegadamente seus cachimbos, mas que amavam com violência e doçura, tal como o mar os possuía. Homenzarrões de peitos descobertos, nus da cintura para cima e rostos queimados, risonhos, tímidos quando não estavam encorajados pela cachaça.[22] Eles um dia tinham sido meninos rotos e sujos de lama, meninos sem livros e sem sapatos, meninos que logo iam para o trabalho e para a vadiagem do botequim.[23] Botequim que era, como os cabarés, espaços masculinos por excelência. As mulheres que entravam nestes espaços eram aquelas decaídas, destruídas pela miséria, aquelas que haviam perdido seus pais, irmãos, maridos, algum homem que as protegesse. Mulheres de peitos e ancas balançantes como proa de saveiro, de olhos verdes como o mar das tempestades. Às mulheres que são mães e esposas, papéis esperados e desejados para todas, cabe a terrível tarefa de chorar e enterrar seu homem morto, de passar a sofrer pelo filho que assume o lugar do pai na faina do mar, de lembrá-lo através de canções e de histórias que cantarão e contarão na beira do cais, do uso do luto fechado que se estenderá por toda a vida.[24]

---

22 Amado, *op.cit.*, p. 20, 21, 26, 50 e 165.

23 *Ibidem*, p. 50.

24 *Ibidem*, p. 23, 24, 27, 28, 42, 43, 58, 61, 63, 64, 65, 68, 72, 73, 78, 92, 102, 104, 111, 124, 128, 144, 159, 161, 172, 176 e 261.

Enquanto aos homens cabem as aventuras e desventuras do mar, às mulheres cabem a angústia e a tristeza do cais e da casa, da espera e da esperança que morre e se renova todo dia. Aos homens cabe a morte no mar, às mulheres a dor da perda e da solidão. Aos homens cabe a demonstração de coragem e de valentia, pois a lei do cais não perdoa aos frouxos e covardes. Todos eles têm alguma coisa no fundo do mar: um filho, um irmão, um amigo, um braço, um saveiro que virou, uma vela que o vento despedaçou. Elas têm um marido, um filho, um pai, um irmão, um amante, o seu sustento, pois não têm mãos para o trabalho duro como as deles. Elas, como os saveiros, são propriedades de seus homens: a traição é punida com dureza pela lei do cais. Homens que se forem corneados devem lavar a honra com sangue sob pena de serem desprezados e virarem chacota para os demais. Homens mulherengos que nem macaco, tendo uma em cada porto, amando-as nos porões dos barcos ou nos areais. No entanto, era às mulheres que cabia a palavra, a fala desmedida; o homem não devia nunca falar demais ou discutir com as mulheres, muito menos com outros homens. Para estes não cabia conversa, mas a resolução da pendenga no braço ou na faca, não levando desaforo para casa. Assim como a fala, o choro era permitido apenas às mulheres. E como choravam as mulheres do mar. Mas homem que é homem não chorava, nem mesmo por um grande amor malogrado. Amor, amor de aventura, não casamento, porque este não era aconselhável para um homem do mar, este deve ser livre, pois quanto mais responsabilidades deixar em terra mais temerá o mar, temerá a morte: as esposas eram como âncoras que prendiam os homens à terra. As próprias mulheres não deveriam querer casar com homem do mar, pois esta instituição prenuncia uma estabilidade que este não pode lhe dar, já que coração de marítimo seria volúvel como o vento, podendo soprar cada hora para um lado. Um homem do mar devia viver levando saveiros pelos portos, fazendo filhos em mulheres desconhecidas, arrancando facas de mãos de homens, bebendo em botequins, tatuando corações no braço, atravessando tempestades, terminando seus dias nos braços de Janaína, única amante fiel dos marinheiros.[25]

Mas é conhecer um corpo de mulher que faz de um menino homem, que certifica a sua masculinidade. Só quando fizer uma mulatinha gritar no saveiro é que será reconhecido, pelos outros, como homem, como adulto. Para continuar sendo respeitado não pode também fugir de uma briga, principalmente se for para ajudar algum compa-

---

25 *Ibidem*, p. 24, 25, 33, 34, 35, 36, 37, 39, 40, 42, 44, 49, 55, 57, 69, 94, 95, 104, 114 e 126.

nheiro que estiver sendo ameaçado, pois um homem é a medida do outro, a masculinidade se disputa e se afirma entre homens. É no confronto com outro homem que se definiria quem é macho de verdade. Mas todo homem deve evitar brigar por mulheres, pois elas são um mistério – assim como o mar –, os homens nunca as entenderão, por isso gostar de uma mulher podia ser uma desgraça, pois mulher enganadeira é pior do que temporal, principalmente as que vivem rindo, cochichando, conversando pelos cantos: homem bestando por mulher estaria naufragado.[26] Mas existem as mulheres simples e valentes da beira do cais, aquelas que podem ser tratadas como Dona Maria, nome bonito e de respeito. Aquelas acostumadas a ficarem sem seu homem, sem teto, sem abrigo, sem comida, a serem logo engolidas pela fábrica, a lavarem roupa para as famílias da cidade alta ou se entregarem a outros homens para sustentar seus filhos que um dia serão marinheiros também. Mulheres tristes, mesmo quando riem entre copos e canções, mesmo quando têm brilhantina para o cabelo e sandálias para pisar no cais. Mulheres que abortavam seus filhos, não por maldade, mas para não terem depois que abandoná-los pelos botequins do cais ou vê-los ir para o mar desde os oito anos. Mas mulheres que, mesmo assim, pertencem ao mar porque nele ficaram seus maridos, nele viveram seus amores, nele misturaram suas lágrimas.[27]

Mas esta divisão dos espaços masculinos e femininos, esta divisão binária dos papéis de gênero, não deixa de ser transgredida por figuras que remetem a outros tipos de espaços que compõem a obra amadiana: os espaços da utopia, do sonho, o espaço do milagre, termo com que se refere no livro à desejada revolução, que instauraria a sociedade sem classes, a sociedade que poria fim à miséria e à exploração trazidas pelo capitalismo. Através de D. Dulce e Dr. Rodrigo, Amado anuncia o milagre que porá fim à realidade dura e injusta que descreve.[28] Mas a vinda deste mundo após o milagre só será possível pela luta dos homens e mulheres que vivem agora, pela rebeldia de homens como Besouro,[29] pela generosidade de mulheres como a professorinha dos filhos dos marinheiros ou do médico que a todos socorre, como também pela transgressão das divisões binárias entre os gêneros feita por

---

26 *Ibidem*, p. 17, 19, 20, 23, 66, 184, 185, 197, 201 e 213.

27 *Ibidem*, p. 23, 24, 78, 124, 128, 144, 161, 172, 176 e 261.

28 *Ibidem*, p. 51, 52, 118 e 122.

29 *Ibidem*, p. 128.

mulheres como Rosa Palmeirão e Lívia.[30] Quando Guma morre, estas duas mulheres ao invés de se prostituírem, ao invés de se entregarem a outros homens, ao invés de irem para a fábrica ou para a lavagem de roupas, assumem o lugar de Guma, no mar, assumem o papel masculino, invadem o espaço exclusivo dos homens. Para Amado, a luta das mulheres era parte da luta pela emancipação da humanidade, o prometido milagre comunista, em que ainda acreditava, neste momento.[31] Rosa Palmeirão trazia navalha na saia, punhal no peito e a mão fechada. Já havia surrado seis soldados, comido muita prisão, batido em muito homem, inclusive num coronel com quem se amigara. Rosa Palmeirão afrontava a divisão dos gêneros. Em certos momentos lembrava um homem, abanava as mãos, bebia muita cachaça, manejava facas e navalhas. Mas o que mais gostava era estar estendida na areia, nos braços de Guma, dominada, mulher, muito mulher, catando a cabeça dele, dengosa. A mulher sem porto certo, que merecera um ABC por sua coragem e aventuras, e que quando amava um homem botava cheiro no cabelo, andava ainda mais bonita. Seus olhos metiam medo, eram fundos e verdes como o mar. Como o mar, seus olhos variavam de cor. Mesmo assim Guma, foi capaz de enxergar a ternura destes olhos de mar, desejosos de amor, ternos olhos de mulher. Mulher que sonhava ter um filho, que não teve vergonha quando as lágrimas rolaram sobre o punhal do peito e a navalha da saia.[32]

Esmeralda e a mãe de Guma, também a seu modo, transgrediram essas divisões binárias que aprisionavam homens e mulheres do cais. Assim como Rosa Palmeirão, que se torna uma mescla de amante e mãe para Guma, irmã de sua mulher Lívia, a mãe de Guma, ao vê-lo, pela primeira vez, já adulto, provoca no filho desejos que são proibidos de ser sentidos por uma mãe. A mãe de Guma oscila entre os papéis de mãe e esposa, papéis fixos e sagrados para as mulheres, mas papéis que não podiam ser exercidos pela mesma mulher. Se Rosa Palmeirão ameaçadoramente borrara as fronteiras entre o masculino e o feminino, a mãe de Guma borrara as fronteiras entre a esposa e a mãe.[33] E Esmeralda, a vizinha, a mulher do amigo Rufino, que tenta Guma até levar-lhe a trair a esposa e ao

---

30 *Ibidem*, p. 58-65 e 264.

31 *Ibidem*, p. 264-5.

32 *Ibidem*, p. 58-65.

33 *Ibidem*, p. 38-43.

amigo. Esmeralda, assumindo o papel masculino, da sedução, da conquista. Esmeralda, a mulher ativa, a mulher que não se deixa aprisionar por seu homem, que obedece aos seus desejos, que se expõe assim à implacável lei do cais, sendo morta por seu homem em pleno oceano, homem que se suicida para não encarar a vergonha de ter sido traído.[34]

Mas em *Mar morto* há dois espaços para a utopia, para o sonho, para a fuga do real. Um espaço utópico popular, aquele representado pelas terras de Aiocá, as terras do sem fim, o reino de Janaína, de Iemanjá e um espaço utópico sonhado pelos intelectuais presentes na trama: a terra depois de transformada pelo milagre da revolução comunista. Nas terras de Aiocá era onde iam morar todos aqueles valentes que morriam no mar. Lá era a terra onde reinava Iemanjá, que tomava estes homens como esposos. Ela, a dona do cais, dos saveiros, da vida dos homens do mar, a mulher de cinco nomes, era a única que podia ser mãe e esposa ao mesmo tempo, por isso é terrível. Só no dia da morte estes homens podem, como Orungã, serem os filhos que desejam e possuírem a mãe, quebrando o tabu originário da civilização. Ela domina os mares, e promete aos homens que morrem e vivem no mar um passeio por toda a terra, por todos os portos, quando morrerem. Promete também uma noite de amor em seus braços. Ela aparece para poucos homens em vida, e quando o faz é para recompensá-los por sua bravura, por terem salvado outros homens da morte certa. Todos estes homens são súditos da princesa de Aiocá, de Inaê, estão todos desterrados em outras terras e por isso vivem no mar procurando alcançar as terras de sua rainha. A morte os traz de volta para sua terra, para seu reino, por isso não temem a morte, por isso morrem felizes. A morte os liberta da vida de miséria e de sofrimento, promete uma vida mais larga. Mas este reino é só prometido aos homens, pois as mulheres são suas rivais, disputam com ela seus homens, os tentam prender à praia.[35] Por isso o espaço utópico sonhado por D. Dulce, aquele que viria com o milagre, é um espaço deste mundo, um espaço da terra, onde caberiam homens e mulheres e onde os deuses estariam mortos, mesmo a deusa de cabelos loiros que se estendem sobre o mar em noite de lua. Aí não haveria súditos nem rainhas, aí só restaria a tristeza da morte, morte digna e em seu tempo. No dia que viesse este milagre tudo seria mais bonito, não haveria tanta miséria no cais e um homem não arriscaria sua vida por duzentos mil réis. Quando este milagre

---

34 *Ibidem*, p. 172-81.

35 *Ibidem*, p. 78-92.

acontecesse, um homem do cais poderia virar comandante de navio, sem precisar se arriscar a morrer numa noite de tempestade para salvar ricaços em perigo. Neste dia, Dr. Rodrigo poderia fazer seus belos versos, tão belos quanto o mar e não poemas que falassem do sofrimento e da miséria da vida do cais. Neste dia, a luta de Besouro, de Lucas da Feira, de Lampião seria recompensada. Talvez neste dia os marítimos possam casar, dar vida melhor para as mulheres e garantir que não morrerão de fome após a morte deles, nem tampouco precisarão se prostituir. Neste dia, Besouro voltará como muitos homens, como o cais, todo se levantando, pedindo outras tabelas, outras leis, proteção para viúvas e órfãos. Só neste dia, neste espaço, poder-se-á acreditar na ciência, em seus poderes para enfrentar a miséria, a doença, o analfabetismo. Milagre feito pelos homens, milagre que não vem do céu, nem de nenhum santo de devoção. Um milagre feito pelos homens do cais, clareando tudo, embelezando tudo, como uma noite de luar, onde os cabelos de Iemanjá não mais aparecessem. Milagre nascido da coragem de lutar contra as injustiças, como fizera o negro Bagé, ao defender seus irmãos africanos da exploração e brutalidade colonial. Os exemplos destes homens e mulheres iam se acumulando, o milagre acontecendo, a consciência vencendo a alienação, perfeito esquema marxista. Na greve dos estivadores, via a madrugada deste novo dia surgindo. A luta era o maior milagre, aquele prometido por Lívia, por Rosa Palmeirão, por Guma, por Bagé, por Besouro.[36]

 Como em grande parte da obra de Jorge Amado, sua referência espacial mais constante em *Mar morto* é a cidade da Bahia, a cidade de Salvador, a cidade das sete portas, com seus becos, ladeiras, seus casarões, seu mar e sua gente, ou as cidades do Recôncavo baiano, que comporiam a sua Bahia.[37] A referência à Bahia, como estado da federação, aparece apenas uma vez no livro, quando Rosa Palmeirão, ao falar de suas andanças, compara os homens da Bahia com os do Rio de Janeiro. Quando diz que homem lá no Rio não era homem não. Fala que era muito respeitada no morro e que lá diziam: se mulher da Bahia é assim, que dizer dos homens. Aqui se reafirma a mitologia da masculinidade ligada à baianidade, ao homem do povo, em contraposição à ideia de que a cidade grande, o Sul e a vida burguesa afeminavam os homens, enunciado comum nos discursos que circulavam desde o final do século XIX no norte do país. Mito compensatório das distintas subalternidades,

---

36 *Ibidem*, p. 52, 76, 118, 122, 127, 149, 150, 172, 204, 243, 260 e 264.

37 *Ibidem*, p. 15, 18 e 125.

das distintas impotências: regional e de classe.[38] Como também é constante em sua obra, o recorte regional Nordeste não aparece referido uma só vez em seu texto. Isso se deve ao fato de que a Bahia ainda não fazia parte deste recorte regional, que ainda não havia sequer sido oficializado, o que só acontece com a divisão regional feita pelo recém-criado IBGE, em 1940. Além de que seu espaço de referência é o Recôncavo, que é uma espacialidade desenhada a partir de temas bastante divergentes daqueles que instituíram o Nordeste. Quando se refere a Lampião, este é remetido para o espaço do sertão, não para o espaço nordestino.[39] O Nordeste, em *Mar morto*, é apenas o vento que sopra em forma de gostosa brisa, o vento das noites de amor, que roça deliciosamente os corpos dos amantes em noites de calmaria. Mas também é o nordeste das tempestades, o vento veloz, que derrubava tudo, que amedrontava as mulheres, que revirava barcos e saveiros, que enovelava o mar, que levava os filhos para os braços da mãe de Aiocá. Nordeste feito de brisa e de amor ou de temporal e morte. Nordeste, vento de mar morto.[40]

Bibliografia

AMADO, Jorge. *Mar morto*, 26ª ed. São Paulo: Livraria Martins Editora, 1970
BACHELARD, Gaston. *A Poética dos espaços*. São Paulo: Martins Fontes, 1993.
CERTEAU, Michel de. *A Invenção do cotidiano I: artes de fazer*. Petrópolis: Vozes, 1984.
DELEUZE, Gilles; GUATTARI, Félix. *Mil Platôs*, vol. 5. São Paulo: Editora 34, 1997.
FOUCAULT, Michel. "Outros Espaços". In: *Ditos e escritos*, vol. 3. Rio de Janeiro: Forense Universitária, 2001.
THOMPSON, E. P. *Costumes em comum*. São Paulo: Companhia das Letras, 1998.

---

38 *Ibidem*, p. 62-3.
39 *Ibidem*, p. 124.
40 *Ibidem*, p. 131.

São Paulo nunca coube dentro de suas fronteiras[1]

A escrita da história de Afonso de Taunay e a invenção das regiões[2]

Karina Anhezini[3]

REGIÃO: PALAVRA, SENTIDO, DELIMITAÇÃO, CONCEITO TEMPORAL. Pensar as conformações das mais variadas invenções de sentido para esse conceito histórico pode ser um dos problemas do historiador na atualidade. Perguntar como as mais diversas regiões foram inventadas nos localiza, a nós historiadores, teoricamente em um quadro epistemológico que reavalia o paradigma moderno de escrita da história. A nossa insatisfação, angustiante muitas vezes, diante dos conceitos fixos, das versões de verdade que tentaram relativizar a própria noção de verdade oitocentista com uma roupagem nova, mas ainda muito positiva, nos leva ao distanciamento da busca por racionalidades

---

[1] Expressão utilizada pelo historiador Afonso de Escragnolle Taunay (1876-1958) em seu discurso de posse, como sócio efetivo, pronunciado no Instituto Histórico e Geográfico de São Paulo em 1912 (Taunay, 1912: 89).

[2] Este artigo é fruto das reflexões sugeridas pela temática "História e Regiões" proposta durante a XVII Semana de História da UNICENTRO. Tal resultado foi possibilitado pela pesquisa que originou minha tese intitulada Um metódico à brasileira: "a história da historiografia de Afonso de Taunay (1911-1939)" defendida em 2006 na Unesp-Franca, sob orientação da Profª. Drª. Teresa Maria Malatian. A pesquisa obteve fomento da CAPES e da Fundação de Amparo à Pesquisa do Estado de São Paulo – FAPESP.

[3] Professora do Departamento de História da Universidade Estadual Paulista, Campus de Assis.

encontradas a partir de métodos, e nos aproxima do questionamento a respeito das construções que homens e mulheres em tempos e espaços múltiplos fizeram do seu mundo vivido. Questionar os pactos de verdade historicamente estabelecidos a respeito da região é colocar a própria região em questão. (Albuquerque Júnior, 2008)

Este texto tem a intenção de problematizar uma invenção da região denominada São Paulo e, simultaneamente, a invenção de uma prática discursiva necessária para a criação de tal região. Refiro-me ao lugar inventado pela e para a historiografia paulista como historiografia nacional. Para tanto, foram escolhidos alguns recortes no território dos textos que fabricaram o lugar historiográfico denominado São Paulo que se queria chamar Brasil. Pretendo apresentar, portanto, como Afonso de Taunay e grande parte do rol dos produtores de história das primeiras décadas do século XX fundamentaram o ofício do historiador no Brasil sob o lema "São Paulo nunca coube dentro de suas fronteiras" (Taunay, 1912: 89).

Um recuo ao ano de 1911 faz-se necessário. Afonso de Taunay tornou-se, naquele ano, professor catedrático da Escola Politécnica de São Paulo, inaugurou o curso de História Universal da Faculdade Livre de Filosofia e Letras de São Paulo do Mosteiro de São Bento, foi indicado e eleito sócio do Instituto Histórico e Geográfico Brasileiro (IHGB) e também do Instituto Histórico e Geográfico de São Paulo (IHGSP).

Não por acaso essas indicações aconteceram no mesmo ano. Todas foram consequências da projeção que esse engenheiro de formação galgou paulatinamente no meio intelectual. Ao se tornar professor catedrático, inaugurar uma disciplina histórica no ensino superior – empreendimento ainda novo em São Paulo e, portanto, cercado de propaganda – e publicar um romance histórico (Taunay, 1910), Taunay se lançaria na disputa pelas vagas de sócio dos Institutos com importantes credenciais para a época. No IHGB, assumiu em 1912 a cadeira de sócio correspondente e no IHGSP a de sócio efetivo.

O Instituto paulista foi fundado em 1894 tendo como presidente honorário Prudente de Morais, então às vésperas de sua posse como presidente da República. Prudente de Morais e muitos dos membros fundadores do Instituto participaram da criação do *Almanach Literário de São Paulo*, publicado entre 1876 e 1885. José Maria Lisboa, fundador do *Almanach*, buscava criar ao lado de seus pares uma imagem elevada para São Paulo[4] na tentativa de construir uma história da identidade regional. Essa característica do *Almanach*, bem como sua vinculação republicana, guiou desde o início os objetivos do IHGSP instaurando uma identificação entre a história de São Paulo e a história do Brasil.[5] Desde o primeiro volume da *Revista* do Instituto essa diretriz foi apresentada com a clareza da seguinte afirmação: "A história de São Paulo é a própria história do Brasil" (REVISTA IHGSP, vol. v. 1, 1895).

Afonso de Taunay, quando foi recebido no IHGSP em 5 de julho de 1912, reafirmou os objetivos do Instituto e se apresentou como um autor disposto a colaborar na construção do principal tema da história paulista, ou seja, a expansão territorial do Brasil como obra dos sertanistas da capitania de São Paulo. Esse enfoque mudaria a perspectiva de abordagem do tema em relação à historiografia que tratava a ampliação do território como uma obra da Coroa portuguesa seguindo a *História geral do Brasil* (5 volumes, 1854-1857) de Francisco Adolfo de Varnhagen (1816-1878).

Taunay foi introduzido à sala de sessões do Instituto, na nova sede situada à rua Benjamin Constant desde 1909, por Eugênio de Andrada Egas (1863-1956). Egas, ao receber Taunay, o inseriu no Instituto como uma "promessa de glória para o Brasil" e foi neste clima de promessa que Taunay apresentou o seu maior projeto de trabalho aos pares da instituição paulista. Ele iniciou seu discurso de posse como sócio efetivo do IHGSP com os agradecimentos costumeiros deste tipo de eleição e, logo em seguida, expôs a tônica que seus trabalhos futuros teriam ao destacar que "São Paulo nunca coube dentro de suas fronteiras".

---

4 "Sentindo-se colocados à margem do círculo das letras do Rio de Janeiro, onde o IHGB fulgurava como o núcleo da historiografia brasileira, os intelectuais de São Paulo procuraram reagir, dedicando-se persistentemente à afirmação da própria identidade histórica regional. E ainda que buscassem libertar-se das lendas, das paixões e dos romances, foi com as asas dessa imaginação que puderam seguir". Para conhecer os objetivos e o perfil dos sócios do *Almanach Literário de São Paulo* ver, especialmente, o capítulo "O pequeno mundo letrado da província: figurações da identidade regional em fins do século XIX". In: FERREIRA, Antônio Celso. *A epopeia bandeirante: letrados, instituições, invenção histórica (1870-1940)*. São Paulo: Editora Unesp, 2002, p. 48. A respeito do IHGB nesse período, consultar: GUIMARÃES, Lúcia Paschoal. *Da escola palatina ao silogeu: Instituto Histórico e Geográfico Brasileiro (1889-1938)*. Rio de Janeiro: Museu da República, 2007.

5 "Os historiadores locais não ocultariam o propósito de abalar a história da nacionalidade, até então construída pelo IHGB, ambicionando reescrevê-la de ponta a ponta". (Ferreira, 2002: 110).

> Eram os paulistas um punhado de homens ainda e, como que sufocados num âmbito que tinha dimensões para abrigar qualquer nação europeia, já procuravam devassar os mistérios do continente sul-americano.
>
> A linha sutil dos demarcadores de Tordesilhas comprimia-os de encontro ao oceano, e eles, movidos por misteriosa força, empolgados pela visão do grande império português, que um dia vinha ocupar quase metade da América do Sul, começaram desde os primeiros anos vicentinos a perseguir o meridiano espanhol, rechaçando-o constantemente para o Oeste, para as selvas impenetráveis do centro.
>
> Ei-los, pois, durante mais de dois séculos a acossar o grande marco geográfico castelhano, obrigando-o a fugir da cadeia marítima ao coração da bacia amazônica, do litoral de São Vicente às margens do Madeira, um retrocesso de dois mil quilômetros (Taunay, 1912:89-90)

O tom épico adotado por Taunay em seu discurso de posse credenciava-o para a construção de uma história, não coincidentemente, adequada ao roteiro já definido pelos seus novos consócios no mundo das letras paulistas. A ênfase na "obra titânica da dilatação e da conquista do território" pelos paulistas ocupou o restante do discurso em que Taunay procurou destacar os principais episódios que, mais tarde, compuseram os onze volumes de sua grande obra: a *História geral das bandeiras paulistas*. Foi essa a forma escolhida por Taunay para ingressar no Instituto de São Paulo. Ele mostrou já naquele momento aos pares que sua intenção não era apenas a de colaborar com a publicação de alguns artigos na *Revista* do IHGSP, mas sim de participar ativamente das decisões e realizações que caracterizariam o Instituto como o local privilegiado da construção da "epopeia bandeirante".[6]

Taunay participou de quase todas as reuniões ocorridas ainda no ano de 1912. Apresentou em 5 de agosto uma proposta para a criação de um fundo de publicações do Instituto, compôs comissões para discutir esta e outras propostas e na sessão de 25 de outubro foi eleito orador oficial da instituição passando a compor, assim, a diretoria responsável pelos rumos do IHGSP entre 1913 e 1916. Taunay iniciava, assim,

---

6 *A epopeia bandeirante* é o título que Antônio Celso Ferreira confere ao seu livro que se dedica a delinear a "invenção épica paulista" a partir do estudo da produção de letrados e instituições paulistas entre 1870 e 1940. O IHGSP é o local de produção privilegiado pelo estudo sendo caracterizado como um dos principais locais onde a "invenção histórica" dos letrados paulistas se desenvolveu sob bases épicas. O autor identifica, ainda, Afonso de Taunay como um exemplo de letrado do período e, portanto, um dos construtores épicos dessa história paulista. Cf. Ferreira, 2002.

oficialmente a sua participação na criação de dois espaços: São Paulo como região que dilatou e conquistou o território que se tornaria o Brasil e, ao mesmo tempo, a historiografia paulista como espaço destinado à construção dessa história.

No próximo ano institucional, 1913, mostrando-se bastante inteirado dos assuntos tratados nas sessões, em 20 de outubro de 1913, Taunay expôs a proposta que possibilitaria a apresentação e publicação de seus próprios trabalhos a respeito de um tema que ainda suscitava muitas divergências. Taunay lembrou que nos anos de 1914 e 1915 completar-se-iam os bicentenários de nascimento de dois historiadores paulistas, Pedro Taques de Almeida Paes Leme (1714-1777) e frei Gaspar da Madre de Deus (1715-1800), e que caberia ao Instituto promover as devidas homenagens.

No ano em que Taunay apresentou a proposta de comemoração do bicentenário de Pedro Taques, 1913, o tema das bandeiras e dos bandeirantes estava na ordem do dia do IHGSP e, antes mesmo da leitura que Taunay faria de seu trabalho, os sócios do Instituto ouviram a leitura de partes de outra obra que se tornou referência obrigatória para os estudiosos do assunto. Basílio de Magalhães (1874-1957) apresentou em três sessões realizadas no mês de março a conferência intitulada "O bandeirismo paulista". Esta exposição era o resultado parcial de *Expansão geográfica do Brasil* lançado em 1915 e dois anos mais tarde premiado pelo IHGSP.

Taunay apresentou os primeiros capítulos de seu trabalho a respeito de Pedro Taques em 5 de maio e com isso inaugurou um rol de iniciativas que culminou na comemoração realizada em julho. O evento contou com a conferência de Taunay, a inauguração de uma placa de bronze, o projeto de reedição das obras do homenageado e a cunhagem de uma medalha comemorativa do bicentenário de Taques.

Na sessão solene comemorativa do bicentenário do linhagista que traçou a genealogia de muitas famílias de São Paulo, Taunay, após descrever os infortúnios da vida do biografado, terminou a conferência lamentando que à obra dele também coube uma triste sorte, pois "entregue a pessoas que lhe não podiam aquilatar o valor, ignorantes e simples como eram (Taunay, 1953:35)" dispersaram-se os manuscritos e quase dois terços de sua obra desapareceram. Essa perda deveu-se também, segundo Taunay, ao esquecimento da obra de Pedro Taques pelos historiadores posteriores que se dedicaram à história do Brasil e aos plagiários de seus textos que impunemente copiaram e editaram impropriamente trechos completos sem uma única menção ao trabalho do genealogista.

Taunay, que havia se dedicado ao tema das linhagens em *Crônica do tempo dos Filipes* (Taunay, 1910), tinha escrito também uma história de parte de sua família em *A missão artística de 1816* (Taunay, 1911) e já estava habituado com a referência à sua própria filiação como justificativa para o seu ingresso no IHGSP, debruçou-se sobre a história da composição da *Nobiliarquia paulistana, histórica e genealógica* (Leme, 1953).

Quando publicou o estudo como prefácio da edição da *Nobiliarquia*, Taunay dividiu o texto em duas partes, a primeira a respeito da vida e da época intitulada "Pedro Taques de Almeida Paes Leme" e a segunda intitulada "Historiador das bandeiras". Nesse segundo texto, o autor dedicou-se a descrever todos os passos que conseguiu desvendar a respeito da história da produção de Pedro Taques a respeito das bandeiras.[7] É interessante notar que Taunay constrói a biografia do historiador das bandeiras destacando elementos que o consagrariam a partir daquele momento como o próprio historiador das bandeiras.

A descrição das dificuldades que cercaram a vida do genealogista assume a tônica das duas partes do texto:

> O estudo acurado dos troncos decorrentes dos primeiros povoadores de S. Paulo levou-o ao estabelecimento de noventa e sete títulos genealógicos, quiçá, maior número ainda, pois nos vinte e quatro impressos, referências se leem a setenta e três inéditos, sendo, portanto, muito provável que na parte desconhecida da obra haja alusões a novos capítulos. Para realizar tão formidável obra, no bárbaro Brasil setecentista, onde as comunicações eram inacreditavelmente difíceis, precisou o seu autor fazer um dispêndio de energia, absolutamente pasmoso (Taunay, 1953:40).

Taunay relatou que para conseguir dar cabo desse empreendimento, Pedro Taques precisou se dedicar incansavelmente durante 50 anos. Enfatizou, ainda, a persistência que acompanhou Taques na escrita de suas obras. A narrativa do autor privilegiou os acontecimentos que caracterizam o sofrimento enfrentado pelo linhagista para conseguir tanto os documentos quanto a produção e guarda de seus textos. Diante de tantas dificuldades, as partes da *Nobiliarquia* ficaram espalhadas com várias pessoas no Brasil e em Portugal. Os títulos recuperados foram impressos pelo Instituto Histórico e Geográfico Brasileiro em diversos

---

[7] Kátia Abud desenvolveu um estudo a respeito dos autores e obras que fundamentaram a construção do símbolo bandeirante identificado com o paulista. Para tanto, a autora analisou as obras de Pedro Taques, Frei Gaspar e Taunay, dentre outras. Cf. (Abud, 1985 e 1999).

números de sua *Revista*. Na tentativa de traçar o caminho dos manuscritos de Taques, Taunay descreveu o lugar onde se sabia ter encontrado cada parte do manuscrito e os relatos das pessoas a respeito da trajetória desses documentos. O autor buscou apresentar, com riqueza de detalhes, com quem estavam os manuscritos, para onde foram, quem os guardou e, principalmente, tentou verificar se era possível detectar alguma diferença na letra que compõe os textos encontrados, pois precisava identificar se ocorreram acréscimos ou distorções no texto de Taques. Taunay apresentou, portanto, em minúcias a realização dos procedimentos da crítica externa do documento.

O apego ao documento que Taques demonstrou possuir foi a qualidade mais destacada por Taunay, pois afirmava a confiabilidade das informações contidas ali e, o mais importante, reforçava esse procedimento como adequado para a busca da verdade moderna. Em diversos momentos, Taunay declarou ter aprendido muito com as lições de pesquisa que Pedro Taques lhe ofereceu por meio de sua obra. É recorrente nos trabalhos de Taunay a citação dos trechos de Taques em que adverte seus leitores para não confiarem cegamente nas afirmações de Rocha Pita e Jaboatão, autores que, segundo ele, não primaram pela consulta às fontes. No texto a respeito da *Nobiliarquia*, Taunay dedica páginas e mais páginas às provas do "amor consagrado aos documentos" (Taunay, 1953:53) que Taques legou à posteridade.

Era muito importante para Taunay mostrar por meio de um exemplo da historiografia brasileira e, mais que isso, paulista, a importância dos "princípios da moderna crítica histórica" que havia apresentado na conferência realizada em 1911 na Faculdade Livre de Filosofia e Letras de São Paulo e que em 1914 o IHGSP publicou em sua *Revista* (Taunay, 1914). Dessa maneira, ele conseguia traçar a tradição de princípios dos trabalhos que se desenvolveram no país e, principalmente, provava para seus pares que estava preparado para assumir posições relevantes neste pequeno mundo de letrados dedicados à escrita da história.

O estudo a respeito de frei Gaspar também foi publicado como prefácio da reedição realizada por Taunay em 1920 da obra *Memórias para a história da capitania de São Vicente* (Madre de Deus, 1953). Diferentemente da reedição da *Nobiliarquia*, o trabalho despendido para a publicação das *Memórias* não foi cercado por tanta dificuldade e aborrecimento. O problema enfrentado por Taunay no que diz respeito a frei Gaspar era de outra ordem. Precisava ele resolver uma disputa historiográfica.

Quando Taunay, recém-eleito sócio do IHGSP, propôs comemorar o bicentenário de frei Gaspar a recepção não foi muito positiva porque as opiniões em torno dessa personagem eram controversas. Seria ele um importante historiador colonial ou apenas um falsário?

O trabalho de pesquisa que Taunay realizou para apresentar nas comemorações ocorridas no IHGSP em 1915 objetivava encerrar qualquer dúvida que ainda pairasse a respeito da seriedade das informações contidas na obra do frei beneditino. Na conferência, Taunay apresentou, além das contendas historiográficas, a trajetória de vida desse frei desde sua árvore genealógica até seus últimos dias de vida. Para traçar-lhe a ascendência, Taunay recorreu às informações de Pedro Taques, primo de frei Gaspar, e aproveitou para repetir algumas das justificativas da importância destes historiadores que havia apresentado na conferência a respeito do linhagista. Enfatizou que Pedro Taques e frei Gaspar em nenhum momento quiseram provar que os colonizadores portugueses descendiam de Carlos Magno ou Meroveo, mas sim eram apenas filhos da pequena nobreza do reino, "da boa burguesia", que quando muito afidalgados possuíam modestos morgadios e comendas.

Pertencente às famílias Lemes, Buenos da Ribeira, Siqueiras Mendonças, Pires e Camargos, frei Gaspar, diferentemente de seu primo Pedro Taques que se orgulhava da pretensa pureza de sangue, considerava-se muito mais brasileiro do que lusitano, pois se envaidecia pelo "sangue tupi de Antonia Rodrigues, catecúmena do beato José de Anchieta e filha de Pequerobi, maioral de Ururai [Cacique de São Miguel de Ururai]; pelos Carvoeiros o da índia Isabel Dias [Bartira], a filha de Tibiriçá [Cacique da nação Guaianaz] e mulher de João Ramalho" (Taunay, 1916:423). Esta diferença de origem entre Pedro Taques e frei Gaspar marcou fundamentalmente as obras desses dois historiadores coloniais, pois enquanto Pedro Taques reprovou a mestiçagem ressaltando a pureza de sangue, frei Gaspar destacou a mestiçagem como traço do paulista.

Taunay publicou o resultado dessa pesquisa elaborada para as comemorações do segundo centenário natalício de frei Gaspar no terceiro volume da *História geral das bandeiras paulistas* editado em 1927. O autor aproveitou em sua grande obra a respeito da história das bandeiras todos os estudos preliminares desenvolvidos até o início da publicação em 1924. Para incluir o trabalho a respeito do frei beneditino, Taunay retirou a apresentação da trajetória de vida do frei e apresentou as disputas historiográficas e o valor da obra como fonte de informação de uma época.

Os ataques às afirmações de frei Gaspar, segundo Taunay, eram fruto de uma corrente de opinião nascida no século XIX que as consideravam fantasiosas:

> Violenta fobia de aspecto realmente curioso, a aversão por tudo quanto lembrasse os privilégios do Velho Mundo, sobretudo as regalias nobiliárquicas – fobia filha do inebriamento causado pela recente libertação das colônias americanas, a ojeriza aos europeus, dominadores de ontem, e do exacerbamento das ideias liberais de 1830 – fundamente impregnou a mente de uma geração de brasileiros (Taunay, 1927:113).

Um dos principais críticos de frei Gaspar foi o senador maranhense Candido Mendes de Almeida (1818-1881). Segundo Taunay, "o ilustre senador" foi tomado de "verdadeiro ódio à pessoa e à obra do beneditino e, atacou-os com uma veemência pouco consentânea da moderação e imparcialidade exigida dos historiadores" (Taunay, 1927:117). O crítico acumulou argumentações contra as afirmações de frei Gaspar em textos que, segundo Taunay, eram favorecidos pelo talento e pela cultura privilegiada das palavras de um advogado, mas que muito se diferenciavam da fala do historiador. Ao fazer esta diferenciação, Taunay retomou o princípio de maior importância da busca da verdade moderna, ou seja, "a história se faz com documentos, e só com documentos – de nada vale, porém este amontoado de argumentos, todo o arrazoado eloquente em que tudo há, menos a mais elementar pesquisa documentária" (Taunay, 1927:117).

Retomar o caso das acusações de Candido Mendes a frei Gaspar era oferecer aos leitores e, principalmente, aos críticos da *História geral das bandeiras paulistas*, que ansiavam por ler uma obra de síntese, um dos principais exemplos da historiografia contemporânea do quão importante era a pesquisa minuciosa das fontes documentais. Essa disputa se deu porque Candido Mendes pautou toda sua argumentação contra o frei beneditino na acusação de que ele, tomado pelo seu orgulho de casta e pelo bairrismo, falsificou os documentos utilizados para compor suas obras *Memórias para a história da capitania de São Vicente* e *Notícias dos anos em que se descobriu o Brasil* e, sobretudo, inventou o testamento de João Ramalho, português que se encontrava em terras de São Vicente antes da ocupação oficial por Martim Afonso de Souza.

No entanto, quando Washington Luís descobriu o tal testamento e o publicou em 1905 "desabou o já combalido castelo de cartas, tão penosamente edificado por Candido Mendes", assim descreveu entusiasmado Taunay o feito de Washington Luís que, quando aconteceu, já havia mobilizado outros autores vinculados aos

Institutos carioca e paulista na busca deste testamento que não só reabilitaria a imagem do historiador setecentista como também resolveria uma questão fundamental para a história do Brasil: frei Gaspar havia se confundido na idade de João Ramalho ou este português havia chegado ao Brasil antes de Pedro Álvares Cabral? (Ferretti; Capelato, 1999)

Com a descoberta do testamento, foi verificado o equívoco quanto à idade atribuída a João Ramalho por frei Gaspar, mas, segundo Taunay, tal escorregadela "pouco desmerece o valor da obra do cronista" (Taunay, 1927:118). O que importava naquele momento era provar a existência do documento e a imprudência do advogado maranhense que incorrera no pior erro da moderna crítica histórica, ou seja, não se pautar na crítica dos documentos.

A comemoração realizada no IHGSP a frei Gaspar revestiu-se, afirmou Taunay, de uma solenidade "desagravante e reparadora" da memória do historiador setecentista. Foi esse o tom que Taunay imprimiu no texto da conferência e no capítulo da *História geral* dedicado ao frei. Ressaltou Taunay que. se em algum momento o historiador escreveu alguma inverdade, não foi com a intenção de fazê-lo, apenas fora acometido pela humana "inevitabilidade do pendor para o erro" (Taunay, 1927:125).

No entanto, acreditava Taunay que novos documentos apareceriam em defesa de frei Gaspar, "dos recessos dos arquivos, onde irão buscar os ardorosos pesquisadores dia-a-dia a avolumar-se no país, e inspirados nos verdadeiros princípios da moderna critica histórica" (Taunay, 1927:125).

Nos estudos em que realizou a respeito de Pedro Taques e frei Gaspar, Taunay buscou se guiar pelos ensinamentos que havia apresentado na conferência realizada em 1911 na Faculdade Livre de Filosofia e Letras de São Paulo e já esboçava alguns dos traços que norteariam sua produção, ou seja, a composição de mosaicos de história por meio de estudos pormenorizados dos temas pesquisados.

A trajetória de Taunay nos Institutos Históricos carioca e paulista foi marcada desde o início pela exposição dessas características de escrita da Hhstória que coadunavam com as diretrizes das instituições. Durante as décadas de 20 e 30, Taunay continuou participando das atividades dos Institutos o que o levaria à máxima consagração no IHGSP em 1939, quando foi eleito Presidente Honorário da Instituição.

Ao começar os seus estudos a partir da realização de trabalhos a respeito dos historiadores da história das bandeiras, Taunay passou a ser reconhecido como o próprio historiador das bandeiras. Inserido nesse lugar de produção da história, ele impôs nessas comemorações, claramente, o conteúdo e a forma das narrativas posteriores. Taunay criou, juntamente com os letrados que compuseram sua rede de sociabilidade, um espaço de produção historiográfica que se consolidaria tanto a partir de suas publicações e atuações institucionais no Museu Paulista quanto na cadeira de História da Civilização Brasileira da nascente Universidade de São Paulo em 1934. Estava ali definido: fronteiras, ocupação e formação do território seriam os temas da história do Brasil e Taunay um dos historiadores responsáveis por essa História.

Para que a região de São Paulo, realmente, não coubesse dentro de suas fronteiras foi necessário que esses historiadores inventassem espaços para suas escritas da história, criando novos sentidos para o próprio conceito de região.

Bibliografia

Abud, Kátia. *O sangue intimorato e as nobilíssimas tradições. A construção de um símbolo paulista: o bandeirante*. São Paulo, 1985. Tese (doutorado em História). Faculdade de Filosofia, Letras e Ciências Humanas, usp, São Paulo.

_____. "A ideia de São Paulo como formador do Brasil". In: Ferreira, A. C.; Luca, T.; Iokoi, Z. G. (org.) *Encontros com a História: percursos históricos e historiográficos de São Paulo*. São Paulo: Editora Unesp, 1999.

Albuquerque jr., Durval Muniz de. "O objeto em fuga: algumas reflexões em torno do conceito de região". *Fronteiras*, Dourados, ms, vol. 10, n° 17, p. 55-67, 2008.

Ferreira, Antônio Celso. *A epopeia bandeirante: letrados, instituições, invenção histórica (1870-1940)*. São Paulo: Editora Unesp, 2002.

Ferretti, Danilo J. Zioni; Capelato, Maria Helena Rolim. "João Ramalho e as origens da nação: os paulistas na comemoração do iv centenário da descoberta do Brasil". *Revista Tempo*, Rio de Janeiro, vol. 4, n° 8, 1999.

Guimarães, Lúcia Paschoal. *Da escola palatina ao silogeu: Instituto Histórico e Geográfico Brasileiro (1889-1938)*. Rio de Janeiro: Museu da República, 2007.

Leme, Pedro Taques de Almeida Paes. *Nobiliarquia Paulistana, Histórica e Genealógica*. São Paulo: Livraria Martins Editora, 1953. (Coleção Biblioteca Histórica Paulista – Direção de Afonso de E. Taunay).

Madre de Deus, Frei Gaspar da. *Memórias para a história da capitania de São Vicente, hoje chamada de São Paulo; Notícias dos anos em que se descobriu o Bra-*

sil. São Paulo: Livraria Martins Editora, 1953. (Coleção Biblioteca Histórica Paulista – Direção de Afonso de E. Taunay). *Revista do Instituto Histórico e Geográfico de São Paulo*, vol. 1, 1895.

TAUNAY, Afonso de E. *Crônica do tempo dos Filipes*. Tours: Imprimerie E. Arrault et Cie, 1910.

_____. "A missão artística de 1816", RIHGB, t. 74, parte I, Rio de Janeiro, p. 3-302, 1911.

_____. Discurso de posse como sócio efetivo do IHGSP. RIHGSP, vol. 17, 1912.

_____. "Os princípios gerais da moderna crítica histórica". RIHGSP, vol. XVI, p. 323-44, 1914.

_____. Frei Gaspar da Madre de Deus. Conferência comemorativa do segundo centenário natalício do historiador, proferida no IHGSP, a 17 de julho de 1915. RIHGB, t. 77, parte II, 1916.

_____. *História geral das bandeiras paulistas*. Tomo Terceiro. São Paulo: Tipografia Ideal, H. L. Canton, 1927.

_____. "Prefácio". In: LEME, Pedro Taques de Almeida Paes. *Nobiliarquia paulistana, histórica e genealógica*. São Paulo: Livraria Martins Editora, 1953. (Coleção Biblioteca Histórica Paulista – Direção de Afonso de E. Taunay).

VARNHAGEN, Francisco Adolfo de. *História geral do Brasil antes da sua separação e independência de Portugal*, 4ª ed. revista por Rodolfo Garcia. São Paulo: Melhoramentos, 1948-1953, 5 vols. (primeira edição publicada entre 1854 e 1857).

Linguagem, região, fronteira e história

José Adilçon Campigoto[1]

As reflexões que seguem baseiam-se nos resultados de uma pesquisa, descrita mais adiante. Fundamentam-se na ideia de que, menos do que um dilema da "neutralidade" científica, o ato de enunciar regiões e fronteiras pode apresentar-se como uma limitação linguística, uma armadilha de certa forma a ser enfrentada por todo aquele que se expressa sobre o espaço. Trata-se do dilema imposto pelo tema, ou seja, o fato de que a referência a qualquer assunto, mesmo pela negativa, sempre implica, de algum modo, a sua afirmação.

No âmbito da escrita da história sobre fronteiras e regiões, tal paradoxo poderia resolver-se pela abstração do lugar, pelo recurso, por exemplo, à história geral, caracteristicamente reconhecida como maneira de versar sobre os acontecimentos e os espaços atendo-se aos elementos comuns, gerais ou universais. As soluções generalizantes, no entanto, resultam naquele embaraço conhecido de todos nós: a história das ideias — no caso, de região e de fronteira — obriga a tomada de algo dado aprioristicamente e, portanto, a rigor, comporta a aceitação de alguma coisa sem história.

Uma vez escrita tal "história imutável", restaria ao historiador aplicar o esquema a cada caso. Ainda assim, retornaria o dilema da nomeação, no momento de situar os acontecimentos: para escrever a história de uma região, assim como de suas fronteiras, é preciso nomeá-las, pois, do contrário, meu leitor ou interlocutor

---

[1] O autor é doutor em história cultural pela Universidade Federal de Santa Catarina, docente da UNICENTRO, Campus de Irati, lotado no Departamento de História. E-mail ja.cam.pi@hotmail.com.

não saberia de que se está falando. Mesmo quando demonstramos que tais objetos de enunciação não passam de construtos humanos, portanto, de puras invenções forjadas em campos de disputas, precisamos expressar o nome da coisa, isto é, afirmar, de algum modo, a sua existência.

Essas dificuldades decorrentes da própria linguagem, às vezes tidas como ditadura do tema, foram enfrentadas por alguns fenomenólogos que tentaram solucioná-la metodologicamente. De maneira muito ampla, o método da redução eidética consistiria em descrever os fenômenos tais como se nos apresentam, recusando incorporar qualquer coisa já dita ou escrita sobre o tema que se está a investigar.

Então, dirigindo o olhar para uma região de fronteira entre dois ou mais países, por exemplo, o que teríamos para descrever? Balizas de fronteira, acidentes geográficos, certas linhas imaginárias, a paisagem, os grupos humanos, etc.. Tal descrição de objetos e entes distribuídos num determinado espaço nos apresenta dois caminhos: levar em conta somente o que vemos e, mediante a descrição, demonstrar efetivamente que a fronteira não passa disso mesmo que se nos mostra ao olhar. Outra possibilidade consiste em deslocar a perspectiva, dirigindo o olhar aos enunciados produzidos sobre o tema e elencar os pontos de recorrência, os interesses e as determinações relacionadas àqueles que constroem tais objetos em sua materialidade discursiva. O mérito de tal pesquisa, neste caso, estaria na desconstrução de toda a forma sob a qual a tradição ocidental tem pensado regiões e linhas de fronteira.

O procedimento fenomenológico manifestará, necessariamente, a relatividade e a historicidade das construções espaciais, o que parece bem adequado aos estudos historiográficos e, mais especificamente, apropriado à crítica dos escritos históricos. Essas aplicações metodológicas, no entanto, conduzem a sérias dificuldades, pois no primeiro caso, ou o historiador restringe seu trabalho à descrição genérica e, por conseguinte, a histórica, ou terá que se haver com o velho dilema do situar e nomear. Alternativamente, o pesquisador apenas entra em contato com o que os outros disseram, deixando de abordar, diretamente, o fenômeno espacial. Seu tema não passa das coisas faladas sobre... E o historiador adquire ampla liberdade inclusive para fazer a crítica sobre a forma pela qual os outros nomeiam as coisas. Assim, o dito e o escrito adquirem sentidos a partir da intenção ou do contexto de sua produção.

O trato com as coisas ditas, expressas, narradas ou descritas no âmbito das intenções e dos contextos nos quais e pelos quais foram produzidas nos remete aos princípios metodológicos dos hermeneutas psicologistas e românticos que insistem em buscar o nexo da parte (o dito e o escrito) no todo (as intenções dos autores e o contexto histórico). Hans-Georg Gadamer aponta os paradoxos da hermenêutica romântica e psicológica assim como do procedimento filológico. Aos historiadores, quando fazemos a crítica historiográfica, faz uma advertência sobre o fechamento do círculo da história sobre si mesma, o que resultaria na abstração do saber. Tal depuração do conhecimento, alcançaria, ao final, a história do mesmo. Trata-se de um derivação inevitável, pois, a partir da crítica de si, o fazer historiográfico avançaria, depurando-se das imperfeições próprias do tempo onde se materializou e a consequência dialética já conhecemos: retornar ao absoluto. O regresso ao absoluto é, como sabemos, a negação da história.

A proposta hermenêutica filosófica, embasada nas reflexões gadamerianas implica considerar a linguagem da fronteira e da região como tradições que chegam até nós, envolvendo-nos no próprio ato de compreensão desses fenômenos. Tais objetos da compreensão deixarão, nesse artigo, de ser concebidos na forma de construções contextuais ou como produtos da intenção de algum gênio criador, ou de grupos determinados. Assim, enunciados sobre as linhas dos limites e regiões podem ser concebidos como lugares em que o espaço se dá a conhecer.

Considerar a linguagem como lugar em que os seres se dão ao conhecimento implica, em certa medida, adotar o princípio da incerteza, formulado por Werner Heisenberg. É pressupor que a realidade seja incerta, imprecisa e impreditível, e que a matéria (regiões e fronteiras, por exemplo) não tem consistência em si. Assim, as conexões entre os componentes e os relacionamentos que se estabelecem entre eles constituem os pontos que permitem a coerência a qualquer matéria. Resta, então, o princípio de que o observador faz parte da realidade observada.

Se considerarmos que fazemos parte das coisas que observamos, a própria realidade espacial emerge do relacionamento entre o sujeito observador e o objeto ou fato observado. A fronteira e a região são partes daquilo que podemos conceber como espaço-totalidade. Estes fragmentos do todo também ser tomados como totalidades, isso é, entidades constituídas de partes. Então, se trabalhamos com os sentidos das coisas, a região como território, por exemplo, é uma parte de uma totalidade mais ampla, que não é a área do qual pode ser considerada como parcela, mas do todo, que é o conjunto dos sentidos de região. Tal conjunto constitui a tradição ocidental, na qual nos movemos. Na perspectiva hermenêutica, o sentido sempre se dá na relação entre o todo e as partes. Portanto, estudar os sentidos das regiões e das fronteiras é estudar as relações e conexões entre totalidades e partes, conjuntos de sentido e componentes de significados.

O movimento que vai da parte ao todo e do todo à parte é, conforme Gadamer, a própria dinâmica da compreensão, sendo impossível encontrar sentido fora dessa relação. Devemos, então, atentar para o velho espectro da região-território, cunhado e consagrado pelos discursos imperialistas e nacionalistas, muitas vezes adotado no âmbito das ciências humanas e sociais. A região seria assim concebida como parte de uma totalidade política ou então como uma fração da paisagem, mas para além dessa concepção, quando nos posicionamos como seres componentes do próprio palavreado, região e fronteiras são seres que se dão a conhecer na e pela linguagem.

Recentemente, realizei alguns estudos sobre a região fronteiriça que se estende entre a serra do Maracaju e a Foz do Iguaçu, na dita fronteira entre o Paraguai e o Brasil. Primeiro, o levantamento de fontes e o estudo sobre a "forma científica de construção" da história da fronteira, ou seja, das representações da fronteira encontráveis nos textos acadêmicos. Em seguida, um levantamento e estudo do material relativo à compreensão dos *praticantes do espaço* e antigas narrativas regionais, principalmente aquelas que se tornaram, por assim dizer, discursos fundadores da região, tais como a narrativa sobre o surgimento da Foz, a da origem das Sete Quedas, a de como surgiu o rio Paraná e a do caminho de Peabiru. Tais narrativas são facilmente encontráveis em textos impressos, assim como se pode ouvi-las da boca dos moradores ali residentes. A idia básica era de que a linha de fronteira entre dois ou mais países não é inventada livremente pelos sujeitos como uma construção inusitada que se liga à história da definição dos espaços, ou seja, das regiões. Por este e outros motivos, não se deve estranhar o fato de que existam versões diferentes para a história da definição das regiões e dos limites, por exemplo, cada país representa um ponto de vista, principalmente, quando se trata da conhecida história diplomática.

Na perspectiva da história diplomática, geralmente, são descritos os tratados, as batalhas e outros acontecimentos que, com o tempo, tornam-se argumentos explicativos sobre a localização da linha de fronteira e, portanto, os contornos das regiões. Nas negociações sobre os limites, a história diplomática funciona como instrumental *optimum*. Tasso Fragoso, por exemplo, demonstra que em 1876, quando da negociação entre o Brasil e o Paraguai sobre as linhas de limites, o Barão de Cotegipe fez uma longa exposição histórica no sentido de convencer Carlos Loizaga, o representante paraguaio, de que a fronteira brasileira incluía o Salto de Sete Quedas.

Na construção diplomática dos estados nacionais, a história é uma das peças constituintes do saber sobre o espaço. Outras peças a comporem tais esboços são a legislação internacional, a geografia, a cartografia, a engenharia e assim por diante, mas para além deste conjunto de saberes, os praticantes da fronteira, aqueles que a atravessam no dia a dia, têm suas próprias formas de demarcar o espaço.

Neste campo, muito menos rígido do que aquele construído pela diplomacia e pela oficialidade, não se faz recorrência à fundamentação científica. O aporte é feito nas necessidades do cotidiano e nas antigas narrativas da chamada cultura popular. Podemos dizer que estas linguagens de fronteira constituem um terceiro lugar, no caso, nem Brasil, nem Paraguai, fundamental para que se complete o sentido regional.

A história oficial da fronteira é contada do ponto de vista do país onde ela é produzida. São narradas as batalhas e circunstanciados os tratados, os acordos considerados importantes para a afirmação inconteste de que as fronteiras e as regiões localizam-se ali, exatamente naqueles lugares. Outros acontecimentos, de forma geral, não são considerados como importantes para cumprir os objetivos da diplomacia. Eles não referendam e não servem como sustentação argumentativa, a não ser quando são localizáveis em épocas muito distantes, quando a base jurídica era o *uti possidetis*.

O resultado da produção historiográfica vinculada à diplomacia implica o desvio do enfoque aos aspectos cotidianos, pois é fácil demonstrar que nas regiões fronteiriças ocorrem muitas coisas além de tratados e batalhas. Trata-se de um conjunto de histórias que se tem para contar, embora não se possa sustentar a argumentação de que o "não-contado" é mais importante, ou mais histórico do que o "já escrito".

Geralmente parte-se do pressuposto de que o que foi narrado pela historiografia de uma época era o que importava para aqueles historiadores, sujeitos situados no tempo, movidos por seus interesses, também situados na história. Nesta perspectiva, que chamamos de psicologista, escreve-se a história diplomática que, deste modo, torna-se uma ciência de médio alcance. Basta analisarmos tais escritos, inquirindo os sentidos da fronteira e da região, para nos darmos conta de que aspectos como os significados das coisas dificilmente são considerados. Por exemplo, nos textos sobre a história da fronteira entre o Paraguai e o Brasil, geralmente, inicia-se a narrativa explicando que algum tempo depois da descoberta das Américas, a Coroa portuguesa, assim como a espanhola, iniciou o movimento da divisão de suas posses. Nessa história geral, segue-se o encadeamento descritivo e analítico das disputas, das batalhas, das negociações e, assim por diante, até chegar ao momento em que os contornos regionais ficaram estabelecidos.

Trata-se de uma escrita sobre acontecimentos ou referente a estruturas políticas, econômicas, sociais ou culturais. Então o espaço é considerado como cenário dado, sobre o qual será preciso traçar os limites. Evidentemente, a narrativa destes eventos e sobre estas estruturas oferece uma visão pertinente sobre o modo pelo qual determinado objeto veio a ser ou tornou-se o que é. Pode ser uma escrita rica em detalhes, oferecendo explicações coerentes e até mesmo fascinantes, mas o fato de tomar a fronteira e a região como artefatos construídos a partir de disputas ou determinados pelas estruturas empobrece a escrita da história.

Primeiramente, os procedimentos em que se parte do dado implicam aceitar, de antemão, a existência efetiva de algo, ou seja, incorporar coisas que extrapolam ao mundo da história. No caso da escrita dessa fronteira, que ilustra bem o problema, para além dos acontecimentos diplomáticos, das guerras, das batalhas e das estruturas resta uma linguagem sobre as torções e as retificações das linhas, a "plantação" e o recolhimento dos marcos de fronteiras.

A coreografia dos traçados e balizas, além de ser vinculada aos interesses dos grupos, às estruturas sócio econômicas ou culturais, também é atrelada aos contextos em que ocorrem. Tais conexões verificáveis nos textos são decorrentes do fazer interpretativo adotado pelos intérpretes contextualistas. Estes apelam a certos fatores de sentido tais como: a defesa ou a ampliação do espaço, a vontade de poder, a ganância, as políticas de exploração, as dinâmicas do capital e o imperialismo cultural.

Os traçados de limites, no entanto, não são dados naturais já que dificilmente seria sustentável a tese de que herdamos espontaneamente a prática de estabelecer, defender e conquistar territórios. A persistência das culturas nômades é um fenômeno que depõe contra as teses da fronteirização natural, que seria um dado essencial à vida dos agrupamentos humanos. Nesse ponto coloca-se uma questão crucial para a escrita da história da fronteira e da região: como, em nossa sociedade, as linhas de fronteira adquiriram um significado tão central?

A questão envolve, de imediato, todos aqueles que pesquisamos e escrevemos sobre região e fronteira, tomando-as como coisas dadas, ou não. Pode-se dizer que na linguagem científica ou sistemática tais termos foram profundamente vinculados a estado e território, pelo menos do ponto de vista geográfico.

Como dizia Ratzel,

> Exatamente porque não é possível conceber um Estado sem território e sem fronteiras é que vem se desenvolvendo rapidamente a geografia política; e embora mesmo a ciência política tenha frequentemente ignorado as relações de espaço e a posição geográfica, uma teoria de estado que fizesse abstração do território não poderia jamais, contudo, ter qualquer fundamento seguro". (Magnoli, 1997, p. 07)

Assim, a fronteira pode ser tratada como um fenômeno periférico e não sem razão lógica porque, se o poder do estado, o território ou o povo que o habita representarem elementos centrais, evidentemente, a fronteira simula o aspecto periférico, aparecendo como o resultado da criação e da instituição dos estados, da definição dos territórios e da construção das identidades nacionais e regionais. A construção das fronteiras estaria ligada ao poder centralizador, mas também a outras formas de poder.

Magnoli, por exemplo, refere-se a certo poder coletivo e legitimador como "... o resultado de uma operação criadora, que manipula história e geografia, tempo e espaço, para gerar uma nação onde antes existia, quando muito, uma frágil zona cultural" (Magnoli, 1997, p. 12). O autor sustenta a tese na argumentação de que o sentido moderno de nação teria adquirido sentido somente depois da derrocada do absolutismo. Para ele, até o século XVIII, a expressão teria o significado de lugar onde se nasce. A produção historiográfica teria sido um dos campos fundamentais para o surgimento e o estabelecimento da ideia de nação.[2] Argumenta que os imaginários nacionais, em que os territórios adquirem sentidos homogêneos e simbólicos de pátrias, emergiram das obras dos geógrafos. Essa invenção coletiva teria oferecido boa parte da matéria com que os historiadores construíram as chamadas histórias nacionais. O autor parte do princípio de que a elaboração imaginária das fronteiras, das regiões e das nações, de alguma forma, precede à concretização de tais entidades.

De fato, podemos constatar a existência de vários estudos sobre a dita ação dos manipuladores da história e da geografia, do tempo e do espaço, visando gerar a nação e, por consequência, suas regiões e fronteiras. Tal abordagem, no entanto, facilmente retrocede à perspectiva idealista e aos problemas decorrentes dessa pro-

---

[2] O autor cita, na página 17, um texto em que Bernard Guenèe afirma serem os historiadores que os criam as nações.

posta filosófica, mas não se pode negar os efeitos e resíduos da linguagem sobre os fenômenos e sua compreensão.

Não se trata de pressupor que os enunciados sobre fronteira, região, território e nação, proferidos e fixados pelos historiadores e geógrafos, geram o imaginário social que se plasma nos espaços a que se referem. Podemos, no entanto, considerar que o horizonte de compreensão no qual esses fenômenos se dão a conhecer modifica-se, torna-se mais amplo, em certa medida, devido ao trabalho dos historiadores e geógrafos que se dedicam a estudar e produzir enunciados sobre tal assunto.

A ampliação de tal horizonte não significa o rompimento com o anterior, mas apenas evidencia que toda compreensão, incluindo a de fronteira e de região, acontece na e pela linguagem. Assim, os geógrafos e historiadores do século XVIII não criaram outra linguagem totalmente nova e radicalmente diferente da anterior para enunciar seus temas e proposições. A tese de que esses sujeitos criaram a nação e os contornos de tais espaços, desse ponto de vista, será insustentável até porque nem mesmo as designações de tais fenômenos foram modificadas. Qualquer que seja nossa posição em relação à fronteira e à região, quer as tomemos como dados ou como construções, quer as aceitemos ou as neguemos, é sobre elas que estaremos nos referindo. Trata-se do resíduo da linguagem.

Será mais coerente e lógico, portanto, dizer que não se trata de criar imaginários territoriais, mas antes de afirmar, pela retomada, a sua existência, mesmo na perspectiva crítica. Compreende-se então que, em certa medida, escrever a história da fronteira, da região e assim por diante, implica estabelecer linhas de limites e evocar características parciais de uma totalidade pelo simples fato de fazermos circular os sentidos das coisas a que estamos nos referindo. Podemos escrever teses afirmando que deveria localizar-se em outro lugar; poderia colocar-me contra as fronteiras, as regiões ou pregar o fim de todas as linhas de limites e, mesmo assim, estaria afirmando sua existência.

A consciência dessa limitação própria da linguagem, no entanto, não nos conduzirá a qualquer atitude passiva diante dos fenômenos acima referidos. Quer dizer tão somente que seriam ilusórias todas as tentativas de compreensão nas quais o intérprete tentasse se colocar fora do mundo da linguagem, fora das tradições e dos horizontes de compreensão.

Podemos dividir a tradição ocidental, que é bastante distinta da indígena, sobre região e fronteira em acadêmica e popular, mas somente para o efeito didático desse texto. O trabalho de pesquisa nos permitiu concluir que nas obras mais recentes a respeito da região da fronteira o rio aparece com lugar em que ocorreu a ocupação de terra, especialmente por colonos vindos de outras regiões do Brasil. Aparece, igualmente, na forma de espaço ocupado por instituições oficiais como o exército e a marinha e pelas companhias colonizadoras sendo, portanto, alvo de políticas nacionais e privadas de ocupação do espaço. A construção da usina hidroelétrica de Itaipu é estabelecida como um dos marcos cronológicos da história mais recente da região lindeira. Destacam-se as mazelas causadas pela inundação das terras e as originadas pela desapropriação das terras pertencentes aos colonos anteriormente estabelecidos às margens do rio. Há grande ênfase nos processos de indenização das terras e nas injustiças cometidas no processo de desapropriação. Dessa forma, o rio da fronteira aparece como lugar da injustiça, espaço em que o cotidiano, às vezes bucólico para os colonizadores, foi completamente alterado depois da inundação das terras. Trata-se de modificações de ordem econômica e cultural, uma vez que, foram alteradas as condições e os modos de vida dos colonos, dos pescadores, dos moradores das ilhas, dos comerciantes, dos atravessadores, dos assaltantes, dos contrabandistas, dos trabalhadores, dos que compraram terras no Paraguai, dos chamados *brasiguaios* e, enfim, de todos os que transitam ou habitam a região da fronteira. O rio aparece como lugar de um novo conflito: a violência e o assalto. Veicula-se um discurso de que a formação do lago de Itaipu facilitou, em muito, várias formas de atividades ilegais, como, por exemplo, o roubo de veículos e máquinas agrícolas porque, antes, havia lugares nos quais era praticamente impossível realizar a travessia do rio. Depois da construção da usina, o lago ampliou enormemente a possibilidade de navegação aumentando as dificuldades para o devido policiamento e fiscalização das atividades realizadas no seu entorno. O lago, no entanto, também aparece como uma fonte de uma nova economia regional na historiografia mais recente. A pesquisa destaca um discurso em que a região inundada representa um grande potencial econômico para a região Oeste do Paraná especialmente no que diz respeito ao seu aproveitamento para as atividades de lazer e o potencial da biodiversidade do sistema. Fala-se muito da piscicultura e seu potencial energético.

Percebe-se que os antigos e recentes enunciados sobre o rio Paraná, o rio da região da fronteira entre o Brasil e o Paraguai, apresentam-se como discursos fundadores de novas realidades: no lugar em que havia um rio de fronteira, encontra-se, agora, um dos maiores lagos artificiais do planeta. São enunciados de fundação, da destruição de uma antiga realidade e da criação de uma nova.

Esses conjuntos de sentidos estão relacionados aos antigos mitos, ou seja, às narrativas, do rio Paraná: às histórias da *Mboiaçu* e do deus sol que, no rio tranquilo e sonolento, criaram as turbulências das cachoeiras das Sete Quedas e do Iguaçu. São narrativas de criação e destruição, de caos e de ordem, relacionadas à figura do rio e das águas que remetem aos antigos mitos egípcios e gregos e à tradição greco-latina, na qual os rios aparecem como fonte da vida e imagem da história.

A investigação sobre as narrativas da fronteira nos leva a perceber outras formas de enunciação a respeito da região fronteiriça. O taxista Francisco Ferreira Motta, por exemplo, referindo-se à construção de estradas, na região fronteiriça, diz que se lembra de certa época em que obteve bom lucro com o transporte de pessoas e isso se deu quando *"... uma empresa brasileira foi contratada pelo Paraguai para abrir a estrada de caaguazú, até a fronteira com o Brasil."* (Retratos, 1997, p. 106-107). O enunciado emitido por Francisco refere-se a acontecimentos em que a região da fronteira serve como cenário. Mesmo vivendo e tendo nascido no Brasil, para ele a fronteira é do Paraguai com o Brasil, talvez porque a estrada, objeto da narrativa, foi construída iniciando no país vizinho até chegar ao Brasil.

Argemiro dos Santos, por sua vez, ao narrar sua história de vida, como marinheiro a serviço da Capitania dos Portos do Rio Paraná, entre as décadas de 1940 e 1970, diz que, *"havia, naquela época, muito contrabando entre o Brasil e o Paraguai"* (Retratos, 1997, p. 41-42). Supõem-se, por força da ordenação dada aos países no seu texto, que a direção tomada nesta circulação de mercadorias seja a mesma da ordem textual. Segundo o relato, os principais produtos comercializados ilegalmente, nesse período, eram a farinha de mandioca, o café e a água ardente. Num dos episódios narrados por ele, em que um grupo de patrulheiros do qual fazia parte teve como tarefa interceptar um carregamento de bebidas alcoólicas em Porto Britânia, margem brasileira do rio Paraná, aponta que se tratava da *"cachaça paraguaia, Aristocrata"*. Nessa narrativa, Argemiro utiliza um termo tradicional no âmbito diplomático: "fronteira entre". Mas a prioridade hierárquica, na ordenação da narrativa é conferida ao Brasil. A cachaça vinha do Paraguai, mas a fronteira é entre Brasil e Paraguai e não o contrário. As formas de ordenar a fronteira e a região, portanto, são variadas como se percebe no depoimento de Madalena Aquino Martins.

Essa transeunte da fronteira diz que nasceu no ano de 1904, na cidade de Encarnación, no Paraguai. Mudou-se para Corrientes, na Argentina, em 1919 e migrou para Foz do Iguaçu, no Brasil, em 1926. Ali passou a viver desde então. A narradora não especifica, em momento algum, as fronteiras. Não nomeia e nem qualifica e, no entanto, situa o leitor porque a ordem dos países nomeados coincide com a trajetória de sua vida. Portanto, não ordena o mundo a partir do espaço espacializante, nem de algum conceito estabelecido *a priori*. Talvez esta seja a capacidade única e indivisível de traçar o espaço e a fronteira evitando as armadilhas da linguagem.

Madalena não procura os contextos, nem o que os outros dizem sobre a fronteira. Não faz classificações nem se preocupa com ordenações. Eleva, assim, sua história ao primeiro plano, o que coincide com o princípio básico da hermenêutica filosófica. Nessa perspectiva, as questões fundamentais iniciam quando o pesquisador se pergunta: por que aceito, sem questionamentos, que a fronteira existe? Em que tradição me movo para pensar deste jeito? A partir disto as tradições começam a despontar no próprio ato da enunciação: os saberes transmitidos pelo estado moderno, a linguagem diplomática, a cartografia, das escolas, a geografia, a teoria da percepção, os saberes esquecidos, as falas do cotidiano, as antigas e novas narrativas e tantas outras. Todos esses sentidos formam o horizonte de compreensão no qual a região e a fronteira se dão a conhecer.

Bibliografia

ALMEIDA, Aluízio de. "O vale do Paranapanema". *Revista do Instituto Histórico e Geográfico Brasileiro*, Rio de Janeiro, out./dez. 1959, 245, p. 237-8.

CAMARGO, Fernando Silva. *Britânicos no Prata: caminhos da experiência*. Passo Fundo: Universitária, 1996.

CARDOSO, Efraim. *Los derechos del Paraguay sobre los Saltos del Guairá*. Assunção: Guaireña, s/d.

GADAMER, Hans-georg. *Verdade e método*. Petrópolis: Vozes, 1998.

FRAGOSO, Augusto Tasso. "A paz com o Paraguai depois da guerra da Tríplice Aliança". *Revista do Instituto Histórico e Geográfico Brasileiro*, vol. 174, 1940, p. 1.

FRANCO, Arthur Martins. *Recordações de viagens ao Alto Paraná*. Curitiba: Imprensa da UFP, 1973.

GANDIA, Henrique. "Los enigmas del descubrimiento del Rio de la Plata". *Revista do Instituto Histórico e Geográfico Brasileiro*, vol. 321. Rio de Janeiro, vol. 321, out./nov. 1978, p. 237.

HOLANDA, Sérgio Buarque de. *Visões do paraíso*, 5ª ed. São Paulo: Brasiliense, 1997.
JANOTTI, Aldo. "Historiografia brasileira e a teoria da fronteira natural". *Revista de História*, nº 101, 1975.
JAQUET, Héctor Eduardo. *Los historiadores y la producción de fronteras. El caso de la província de Misiones (Argentina)*. In. www.unesco.org/most. Acesso em 25/04/2002.
MAGNOLI, Demétrio. *O corpo da pátria*. São Paulo: Moderna, 1997.
MARTINS, Romário. *História do Paraná*. Curitiba: Travessa dos Editores, 1995.
MILLER, Henry. *Cabeza de Vacca:* naufrágios e comentários. Porto Alegre: L&PM, 1987.
RENEERKENS, J. *Poesias de J. Reneerkens*. Toledo: Sul Gráfica, 1978.
RETRATOS DE FOZ DO IGUAÇU. Umuarama: Gráfica e Editora Paraná, 1997.
ROCHA NETO, Bento Munhoz da. *O Paraná, ensaios*. Curitiba: Coleção Farol do Saber, 1995.
RODRIGUES, José Honório. *História da história do Brasil: historiografia colonial*. São Paulo: Nacional; Brasília: INL, 1979.
SAATKAMP, Venilda. *Desafios, lutas e conquistas: história de Marechal Cândido Rondon*. Cascavel: Assoeste, 1984.
SANTOS FILHO, Benedito Nicolau. *Mitos e heróis do folclore paranaense*. Curitiba: Imprensa Universitária, 1979.
SALGADO, Plínio. *A voz do Oeste*, 5ª ed. São Paulo: Voz do Oeste, 1978.
SILVEIRA NETTO, Manoel de Azevedo da. *De Guairá ao Saltos do Iguaçu*. Curitiba: Fundação Cultural, 1995.
SILVEIRA, Mauro Cezar. *A batalha do papel*. Porto Alegre: L&PM, 1996.
SPERANÇA, Alceu A. *Cascavel: a história*. Curitiba: Lagarto, 1992.
TAUNAY, Alfredo d'Escragnole. *A retirada de Laguna*. São Paulo: Companhia das Leras, 1997.
VIANNA, Hélio. *História diplomática do Brasil*. São Paulo: Melhoramentos, 1948.
História del Paraguay. Assunção: Editorial Dom Bosco, 1973.

Região editada

História territorial em narrativas de Paraná

Liliane Freitag[1]

A PRIMEIRA METADE DO SÉCULO XX, época de realização da recém-criada República, também foi um período farto em publicações laudatórias que em seu conjunto expressam parte do acervo discursivo de significações de nação. Essa máxima é válida para a extensão meridional do Brasil, identificada como tríplice fronteira internacional, Argentina, Paraguai e Brasil, mas, sobretudo, sedimentada ora pelas virtudes ora pelas mazelas de seus sertões. Discursos criados pela argúcia de seus autores tiveram sua longevidade assegurada no imaginário coletivo da nação e, assim como tantos, faz parte do acervo de explicações de Brasil. É sobre eles que falaremos.

Reconhecidos e alimentados – ora estigmatizado, ora positivado, – os sertões estão presentes em diversos contextos vivenciados pela sociedade brasileira, como nas esferas do pensamento social brasileiro, no universo do imaginário popular e também nas representações de progresso da ordem republicana no país. Contudo, os sertões sugerem lugares ermos, ilhas ou, ainda, pontos afastados da nação.

Como ressaltado por Amado (1995, p. 145), o sertão se confirma no conjunto da história nacional como uma categoria,

---

[1] Dr.ª em História, área de concentração em História e Cultura, Universidade Estadual do Centro Oeste – UNICENTRO, Pr. Membro do Grupo de Estudos Cultura, Etnias, Identificações. Linha: cultura, região e representação. Pesquisadora do Núcleo de Referência Agrária – UFF, BR. lilianefreitag@uol.com.br

de senso comum, pensamento social ou imaginário, [...] importantes para designar uma ou mais regiões, [...]. Conhecido desde a chegada dos portugueses, cinco séculos depois, "sertão" permanece vivo no pensamento e no cotidiano do Brasil, materializando-se de norte a sul do país como a sua mais relevante categoria espacial.

Acrescenta-se ao pensamento da autora que os discursos de sertão ou sertões foram e continuam sendo (re)alimentados e (re)interpretados sob novas roupagens.[2]

Sendo assim, diferentes sertões foram revelados para a sociedade, passando pelas versões de um Câmara Cascudo – e a vinculação sertão-litoral como metáforas da tradição e modernidade, Capistrano de Abreu, (1853-1927) e as representações de uma natureza antagônica, mas, sobretudo positivada. Não poderíamos deixar de citar ainda as contribuições de Silvio Romero, Euclides da Cunha, Gilberto Freyre no rol do pensamento social brasileiro que debate a formação, o desenvolvimento e o futuro da nacionalidade.

Contudo, os *Sertões do Iguassu, Sertões do Guairá*, ou ainda os *Sertões do rio Paraná*, apesar dos significados comuns a todos os sertões brasileiros, carregam significados que foram dissecados através da advertência de viajantes nacionais que sugerem caminhos para a nação, representando uma leitura de região. Para tanto, teremos a preocupação em recolocar o lugar dos argumentos engendrados nas narrativas de *sertões paranaenses* para destacar particularidades do conjunto das narrativas que analisaremos e estabelecer em que medida estão justapostos aos argumentos de Brasil tecidos no interior do pensamento social brasileiro. Qual Paraná é apresentado pela literatura de viagem? Que lugar ocupa o Paraná na narrativa de modernidade desses homens seletos? Modernidade, questão nacional que persegue a nossa intelectualidade em diversos períodos e, com aparatos, sejam científicos, literários, ou artísticos, o que importa é o Brasil narrado. Ora com problemas, ora com potencialidades, mas, sobretudo, conjeturado.

O fim do século xix e o inicio do século xx carregam o ideário de civilização ocidental e, muito embora, o primeiro estivesse marcado pela escravidão, vivenciava-se a urbanização. O tempo da República, contudo, é simbolizado como era da civilização, progresso, crença na ciência e na função moralizadora da educação. É também uma conjuntura perpassada pela busca por dados técnicos, localização

---

[2] Destacado por Arruda (2000). Assim como o autor, não temos pretensões de analisar origens e amplitudes que o termo "sertão" assumiu na sociedade brasileira, isso foge a nossos intentos de pesquisa.

precisa e descrições do território consistindo em certo redescobrimento do Brasil. Os territórios a oeste do país encontravam-se na ordem do dia especialmente sob o ponto de vista da afirmação de limites interestaduais entre os estados de São Paulo – Rio de Janeiro, São Paulo – Minas Gerais e São Paulo – Paraná, e daqueles territórios de faixa de fronteira internacional, cuja extensão Brasil – Paraguai – Argentina, viemos nos debruçando ao longo da trajetória de nossas pesquisas.

Nacionalizar aquela fronteira significava na conjuntura recriar a região tendo como baluartes a inserção de trabalhadores nacionais cuja ética assentava-se na ética do trabalho. Atitude essa, que sustentou a modernização tardia, que só se consolidaria pós década de 1960, período de intensificação da malha viária, cuja inexistência representava a muralha que impedia o progresso, segundo o discurso dos viajantes.

Na capital paranaense, especialmente entre o início do século XIX e o fim da década de do século XX habitava, em alguns meios intelectuais, a ideia de um estado condenado pela falta de tradição e modernidade, e cuja expansão do mercado editorial local (e nacional) serviu de ponto de intersecção entre interesse comercial e um projeto identitário e moderno de região.[3]

Pessimismos à parte, o fato é que o mercado editorial do século XX é tributário das experiências editoriais anteriores, cuja década de 1930 é conhecida como época do grande surto editorial e da expansão no mercado de livros. Nasce a Companhia Editora Nacional, surge a Editora Globo, a José Olympio, Francisco Alves e Melhoramentos (Dutra, 2006). Sendo que os avanços tecnológicos anteriores já permitiam a publicação das experiências culturais e científicas dos homens de letras no país. Em 1925, Monteiro Lobato funda a Companhia Editora Nacional, empresa essa considerada pioneira na separação do trabalho gráfico do trabalho de edição, indicando a modernização de parque de edições que o país vivenciava naquela década.

Os autores das narrativas de viagem, com alegria, viam suas palavras lançadas à sociedade como fonte de informação sobre o país. Contudo, o país vivenciará uma revolução na indústria editorial dos livros no Brasil entre as décadas de 1920-30. Em 1931, cria-se a coleção Brasiliana, coleção essa que, sob os auspícios da Companhia Editora Nacional, disseminaria a produção literária, historiográfica e também uma memória para o Paraná o que significava a inserção daquele estado no cenário

---

[3] Marcada pela fundação da Tipographia Impressora Paranaense, empresa fundada em 1854, a convite do então presidente da recém-criada província, Zacarias de Góes e Vasconcelos.

brasileiro como potencialmente apto ao progresso, sugerindo que possui uma tradição nascida da experiência da modernidade citadina.

Expoentes de notório saber da sociedade, alguns pertencentes à intelectualidade simbolista e/ou paranista, assim como militares – engenheiros – detentores do conhecimento técnico-cientifico, esse filho dileto da modernidade – também funcionários de primeiro escalão do governo do estado do Paraná, bem como jornalistas e outros tantos sujeitos, fazem parte do rol dos autores que levaram a público a sua criação. A região se vê materializada no impresso.

Dos atributos que cercam esta criação, analisaremos pequena parte que constitui o mosaico dos sertões paranaenses, também sertões da nação. Seguiremos o elaboração da região percorrendo os deslocamentos realizados por José Candido da Silva Muricy, Manoel de Azevedo da Silveira Netto, José de Lima Figueiredo e Pietro Cezar Martinez. Esses, assim como Carlos Coelho Junior, Julio Nogueira, Domingos Nascimento e tantos outros que tiveram suas viagens publicadas, dissecaram a nação com a argúcia de olhares treinados segundo o modelo ciência e da modernidade: dois fetiches a serem alcançados no contexto paranaense da época.

José Muricy, Silveira Netto, Lima Figueiredo e Cezar Martinez, como eram conhecidos pelos pares, constituíam o cenário da produção literária paranaense, espaço esse reservado a certa casta reconhecida como "plêiade seleta de moços de talento," que se dedicavam a produção de saberes nacionais. (Rocha Pombo, 1980: 127).

Tal retórica revela ideários da elite citadina (Cf. Needell, 1993), leia-se, curitibana, para a qual, o desenvolvimento cultural e o progresso representavam a depuração dos males que assolavam o estado e, por conseguinte, a coletividade paranaense, ideário já sustentado quando do projeto de criação de uma Universidade Paranaense no fim do século XIX.[4]

A publicação de José Cândido da Silva Muricy, membro do Instituto Histórico Geográfico Etnográfico Paranaense, *Á foz do Iguassú. ligeira descripção de uma viagem feita de Guarapuava á Colônia da Foz do Iguassú em novembro de 1892*, consiste em um empreendimento da Typographia Impressora Paranaense, empresa que responsabilizou-se em proliferar as narrativas de viagem dos membros daquela Instituição.[5]

---

4 Cf. Waschowicz (2006) e Campos (2009).

5 O autor foi membro fundador do Instituto Histórico Geográfico Paranaense. Assim como os demais participantes do referido Instituto Histórico, destacou-se pela ampla produção de trabalhos relacio-

Muito embora o simbolista paranaense, Silveira Netto, e o Inspetor de Ensino do Paraná, Cezar Martinez, tenham recorrido às Editoras Monteiro Lobato e Companhia Editora Nacional, respectivamente, a política editorial de ambas assentavam-se em matrizes comuns quanto a impressão da vida política da nação, da qual os relatos de viagem eram artífices. O primeiro, financiado pelo governo paranaense, fez intenso uso do recurso fotográfico e a série de conferências públicas realizadas na capital da República se responsabilizou em dar o toque de publicidade à região.[6]

Ao contemplarem o campo temático "narrativas de viagem", essas editoras – especialmente saudadas por intelectuais e homens públicos dos anos 1930 – se dedicaram a divulgar a nação tendo na natureza o argumento necessário para sua construção[7]. A narrativa de viagem, portanto, já constituía um gênero garantido no mercado editorial brasileiro. Os livros impressos pela Nacional consistem em lugares únicos onde a nação era revelada à coletividade. A valorização da natureza como personagem de primeira grandeza era promessa de construção de um Paraná moderno. As solidões dos seus sertões são apresentadas como entidades esquecidas, mas também positivadas, permitindo a seus leitores um contato dual e simbólico do Paraná com o Brasil enquanto metáforas de sertão e litoral.

---

nados ao programa desse Instituto, tais como relatos de viagens, expedições de reconhecimento do território, organização e catalogação de acervo documental referentes à história regional paranaense.

6 A primeira delas foi apresentada em colóquio denominado Sábados Literários e teve como público um seleto grupo de intelectuais no Rio de Janeiro no ano de 1910. O recurso fotográfico também foi explorado pela historiografia que emerge associada ao projeto colonizador para esse espaço em meados do século XX. O uso desse recurso na construção de uma história e de uma memória para o espaço, explorará no capítulo III tese que defendemos no ano de 2007 pela Universidade estadual Paulista Júlio de Mesquita Filho, Campus de Franca, SP, sob orientação da Dr.ª Teresa Malatian. *Extremo-oeste paranaense*: história territorial, identidade, região e (re)ocupação.

7 Dutra (2006) analisando a organização da Coleção nos dá noção da amplitude do projeto intelectual e dos alicerces que a sustentavam: a acumulação de saberes e o intento de ser o um poderoso espaço de cultura nacionalista. Os campos temáticos coesos eram apresentados em unidades: "Antropologia, Demografia, Arqueologia, pré-história, Biografias, Botânica,e Zoologia, Cartas, Direito, Economia, Educação e Instrução, Ensaios, Etnologia, Filologia, Folclore, Geografia, Geologia, História, Medicina, Higiene, Política e Viagens." (Dutra, 2006, p. 305). Foi desse projeto pedagógico de nação que os relatos de viagem que analisamos foram tributários.

Com diferentes matrizes, tem-se no conjunto das narrativas de viagem ao Paraná uma memória de nação que em termos gerais e com as devidas variações acompanham os argumentos de Silveira Netto (1939, p. 87).

> O viajante que penetra aquela viçosa e secular florésta verá surpreso erguer-se por todos os lados, cheios de um bélo colorido e formosissimas frondes: a peroba [...] o ipê ou lapacho dos argentinos que na primavera enfeita as encostas com suas flores purpurinas, [...] a tajuba de largas folhas cinzentas, sem branco na madeira, que doce no emoldurar e de grande duração é uma riqueza combinando com o verde-escuro do ipê, [...] a guajuvira, béla arvore esguia, de folhas miudas e ramagens abundantes, [...] a cabreuva, [...] de um perfume suave.

As palavras do simbolista tecem o grande assunto nacional: a natureza. De fato, o pequeno excerto extraído do texto de Silveira Netto evidencia estilo artístico que acompanha toda a narração. E se as noções positivadas que invadem a retórica em um primeiro momento parecem negar as solidões dos sertões paranaenses. É, ao contrário, na expressão máxima da beleza das paisagens locais que o sertão é revelado. É, portanto, da sobreposição de sentidos da paisagem que o autor cria o sertão revelando assim mais indícios da subjetividade que perpassa o mundo desse poeta simbolista. Aliás, o discurso assegura a longevidade da natureza local como atributo natural na definição positiva de Brasil.

Para Myskiw (2008, p. 7), as descrições das "paisagens exuberantes, [...] fertilidade da terra, a enorme quantidade de caudalosos rios e seus afluentes, bem como da exploração desses espaços por homens paranaenses, consistia, nas linhas e entrelinhas dos textos [...] em forma de narrativas de viagens pelo interior do Paraná, em retratar as feições de um Estado moderno e promissor."[8]

Certamente a divulgação de adjetivos de região fazia parte do projeto político de divulgação das belezas paranaenses e seus potenciais circunscritos. No entanto, um olhar mais apurado percebe que, nas declarações de modernidade, esta ainda

---

8 Myskiw (2008, p. 1), em seu estudo da produção literária de Rocha Pombo, Romário Martins, Dario Vellozo e Euclides Bandeira no cenário curitibano entre os anos 1870 e 1920, pretendeu destacar a importância das casas tipográficas, das oficinas de redação dos jornais e de seus respectivos editores para a construção de hábitos de leituras na população curitibana; nos leitores e nas práticas da leitura." E, se por um lado, as intenções de compreender "a construção de hábitos de leituras na população curitibana; nos leitores e nas práticas da leitura" são questionáveis, o texto revela o fato de que as casas tipográficas consistiram em importantes lugares de materialização da região edificada pelos olhos viajantes.

sai como uma necessidade. O estado era uma entidade da federação com atributos para a boa germinação do progresso. O Paraná moderno seria ainda uma possibilidade a ser alcançada, via necessária para a depuração dos males que afligiam o estado e dificultavam o progresso. Argumentava-se em prol da criação de uma malha viária acrescida da recuperação daquelas já existentes, porém escassas. Com isso, visava-se resolver dois importantes problemas: o escoamento da produção e a nacionalização da faixa de fronteira internacional. Tais questões consistiam na necessária integração entre os espaços nacionais, ainda que o aproveitamento dos fartos recursos naturais do território fosse a grande proclamação dos viajantes.

A modernidade, portanto, ainda soava uma faceta a ser atingida. Ademais, a amplitude do tema só poderá ser alcançada se levarmos em conta o trabalho de seleção das representações da natureza na apresentação pública da região. A espetacularização da cultura paranaense, dada por intermédio da modernidade, demonstrava que o passado estaria inscrito na região e, por conseguinte, nas potencialidades inerentes aos sertões paranaenses. Forjava-se assim, por um lado, um Paraná sob a aparência de modernidade (em potencial); por outro, os apelos para o progresso no interior das narrativas, reafirmam o a negatividade como componente de região.

Dentre as representações que colocam em exposição a natureza e suas barreiras para o progresso cabe o destaque para a análise de Silveira Netto (1939, p. 42), segundo a qual aquela área de encontro das fronteiras políticas entre Brasil, Argentina e Paraguai habita um Brasil perdido que impunha ser recuperado para a consumação da nação. Os predicados dos recursos naturais onde se faz latente as forças necessárias para a modernidade ocupam lugar de excelência cujo aproveitamento racional deixaria para traz as mazelas do atraso.

> [...] léguas de terras de uberdade moça e fecunda, marcando uma região estratégica das mais importantes para nós.
>
> [...] não fosse o abandono allí dominante por anos seguidos, da parte dos poderes públicos nacionais e teriamos hoje um recanto em nosso país em nada inferior talvês ao celebrado parque norte-americano *Yelo-Stone*.

Ao longo dos inventários, portanto, deve-se considerar que a região é criada em meio a intertextualidade evidenciadas, entre descrições idílicas da paisagem e sua demonização. Assim, através das palavras dos narradores, homens forjados segundo valores da civilização, desdobra-se a região, uma terra destinada à civilização. Trata-se de uma visão de região como um espaço em potencial para manifestações de processos de modernidade dotados de significados. Por sua vez, as representações positivadas das matas, árvores e águas faz do ato da narrativa uma manifestação de territorialidade. Muito embora, aqui, o termo territorialidade esteja associado a questões de ordem política, no contexto, vincula-se à construção da identidade nacional.[9]

No discurso a seguir, Silveira Netto (1939, p. 144) reforça a positividade simbólica do sertão (vide fotografia 3).

> Chegamos finalmente. [...] a ampla e tumultuosa epopéia das águas. Minha expectativa é ultrapassada impetuosamente. [...] ao colimarmos os primeiros borbotões das águas.
>
> A campina e a floresta sugerem-nos a visão pictual dos nossos grandes paisagistas.
>
> Nem as sugestões da poderosa imaginativa de Da vinci [...] seriam capazes de dar a impressão nítida e suprema daquele assombroso espetáculo de águas revoltas rolando em perturbadora atoarda de cataclismos. Nem a narração, nem a téla, nem a fotografia [...] dão ideia siquer, da superestesia que nos empolga ante aqquela febre de movimento e beleza.

Eis aqui o discurso de sertão criado pelas práticas de representações sociais do autor sobre a natureza. A narrativa de sertão se expande para o campo das sensibilidades o que proporcionará ao leitor um encontro simbólico com esse universo de sensações inerentes àquele sertão.

> Os sertões do Iguassú constituem uma zona inteiramente diversa, uma espécie de Amazônia, ainda não acabada para a habitação do Homem. O brasileiro desconhece-a como si não fora um pedaço do Brasil. E, na verdade é mais paraguaya e argentina, pois que nem o nosso idioma, nem o nosso dinheiro, ahi conseguiram chegar. Os poucos nacionaes que ai aportam, embora de passagem, no desempenho de um mandato oficial, submetem-se ao meio que lhes deita o braço de ferro e os converte, pelo menos aparentemente. Nessa longa faixa de sertões intermináveis, sob um sól ardente e creado, habita em certos pontos,

---

9 Segundo interpretações do espaço a partir de suas dimensões culturais- simbólicas, a territorialidade enquanto categoria ou conceito revela uma interpretação acerca dos espaços-região a partir de valores e significados não apenas materiais. Cf. Haesbaert (2004).

uma onda humana, transitória, que chega e parte, todos os dias, para de novo voltar e de novo partir. (Martinez, 1925, p. 8).

No ano de 1924, esse misto de crônica de aventura e guia turístico, nas palavras do então Secretário de Estado do Paraná, Cezar Pietro Martinez, definem a região.[10]

Na época, os marcos territoriais dessa área fronteiriça já haviam sido definidos. No entanto, a integração era ainda um ideal a ser atingido para a completa formação da nacionalidade. Nesse contexto, o estado do Paraná, através de alguns de seus governantes, assumirá um projeto político propondo a ocupação demográfica e a ligação com as demais áreas do estado através da implementação de um amplo sistema viário. Atitude essa visando a interiorização das fronteiras estaduais e também a ampliação da fronteira econômica na direção do oeste do estado.

Independente das transformações dos traçados rodoviários durante a década de 1950, sobrevivem ainda os *Sertões do Iguassú*, – entendido como extensão que compreende a margem oriental do rio Tibagi até as margens do rio Paraná e, seu alcance até as Cataratas do Iguaçu, – representações de um espaço "sem dono." Manifestações desse tipo foram recorrentes na narrativa de Julio Nogueira,[11] autor que, a exemplo dos demais, também destaca a falta da brasilidade desses sertões paranaenses: "[...] o pharmaceutico é paraguayo; o médico é espanhol; o chefe de contabilidade e o do deposito são allemães. [...] a peonada é paraguaya ou argentina". (Nogueira, 1920, p. 115).

Em torno da identidade nacional, acrescenta:

> Precisamos <<nacionalisar>> de facto aquellas paragens do territorio nacional [...] onde quasi só se houve falar castelhano e guarani e onde há vastos latifundios em mãos do estrangeiros que, pelas condições actuaes não podem deixar de enviar os nossos productos para o território também estrangeiro. (Nogueira, 1920, p. 159) (grifo no original).

Propostas que visam o proveito racional das potencialidades do sertão bem como aquelas que propalam por vias de acesso modernas como forma de assegurar

---

10 José Cândido Muricy, Manoel de Azevedo da Silveira Netto, José Maria de Brito e Julio Nogueira nas descrições de viagem ao extremo-oeste do Estado do Paraná.

11 Professor, especializado em linguística, ao final de 1919, no gozo de suas férias, ausenta-se do Rio de Janeiro, percorre o estado de Santa Catarina, Buenos Aires e Montevidéu, adentra a região do Prata, até a localidade Porto Iguassú a fim de conhecer as quedas do rio Iguaçu, reconhecidas na época pelo atributo quedas do Guaíra , águas situadas em território extremo-oeste paranaense.

as comunicações entre sertão e litoral, sugestões de políticas de povoamento – por parte da iniciativa privada – eram ressaltadas como atitudes necessárias para anular as barreiras impostas pela natureza do sertão a serem ultrapassadas pelo país.

O autor revela a região como um devir e seus argumentos evidenciam que o sertão deve ser conquistado não somente pela definição de seus limites territoriais, mas também pela conquista econômica do território. Destarte, atrasada e sem civilização, tal região assim permanece aos olhos de muitos intérpretes, até a emergência do empreendimento colonizador privado, ocupação ocorrida após a década de 1940, vista como atitude necessária para o progresso.¹² Afastar "fantasmas" do atraso regional significava, portanto, construir uma nação pelo controle completo de suas fronteiras. Tais ideias de integração e desenvolvimento regional reforçam a necessidade de reafirmar o pertencimento ao Paraná, estado que ainda no início do século XX buscava se redescobrir à medida que também pretendia construir a sua imagem diante da nação.¹³

Destarte, o conjunto de autores indica também remédios para as suas enfermidades propondo o resgate desse espaço brasileiro através da integração via progresso e, sobretudo como possibilidade de alargamento da nacionalidade. A nacionalidade e, por extensão, a identidade nacional foram cruciais ao pensamento social brasileiro do período, cuja ideia de sertão, definido como um lugar simbolicamente

---

12 A ideia de progresso esteve desde o século XVIII associada a temas evolução e desenvolvimento. Em vários momentos chegou a ser identificada com a própria história, quiçá a essência dela. A noção de desenvolvimento, por sua vez, pressupõe a existência de um ponto terminal de alguma coisa no qual a sociedade deverá chegar normativamente. O progresso, assim colocado, soa como um devir, cujo fundamento fornecido pelo iluminismo coloca em pauta a ideia de um tempo linear que lança luzes sobre o futuro. Conforme Diehl (2002), a categoria retira da história aquilo que a constitui como história, ou seja, produz o esquecimento do passado e imprevisibilidade em relação ao futuro, independente de seu sentido emancipatório. Tal categoria pode ainda ser considerada, a forma de pensar de uma consciência histórica específica, conforme apresentado por Giddens (1992).

13 As denúncias referentes à presença irregular de estrangeiros desenvolvendo atividades extrativistas nas margens do rio Iguaçu e do isolamento da região em relação às demais áreas do estado assim constatadas no final do século XIX, também se fizeram presentes nas primeiras décadas do século XX, contudo, sem muitas alterações. Aliás, nem mesmo a instalação da já citada Colônia Militar, instituição fundada com os objetivos de promover a segurança nacional e nacionalizar o território, colonizando-o com elementos nacionais a fim de aproveitar as riquezas naturais ali existentes, teriam revertido tal realidade. No texto apresentado por Belarmino Augusto de Mendonça Lobo ao ministro e secretário do Estado e dos Negócios da Guerra, tais intentos foram expressos.

afastado da nação e, por sua vez, a população que o habita, o sertanejo, foram apregoados para a realização da nação também nas publicações dos relatos referentes ao Paraná, com suas devidas ressalvas.

Nas narrativas a nação é recolocada seguindo um percurso, linha imaginária que liga o litoral ao sertão. O primeiro é o espaço em que reside a modernidade e que nela se fundamenta, simbolizada nela capital do estado, Curitiba (coincidentemente esta é a sua localização geográfica). O sertão é o espaço que deve ser desterritorializado para que se ergam os novos marcos simbólicos necessários para a nação moderna. Ou seja, a natureza deve sucumbir em nome do progresso. Embora aparentemente isso venha colocar em xeque os fundamentos de identidade que regem a ideia de nação – o espaço de prodígios naturais – esses não perdem seu valor intrínseco, pois da modernidade que passa a habitar o sertão, nasce uma outra paisagem, mais plástica, organizada, mercantilizada: é o espaço produtivo.

Para essa perspectiva que seguimos, sertão é um atributo de sentido de região e também realidade impressa nas narrativas, mas que não nasce com os sujeitos da narração, mas no amplo leque de representações sociais de nação e essa, aqui entendida não como entidade política, que sustenta a ideia de região, mas que produz seus sentidos, como um sistema de representação cultural. Dito isso, as "regiões sertões" consistem em identidades nacionais em elaboração, formadas por simbologias, instituições e representações as quais podem ser entendidas como discurso(s) e modos de construírem sentidos que influenciam a organização do real.

A região para nós não é um corte de território, mas uma prática definida pelos atos de representação da brasilidade segundo a ótica de diferentes sujeitos – militares, funcionários públicos e literatos – que percorreram aquela área de tríplice fronteira e criaram a região invocando seus valores e suas moléstias. O imaginário político que une os autores afiança a existência de certo sertão, brasileiro, lugar a ser depurado pela sociedade a fim de levar a diante a tarefa de construir o país. De outro modo, as regiões criadas em narrativas organizam as ações e as concepções que a coletividade tem de si através de oposições entre as demais identidades (Hall, 1998). Assim os sentidos de sertão – e que os autores se identificavam – constituíram a identidade de nação. Dessa forma, as narrativas de região e seus sentidos são como memórias que atravessam um passado, seja como uma tradição arquitetada (Hobsbawn; Ranger, 1984) ou uma narrativa mestra (Moraes, 2000), seja nas diferentes versões tecidas pela coletividade conforme analisa Woodward (2000) a partir do lugar de onde emerge o discurso. Assim, optamos em atribuir para o sertão o sentido de comunidade imaginada ponderado por Anderson (1989).

Argumentos dessa envergadura revelam que as identidades consistem em representações sociais de pertença que têm seus significados impressos nas diferenças. Entendimento esse que nos leva a indagar sobre como foi imaginado (criado) o sertão moderno, no caso o brasileiro republicano e fronteiriço, destacado em nossa documentação, e sobre que argumentos representacionais a região é criada e quais as representações de Brasil que dominam as identificações e as identidades partilhadas, arte da qual fazemos parte.[14]

Cabe considerar por um lado, que as identidades se revelam quando inventadas por sujeitos ordinários, conferindo a elas o estatuto de construções dinâmicas com resultados transitórios que nasce através do encontro entre as diferenças, assim como o faz Santos (1997). Por outro, entendemos que identidades sociais são tecidas também em oposição às demais identidades tendo por base o confronto com as alteridades. Ademais, assim como as identidades não são absolutas, as alteridades também não são homogêneas e sólidas. Elas são constantemente recriadas segundo os processos históricos a que fazem parte. Contudo, uma condição identitária só é construída em um processo longo, onde as construções discursivas exercem um papel fundamental para a fabricação das identidades. Ou seja, nascem de imagens construídas e verificáveis tal como a identidade de região se apresenta nos argumentos de José Candido Muricy.

> Nésse canto tão longe das autoridades brazileiras. Tão longe, perdidos isolados no meio déssas solidões, entristece-nos o alegre cantar do passarinho, doe-nos no intimo o triste gemor da jurity [...] ao cahir da tarde. [...] Amedronta-nos o monotono ruido das cascatas, encommoda-nos o farfalhar das folhas, embaladas pelo vento, tudo enfim nos causa uma desagradavel impressão, porque tudo insensivelmente se alia ao nosso isolamento.

---

14 Identidade(s), assunto de natureza ambivalente enquanto sentimento de pertencimento, não possui a resistência de uma rocha, "não são garantidos por toda a vida, são bastante negociáveis e revogáveis e, mesmo as decisões que o próprio indivíduo toma os caminhos que percorre, a maneira como age [...] são fatores cruciais tanto para o pertencimento quanto para a identidade"(Bauman 2005, p. 19). Nesse sentido, enquanto o sentimento de pertencimento for um destino para os indivíduos, a identidade – sentimento de pertencimento a um grupo que o defina – não vai ocorrer. As identidades, portanto, podem flutuar no ar, conforme algumas de nossas escolhas, outras, no entanto, podem ser lançadas a nossa volta por ter encontrado ali um terreno fértil para levar a cabo tal tarefa.

Em seu conjunto, as impressões tecidas pelo engenheiro e que extraímos do relato sem o destaque específico das páginas em que se encontram, traduz a essência dos discursos de região para o início do século xx.[15] Tais significados oscilam em adjetivações positivas (acerca de rios repletos de águas límpidas, território cuja uberdade das terras e o benefício do clima, tornam a vida exuberante) e reforços negativos: local ermo e abandonado.

E se o século XVIII descobre e explora esses interiores da nação, foi sobretudo, no interior do procedente projeto de colonização levado a cabo pelo XIX e o posterior que as vastidões meridionais brasileiras foram propaladas vazias de brasilidade e, portanto, caberia ao estado dirigir a ação civilizadora de ocupação dos sertões do país como saída para a integração das fronteiras interiores do país. Muitos serão os argumentos em prol da modernidade como uma saída racional para a superação da condição de penúrias, tristezas e solidões dos chamados sertões adjacentes do Paraná e por extensão, do Brasil. Da mesma forma, argumentos em prol da modernidade não se restringiram a esse tipo de documentação. O sertão foi pauta de preocupações em vários contextos. Como exemplo, vale lembrar as palavras do então secretário de Obras Públicas e Colonização do Paraná, João Batista de Carvalho no ano de 1895, ocasião em que destacava que no Paraná existiam vastas "[...] zonas completamente desconhecidas e rios cujos cursos [eram] ignorados".[16]

As palavras de João Batista de Carvalho já denunciavam a presença de sertões na recém-criada província, os quais permanecem, conforme evidenciamos, no século xx envolto pelos atributos genéricos de "zona desconhecida," "área isolada." Espaço simbólico cuja localização se atualiza à medida que a sociedade o incorpora a modernidade. No entanto, permanece inalterada a representação de sertão como um lugar distante, afastado de cidades, cujo ritmo é negado pelos narradores.[17]

---

15 Algumas narrativas incidem em relatórios de expedições militares, viagens de trabalho ou lazer. Produzidos com critérios narrativos, ora não, em sua maioria foram escritos no decorrer do trajeto percorrido. Apesar da importância que as representações da paisagem contidas nas páginas desses relatos representam para a construção do regional, essas narrativas devem ser entendidas em sua especificidade, apesar dos valores que evidenciam mútuas visões de mundo.

16 Relatório organizado pelo secretário de Obras Públicas e Colonização e apresentado a Francisco Xavier da Silva, presidente da província do Paraná em outubro de 1895.

17 Cf. Fernandes (1988) e Motta (1997).

Lembrando que essa noção está associada no contexto como um lugar vazio de brasilidade, o que é válido para a extensão da faixa de fronteira paranaense. Tais preocupações permanecem uma constante a despeito do processo de implantação do regime republicano e da crescente ocupação de frentes de expansão vinculadas à economia da erva-mate no estado paranaense. No final da primeira década do século xx, o Legislativo paranaense será palco de denúncias.

> A vasta zona oeste e noroeste paranaense cuja flora encerra preciosos elementos de riqueza ainda não explorada, deve merecer nossa atenção no sentido de valorizar nosso Estado [...] em direção ao Piqueri, há grande massa de trabalhadores na extração da erva-mate e madeira, alguns desses trabalhos são feitos legalmente, mas outros não; está provado que alguns indivíduos invadem legalmente os terrenos nacionais [...] e estabelecem grandes empresas extrativas de erva [...] com prejuízo manifesto para os cofres do Estado.[18]

Descrições dessa envergadura com destaque a cenários inóspitos, vastidões desconhecidas e insalubres que compartilham desnacionalização legitimarão importantes arranjos políticos que justificaram o povoamento daquela faixa de fronteira com parte do capital privado advindo de companhias de colonização. Mas independente desse novo contexto de criação de região, a identidade nacional segue em artifício se realizando nas palavras impressas dos narradores na dualidade sertão-litoral.

Cabe lembrar que os argumentos que acercam os sertões paranaense não foram forjados nos meios intelectuais do país. Eles nascem de outros lugares de produção e por isso as eles couberam as expressões: barbárie-civilização, atraso-progresso, sugerindo pertencimento –exclusão. Assim, os sertões do *Iguassu*, cunhando pela falta de progresso, pela inexistência de autoridades, projetos nacionais e de população, mas sobretudo forjado em uma natureza exuberante, parecia aguardar inerte pela modernidade. Cabe ressaltar que os "Sertões do *Iguassu*" foram representados como vastos espaços distantes e isolados da nação, adjetivos inerentes a todos os sertões da nação.

> [...] A alta função moral do sertão é a de ser um isolador às trepidações da faixa, que se achando mais próxima ao espumejo do oceano, por isso é mais sujeita aos espasmos e vicios transmitidos nas trocas do commercio e pensamentos internacionaes. O seu papel preeminente é o conservador de nossos traços ethnicos

---

18 Cf. Jornal dos debates do congresso legislativo do estado do Paraná em março de 1910. Sem paginação.

mais fundos, como povo vencedor de uma adaptação estupenda. [...] Felizmente o sertão, em fundos proporcionaes [...] é o grande excitador da energia nacional. (*apud.*, Ivano, 2000, p. 28)

Para Rangel, o isolamento garante o sucesso moral e econômico do Brasil. O retraimento garantia a existência de uma barreira de proteção para a penetração de ideias perniciosas para a nacionalidade. Em outras palavras, o isolamento é a parede que impediria a dissolução dos traços culturais da população brasileira. Pensamento esse que contraria as representações de sertão impressas nas narrativas de viagem em análise, nas quais, o isolamento consiste em um predicado negativo: representação de uma muralha a ser derrubada, obstáculo que estagnava o progresso, distância que, a despeito de sua natureza, impedia a plena brasilidade.[19]

A sociedade que se forja do contexto da modernidade tardia promovida sob a tutela de projetos capitalistas reedita a conquista do sertão brasileiro à medida que vários estudos seguem anunciando a região como linha separa o litoral. Conforme propõe Bernardes (1951, p. 57):

> [...] no sertão do rio Paraná, até há bem pouco desabitado a não ser nas margens do grande rio e ao longo das vias de penetração. A maior parte da população do Paraná situa-se no planalto, concentrando-se a sudeste, e reduzindo-se consideravelmente para o oeste onde ainda se encontram, atualmente reservas de terras virgens, muitas das quais devolutas.

Demais autores (con)sagrados na historiografia paranaense tais como Westphalen (1968) corroboram a representação acima. A concepção de terra despovoada naturaliza a separação e dificulta o progresso como um fundamento normativo e constitutivo de identidade. Considerado desabitado e desconhecido, economicamente rico em produtos extrativistas, o sertão paranaense escapava ao domínio da nação. De fato, são ainda as imagens da abundância de riquezas naturais associadas ao vazio popu-

---

19 Contudo, independente das diferentes leituras acerca dos significados "sertão", a sua representação mantém-se associada à geografia e sua leitura remete à ideia de uma linha imaginária que separa o sertão da própria sociedade que o forjou. Mas, sobretudo, o amplo conjunto dos dizeres dos sertões paranaenses encerra sempre a leitura da natureza fabricando o conceito de lugar que se forja na relação estreita entre natureza e sociedade. Quero destacar ainda que o rol de textos apresenta outros contrastes além daqueles evidenciados pelas representações da natureza. Referimo-nos aos "contrastes entre modos de vida costeiros e interioranos," ingredientes presentes "em todos os autores que propõem uma ideia de Brasil,"conforme destacado por Vidal e Souza (1997, p. 51).

lacional e ao atraso as molas propulsoras do projeto de modernização ali existente na segunda metade do século XX. Foi no movimento do discurso em relação ao real e vice-versa que o sertão se realiza e assegura sua existência no imaginário da nação e permanece como recurso de uma identidade nacional que se constrói. O real e a representação estiveram, assim, indissociáveis na criação da região.[20]

Assim foi sendo forjada a região. Do amálgama entre dimensões simbólicas e concretas, cuja última, de caráter eminentemente político, não se sobrepõe à primeira, ao contrário, simbólico e político realizam a identidade tendo como escopo o território, sobretudo como uma estratégia de controle político das dinâmicas que fazem a fronteira. Aliás, as identificações de nomeação são exercícios simbólicos de apropriação e domínio social sobre o objeto narrado, ou seja, a nação imaginada.[21] A história territorial, assim (re)visitada pelo trânsito de saberes peregrinos materializados no percurso de cada narração, é sobretudo uma construção social, que incluiu essências do pensamento social brasileiros que permeou o conteúdo do projeto político de modernidade, que se fez presente na produção da escrita da história, das memórias, e no imaginário constitutivo da nação.[22]

Bibliografia

AMADO, Janaína. "Construindo mitos: a conquista do oeste no Brasil e nos EUA". In: *Passando dos limites*. Goiânia: Associação Brasileira das Editoras Associadas, 1995.

_____. "Região, sertão, nação". *Estudos Históricos*. Rio de Janeiro: FGV, vol. 8 n° 15, 1995, p. 145-51.

---

20 Cf. Bourdieu (1989) e, do mesmo autor, o capítulo "Linguagem e poder simbólico ...", o qual consta na obra *Economia das trocas linguísticas* publicada no ano de 1998.

21 Outra forma específica de apropriação do espaço consiste na modificação de um espaço a fim de servir as necessidades de um ou mais grupos sociais, assim, pode-se dizer que o processo de (re)ocupação regional que ocorre no século XX no extremo-oeste do Paraná consiste em uma operação de apropriação de espaço-região.

22 O conceito "região extremo-oeste paranaense", colocado de forma flexível refere-se à existência de uma comunidade de sentido, uma particularidade estabelecida a partir de códigos comuns por intermédio de construções simbólicas. Espaço social, conforme propalado por Bourdieu (1996, p. 30) congrega sujeitos "[...] homogêneos, o quanto possível, não apenas do ponto de vista de suas condições de existência, mas também do ponto de vista de suas práticas culturais, [...] de suas opiniões políticas etc." Para o pesquisador, o conceito de região passa pelas representações que o mundo social constrói.

BACZKO, Bronislaw. "Imaginação social". In: Enciclopédia Einaudi. Lisboa: Imprensa Nacional/Casa da Moeda, 1985, (Antrophos/Homem).

BAUMAN, Zygmunt. *Identidade: entrevista a Benedetto Vecchi*. Rio de Janeiro: Zahar, 2005.

BERNARDES, Lygia Maria Cavalcanti. "Os problemas das Frentes Pioneiras no Estado do Paraná". *Revista Brasileira de Geografia*, Rio de Janeiro, ano 15, n° 3, jul./set. 1951, p. 3-15.

BOURDIEU, Pierre. *Economia das trocas linguísticas*. São Paulo: Edusp, 1988.

_____. *Economia das trocas simbólicas*. São Paulo: Perspectiva, 1987.

CAMPOS, Névio. *Intelectuais paranaenses e as concepções de Universidade (1892-1950)*. Curitiba: Editora UFPR, 2008.

CORREA, Roberto Lobato; ROSENDAHL, Zeny.(org.) *Paisagem tempo e cultura*. Rio de janeiro: Eduerj, 1998, p.92-123.

DUTRA, Eliana de Freitas. *A nação nos livros*. In: *Política, nação e edição*. São Paulo: Annablume, 2006, p. 299- 314.

FREITAG, Liliane da Costa. *Fronteiras perigosas: migração e brasilidade no extremo-oeste paranaense*. Cascavel: Edunioeste, 2001.

GIDDENS, Anthony. *As consequências da modernidade*. São Paulo: Editora Unesp, 1992.

GOFFMAN. Erving. *Estigma: notas sobre a manipulação da identidade deteriorada*. Rio de Janeiro: Guanabara, 1988.

MACHADO, Brasil Pinheiro. Sinopse de História Regional. Separata de: Boletim do Instituto Histórico Geográfico Etnográfico Paranaense, Curitiba: [s.n.], 1953, p. 3-24.

OLIVEIRA, Lucia Lippi de. *A questão nacional na primeira república*. São Paulo: Brasiliense, 1990.

ORTIZ, Renato. *Cultura brasileira e identidade nacional*. São Paulo: Brasiliense, 1997.

MYSKIW, Antonio Marcos, "República das Letras "(1870/1920) Curitiba, *Revista Eletrônica História em Reflexão*, vol. 2, n° 3 – UFGD - Dourados, jan./jun. 2008.

VIDAL E SOUZA, Cândice. *A pátria geográfica: serão e o litoral no pensamento social brasileiro*. Goiânia: Editora da UFMG, 1997.

WACHOWICZ, Rui Christovam. *Universidade do Mate*. Curitiba; Editora UFPR, 2006.

WESTPHALEN, Cecilia *et al*. Nota Prévia ao Estudo da Ocupação da Terra no Paraná Moderno. Curitiba, [s.n] *Boletim da Universidade Federal do Paraná*, Departamento de História, n° 7, set. de 1968.

Fontes

Brito. José Maria de. "Descoberta de Foz do Iguassú e fundação da Colônia Militar" (texto de 1938). *Boletim do Instituto Histórico Geográfico e Etnográfico Paranaense*. Curitiba: [s.n.], vol. 32, 1977, p. 48-79.

Carvalho, João Baptista da Costa. *Relatório apresentado ao Ex. Sr. Francisco Xavier da Silva pelo Secretário de obras Públicas e colonização*. Curitiba: Impressora Paranaense, 25 out. 1895.

Figueiredo, José de Lima. *Oeste paranaense*. Rio de Janeiro: Editora Nacional, 1937. (Coleção Brasiliana)

Martinez, Cezar Pietro. *Sertões do Iguassú*. São Paulo: Cia. Graphico/Editora Monteiro Lobato, 1925.

Martins, Romário. "Paraná versus Santa Catarina: o que eu faria se fosse advogado". *Boletim do Instituto Histórico e Geográphico Paranaense*. Curitiba: Tipografia João Haupt, vol. 23, 1974.

Mercer, Edmundo. "Far west paranaense". *Boletim do Instituto Histórico e Geographico Paranaense*, vol 3. Curitiba: Empreza Graphica Paranaense Placido e Silva & Cia. ltda, 1919-1925.

Mont' alegre Visconde de. "A Confluência do Ygoassú' no Rio Paraná". *Boletim do Instituto Histórico e Geographico Paranaense*, vol. 2, 1918, fasc. 6, 1919. Curitiba: Livraria Mundial, 1918-1919.

Muricy, José Cândido da Silva. *Á foz do Iguassú. ligeira descripção de uma viagem feita de Guarapuava á Colôna da Foz do Iguassú em novembro de 1892*. Curitiba, Impressora paranaense: Jesuíno Lopes & Cia., 1896.

Nogueira, Julio. *Do Rio ao Iguassú e ao Guairá*. Rio de Janeiro: Typ. Editora Carioca, 1920.

Rebouças, André. "O parque nacional do Guayra". *Boletim do Instituto Histórico e Geographico Paranaense*, Curitiba: Empreza Graphica Paranaense Placido e Silva & Cia. ltda, vol. 1, nº 1, 1917, fasc. 2, 1918.

Silva, Francisco Xavier da. *Mensagem ao Congresso Estadual*. Curitiba: [s.n.], 1894.

Silveira Netto, Manoel de Azevedo da. *Do Guairá aos Saltos do Iguassú*. São Paulo/Rio de Janeiro/Recife/Porto Alegre: Companhia Editora Nacional, 1939.

Tourinho, Monteiro. "A Nova Guayra ".*Boletim do Instituto Histórico, e Geographico Paranaense*, vol. 2, 1918, fasc. 6, 1919. Curitiba: Livraria Mundial, p. 60-6.

REGIÃO

DISCURSO E IDENTIDADE

Marcos Nestor Stein[1]
Beatriz Anselmo Olinto[2]

O TERMO REGIÃO É IMPRECISO, varia de acordo com a época e com quem o emprega, como afirma Marcel Roncayolo (1986). Entretanto, mesmo sendo uma noção vaga, essa categoria foi e é empregada como instrumento de legitimação de grupos e de suas reivindicações. Especialmente como ferramenta na elaboração de projetos políticos, econômicos e na construção de identidades coletivas.

Nesse sentido, a presente reflexão visa abordar discursos que relacionam a noção de região na elaboração de uma identidade coletiva na Europa Central, após a Primeira Guerra Mundial, e aqui no Paraná, após a Segunda Guerra. Trata-se do termo "suábios do Danúbio", criado em 1922 para designar coletivamente os descendentes de migrantes oriundos da Baviera, Suábia e Francônia que, no século XVIII e início do século XIX migraram para a Hungria, Romênia e áreas que

---

[1] Doutor em História pela Universidade Federal de Santa Catarina – UFSC. Professor do Colegiado de História da Universidade Estadual do Oeste do Paraná – UNIOESTE. Coordenador do Núcleo de Pesquisa e Documentação Sobre o Oeste do Paraná-CEPEDAL. Membro dos seguintes grupos de pesquisa: Cultura, Etnias e Identificações (UNICENTRO), História Cultura e Sociedade (UNIOESTE) e Laboratório de Imigração, Migrações e História Ambiental (UFSC).

[2] Doutora em História pela Universidade Federal de Santa Catarina – UFSC. Professora do Departamento de História do Campus Santa Cruz da Universidade Estadual do Centro-Oeste – UNICENTRO.

formariam, em 1929, a antiga Iugoslávia[3] (Elfes, 1971:16). Após a Segunda Guerra Mundial, parte dos suábios foi enviada, na condição de refugiados, para o Brasil onde estabeleceram, em 1951, a colônia Entre Rios, no município de Guarapuava, centro-sul do Paraná.

O surgimento do termo suábios do Danúbio (*Donauschwaben*) está relacionado ao contexto do pós-Primeira Guerra Mundial, quando o Império Austro-Húngaro foi desmembrado e as áreas que eram também habitadas pelos membros desse grupo foi dividida – mediante a assinatura de tratados – entre a Hungria, Iugoslávia e Romênia.

Além do Tratado de Versalhes, há

> (...) um cortejo de tratados que põem fim à guerra com os aliados da Alemanha, com os herdeiros ou com as potências balcânicas. Esses tratados têm todos o nome de castelos ou residências reais dos subúrbios parisienses: o Tratado de Sévres com o Império Otomano, o de Trianon com a Hungria, o de Saint-Germain com a Áustria, o de Neully com a Bulgária. São assinados entre 1919 e 1920 (Rémond, 1981:30).

O Tratado de Saint-German, por exemplo, assinado em 1919, seguido do Tratado de Trianon, firmado no ano seguinte, além de estabelecerem a independência da Hungria, decretaram a transferência de extensas áreas do antigo Império Austro-Húngaro para a Polônia, Tchecoslováquia e para o Reino dos Sérvios, Croatas e Eslovenos, proclamado em dezembro de 1918 – e que em 1929 recebeu o nome de Iugoslávia (Lohbauer, 2005:43-47).

No mapa a seguir pode-se visualizar a distribuição dos países na Europa Central antes da Primeira Guerra Mundial:

---

3 Em meados do século XIX, essa área ficou sob o domínio do Império Austro-Húngaro (Laschansolstein, 1947:14).

Figura nº 1.
Mapa da Europa Central (período anterior à Primeira Guerra Mundial)

Fonte: Donauschwäbische Kulturstiftung, 2003:38

As áreas pontilhadas, localizadas principalmente nas margens do rio Danúbio e de alguns de seus afluentes, indicam as regiões ocupadas por aqueles que viriam a ser posteriormente denominados "suábios do Danúbio". O maior número de suábios encontrava-se na área que viria a fazer parte da Iugoslávia, nas regiões denominadas Banat, Batschka e Baranja, as quais eram coletivamente denominadas Vojvodina (Donauschwäbische Kulturstiftung, 2003:23). Isso pode ser visualizado no mapa a seguir, que apresenta a nova configuração dos Estados Nacionais após a Primeira Guerra Mundial:

Figura nº 2.
Mapa da Europa Central (período posterior à Primeira Guerra Mundial)

Fonte: Donauschwäbische Kulturstiftung,2003:39

Embora a criação dos novos estados indicasse o triunfo de demandas eslavas-nacionalistas na região, com o desmembramento do Império Austro-Húngaro verifica-se também a intensificação de conflitos étnicos na região. Nesse sentido, Rémond afirma o seguinte:

> Claro está que ainda subsistem minorias, porém menos numerosas do que antes de 1914, e são agora as nacionalidades dominadoras de ontem que são sujeitas a seus antigos vassalos: as minorias húngaras, na Tchecoslováquia, na Transilvânia romena ou na Iugoslávia (Rémond, 1981: 32).

No caso da Iugoslávia não se tratava somente de lutas de eslavos e húngaros nacionalistas contra populações de origem alemã, mas também de conflitos que envolviam croatas, eslovenos e sérvios. Portanto, a criação de novos países não solucionou os conflitos que contribuíram para a eclosão do conflito mundial. Pelo contrário, é nesse contexto que se verifica a intensificação das lealdades nacionais e de organização e fortalecimento de grupos étnicos.

É nesse contexto que também surge a denominação suábios do Danúbio. Antes de 1920, o termo "suábios" (*Schwaben*) era a denominação de todos os alemães e descendentes que no século XVIII colonizaram o médio Danúbio. Na Bósnia, por exemplo, também os austríacos eram denominados suábios, sendo que o termo variava dependendo da região, como é o caso das denominações "suábios do Sudeste" (*Südostschwaben*), "suábios do Leste" (*Schwaben im Osten*) ou "suábios do Banat" (*Banater Schwaben*) (Scherer, 2002:3 e 1966:07).

Em um artigo intitulado *Seit 42 Jahren heißen wir Donauschwaben* (Faz 42 anos que nos chamamos Suábios do Danúbio), Scherer afirma que a referida denominação foi cunhada em 1922 por Robert Sieger, professor de Geografia na Universidade de Graz. No entanto, Sieger, falecido em 1927, nunca fez uso do termo em seus escritos, mas apenas em suas conferências e aulas. Em seus estudos, Sieger desenvolveu reflexões cujos temas eram povo, populações, nação e nacionalidade, fronteiras e limites naturais, notadamente das áreas onde os suábios do Danúbio viviam. Além disso, o geógrafo participou da delegação austríaca, por ocasião das conferências de paz ocorridas ao final da Primeira Guerra Mundial (Scherer,1964:67).

A utilização do termo em publicações se deve ao geógrafo alemão e suábio, Hermann Rüdiger, membro do *Deutschen Auslands-Institut* –DAI- (Instituto Alemão para o Exterior) de Stuttgart. Rüdiger afirma que usou o termo pela primeira vez quando, em 1922, proferiu uma conferência na universidade de Graz. Segundo ele, o termo nasceu de uma conversa com Robert Sieger, mas não poderia afirmar com certeza se foi ele ou Sieger quem utilizou o termo primeiro (Rüdiger,1931:01).

Rüdiger definiu "suábios do Danúbio" da seguinte forma:

> Suábios do Danúbio, em amplo significado da palavra, são os habitantes das regiões de colonização alemã ao longo do médio Danúbio aproximadamente de Ofenpest até Orsova, principalmente na grande região de planície, a qual apresenta suas fronteiras naturais no prolongamento dos Cárpatos ao Norte e ao Sudeste as áreas por ele percorridas (Rüdiger, 1931:02).

Trata-se, portanto, de uma definição que relaciona elementos geográficos e humanos. Ao nomear o grupo dessa forma, o geógrafo também disponibilizou ferramentas para reforçar as reivindicações dos suábios acerca de sua permanência na área, a qual também era ocupada por magiares, croatas, romenos e sérvios.

A partir de 1925, o governo iugoslavo implementou políticas restritivas às minorias étnicas. No caso dos habitantes de origem alemã, as principais foram as restrições ao funcionamento de escolas alemãs, a proibição das sociedades germânicas e a legislação que estabelecia restrições para a aquisição de propriedades situadas numa faixa de 50 quilômetros das fronteiras internacionais. Essa situação só se reverteu com as pressões do governo alemão, principalmente a partir da segunda metade da década de 1930 (Donauschwäbische Kulturstiftung, 2003:23-24).

Com o advento da Segunda Guerra Mundial, a Alemanha tinha como aliados na região os governos da Romênia, Hungria, Bulgária e, inicialmente, da Iugoslávia. No entanto, dois dias depois da assinatura de sua adesão ao Eixo, em 20 de março de 1941, o governo iugoslavo foi deposto por meio de um golpe de Estado, realizado por oficiais "antialemães", o que resultou na invasão do país pelas tropas alemãs (Brener, 1993:14-15).

Com a tomada da região pelo exército alemão, ocorreu também a intensificação dos conflitos étnicos, principalmente entre sérvios e croatas. No que diz respeito à reação armada aos invasores, destacaram-se os *partisans*, uma organização de guerrilheiros comunistas liderados por Josep Broz Tito. Em 1944, os *partisans*, apoiados pelo exército russo, acabaram por vencer as tropas alemãs, as quais também eram apoiadas por grupos de habitantes de origem alemã, entre eles, os suábios do Danúbio. Estes, na sua maioria, foram expulsos de suas terras, mortos ou feitos prisioneiros em campos de trabalho forçado na Iugoslávia e na Rússia (Casagrande, 2003:300).

A derrota da Alemanha resultou também numa multidão de desalojados, ou deslocados de guerra, oriundos de diferentes partes da Europa. Entre eles, estava parte da população suábia do Danúbio, a qual passou a viver em campos de refugiados, principalmente na Áustria. Ao final da guerra, a maioria dos integrantes do grupo foi conduzida por órgãos como Auxílio Suíço à Europa e a Organização das Nações Unidas para diferentes regiões da Europa e América. Uma parte dos refugiados, constituída por 500 famílias, em torno de 2.500 pessoas, as quais, na sua maioria, eram descritas como "apátridas", foram, após contatos com autoridades, trazidas para o Brasil. No país, depois de receberem convites para se fixar nos estados de Goiás e Paraná optaram pelo último, onde fundaram a colônia Entre Rios em 1951 (Elfes, 1971:21-22).

A vinda dos suábios para Guarapuava também foi a ocasião em que se produziram discursos sobre esse município, principalmente acerca do espaço geográfico onde os suábios foram fixados. Um exemplo é o relatório intitulado *Bericht über die Siedlungs-Aktion Brasilien* (Relatório sobre a Ação da Colônia no Brasil),[4] elaborado pelo órgão nos primeiros anos de instalação da colônia. A forma e o conteúdo do documento possibilitam a análise de como esse ambiente foi interpretado, quais aspectos eram percebidos como vantagens, como indicadores das possibilidades de êxito do projeto.

O texto inicia apontando a mudança em relação ao local de implantação da colônia, de Goiás para o Paraná. Em seguida, no item denominado *Paraná – Geographie und Wirtschaft* (Paraná - Geografia e Economia), indica a localização geográfica do estado e os estados com os quais faz fronteira. Informa as condições, consideradas boas, das vias de transporte e tráfegos, para Curitiba, São Paulo e Santos, constituídas por linhas férreas, rodovias pavimentadas e linhas aéreas. Com relação à economia, o relatório afirma que esta é predominantemente agrícola, destacando-se a exportação de café e de madeira, mas que já existia o início de uma industrialização (Schweizer Europahilfe).

O segundo item, *Der Bezirk Guarapuava* (A Região de Guarapuava), descreve o município de Guarapuava, sua localização geográfica, altitude e condições geológicas. Os terrenos são descritos como sendo levemente ondulados, atravessados por numerosos rios e riachos, e o clima sem períodos de secas. Indica a existência de grandes extensões de pastagens, entremeadas por "belas" florestas de pinheiros, pequenas ilhas de florestas, as quais poderiam ser utilizadas para a obtenção de madeira e lenha. Outros aspectos dessa paisagem são a sua altitude em relação ao nível do mar (entre 1.000 a 1.100 metros), sua extensão territorial (11.600 km^2) e o total da população em 1950: 68 mil pessoas (Schweizer Europahilfe).

O item apresenta ainda dois elementos. O primeiro são detalhes sobre o clima, apresentado como um dos melhores em todo o Brasil e muito propício para o europeu. O verão é considerado não tão quente e o inverno não tão frio, como na antiga pátria dos suábios do Danúbio. Isso é respaldado por meio dos números

---

4 De acordo com funcionários do Museu Histórico de Entre Rios, o relatório foi elaborado, provavelmente em 1951, por representantes da *Schweizer Europahilfe* (Auxílio Suíço à Europa), que participaram da escolha do local para o estabelecimento da colônia.

referentes à temperatura máxima, medida nos últimos 20 anos que antecederam a colonização, 34,6° C na sombra, e a temperatura mais baixa, -4,5° C. A média de ocorrência de geadas é calculada em 17 noites por ano, mas com a ressalva que duram apenas algumas semanas. Durante o dia, as temperaturas novamente aumentam até atingirem temperaturas de primavera (Schweizer Europahilfe).

Chama a atenção a interpretação das condições climáticas desse ambiente e o modo como foi divulgada. Ela tem como objetivo legitimar a escolha dessa área para a fixação dos suábios. É baseada na comparação do clima de Guarapuava com o dos Bálcãs, na qual o primeiro é descrito positivamente, melhor até que o segundo. Mesmo a geada, um fenômeno que pode prejudicar muito a agricultura, é descrita como algo que ocorre apenas em algumas semanas do ano. O inverno em Guarapuava teria temperaturas que durante o dia se elevariam até uma temperatura "agradável", o que, para os europeus, seria semelhante à encontrada na primavera daquele continente.

A precipitação pluviométrica é calculada em cerca de 1.600 m/m, com maior ocorrência no verão e menor no inverno. Não há uma estação seca e outra chuvosa. Essas condições, somadas ao solo avaliado como apropriado, criariam possibilidades de cultivo consideradas muito "vastas" (Schweizer Europahilfe).

Outro aspecto da paisagem encontra-se descrito no item número 3. Trata-se da cidade de Guarapuava.

> (...) É uma pequena cidade do interior, com prefeitura, delegacia de polícia, fórum, 6 modestos hotéis, igreja, médicos, dentistas, farmácia, um hospital novo, uma maternidade, oficinas de automóveis, grande número de terrenos – quase todos à venda – cafés, cinemas; diversas escolas primárias – e escolas de nível médio, um ginásio, uma escola de comércio e um seminário. As casas, exceto os edifícios de destaque e umas poucas dúzias de belas moradias, são de madeira, construídas com só um andar, e muito modestas. Como é um centro de uma excelente zona agrícola, vive a cidade do comércio com agricultores e pecuaristas e acima de tudo das serrarias, atualmente a cidade conta com mais de 100, sendo uma parte delas muito moderna (Schweizer Europahilfe).

A descrição geral da cidade, com número de habitantes, atividades comerciais, escolas e hospitais, revela um local que, apesar de pequeno, apresentaria infraestrutura básica para os moradores. Além, é claro, do clima e da paisagem rural que fazem parte desse ambiente.

O quinto e último item, intitulado *Entre Rios*, dá-nos outras pistas sobre o porquê da escolha da área para a colonização: o fato de ela estar localizada relativamente próxima a uma estrada que liga a capital do estado, Curitiba, à fronteira do Brasil com o Paraguai e a Argentina. Também a existência da estação ferroviária de Góes Artigas, a cerca de 20 quilômetros a leste da colônia, "(...) que por enquanto é a estação final da linha férrea, da qual há previsão de continuação para Guarapuava, que em aproximadamente 6 meses estará concluída" (Schweizer Europahilfe). Complementa esse sistema de comunicação e de ligação a construção de uma estrada pavimentada com pedras, com uma extensão de doze quilômetros, da cidade de Guarapuava até a colônia, cuja previsão para o término era de seis meses (Schweizer Europahilfe).

Percebe-se que a escolha do local para a instalação da colônia não levou somente em conta as condições geológicas e climáticas da área, mas a existência de vias de comunicação e projetos para construí-las ou ampliá-las, visando ao escoamento e comercialização da produção e também ao recebimento de produtos industrializados. O relatório transmite a impressão de que se tratava de uma área que reuniria, portanto, as condições climática, geológicas, populacionais etc. ideais para a implantação do novo lar dos suábios.

No livro intitulado *Guarapuava:* a colônia de refugiados suábios do Danúbio no Brasil (*Guarapuava:* die donauschwäbische Flüchtlings-Siedlung in Brasilien), editado pelo Auxilio Suíço ao Exterior" (*Schweizer Auslandhilfe*), denominação que a partir de 1956 substituiu a Ajuda Suíça à Europa, podemos visualizar mais exemplos da integração dos suábios junto à população brasileira. O autor é Max Frösch que, na condição de funcionário da instituição suíça, atuou na colônia durante os primeiros anos.

O livro inicia com uma rápida descrição dos antecedentes históricos dos suábios na Europa e os motivos que os levaram à imigração para o Brasil. Em seguida, há uma pequena descrição da história do Brasil, denominado "terra de imigração" (*Einwanderugsland*), termo que naturaliza a fixação de imigrantes em seu território. Apresenta também o grande aumento de sua população, ocorrida a partir de 1840 a 1958, quando passou de cinco milhões para 60 milhões de habitantes. Segundo Frösch, isso se deve em grande parte à imigração de italianos, portugueses, espanhóis, alemães, japoneses e suíços. O fluxo imigratório foi restringido durante a Segunda Guerra Mundial, sendo reiniciado ao final do conflito, quando o país passou a ser o destino de muitos refugiados de guerra (Frösch, 1956:09).

Frösch afirma que a chegada dos imigrantes e a sua integração à economia local possibilitaria, além do acréscimo da população, o "desenvolvimento econômico e civilizacional" do país. Isso aconteceria por meio da produção industrial e o cultivo de áreas do interior. O produto destacado pelo autor é o trigo, cuja produção era insuficiente para o abastecimento interno, com o qual eram gastas grandes somas na importação. Neste sentido, a vinda dos suábios era uma forma encontrada pelo governo brasileiro de aumentar a produção de trigo e, por outro lado, vinha ao encontro dos interesses dos suábios na sua busca por um novo lar (Frösch, 1956:10).

Em seguida, Frösch descreve as negociações entre a instituição suíça e o governo brasileiro, bem como o desenvolvimento econômico anual da colônia, representado pelos números referentes à produção agrícola da colônia. O texto é ilustrado com várias fotografias que apresentam imagens aéreas, cenas da colheita do trigo realizada tanto manualmente como por máquinas, plantações de trigo etc. Mas a fotografia que ilustra a capa do final do livro chama a atenção para outro aspecto.

Figura nº 3:
Fotografia presente na capa do livro de Max Frösch.

Fonte: Frösch, 1956

Intitulada "Primeiro Encontro em Outro Mundo" (*Erste Begegnung in einer anderen Welt*), a imagem simboliza o encontro entre os imigrantes e a população brasileira. Trata-se de um encontro isento de conflitos que sugere também a união entre os dois povos. Notem que a criança negra está falando amavelmente com a menina imigrante e a forma como segura a sua mão insinua que ambos os povos estariam na infância, no começo de uma vida em conjunto.

Mas essa não era a percepção de muitos colonos que, diferentemente do relatório do Auxílio Suíço à Europa e do livro de Frösch, vivenciavam as características do ambiente local como um problema, sendo que muitas famílias deixaram a colônia. É o que podemos perceber no relatório de Arpad Szilvassy, pesquisador húngaro que visitou a colônia na década de 1960. A avaliação de Szilvassy é a seguinte:

> A respeito da reemigração nota-se que as causas dela são complexas e não se pode isolar um único fator como responsável por esse fenômeno. O suábio do Danúbio é um homem simples, frugal e trabalhador. Frequentemente ouve-se nas colônias que o colono não se sente enraizado em Entre Rios e está mal adaptado ao novo ambiente. Fora das causas econômicas, certamente as causas psicológicas são mais interessantes para o estudo da reemigração. Cada um deles tem uma experiência pessoal bem diferente, isto é, ele ainda não digeriu os abalos psicológicos sofridos em consequência da guerra. Uma vez afastado de sua terra natal o suábio dificilmente pode fixar-se em um certo lugar, sendo movido por uma certa inquietude. Ele também não pode identificar-se com nenhum outro povo; sendo considerado estrangeiro mesmo na Alemanha tendo sotaque e certos costumes da Europa oriental. Apesar disso, muitos gostariam de ir para lá atraídos pelos laços familiares e principalmente pela prosperidade da Alemanha. Mas outros dizem também que eles não querem ser cidadãos de segunda classe, cuja língua e cultura é mal tolerada e gostariam de viver num país onde todos falam a mesma língua e onde suas crianças podem ser educadas na própria língua e cultura deles. Cada um dos reemigrantes sai com 30 até 40 milhões de cruzeiros, esse fato mesmo poderia provar que não só causas econômicas são a motivação para a reemigração (Szilvassy, 1965:04).

Como se pode visualizar no trecho, antes de explicar as causas dessa situação de crise da colônia, Szilvassy estabelece o primeiro fato: a positivação do sujeito suábio, como *frugal*, *trabalhador* e *simples*. O problema, então, não residiria nesse sujeito, mas na sua avaliação, no ambiente externo, seja na colônia, seja devido às suas experiências na Europa. Portanto, é o ambiente o causador dos problemas dos suábios.

É nessa perspectiva que o autor conclui do relato:

> Muitos destacam que a colônia está mal situada, a sua terra é magra necessitando grandes quantidades de adubo químico; a altura acima de mil metros não permite duas safras; a isolação do colono de um centro urbano onde eles poderiam passar algumas horas de divertimento em um ambiente para eles não tão estranho como, por exemplo, Guarapuava, são outros motivos citados para a reemigração. Muitos acham que a colônia deveria ser fundada no Paraná ocidental, nas zonas florestais perto de Cascavel, Toledo ou Mal. Cândido Rondon, onde os suábios teriam a oportunidade de adaptar-se ao novo ambiente por intermédio dos teuto-brasileiros. Muitos se queixam que o brasileiro quer deles uma assimilação demais depressa, não deixando a suas crianças a chance de serem educadas na sua cultura tradicional também. Em síntese, o colono sente-se abandonado pelo governo estadual, federal e mesmo pela Alemanha, que poderia fazer algo em interesse de maior bem estar cultural destes novos imigrantes, que vivem verdadeiramente em um deserto cultural onde mal existe algum traço de moderna civilização urbana e onde o colono só pode ocupar-se com o árduo trabalho agrícola ou passar o tempo nos bares da colônia. O medo de se rebaixar culturalmente e caboclizar-se faz com que certos elementos se retirem da colônia, foi observado que o nível cultural da colônia *baixa-se cada vez mais desde a fundação dela* (Szilvassy, 1965:08-9).

Nesse trecho, o autor apresenta outros aspectos acerca das divergências de opiniões na nova terra. Não há o consenso sobre o melhor local para a fixação da colônia, nem a respeito do ambiente dos Campos de Guarapuava e nem sobre a relação com os vizinhos não-suábios. Não é em Guarapuava o lugar propício para a adaptação dos suábios e nem a população local (representada na fotografia do livro de Frösch pelo menino) compõem o grupo que facilitaria a integração dos suábios na comunidade paranaense, mas a região oeste do estado e os teuto-brasileiros que lá vivem.

Como podemos perceber, o ato de conferir sentido ao mundo se dá por meio de conceitos. Os espaços geográficos são alvos de interpretações e estratégias diferenciadas entre si. Podem ser usados, por exemplo, como suporte para as construções de identidades étnicas e/ou para legitimar reivindicações de sua posse por determinado grupo. Nesse sentido, vale a pena lembrar novamente de Roncayolo, ao afirmar que "(...) basear uma noção mal definida – como é a de região – sobre a noção – também muito discutida – de etnia multiplica os riscos, pois o grupo étnico não é certamente o produto do ambiente natural e nem de uma herança biológica." (Roncayolo, 1986:168). Trata-se, nessa perspectiva, de historicizar as interpretações que tomam a noção de região e/ou de identidade étnica como sendo naturais e inquestionáveis. Pois que devemos entendê-las como produtos humanos e, consequentemente, históricos. Compreendê-las também como produtoras de visões de mundo, relações de força, de poderes, conflitos e resistências. Portanto, devem ser submetidas ao diálogo, ao debate e ao questionamento crítico que o conhecimento histórico possibilita.

Bibliografia

BEER, Josef. *Donauschwäbische Zeitgeschichte aus Erster Hand*. Munique: Verlag der Donauschwäbischen Kulturstiftung.,1987.
BRENER, Jaime. *Tragédia na Iugoslávia. Guerra e nacionalismo no Leste Europeu*. São Paulo: Atual. 1993
CASAGRANDE, Thomas *Die Volksdeutschen SS-Division "Prinz Eugen"*. Die Banater Schwaben und die National-Socialistischen Kriegsverbrechen. Frankfurt: Campus Verlag, 2003.
DONAUSCHWÄBISCHE KULTURSTIFTUNG. *Genocide of the Ethnic Germans in Yugoslavia 1944-1948*. Munique: Verlag der Donauschwäbischen Kulturstiftung, 2003.
ELFES, Albert. *Suábios no Paraná*. Curitiba: [s.n], 1971.
FRÖSCH, Max. *Guarapuava: Die Donauschwäbische Flüchtlingssiedlung in Brasilien*. Freilassing: Pannonia Verlag, 1958.
HALL, Stuart. "Identidade cultural e diáspora". In: *Revista do Patrimônio Histórico*. Volume Temático: Cidadania, n° 24, 1996, p.70.
_____. "Quem precisa da identidade?" In: Silva, Tomaz Tadeu da. (org.) *Identidade e diferença*. Petrópolis: Vozes, 2000.
LASCHAN-SOLSTEIN, Godofredo von; LASCHAN-SOLSTEIN, Trude von. *Aspectos da história da Áustria através de sua evolução cultural*. São Paulo: Editora Anchieta s/a, 1947.
LOHBAUER, Christian. *História das relações internacionais II. O século XX: do declínio europeu à era global*. Petrópolis: Vozes, 2005.
ORLANDI, Eni P. *Análise de discurso: princípios e procedimentos*. Campinas: Pontes, 1999.
RÉMOND, René. *O século XX. De 1914 aos nossos dias*. São Paulo: Cultrix, 1981.

RONCAYOLO, Marcel. "Região". In: *Enciclopédia Einaudi*, vol. 8. Lisboa: Casa da Moeda, 1986.

RÜDIGER, Hermann. *Die Donauschwaben in der Südslawischen Batschka*. Stuttgart: Ausland und Heimat Verlags, 1931.

SCHERER, Anton. *Donauschwäbische Bibliographie 1935-1955. Das Schriftum über Donauschwaben in Ungarn, Rumänien, Iugoslawien und Bulgarien sowie – nach 1945 – in Deutschland, Österreich, Frankreich USA, Canada, Argentinien und Brasilien*. Munique: Verlag des Südostdeutschen Kulturwerks, 1966.

_____. *Wortkundliche Studien Etymologie und Deutsch-sudosteuröpaische Sprachliche Interferenzem*. Graz: Donauschwäbisches Archiv, 2002.

_____. Seit 42 Jahren heißen wir Donauschwaben. In: *Volkskalender 1964. Ein Jahrbuch des Gesamten Donauschwabentums*. Ulm: Kultur-und Sozialwerk der Donauschwaben, 1964.

SCHWEIZER EUROPAHILFE. *Bericht über die Siedlungs-Aktion Brasilien*. Mimeo. S. d.

SIEGER, Robert. *Das Deutschtum von der Etsch bis zur Donau*. Munique: Franz Pfeiffer & Co. Verlags, 1925.

SZILVASSY, Arpad. *Aspectos gerais da colonização comunitária europeia no Paraná*. São Paulo: 1965. Mimeo.

REVISITANDO O DEBATE SOBRE O MANDONISMO NA AMÉRICA LATINA

Francisco Carlos Teixeira da Silva[1]

OS ÚLTIMOS EVENTOS NAS REPÚBLICAS SUL-AMERICANAS, envolvendo e revelando a fragilidade da representação política, bem como das instituições da democracia liberal, nos levam a uma reflexão sobre as origens do autoritarismo, do caciquismo e do caudilhismo no continente e a resistência à mudança. As transgressões éticas no Senado do Brasil, o agir político na Argentina, o apoio popular a figuras como Fujimori ou Pinochet, o retorno (eterno) de personagens como Oviedo no Paraguai, ou Collor, Sarney e outros no Brasil (através do voto direto e eleições transparentes) nos levam à busca – através da história comparada – das raízes sociais do caciquismo e do caudilhismo enquanto traços marcantes do agir político na América do Sul.

Da mesma forma, é notável a resistência de amplos setores sociais – em especial a mídia, mas ainda empresários, professores e a opinião pública não especializada em geral – aos processos que se pautam pela busca de caminhos alternativos à via liberal-representativa da mudança social. Esses são os casos, por exemplo, da Venezuela e da Bolívia e, muito provavelmente, do Equador. Após duas décadas de redemocratização – na maior parte dos casos um processo iniciado, concretamente, entre 1980 e 1985 – a repetição, a reiteração sistemática da corrupção, da exclusão social, dos pífios índices de crescimento econômico e o avanço da insegurança nas grandes metrópoles marcaram claramente os governos tidos como "reformistas" de tal período. No Brasil,

---

[1] Professor Titular de História Moderna e Contemporânea da UFRJ. Professor Emérito da ECEME/Eb.

na Bolívia, no Peru, na Argentina, Equador e Venezuela (até 1998), as ações pautadas num doutrinário que se convencionou chamar de "neo liberal" (com toda a dificuldade que possamos ter em sua definição) implicou, para além dos índices precários de desenvolvimento, em grande decepção para os movimentos sociais que foram às ruas lutar por maior participação política. Assim, governos como FHC, no Brasil, Sanchez de Lozada, na Bolívia, e Alberto Fujimori, no Peru, foram largamente responsáveis pela dissolução do laço íntimo havido – até duas décadas atrás – entre democracia liberal-representativa e desenvolvimento social. Grande parte da explosão de movimentos alternativos à esta via de desenvolvimento e a este agir na política explica-se, assim, pela incapacidade da agenda política das últimas décadas em conciliar demandas nitidamente populares (mais e melhores empregos, segurança cidadã, saúde e educação públicas e de qualidade) com a prática liberal-representativa. Foram ainda responsáveis pela clara dissociação entre modernidade (ou modernização) econômica – esta plenamente alcançada em alguns países (Brasil, Argentina, Chile, Colômbia) – e agir político ético e transparente.

Nos dedicamos, nesta introdução, sobre "as origens" da tradição e da resistência à mudança na América do Sul, a iniciar o debate que pautava nossas conversas, expectativas e algumas esperanças.

As origens

A edição de 1729, do *Dicionário de Espanhol*, da Real Academia de España, nos dá uma perfeita definição da noção de cacique ou *caudillo*: "...el domínio del más enérgico o el más violento, que se convierte en el primero de su pueblo o de la república, el que tiene más mando y poder, y quiere por su soberbia hacerse temer y obedecer de todos los inferiores".[2] Assim, com grande capacidade de síntese, pode-se observar uma característica básica apontada no *cursus honorum* do cacique ou caudilho: seu caráter de líder sendo construído junto ao prestígio que lhe é conferido – por consentimento ou por força – pelo grupo social envolvente.

As teses tradicionais – tanto na história como na sociologia política – sobre o caudilhismo na América Latina, incluindo aí estudos clássicos feitos no Brasil, apon-

---

2 Ver CHEVALIER, Fr. *América Latina*. Barcelona: Labor, 1979, p. 191.

taram com grande frequência as origens ibéricas do fenômeno. A existência de duas longas ditaduras na península Ibérica ao longo do século XX – Oliveira Salazar e Francisco Franco – no exato momento em que se discutia o caráter e as limitações da democracia na América Latina – favoreceu, largamente, uma fácil identificação entre as diversas formas de ditadura na América do Sul e o falhaço da modernização democrática na península Ibérica entre os anos 30 e 70 do século XX. Tornava-se, assim, quase automático – e, portanto *ahistórico* – identificar e atribuir às origens do mandonismo local, e no seu extremo as ditaduras nas Américas, a um passado comum, uma herança típica do colonialismo ibérico. A existência, cruelmente viva, do franquismo e do salazarismo era o endosso histórico, político e ideológico de tal tese durante o debate historiográfico sul-americano entre os anos de 1930 e 1960.

A expansão dos estudos de ciência política no Brasil, muito tardiamente constituída em campo teórico específico entre nós, foi marcada, por sua vez, por uma forte presença teórica dos estudos anglo-germânicos. No interior de tais estudos a presença de notáveis autores da *Escola Histórica Alemã* – tais como Werner Sombart e Max Weber, introduzidos via os escritos de Talcott Parsons e outros estudiosos norte-americanos – trouxe o tema do "Iberismo" como chave explicativa para uma série de fenômenos da sociologia política. O diálogo entre grandes autores do pensamento conservador do início do século XX, tais como Donoso Cortes, na Espanha, e Carl Schmidt, na Alemanha, acentuou o debate sobre a existência de paradigmas culturais – oposição entre uma natureza ibérica e uma natureza anglo-saxão do agir político – que implicariam na constituição de instituições e formas políticas bastante diferenciadas entre a América saxã e a América ibérica. Dessa forma, o agir político marcado pelo mandonismo (e sua consequente hierarquização até o topo da sociedade como forma autoritária de poder, várias vezes descambando para a ditadura aberta) estaria contido no paradigma cultural ibérico.[3] As vicissitudes do republicanismo em Portugal e Espanha, a fragilidade da vida parlamentar e do sistema partidário, bem como no seu limite, a dificuldade em se construir uma clara diferenciação entre

---

3 Seria importante, para entender a construção do conceito de "Iberismo" pela Escola Histórica Alemã, perceber a presença do historismo alemão, em especial de Hegel e de Ranke. A ideia de que cada conjunto civilizacional traria em si um conjunto de traços típicos e capazes de definir o agir político de toda uma sociedade durante uma longa duração pertence, em sua origem, a J.G. Herder, o pai do romantismo teórico alemão. Ver TEIXEIRA DA SILVA, F.C. *Dicionário crítico do pensamento de direita*. Em especial "Introdução", Rio de Janeiro, Mauad, 1999, p. X-XXI.

a esfera pública, de um lado, e a fazenda ou o grande domínio de outro implicaria em confundir empregos públicos e família; os apaniguados e os servidores públicos; o erário e o tesouro e, em fim, a remuneração salarial e com a prebenda e a propina. Seriam todas estas dificuldades herança direta do iberismo e, simultaneamente, os traços mais destacados de sua permanência.

Matrizes teóricas seminais brotaram de tais teses, quase se constituindo em "escolas" de explicação da natureza das instituições políticas sul-americanas. Assim, à guisa de exemplo, foi com a positivação, de um lado, – com Gilberto Freyre – ou com a *demonização*, por outro lado, com Raymundo Faoro, da herança colonial. Muitas vezes para o grande público – incluindo aí jornalistas e políticos – a questão foi colocada em termos de uma pretensa qualidade da colonização. Assim, os sistemas coloniais de origem anglo-saxão – inglês, holandês – seriam, por definição, superiores ao colonialismo ibérico. Enquanto o primeiro seria marcado pelas práticas de autogoverno e probidade administrativa, o segundo seria geneticamente perpassado pelas práticas autoritárias e pela corrupção. Evidentemente, a contraprova contemporânea – com a análise dos processos coloniais na África e na Ásia – não poderia corroborar tais hipóteses. Da mesma forma, no seu limite, essa linha de investigação poderia parecer insultuosa aos povos que sofreram duramente o colonialismo "avançado" na Indonésia, Namíbia, Índia, Uganda ou Quênia. Da mesma forma, outros colonialismos – como o francês, alemão e italiano – deveriam ser trazidos para o debate.

O contra-argumento clássico é voltado para o mimetismo entre as elites locais e as práticas políticas metropolitanas. Mesmo neste caso – a chegada ao poder de *chefetes* locais na esteira das lutas de Independência – não teríamos exceção ao iberismo. As elites *criollas* nada mais fariam do que repetir a prática dos colonialismos português e espanhol. A explicação clássica, não de todo desprovida de certo preconceito, volta-se, então, para um atavismo incontornável da Ibero-América, explicado à luz de um iberismo[4] mal definido e oposto a uma tradição de *self-governement* típica dos países de origem anglo-saxão.

---

4 A noção de "Iberismo" é antiga e de uso corrente na sociologia e na ciência política. Sua origem remonta os ensaios de Max Weber e sua distinção entre as formas políticas anglo-saxões e as formas ibéricas, estas marcadas pelo catolicismo (muito associado aos jesuítas), ao pensamento barroco e ao poder local discricionário e brutal. A popularidade de trabalhos baseados em Alex de Tocqueville, desautorizadamente, acentuou tais distinções, sem qualquer base empírica de pesquisas locais.

Para escaparmos dessa histórica à *prêt-à-porter*, já pronta e aplicável de forma mecânica, teríamos de pensar um programa detalhado de pesquisas. Assim, na verdade, deveríamos levar em conta, na explicação da fragilidade das instituições sul-americanas, o conjunto da história do continente, ao lado das estruturas econômicas e sociais mais profundas herdadas do tempo da colônia.

Claro que a colonização e a transposição de instituições deste os primeiros tempos tiveram um peso relevante na moldagem das formas políticas continentais. Um ponto central do debate deveria residir sobre a natureza do colonialismo na América. Esse foi, sem dúvida, um vigoroso debate dos anos 70 e 80 do século XX. Seus termos conceituais básicos envolviam o colonialismo enquanto sistema, a autonomia dos modos de produção coloniais e, mais tardiamente, a extensão e a implantação da sociedade de *Ancien Régime* nas Américas.[5] O seu mérito – e foram vários, malgrado certo esquematismo e certa personalização do debate historiográfico – foi diminuído pelo caráter por demais economicista do instrumental em jogo. As características sociais e políticas, quase sempre vistas em termos de epifenômenos, foram geralmente desconsideradas. O grande desenvolvimento econômico dos anos 70 até os 90, superando condições consideradas atávicas de atraso, colocou novos questionamentos para o debate. A relação direta entre atraso econômico, suas teses de *desarollo del subdesarollo* e de dependência (com o corolário da industrialização por substituição de importações) e autoritarismo/mandonismo já não bastavam.

Mesmo em espaços sociais modernos, urbanos e desenvolvidos, com uma poderosa classe média, o agir político não foi fundamentalmente transformado. Grandes centros urbanos, como São Paulo, Buenos Aires e Bogotá continuaram elegendo representações marcadas pelo mandonismo, caciquismo e machismo tradicionais do agir sul-americano. A presença desta nova e numerosa classe média (dado fundamental do debate dos anos 60, principalmente nos termos colocados por W. Rostow e com muito mais argúcia sociológica por Barrington-Moore e Theda Skopo) em nada alterou, fundamentalmente, a qualidade da representação política. Mesmo nas eleições executivas locais e regionais – por exemplo, como nos municípios do Rio de janeiro, Alagoas ou Pernambuco, no caso do Brasil, ou nos *gobiernos regionales* da selva peruana – o mandonismo tornou-se dominante.

---

5 Para um panorama do debate ver CARDOSO, Ciro. *Escravo ou camponês?* São Paulo: Brasiliense, 1987.

Assim, a modernização econômica – grande novidade da segunda metade do século XX sul-americano – não foi capaz de alterar em profundidade a natureza do agir político no continente. As teses modernizantes, associando atraso econômico e autoritarismo, ficariam, a fortiori, desautorizadas, nos obrigando a voltar a outras possibilidades de análise.

Cabe, assim, buscarmos uma outra explicação para a larga permanência do mandonismo enquanto traço dominante do agir político na América ibérica – para além de um atavismo historicista. Uma hipótese de trabalho mais histórica – em oposição ao historicismo da visão tradicional – residiria no próprio processo político local, em especial a partir do colapso do poder colonial metropolitano. Nessa vertente, sua origem, bem como a explicação de sua longa sobrevivência na história latino-americana, explicar-se-ia através do vazio institucional surgido na esteira das invasões napoleônicas e das guerras de independência no alvorecer do século XIX. Frente ao colapso do Estado espanhol, personagens locais, na maioria das vezes *criollos*, até então apartados do poder político por medidas discriminadoras espanholas, açambarcaram o poder quase por toda a parte na América ibérica.[6] Como nos diz François Chevalier: "el gobierno nacional, regional y local fue constantemente acaparado por estos personajes todopoderosos". As tradições criadas a partir das independências e, principalmente, das reformas liberais do século XIX, poderiam explicar melhor a emergência de tais homens e a fragilidade institucional no continente.[7]

As bases agrárias do mandonismo

A instituição de grandes domínios agrários, tornados produtivos através de uma série de formas compulsórias de organização do trabalho (desde a *mita, pongos* e *yanaconas* na região andina até a escravidão africana no Brasil, na Costa peruana e Caribe) e onde o poder público desempenhava um papel frouxo, ou era mesmo

---

6 POMER, Léon. *As independências na América Latina*. São Paulo: Brasiliense, 1981.

7 Para o debate sobre as práticas políticas no Brasil ver: SÁ MOTTA, Rodrigo Patto. *Introdução à história dos partidos políticos brasileiros*. Belo Horizonte, UFMG, 1999; NICOLAU, Jairo. *História do Voto no Brasil*. Rio de Janeiro: Zahar, 2002; SCHMITT, Rogério. *Partidos políticos no Brasil (1945-2000)*. Rio de Janeiro: Zahar, 2000.

ausente, deveriam ser elementos centrais numa teoria explicativa do caudilhismo.[8] Quando este Estado, mesmo frouxo em seu alcance, desaparece – durante as guerras de Independência no início do século XIX – é natural que muitos desses *chefetes* ou caciques locais tomem para si as prerrogativas estatais, muitas vezes avançando até a conquista de um poder político suprarregional, destituindo outros caciques concorrentes. Assim, o caudilhismo surge num espaço de vazio institucional e burocrático, onde muitas vezes a única esperança de justiça, proteção ou de distribuição de favores e dons residia na grande morada *señorial*.[9] No caso brasileiro, em virtude da presença do aparato político-militar português no país (desde 1808 com a vinda da Corte lusitana) o poder local não pode florescer até a completa interiorização do Estado. Assim, só na República Velha (1889-1930), quando a oligarquia agrária assume diretamente o controle do aparelho político do país, o mandonismo se transforma em fator dominante da política nacional.

A Igreja, por sua vez, poderia ser uma alternativa, configurar-se como "Couto", ou santuário, para escapar da ira de um chefe local ou de uma autoridade mais brutal. Na maioria das vezes, a Igreja e o poder local marchariam lado a lado, com alguma competição, mas evitando choques frontais. Em alguns países, como o Peru e a Bolívia, onde as religiões tradicionais herdadas do *Tayuntsuiu* quéchua-aymara eram vivas e concorrentes, a Igreja não teve qualquer pudor em aliar-se diretamente ao poder local emergente. Neste caso, a distinção entre bárbaro e bugre, de um lado, e *la gente decente*, de outro, permitia que as únicas instituições sobreviventes das lutas de independência – Igreja e Forças Armadas – assumissem com altivez o pa-

---

[8] Seria interessante, por exemplo, avaliar a dificuldade das autoridades centrais em Buenos Aires, Ciudad de México ou Rio de Janeiro em organizar instituições policiais formais, sob tutela do Estado Nacional, e independentes do poder local. No Brasil, por exemplo, tivemos que esperar o período das regências, já em 1831, para vermos de fato um esforço consistente para a criação de uma chefia de Polícia. Mesmo assim, os senhores de terras e escravos impediam sistematicamente a ação dos agentes do poder central. Ver a obra que abriu o campo de pesquisa: CAVALCANTI, Berenice et al. *A polícia e força policial no Rio de Janeiro*. Rio de Janeiro: PUC, 1981.

[9] Para uma visão de conjunto do debate ver LINHARES, Maria Yedda; TEIXEIRA DA SILVA, Francisco C. *História da agricultura brasileira*. São Paulo: Brasiliense, 1981. Para a discussão do papel do grande domínio agrário na transição ver: ALMEIDA, Maria da Glória. *Nordeste açucareiro*. Aracaju: UFES, 1993; PERRUCI, Gadiel. *A República das Usinas*. Petrópolis: Paz e Terra, 1979; DEAN, Warren. *Rio Claro – Um sistema brasileiro de grande lavoura*. Petrópolis: Paz e Terra, 1977; e no caso argentino GELMAN, Jorge. *Campesinos y estancieros*. Buenos Aires: Libros del Riel, 1998.

pel de manutenção da ordem. No Brasil, a Igreja aliar-se-ia com decisão ao estado imperial implantado depois de 1822 (o padroado) e ao Estado Novo no combate aos cultos afro-brasileiros e, simultaneamente, no embate com as Igrejas reformadas (luterana, principalmente) no sul do país.

Um outro traço marcante do chamado "iberismo", que não devemos de forma alguma desdenhar, seria a preeminência da(s) Igreja(s) na política sul-americana. Ainda hoje – em 2008 – vemos a possibilidade de definição de eleições na Espanha – moderna por excelência, democratizada e com uma economia plenamente capitalista – depender de uma disputa sem precedentes com o episcopado. A possibilidade de uma derrota do PSOE – Partido Socialista Operário Espanhol – existe no bojo de ações do governo socialista, como a laicização da educação, a legislação liberal sobre aborto e união civil de gays. A partir da intensa mobilização dos católicos pelos bispos espanhóis, a direita católica pretende retomar o poder naquele país, configurando uma íntima associação entre política e vida privada. Na América do Sul, e mesmo na América Latina, essa hegemonia clerical sobre vários partidos e sobre o vato de vastas camadas sociais estaria muito evidente no atraso de uma legislação social sobre estes temas. Temas já citados e, ainda, o divórcio (!), em países como o Chile e o México (onde a Igreja trava sério combate contra a prefeitura da capital) estão no centro do debate político-partidário. Mesmo no Brasil, partidos de esquerda, como o Partido dos Trabalhadores/PT veem-se impossibilitados de assumirem uma plataforma socialmente avançada em virtude da presença de fortes quadros "cristãos" (católicos e evangélicos) em seu interior. Assim, temas como aborto ou a união civil de gays foram bloqueados no interior mesmo do PT, visando garantir a unidade partidária.

Mesmo definições sobre a escola e a laicização do ensino, foram prejudicadas pela ação de quadros religiosos em vários partidos ditos *de esquerda*. Mesmo movimentos sociais autônomos, como o Movimento dos Trabalhadores Sem-Terra/ MST, no Brasil, assumiram largamente formas religiosas como elemento de coesão ideológica de grupo. Na crise do marxismo, no descrédito das formas socialistas, a religiosidade – no mais das vezes sob forma de cristianismo socializante, com forte viés de Teologia da Libertação – marca as reuniões políticas do MST, sob a denominação de "mística" (prática inicial em várias reuniões do movimento). Em alguns países, como o México, o culto de Nossa Senhora de Guadalupe serve de elemento de coesão política conservadora, mas com forte cunho popular. Esse é também o caso de Nossa Senhora Aparecida, no Brasil – onde suas comemorações são feriados "nacionais". Em outros, notavelmente no Peru e na Bolívia, o renascimento dos cultos pré-colombianos, em especial o *Pachamanismo*, assume um nítido caráter de ideologia do movimento social. Tal vigor religioso expressa-se, por exemplo, nas recentes ações em ambos os países. Evo Morales assumiu o poder em cerimônia nas ruínas de Tiwanaku com vestes de xamã, e Ollanto Humala, do Partido Nacionalista Peruano, fez campanha em Macchu Picchu também como xamã incaico.

Brasil e México: incorporando o mandonismo

Dois casos de exceção face ao caudilhismo ilustrariam, *in contrario*, esta hipótese de trabalho. De um lado, a monarquia brasileira, quando consolidada, atravessa um longo período de estabilidade e prosperidade, relegando para o domínio local a atuação dos caciques (no caso brasileiro, os chamados *coronéis*); de outro lado, quando o México consegue estabelecer um regime centralizado forte, primeiro com Porfírio Diaz, em 1876, e depois com a institucionalização do PRI, o fenômeno do caudilhismo desaparece do cenário político enquanto concorrente ao poder central. Em ambos os casos, a presença do mandonismo local é refuncionalizada em favor dos mecanismos de dominação do Estado nacional, funcionando em favor da forte burocracia instalada no Rio de Janeiro e na Cidade do México. Não se trata, marquemos bem, da inexistência de *chefetes* locais desejosos de dispor do poder ou dividir entre si as benesses públicas.

A origem comum do fenômeno – a grande propriedade e a coação extra-econômica da mão-de-obra e a destruição de qualquer anteparo social durante as reformas liberais do século XIX – garante a universalidade do fenômeno no continente. Entretanto, em ambos os casos o poder central no Rio de Janeiro e na Cidade de México, souberam constituir um poder suficientemente forte para enquadrar o caciquismo, reduzindo-o a fenômeno local, base capilar – uma base – dos próprios regimes centralizados e autoritários da Ibero-America.[10] Assim, o moderno Es-

---

10 A Revolução de 1930, no Brasil, e a crise do oficialismo do PRI, nos anos 90 do século XX, alteraram fortemente a natureza do caciquismo em ambos os países. No Brasil as oligarquias locais foram obrigadas a "reconquistar" as instituições políticas sobre as quais reinavam desde o período colonial. Assim, os partidos políticos – nitidamente regionais no Brasil até a redemocratização em 1985 (exceto talvez pelo

tado Nacional na América Latina não se constituiria em oposição ao poder local oligárquico. Na verdade, sua ascensão se dá através da coordenação, organização e hierarquização do poder local.

É importante também destacar que o poder local no continente é uma expressão da mediação do caudilhismo com o Estado Nacional e não da representação popular local. Desde o período colonial o controle dos *cabildos* e das câmaras locais era feita, com total concordância da metrópole, pelos chamados "homens bons" ou "la buena sociedad", no Alto Peru (Bolívia), ou "la gente decente" no litoral do Pacífico peruano. As lutas pela Independência não alteraram este quadro, na verdade, confirmaram o domínio da oligarquia *criolla* e da aristocracia da terra sobre as instituições políticas (agora no nível nacional). Na verdade, os processos de independência, monopolizados pelos *criollos*, e, depois, as reformas liberais de meados do século XIX, permitiram que tais elites brancas açambarcassem completamente o poder. A mediação existente no período colonial, envolvendo *cabildos*/câmaras – funcionário régio – órgãos metropolitanos (que funcionavam quase sempre como cortes de apelação) foi desfeita em favor dos primeiros. As limitações, mesmo que restritas, do exercício sem freios do poder local sobre pobres, índios, mestiços e camponeses foram inteiramente liberadas. Assim, amplas massas populares ficaram, sem apelação, à mercê de forças sociais adversas que não hesitaram em reafirmar seus mecanismos de dominação (tomadas das terras indígenas no Peru e Bolívia; Lei de Terras no Brasil; Lei das Enfiteuses na Argentina ou imposição do controle do trabalho, como a restauração da escravidão no Peru, a "nova" escravidão no Brasil, depois de 1830, com a expansão da cafeicultura no Sudeste, o trabalho de *coolies* no Peru ou México).

Entre a tradição e a modernidade

Da mesma forma, a hipótese de que o caudilhismo representaria um fenômeno de transição entre as estruturas sociais e políticas de Antigo Regime – na América seriam as instituições derivadas do colonialismo ibérico – e as formas mais

---

PCB e o PTB) foram recolonizados pelas elites locais que passam a usar as instituições políticas para "dividir" – no jargão político "lotear" – as estâncias do Estado. No México o processo de redemocratização esbarra na existência de verdadeiros feudos de divisão dos recursos do Estado, mediando a ação redistributiva do poder político, em especial na área petroleira (o que é também um traço da privatização do Estado venezuelano até a ascensão do Hugo Chávez).

modernas de organização política, afiguram-nos incompleta. A longa ressurgência do caudilhismo – caciquismo ou coronelismo – ainda hoje, no cenário continental mostraria seu alcance para além de uma pretensa transição. O risco aqui seria voltarmos, ao reconhecermos a sua constante reinvenção, à tese de uma patologia político-social tipicamente latino-americana. Antes disso, dever-se-ia ter claro que as condições de mudança social não se realizaram no continente – mesmo e apesar da grande modernização econômica da segunda metade do século XX – e a permanência do latifúndio e, mesmo, do trabalho compulsório são constantes ao longo do século XIX e XX.[11] Ou seja, as bases sociais do agir político marcado pelo mando local continuariam absolutamente intactas na maioria dos países do continente, mesmo depois de um longo processo de modernização representado em primeiro lugar pelas reformas liberais no século XIX, e, mais tarde, pelo nacional-desenvolvimentismo dos anos 50 e 60 do século XX.[12] Da mesma forma, as teses clássicas sobre o populismo latino-americano – centradas no caráter atrasado e pré-político, herdados do mando rural, das massas trabalhadoras incorporadas no processo de industrialização no início do processo de industrialização, já não se sustentam. Com a industrialização avançada – em sua segunda Revolução Industrial – em países como Brasil, Argentina, México e Colômbia – a permanência em grandes

---

[11] Sobre a preeminência do latifúndio ver LINHARES, M. Yedda; TEIXEIRA DA SILVA, Francisco Carlos. *Terra prometida*, Rio de Janeiro: Campus, 2001; MOTTA, Marcia. *Nas fronteiras do poder*. Rio de Janeiro: Arquivo Público, 1998; MARTINS, José de S. *O poder do atraso*. São Paulo: Hucitec, 1994. Para uma análise da permanência da escravidão no Brasil contemporâneo ver: SUTTON, Alison. *Slavery in Brazil. A link in the chain of modernization*. Londres: Anti-Slavery International Society, 1994

[12] A existência de verdadeiras "dinastias" locais – como no caso do Brasil os Sarney no Maranhão ou ACM na Bahia – demonstraria a capacidade de recuperação e enraizamento de tais formas de mandonismo local. Talvez uma trajetória absolutamente ilustrativa do processo seja do ex-deputado Severino Cavalcanti, uma perfeita expressão da troca política (don e contra don) que chega ao topo do poder do Estado-Nação, afrontando largamente a opinião pública mais moderna do país. Da mesma forma, a privatização da polícia mexicana, com a reprodução familiar dos seus quadros e com a recorrência da corrupção, marcaria a captura de toda uma instituição por grupos privados. Na Argentina, num grau ainda mais marcante da confusão entre esfera pública e o domínio privado, é a recorrência dos mandatários locais em trazerem suas esposas para o proscênio político. Evitando formar quadros, disputar democraticamente as indicações e permitir a formação de um "mercado simbólico do político", os presidentes argentinos indicaram – em "remakes" sucessivos – Evita Perón, Isabelita e, agora, Cristina Fernández Kirchner como sociais políticas. Para o debate ver: BEIRED, José Luis. *Movimento operário argentino (1890-1946)*. São Paulo: Brasiliense, 1984.

centros industriais – Cidade do México, São Paulo ou Buenos Aires – de um voto marcado pela opção caudilhesca, lançaria por terra a tese central que atribui o agir político "populista" às origens agrárias da massa trabalhadora.[13]

Em outra chave explicativa – afastada das determinações econômicas – alguns apontariam a ausência de mudanças estruturais profundas – alguns diriam da ausência de uma revolução burguesa – implicaria na constante possibilidade de emergência de experimentos autoritários ao longo da vida independente das repúblicas ibero-americanas.[14] Assim, processos importantes de modernização política, com ampla base social, foram interrompidos pela ação das oligarquias locais. No Brasil, a eleição de Ruy Barbosa, em 1910, foi impossibilitada pelo controle do jogo político – em especial do Senado Federal onde residia a Comissão de Credenciais – pelo poder local. Sete décadas depois, quando da Assembleia Nacional Constituinte no Brasil, em 1985, as mesmas oligarquias – organizadas no chamado "Centrão", um bloco suprapartidário de cunho conservador – impediria a plena modernização do aparelho político nacional. No Peru, sucedeu às reformas liberais do século XIX um período de pleno exercício do poder local, na íntima associação entre oligarquias agrário-exportadoras, centradas no litoral, as Forças Armadas e a Igreja católica. A chamada República Aristocrática (1895-1919), no Peru, impôs um modelo agroexportador dito "colonial", a dominação plena sobre quéchuas e aymaras, a suposição de que os idiomas indígenas, sua cultura e religião eram sinais evidentes de barbárie. Foi uma época de domínio pleno de uma restrita classe média urbana associada às elites agrárias, os chamados "conocidos". Esse pequeno e provinciano grupo de homens ricos de Lima dominava e impunha as regras de funcionamento da "democracia peruana".[15]

---

13 Ver WEFFORT, Francisco. *O populismo na política brasileira*. Rio de Janeiro: Paz e Terra, 1980.

14 Ver BARRINGTON-MOORE. *As origens sociais da ditadura e da democracia*. Lisboa: Cosmos, 1976. Para o debate sobre a amplitude das reformas liberais e seu comprometimento com a ordem agrária no continente, ver o seminal livro de Florestan Fernandes. *A revolução burguesa no Brasil* (Rio de Janeiro: Zahar, 1975). Para uma análise diferenciada do agir político dos operários recém-chegados à fábrica ver PAIVA, Odair. *Caminhos cruzados: migração e construção do Brasil moderno (1930-1950)*. Bauru: EDUSC, 2000.

15 ÁRIAS QUINCOT, César. "História Política del Peru" In: *Compendio Histórico del Peru*. Madrid: Milla Batres, 1998, p. 351 e ss.

As repúblicas oligárquicas

Mesmo a presença de ideias políticas mais avançadas, já em pleno século XX, bem como a larga experiência republicana de mais de um século, não foram capazes de ensejar processos reformistas autônomos. Muito pelo contrário, a proclamação da República no Brasil, em 1889, com a substituição do estado unitário imperial por uma república de tipo federal permitiu a ascensão ao poder – municipal, estadual e mesmo nacional – de uma imensa e variada gama de caciques locais, ornados com o título de *coronéis*. O regime republicano no Brasil representou, assim, a assunção do poder político por chefes locais, de forma a criar um sistema piramidal que se estendia dos sertões até o Rio de Janeiro.[16]

Embora conseguisse manter uma respeitável aparência europeia de regime liberal-representativo, a fraude eleitoral, de um lado, e a violência desmedida contra qualquer oposição, em especial contra os camponeses (sublevações de Canudos em 1897, de Contestado em 1911 – exemplos de ameaça contra a estrutura reticular do mandonismo), eram as garantias da sucessão ritual de presidentes eleitos, tendo por trás grandes potentados de províncias, cujos interesses não deveriam ser contrariados ("a política dos governadores"). Deve-se aqui destacar um elemento bastante importante na expansão do caciquismo sob as repúblicas latino-americanas: na maioria dos casos o ordenamento institucional de tipo liberal foi utilizado com maestria pelos *chefetes* locais para a consolidação do seu poder. Muitas vezes, a crítica a um estado unitário, forte ou intervencionista, servia bastante bem para que nos mais distantes rincões do continente o único recurso para o homem comum fosse o caudilho, o que confirmava e alimentava seu prestígio.[17]

---

16 Sobre o caráter excludente da república brasileira ver: Lessa, Renato. *A invenção republicana*. Rio de Janeiro: TopBooks, 1999; Penna, Lincoln. *O progresso da ordem*. Rio de Janeiro: Sette Letras, 1997; Carvalho, J. Murillo. *A construção da ordem*. Rio de Janeiro: Campus, 1980.

17 No Brasil há uma ampla literatura sobre o coronelismo e o mandonismo, com forte impacto sobre o conjunto das ciências sociais do continente. No mais das vezes, as teses defendidas concordam com o caráter transitório do fenômeno, enquanto uma ocorrência de uma fase de maturação da democracia. A ressurgência do mandonismo no conjunto das repúblicas sul-americanas depois das democratizações da década de 80 do século XX deveria ensejar uma ampla revisão da temática. Ver para isso: Janotti, Maria de Lourdes. *O coronelismo*. São Paulo: Brasiliense, 1981; Facó, Rui. *Cangaceiros e fanáticos*. Rio de Janeiro: Civilização Brasileira, 1976; Queiroz, Mauricio Vinhas. *Messianismo e conflito social*. São

A chamada Reforma Liberal, recorrente em todo o continente em meados do século XIX, acabou por legitimar o acesso ao poder – através da extrema descentralização – dos mais típicos, bizarros e cruéis representantes das oligarquias agrárias latino-americanas. As poucas instituições que ainda protegiam as populações locais, em especial no campo, servindo de anteparos institucionais em face de uma exploração crescente, foram suprimidas em nome do progresso. Foi assim que formas tradicionais de propriedade da terra, muitas vezes de tipo comunal, como também instituições, foram declaradas heranças coloniais e, portanto, óbices ao desenvolvimento. Grande parte dos preconceitos que atribuem todos os males das repúblicas sul-americanas a um passado colonial foi forjado no bojo deste mito liberal. Dever-se-ia assim justificar as grandes reformas, regressivas, impostas aos novos países.

No caso da Bolívia, como também no Peru e Equador, o principal esforço dos "libertadores das Américas" foi construir barreiras institucionais e culturais contra qualquer participação popular, em especial de "índios" e mestiços no poder político.[18] No Peru, o longo reinado de Nicolás de Piérola, apoiado por um "movimiento" dito civilista, manteve todo o poder político concentrado nas mãos de um grupo de brancos, centrados em Lima e Callao, excluindo inteiramente cerca de sete milhões de índios e mestiços. A historiografia tradicional não se cansa de repetir as qualidades do chamado "caudillo democrata", considerado "bonachón", mas sinceramente capaz de grandes rompantes "rabia violenta y fugaz" quando contrariado, um dos traços mais marcantes do agir político caudilhesco. Muitas vezes Nicolas de Piérola e seus sucessores autoritários, como Guillhermo Bilinghurst ou Augusto Leguia, eram denominados de "padres" ou mesmo "Inca", justificando as formas autoritárias, duras e "sábias" de suas ações, numa direta comparação com um pai

---

Paulo: Ática, 1977; QUEIROZ, Maria Isaura. *O mandonismo local na vida política brasileira*. São Paulo: Alfa-Omega, 1976.

18 Um resumo da vida política da Bolívia é um bom exemplo do papel segregacionista das repúblicas criollas no continente: dos 83 governos da Bolívia, até 2005, 22 tiveram um existência média de quatro anos ou mais; 37 governos foram regimes "de fato": 46% dos governos do país não tiveram origens democráticas; foram desfechados 23 golpes de estado "clássicos"; e em sete casos em que um governo autoritário foi sucedido por outro governo autoritário deram-se cinco casos de sublevação popular massiva ou revolução que resultaram na mudança de governos (1899, 1946, 1952, 2003 e 2005); duas vezes a sucessão governamental foi completamente ilegal – em 1930 e 1934 – e em dois casos – em 1939 e 1951 – foram buscadas soluções políticas inconstitucionais.

severo. No caso de Piérola, a confusão plena entre a esfera do público, do agir político, e da ação privada chega ao seu clímax, com o epíteto, bem aceito, de "califa" que lhe foi atribuído por seus seguidores. Assim, o poder político ficou restrito a um número reduzido de brancos, de origem *española*, que se autodenominavam "la buena sociedad" ou "la gente decente". Na Bolívia, todos os presidentes do país, até (e excetuando) Evo Morales, possuíam laços de parentesco com outros presidentes, com ministros, parlamentares, embaixadores e juízes. Da mesma forma, apenas duas vezes mestiços chegaram à presidência do país: com Manuel Isidoro Belzu, entre 1848 e 1855, que foi assassinado em 1865, e com Juan José Torres (entre 1970 e 1971), deposto e assassinado em 1976.[19]

Liberalismo e oligarquias

No México, a Reforma Liberal tem seu auge entre 1857 e 1859, quando é tomada uma série de medidas que alteram a estrutura fundiária do país. A medida básica foi a dissolução de todas as formas coletivas ou corporativas de posse da terra (herdadas das civilizações ameríndias), o que acabou por acarretar a expulsão de milhares de *peones* de suas terras tradicionais, o que é confirmado pela lei de 1875 sobre a colonização. Um processo idêntico foi realizado na Bolívia pelas leis do presidente Melgarejo, em 1867. Mais de 75 mil famílias índias perderam suas terras e foram substituídas por 700 famílias de grandes proprietários, considerados mais modernos e produtivos. No Peru, em especial na província de Puno, as grandes propriedades conseguiram legalizar a apropriação dos seculares *ayllus* – a comunidade indígena quéchua –, com um incrível aumento do número das grandes propriedades (de cerca de 703, em 1876, para 3.219, em 1915). Enquanto isso, o *campesino cusqueño* foi abandonado ao mando dos senhores locais, impondo-se um duríssimo trabalho agrícola através da apropriação das práticas indígenas em proveito da grande propriedade ou a pura simples imposição do trabalho gratuito – numa interpretação altamente exploratória das práticas indígenas de solidariedade mútua. Na Colômbia, a legislação de 1850/1858 obrigou a dissolução das comunidades camponesas, ou *resguardos*, possibilitando, principalmente na Cordilheira Central,

---

19 Ver Mesa, Carlos *et al. Historia de Bolívia.* La Paz: Editorial Guisbert, 2003, em especial p. 649-735; Quevedo, Julio; Iokoi, Zilda. *Movimentos sociais na América Latina.* Santa Maria: ufsm, 2000.

a expansão das fazendas de tabaco e gado, abrindo-se naquele país uma das mais duras crises agrárias do continente.

Medidas similares de "libertação" da grande propriedade de qualquer entrave a sua expansão serão colocadas em prática na Argentina por Juan Rosas (1793-1877), que revoga as chamadas *Leyes de Enfiteusis*, de 1822/1826. A partir de então, e em uma série de leis sucessivas, a grande propriedade pecuarista – a chamada *estancia* – definirá a paisagem agrária do pampa argentino. Tal legislação permitiu que em 1903, com o sistema agrário já consolidado, cerca de 1.800 pessoas controlassem 40 milhões de hectares.[20]

No caso do Brasil, uma série de leis, a partir de 1850, procura atrelar a libertação dos escravos ao acesso a terra exclusivamente mediante a compra, o que excluiria a imensidão dos pobres sem-terras. Ao mesmo tempo, medidas policiais contra a vadiagem criam um clima de extremo mal-estar e que resultará nos levantes camponeses do início da república.

A destruição dos modos tradicionais de viver, quase que por toda a parte, e não a onipresença da chamada herança colonial ou um suposto iberismo, lançam multidões no mais completo abandono. Serão estas multidões anômicas, desprovidas de uma identidade social ou política, que constituirão a massa de alistamento das clientelas, transformando qualquer *chefete* local no seu padrinho.[21] É bastante importante insistir neste ponto: o peso da herança colonial é verdadeiramente grande nas Américas. Contudo, esta herança foi atualizada pelas reformas liberais do século XIX, quando as elites locais, as oligarquias agrárias, assumiram de fato o poder político e reformaram o ordenamento jurídico dos países americanos visando a eternização do seu domínio.[22]

---

[20] Ver GELMAN, Jorge. *Campesinos y estancieros*. Buenos Aires: Editorial Los Libros, 1998; SALINAS, S.S. *México: dos astecas à independência*. São Paulo: Brasiliense, 1994.

[21] LOPEZ, Luis Enrique; REGALSKY, Pablo. *Movimeientos indígenas y estado em Bolívia*. La Paz/Andes: CENDA, 2005.

[22] Devemos assim nos distanciar a tese central do belíssimo livro de Raymundo Faoro – *Os donos do poder* – onde após descrever, de forma aguda e justa, a extensão do mandonismo no Brasil, insiste numa continuidade perfeita entre as elites ibéricas, os colonizadores e a elite republicana. Na verdade, tal análise reafirma a tese do "Iberismo" e não permite ver a amplitude dos debates e lutas havidos entre os setores liberais radicais, reformistas, e as elites liberais amalgamadas com o mandonismo local durante o século XIX. Ver FAORO, Raymundo. *Os donos do poder*. Porto Alegre: Editora O Globo, 1975.

Assim, frente a um estado incapaz ou desinteressado em dar auxílio ou qualquer assistência, o cacique (caudilho ou coronel) surge como "... aquele que protege, socorre, homizia e sustenta materialmente seus agregados; por sua vez exige deles a vida, a obediência e a fidelidade".[23] Muitas vezes a literatura realizará análises mais penetrantes do que a ciência política de tais perfis sociais. Os personagens de Jorge Amado, como a pletora de coronéis de *Gabriela*, ou o poderoso e solitário "cacique" de Rancas, de Manuel Scorza, em *Redobles por Rancas*, ou a solidão culposa da elite em *São Bernardo*, de Graciliano Ramos, talvez sejam os mais completos retratos do mandonismo em nosso continente. Autoritários, no mais das vezes brutais, corruptos e ávidos por dinheiro – cuja fonte pode ser indistintamente a exploração de camponeses ou o desvio do erário público – unem a isso a intensa predação sexual, só realizada pela ameaça, extorsão e uso indiscriminado do poder.

O caráter de predador sexual típico do coronel, tanto no passado político da América do Sul, quanto contemporaneamente, mereceria uma análise especial. Talvez um pudor demasiadamente servil das ciências sociais – recusado na poderosa literatura regional – tenha excluído este tema importante do quadro de análise. Sua ação contra as mulheres jovens, filhas de agregados, camponeses e moradores, surge no conjunto da sociedade sul-americana como um dos traços mais notórios, recorrentes, do caudilho. No passado marcado pelo mandonismo, o coronel era aquele que podia escolher a jovem – no caso do Brasil, Cuba, Peru, a presença da escravidão tornara este fato corriqueiro e parte dos "direitos" senhoriais – ainda menina para amasia, amante, muitas vezes transformada em mais uma mulher "teúda e manteúda", com casa adequadamente retirada ou descaradamente no próprio terreiro da Casa Grande. Algumas vezes, em especial com as jovens filhas de agregados e moradores, era só o prazer da primeira vez e, então, o abandono na prostituição. Coube ao romance regional e às histórias da tradição oral – em face do silêncio das ciências sociais, se excetuarmos Gilberto Freyre –, manter e perpetuar a ação predatória de tais coronéis.[24] Um exemplo interessante de moder-

---

23 CARONE, Edgar. *A República Velha*. São Paulo: Difel, 1973, p. 90.

24 Seria interessante registrar que nos mais importantes "escândalos" políticos do Brasil redemocratizado, depois de 1985, havia sempre a presença da predação sexual, do uso instrumental da mulher e da tentativa do chefete poderoso assumir a postura de macho dominante. Foi assim com o escândalo dos chamados Anões do Orçamento (o assassinato da esposa de alto funcionário do congresso nacional

nização do mando local e da construção de coronéis modernos – tomados como novos paradigmas de homem público – é a trajetória de Delmiro Gouveia. *Coronel* industrializante, nacionalista e anti-imperialista – numa hagiologia crescente no Brasil – Delmiro manteve, ao longo de toda sua ação pública, os traços essenciais do coronel: autoritário, capaz de fazer *justiça* com as próprias mãos, dependente das finanças públicas e notório predador sexual.[25]

Dessa forma, vemos a recorrência do caudilhismo latino-americano, embora profundamente arraigado em suas estruturas sociais e econômicas, não como uma herança colonial, um resquício do *atraso ibérico* – e muito menos como atavismo ou patologia social. A nosso ver, o caudilhismo é um fenômeno moderno e insistentemente atualizado, inscrito nas dificuldades do processo de construção do estado democrático-representativo, processo originado nas lutas de independência – no século XIX – e atravessado, de forma inesperada e paradoxal, pelo doutrinário liberal, que potencializa os vícios inerentes do processo de institucionalização da vida pública latino-americana.

Por uma tipologia do mando

Tais formas, que dominam o cenário político do continente desde o século XIX, poderiam fornecer uma tipologia da dominação caudilhista, expressa em casos-limites, ou se quisermos, numa sucessão de *constructos*, bastante abstratos (e portanto não encontráveis nas suas formas "puras", mas verdadeiros paradigmas para uma análise empírica).

Assim, poderíamos apontar as seguintes situações ou casos-limites:

> (a) o caudilho *latifundiário (terrateniente)*, senhor local, que organiza a vida pública em torno da casa grande da fazenda, *estancia* ou rancho;
>
> (b) *o herói local, el macho*, figura oriunda das lutas de fronteira, ou contra os índios ou bandidos sociais, de origem pobre, muitas vezes mestiço, que faz prova de habilidade com o bacamarte, o punhal e como *jinete*;

---

detonou a crise), no processo de impedimento do presidente Collor (as relações do presidente e de uma cunhada foram o estopim).

25 MAYNARD, Dilton. *O senhor da pedra: os usos da memória de Delmiro Gouveia*. Recife: UFPE, tese de doutoramento, 2008.

(c) *o ditador positivista*, oriundo de camadas cultas da sociedade, quase sempre urbano, com passagem por escolas de elite ou pelos exércitos nacionais, onde toma contato com a ideologia positivista e da imperiosidade da ordem e do progresso, mesmo que através do uso intenso da violência, em especial contra bugres e fanáticos;

(d) *o preposto, aventureiro ou macho local ou estrangeiro*, contratado por grandes empresas ou interesses econômicos internacionais (mais tarde ligado à CIA ou outros interesses estrangeiros), muito particularmente na América Central e Caribe;

(e) *os líderes populares*, oriundos das classes subalternas, possivelmente mestiços, trabalhadores braçais ou operário, mas que ao contrário dos heróis locais não se deixam cooptar pela oligarquia, criando as bases para o seu próprio poder, como no México do século XIX, ou Brasil e Argentina no século XX.[26]

Surgem, assim, os personagens, apenas formalmente ficcionais, dos mais impressionantes romances latino-americanos, e muito especialmente do seu realismo fantástico. Tais figuras serão facilmente identificadas nas páginas de Manuel Scorza, Jorge Amado, Vargas Llosa, Gabriel Garcia Márquez, Érico Veríssimo ou Carlos Fuentes, mesclando o caráter de predador sexual, explorador social e profunda melancolia.

Bibliografia

ALMEIDA, Maria da Glória. *Nordeste Açucareiro*. Aracaju, UFES, 1993.

ÁRIAS QUINCOT, César. "História Política del Peru". In: *Compendio Histórico del Peru*. Madrid: Milla Batres, 1998.

BARRINGTON-MOORE, Jr. *As origens sociais da ditadura e da democracia*. Lisboa: Cosmos, 1976.

BEIRED, José Luis. *Movimento operário a argentino (1890-1946)*. São Paulo: Brasiliense, 1984.

CARDOSO, C. F. *Escravo ou Camponês?* São Paulo: Brasiliense, 1987.

CARONE, Edgar. *A República Velha*. São Paulo: Difel, 1973.

CARVALHO, J. Murillo. *A construção da ordem*. Rio de Janeiro: Campus, 1980.

CAVALCANTE, Berenice *et al*. *A Polícia e Força Policial no Rio de Janeiro*. Rio de Janeiro: PUC, 1981.

---

26 CHEVALIER, François, *op. cit.*, p. 174 e ss.

CHEVALIER, F. *América Latina*. Barcelona: Labor, 1979.
DEAN, Warren. *Rio Claro – Um sistema brasileiro de grande lavoura*. Petrópolis: Paz e Terra, 1977.
FACÓ, Rui. *Cangaceiros e Fanáticos*. Rio de Janeiro: Civilização Brasileira, 1976.
FAORO, Raymundo. *Os donos do poder*. Porto Alegre: Editora O Globo, 1975.
FERNANDES, F. *A Revolução Burguesa no Brasil*. (Rio de Janeiro: Zahar, 1975). PAIVA, Odair. *Caminhos Cruzados: migração e construção do Brasil moderno (1930-1950)*.
GELMAN, Jorge. *Campesinos y estancieros*. Buenos Aires: Editorial los libros, 1998.
_____. *Campesinos y estancieros*. Buenos Aires: Libros del Riel, 1998.
JANOTTI, Maria de Lourdes. *O Coronelismo*. São Paulo: Brasiliense, 1981
LESSA, Renato. *A invenção republicana*. Rio de Janeiro: TopBooks, 1999.
LINHARES, M. Yedda; TEIXEIRA DA SILVA, Francisco Carlos. Terra Prometida: Rio, Campus, 2001.
LINHARES, Maria Yedda; TEIXEIRA DA SILVA, Francisco C. *História da Agricultura Brasileira*. São Paulo: Brasiliense, 1981.
LOPEZ, Luis Enrique; REGALSKY, Pablo. *Movimeientos indígenas y estado em Bolívia*. La Paz: Andes/Cenda, 2005.
MARTINS, José de S. *O poder do atraso*. São Paulo: Hucitec, 1994.
MAYNARD, Dilton. *O senhor da pedra: os usos da memória de Delmiro Gouveia*. Recife: UFPE, tese de doutoramento, 2008.
MESA, Carlos *et al*. *Historia de Bolívia*. La Paz: Editorial Guisbert, 2003.
MOTTA, Marcia. *Nas fronteiras do poder*. Rio de Janeiro: Arquivo Público, 1998.
NICOLAU, Jairo. *História do Voto no Brasil*. Rio de Janeiro: Zahar, 2002.
PENNA, Lincoln. *O progresso da ordem*. Rio de Janeiro: SetteLetras, 1997.
PERRUCI, Gadiel. *A República das Usinas*. Petrópolis: Paz e Terra, 1979.
POMER, Léon. *As independências na América Latina*. São Paulo: Brasiliense, 1981.
QUEIROZ, Mauricio Vinhas. *Messianismo e conflito social*. São Paulo: Ática, 1977.
QUEIROZ, Maria Isaura. *O Mandonismo local na vida política brasileira*. São Paulo: Alfa-Omega, 1976.
QUEVEDO, Julio; IOKOI, Zilda. *Movimentos sociais na América Latina*. Santa Maria: UFSM, 2000.
SÁ MOTTA, Rodrigo Patto. *Introdução à História dos Partidos Políticos Brasileiros*. Belo Horizonte: UFMG, 1999.
SALINAS, S. S. *México: dos astecas à independência*. São Paulo: Brasiliense, 1994.

SCHMITT, Rogério. *Partidos Políticos no Brasil (1945-2000)*. Rio de Janeiro: Zahar, 2000.

TEIXEIRA DA SILVA, F.C. *Dicionário Crítico do Pensamento de Direita*. Rio de Janeiro: Mauad, 1999.

WEFFORT, Francisco. *O populismo na política brasileira*. Rio de Janeiro: Paz e Terra, 1980.

Política, poder e instituições

Jornal *Folha do Oeste*

Um instrumento de cooptação integralista em Guarapuava

Carlos Roberto Delattre[1]
Walderez Pohl da Silva[2]

O PERÍODO COMPREENDIDO entre a ascensão de Vargas ao poder em 1930, e a decretação do Estado Novo, caracterizou-se pela frustração das expectativas em torno da pregação modernizante que a Aliança Liberal havia feito durante a campanha presidencial. Em vez das reformas esperadas, o que se via no país eram quadros de instabilidade, inquietação e insegurança. Na análise de Aspásia Camargo, a liderança do pessoal do presidente se afirmava com debilidade em meio aos graves conflitos entre as oligarquias estaduais e os tenentes e a competição entre os diversos atores que ascendiam ao cenário político nacional (1999: 17).

De acordo com Dulce Pandolfi, as forças políticas bastante diversificadas que haviam participado da revolução também tinham visões distintas a respei-

---

[1] Historiador, filósofo, especialista em didática do ensino superior e proficiência em língua inglesa.

[2] Doutora em História Social – Professora assistente da Universidade Estadual do Centro-Oeste/UNICENTRO, Departamento de História, campus de Guarapuava e vinculada ao grupo de pesquisa Política, Poder e Instituições.

to da condução do processo revolucionário. Enquanto uns defendiam medidas mais centralizadoras, insistindo na necessidade de um regime forte e apartidário, outros pregavam medidas mais liberais, lutando por maior autonomia regional (1999, p. 9).

Boris Fausto afirma que a Revolução de 1930 havia posto fim à hegemonia da burguesia do café que, ao longo da I República, havia sido a única classe nacional apta à articulação de formas de ajustamento e assim integrar o país na medida de seus interesses. Desse modo, segundo o autor, abre-se uma espécie de vazio de poder por força do colapso político da classe cafeicultura e da incapacidade das demais frações de classe para assumi-lo em caráter exclusivo (Fausto, 1970: 112-3).

Em função desse quadro que refletia o cenário político brasileiro daquela época, Maio & Cytrynowicz apontam para o surgimento de projetos radicais e mobilizantes, que tentavam galvanizar a sociedade com a ideia de mudança. As principais propostas desse tipo foram a Ação Integralista Brasileira e a Aliança Nacional Libertadora, que criticavam profundamente os preceitos liberais da República Velha e os descaminhos da Revolução de 1930 (2003: 41).

Em Guarapuava, uma série de questões motivou a adesão de expressiva parcela da população ao discurso e à prática integralista. O desapontamento com o governo Vargas, que ocorria na maioria das cidades brasileiras, foi uma delas. Porém, com um agravante: a nomeação de um tradicional[3] e conservador coronel local, o coronel Antonio da Rocha Loures Vilaca, para garantir que as diretrizes do novo governo fossem cumpridas. Após um breve período de euforia, em face das possibilidades acenadas pela mudança de atores no cenário político nacional, no âmbito regional, como no caso de Guarapuava, constatava-se a permanência da política rançosa, própria da dominação coronelística da I República.

Além disso, um dos primeiros reflexos da Revolução de 30, no Paraná, havia sido a deposição de Affonso Alves de Camargo,[4] que governava o estado pela segunda vez. Membro de uma família tradicional de Guarapuava, descendente e

---

3 A expressão "tradicional" refere-se aos descendentes das famílias-tronco de Guarapuava, aquelas povoadoras da região, por meio do sistema de sesmarias e que receberam por herança vastas extensões de terra.
4 Affonso Alves de Camargo governou o Paraná nos períodos de 1916 a 1920 e de 1928 a 1930.

afiliado do Visconde de Guarapuava,[5] ele havia sido, até então, o onipresente chefe político da cidade, árbitro de todas as questões políticas e aquele que indicava os titulares que supriam todos os postos-chave da estrutura pública local. Esse fato significou o surgimento da "orfandade política" de um grupo acostumado às "benesses" do poder, o que por si só já gerava ressentimentos, quadro que foi agravado diante das perseguições políticas que se sucederam.

A partir daí, o chefe político local passou a ser o coronel[6] Antonio da Rocha Loures Vilaca, indicado pelo major Plínio Tourinho, líder da Revolução no Paraná. Fora designado em 6 de outubro de 1930, por meio de um telegrama, no qual lhe foi recomendado "que mantivesse uma linha de conduta cortês para com os adversários, em benefício da justa causa que defendemos" (Teixeira, 1997: 85).

De nada havia adiantado a recomendação do major Tourinho. Investido de poderes, como Comandante Militar da Praça de Guarapuava, Vilaca mandou prender adversários, requisitou vários caminhões e automóveis da população, também vultosas somas em dinheiro, os poucos aparelhos de rádio que existiam na cidade e uma quantidade de cabeças de gado dos fazendeiros da região (Teixeira, 2000: 68).

Provavelmente mais indignados com o modo de agir do preposto local do que com os rumos que a revolução varguista havia tomado no país, Antonio Lustosa de Oliveira, Amarílio Rezende e Davi Moscalesque fundaram o jornal *Folha do Oeste* em janeiro de 1937. O semanário logo se tornaria porta-voz da AIB (Ação Integralista Brasileira) na cidade. Informava a população a respeito dos acontecimentos que se sucediam nos grandes centros como o Rio de Janeiro e São Paulo, publicava discursos de militantes e, especialmente, difundia o pensamento de Plínio Salgado.

Em meados de 1937, o discurso integralista havia conquistado uma expressiva parcela da população da Guarapuava. Através da propaganda fiel aos princípios da AIB, o jornal havia aprofundado e ampliado a influência integralista na região. A prática da atividade partidária era incentivada, fazendo com que o interesse pela

---

[5] Antonio de Sá Camargo, o Visconde de Guarapuava, é uma das figuras históricas mais destacadas de Guarapuava.

[6] O título de coronel usado por Antonio Vilaca originava-se da Guarda Nacional, instalada em Guarapuava em 1838, por ato do governo da província de São Paulo (Teixeira, 1997, p. 31). A patente de coronel correspondia a um comando municipal ou regional, que por sua vez dependia do prestígio social e econômico de seu titular, que raramente deixaria de figurar entre os proprietários rurais (Lima Sobrinho, 1997, p. 13).

política e pela possibilidade de construção de um novo mundo tomasse conta do imaginário popular. Além disso, a *Folha do Oeste* não se limitou a difundir ideias, a educar politicamente e a atrair aliados políticos, como também não foi apenas um instrumento de propaganda e de agitação coletiva, mas foi, principalmente, um instrumento de organização coletiva.

Nessa época, os fundadores da *Folha do Oeste* eram considerados "ícones" da modernidade local. Antonio Lustosa de Oliveira pertencia a uma família tradicional de Guarapuava e detinha um lastro suficiente de credibilidade, construído pelas origens familiares e pelas relações sociais que mantinha na cidade. Lastro havia sido potencializado pelas campanhas jornalísticas em favor da estrada de ferro desde 1919. Além disso, era proprietário do importantíssimo instrumento para a divulgação dos princípios integralistas: uma "moderna tipografia", que se tornava mais eficiente ainda quando importava clichês de São Paulo. A tipografia foi relembrada com orgulho em suas memórias:

> Naquela época, nem em Curitiba existiam clicherias para executar encomendas dessa natureza. Os jornais de Guarapuava eram confeccionados à mão, com tipos de caixa (caracteres de chumbo), juntando-se letra a letra para formar a composição do texto de noticiário ou anúncios (Oliveira, s/d: 17).

Para editar o jornal ele contara com a parceria de Davi Moscalesque e Amarílio Rezende. Vindos de outras cidades, esses companheiros integralistas trouxeram em suas bagagens formas de pensar que provocaram mudanças no espaço político local. Possuidores de uma cultura acima da média da camada urbana de Guarapuava, identificavam-se com o conceito "ser moderno" idealizado naquela época. Isso significava estar em sintonia com os grandes acontecimentos que agitavam o cenário nacional, importando para a cidade a versão daquilo que se julgava ser, no momento, a solução ideal para o país: o "Estado Integral" de Plínio Salgado.

Davi Moscalesque, o fundador do núcleo da AIB local e também o gerente da *Folha do Oeste*, nasceu em 1908, em Jaguaraíva, Paraná. Chegou à cidade em 1924. Foi saxofonista da orquestra do Teatro Santo Antonio, além de ter sido um de seus presidentes. Dedicou-se também a outras atividades sociais e esportivas, como orador do Clube Guaíra, presidente do Clube Cassino e diretor dos clubes de futebol Pátria, União Futebol Clube e Guarapuava Esporte Clube (Poplade & Poplade,

1998: 230). Em 1930, ele foi editor do jornal *Correio do Oeste*, impresso na tipografia Pharol, também de propriedade de Antonio Lustosa de Oliveira.

Amarílio Rezende, o redator-chefe do jornal, nasceu em 1902, no Rio de Janeiro, cursou Humanidades no Seminário Metropolitano de São Paulo. Veio a Guarapuava em 1927, para exercer o cargo de diretor da escola mais importante da época, o Grupo Escolar Visconde de Guarapuava.

A divulgação e a cooptação integralista ocupava a página três do semanário, que ao todo editava quatro páginas. Essa página privilegiava a palavra do líder Plínio Salgado, divulgava palavras de ordem, chamava os filiados às obrigações como angariar novos partidários, pagar contribuições e também publicava discursos dos membros locais. Esses discursos sintonizavam-se com o ápice do movimento no país, que por sua vez, refletia o sucesso alcançado na Europa pelos regimes totalitários, especialmente o fascismo e o nazismo.

Imaginemos, então, o grau da popularidade que a *Folha do Oeste* alcançou naquele momento em Guarapuava, uma pequena cidade interiorana, castigada pelo difícil acesso geográfico, isolada de outros centros, com escassos recursos de transportes e comunicações, na qual a população rural sobrepujava de longe a população urbana. O que mais restaria à população letrada senão promover discussões em torno da pauta do jornal? Assim, ser integralista em Guarapuava, para uma importante parcela da população, passou a significar abraçar novas ideias, vislumbrar novos horizontes, representando, enfim, antes de tudo, "ser moderno" e mergulhar na onda que tomava conta do cenário nacional.

De acordo com Maio & Cytrynowicz, em 1935, havia 1.123 núcleos organizados em 548 municípios e 400 mil ativistas (2003: 43). A AIB atuou no executivo e no legislativo de diversas cidades e estados. Com vistas às eleições presidenciais previstas para 1938, no intuito de eleger o candidato do partido, foram mobilizados quase 850 mil integralistas, cerca de 500 mil eleitores habilitados. O eleitorado do país, na época, era de cerca de três milhões de votantes.

Maio & Cytrynowicz afirmam que, se valendo da fotografia, do rádio, do cinema e de rituais e concepções propriamente "teatrais" da política, a AIB difundia seu apelo apresentando uma característica que parecia moderna no contexto dos anos 1930, até mesmo quando o conteúdo do discurso fosse, por exemplo, a luta contra a industrialização do país, no caso de Gustavo Barroso, e a defesa da suposta vocação agrária do Brasil. A prática de organizar jovens, crianças e mulheres para vistosos desfiles públicos, onde imperavam palavras de ordem inflamadas, nos quais não faltavam bandeiras, marchas e estandartes, revelava uma forma de fazer política distinta dos partidos oligárquicos da República Velha (2003: 51).

Nas edições de 1937 da *Folha do Oeste*, é possível vislumbrar a importância, a densidade e o espaço que a AIB ocupou na cidade. Embora os integralistas de Guarapuava também se valessem de comícios, reuniões e do "corpo a corpo" para difundir a doutrina, sem dúvida nenhuma foi o jornal o grande instrumento da sua propagação. Mesmo porque, não há registros de um debate político por meio da imprensa que se contrapusesse ao ideário integralista. Essas divergências se polarizavam no campo das disputas pelo poder, onde as discordâncias ideológicas pareciam não existir, ou se existiam, eram relegadas a um segundo plano. Além disso, a simpatia que Vargas parecia demonstrar pela AIB era constantemente lembrada aos leitores em diversos artigos publicados pelo jornal.

Argumentos em torno da Aliança Nacional Libertadora, o contraponto da AIB, sequer eram cogitados. Uma explicação possível para isso é a inexistência de registros que evidenciem a existência, na cidade, de atividades econômicas industriais significativas. Consequentemente, não há registros de trabalhadores organizados em sindicatos, que pudessem capitanear uma mobilização operária dessa categoria, uma das classes urbanas que se afinava com a ANL. A atividade comercial existente gravitava quase exclusivamente em torno da atividade pecuária. Além disso, em julho de 1935, a ANL havia sido colocada na ilegalidade pelo governo federal. Desse modo, em uma terra de pecuaristas como Guarapuava, o comunismo, como se verá adiante, "era considerado o próprio anticristo" (Vianna, 2003: 102).

Outra avaliação permitida pela página três da *Folha do Oeste* se refere à credibilidade alcançada pela AIB em Guarapuava, entre pessoas situadas na camada mais elevada do meio social. Isso significou agregar também formadores de opinião, como o jornalista e professor Joaquim Prestes, que seria prefeito de Guarapuava na gestão de 1955 a 1958, e outros, especialmente fazendeiros e comerciantes, membros de famílias importantes como Bastos, França, Danguy, Ribeiro do Amaral e Sprenger.

Nesse mesmo ano de 1937, levando em consideração o fato de que Amarílio Rezende era titular da Secretaria Municipal de Educação e Chefe do Gabinete de Aníbal Virmond, remetemo-nos à dedução de que o movimento integralista havia assumido "feições" oficiais durante o período. O apoio do prefeito pode ser visualizado em atos administrativos como nomeação dos "companheiros" Clemente Ribeiro Dias, para exercer o cargo de Chefe Municipal da Polícia e Manoel Monte Furtado como Chefe do Distrito de Campo Mourão (*Folha do Oeste*, ano 1, nº 5, 28/03/1937).

De uma forma geral, a página integralista da *Folha do Oeste* apresentava um estilo linear, de modo que, ao selecionar a edição de 14 de março de 1937, é possível demonstrar como o discurso jornalístico era efetivado. Essa página dava conta que, como de costume, a reunião "doutrinária" do domingo anterior contara com a presença de "grande número de Camisas Verdes, Blusas Verdes e Plinianos".

Como se pode observar, a prática integralista envolvia todos os membros das famílias que a ela se submetiam. A respeito disso, Lenharo destaca que existia um parentesco muito próximo entre o pensamento católico, o pensamento integralista e a matriz fascista europeia acerca de temas como sexualidade, de evidente repercussão no ordenamento do cotidiano das pessoas e no disciplinamento de seus corpos e mentes. Como nos princípios nazistas, por meio da canalização da energia sexual dos filhos, a família lhes impunha as normas sociais, incutindo a propensão para o esforço e para o trabalho, fazendo apologia ao prestígio, à ascensão social, cultivando a honra, o dever, a disciplina, a docilidade não crítica e a subserviência às autoridades. O Reich considerava residirem na família os "microssomos do Estado autoritário", a "célula reacionária central" (1986: 44-45).

Porém, essa questão não assumia um aspecto relevante na *Folha do Oeste*. Retomando a mesma edição de 14 de março de 1937, através da coluna "Direito de Propriedade", podemos verificar que o alinhamento do grupo político de Lustosa com os princípios integralistas baseava-se muito mais na questão da preservação da propriedade, como ilustra a matéria "Direito de Propriedade":

> Os inimigos do Integralismo – comunistas ou não – têm cada uma, de cabo de esquadra. Como é natural, coerente com fins que animam – não escolhem meios para investir contra o Sigma. Useiros e veseiros em explorar a proverbial boa fé de nossa gente, a ignorância do povo contaminado pelo analfabetismo, inventam asneiras de fazer rir um frade de pedra. Dizem e espalham, com acaciana mediocridade: *"Integralismo se comunismo se equivalem é quase a mesma coisa"*.

O texto tem uma estrutura didática que parece indicar uma intenção de fornecer argumentos aos leitores para uma ação de esclarecimento em torno das diferenças entre as duas correntes ideológicas, assinalando as mais cruciais para o grupo integralista local, como se demonstra na sequência:

> Conversando com um fazendeiro sobre política, falou-se em Integralismo. Meu amigo abriu-se com franqueza "O Integralismo é perigoso, porque nos tirará – aos fazendeiros, aos proprietários – nossas propriedades para repartir com os caboclos, com todos que não tem onde cair mortos"(sic).

Para em seguida expor a convicção doutrinária defendida pelo jornal:

> O Integralismo nega a luta de classes como razão da vida social. Julga por isso que a questão social deve ser resolvida pela cooperação de todos conforme a justiça e o desejo que cada um nutre pelo progredir e melhorar. Não promete explorar o proprietário, o patrão, o capitalista, sob o pretexto de beneficiar os proprietários – os que não possuem bens. Não é essa a nossa doutrina.

De acordo com os princípios integralistas de Plínio Salgado, a luta de classes representada pela "classe burguesa" e pela "classe proletária" foi uma invenção marxista. Afirmava ele que "nós integralistas, mais modernos que os marxistas, não aceitamos nem mesmo o dualismo do Capital e do Trabalho".

Nesse sentido, Chauí afirma que o discurso integralista "tem a peculiaridade de operar com imagens em lugar de trabalhar com conceitos". Utilizando-se do recurso de justapor imagens, transformar um conceito em uma imagem e associar imagens livremente, esse discurso apropriava-se das análises marxistas, traduzindo-as em imagens integralistas (1978: p. 44).

Ainda na visão de Plínio Salgado, os conflitos entre classes e as decisões isoladas dos governantes eram empecilho "para o Brasil realizar a união íntima e perfeita de seus filhos" e por esse motivo, acreditava ele, a Nação precisava organizar-se em classes profissionais e cada brasileiro inscrito em sua classe. Ou seja, traduzindo classe por profissão, o discurso avançava num ponto nuclear do projeto político integralista: a organização corporativa da sociedade brasileira como um projeto decorrente da própria experiência social.

Retomando a edição da *Folha do Oeste* de 14 de março de 1937, é possível concluir que, por meio dessa visão distorcida dos descompassos sociais, os integralistas de Guarapuava reproduziram as palavras de seu líder, acenando para o futuro promissor de uma sociedade utópica, sem distinções, mais justa e mais harmônica:

Quer o Integralismo e assim o realizará, a vida harmônica de todos os grupos existentes na coletividade. Não se trata, pois de fazer o que criticamos. No regime atual, um grupo, ou vários agrupamentos apoderaram-se das riquezas, dos meios de produção e, enquistando-se nos organismos das nações, exercem feroz tirania sobre a maioria proletarizada da sociedade, em benefício exclusivo de seus interesses.

O discurso jornalístico buscava amenizar a inquietação provocada pela hipótese da violação do direito de propriedade, utilizando a abstração da "imensidão territorial brasileira" e contrapondo a "superpopulação de países europeus com escassez de terra para todos os braços":

> No Brasil a situação é completamente oposta. Dispomos de uma imensidade territorial babilônica e faltam-nos braços para aproveitamento do solo vasto e desabitado. Por isso, nunca falamos como comunistas em Latifúndio, como bandeira de combate. A situação dos lavradores, dos homens do campo será resolvida dentro de um plano geral "visando facilitar-lhes a aquisição da propriedade familiar" sem conflitar com os interesses legítimos dos proprietários, mediante a popularização do crédito.

E, finalmente, utilizando-se de argumentos de persuasão denotando uma intenção de amedrontar e até mesmo coagir, na medida em que situava Integralismo e Comunismo na mesma dimensão maniqueísta do combate entre o "Bem" e o "Mal":

> Em lugar de esmagar proprietários, em vez de destruir a propriedade – como o Comunismo, o Estado Integral promoverá a disseminação da propriedade. O Comunismo promove a destruição da propriedade visando seus fins: o Estado proletário, único patrão, capitalista único, em função de uma classe que se julga no direito de sobrepor-se e de tiranicamente esmagar a outra. O Integralismo quer a cooperação de todas as forças nacionais para realização do Estado, com resultante da ação organizada. O Estado será soberano porque não se confundirá com uma classe, mas estará acima de todas as classes.

O sucesso dos discursos do jornal e da própria militância integralista pode ser explicado, principalmente, pela configuração socioeconômica da região onde se localiza a cidade, conforme descreveu Alcioly Gruber Abreu:

> Nas regiões centro-oeste e sul do Paraná predominavam a Sociedade Tradicional Campeira, baseando-se no latifúndio, o que perdura até os dias atuais e marcam presença nos agregados paternalistas, nos arrendamentos em troca de víveres

e na herança do compadrio, visto o grande número de afilhados e encostados que vivem de favor junto às famílias dos antigos fazendeiros (1981: p. 123).

Vale destacar que, quando o tema anticomunista não era por si só o destaque das matérias publicadas, ainda assim se fazia presente nelas, como ilustra a reportagem "O episcopado brasileiro e o integralismo". Essa matéria publicada na edição n.º 21 de 25/07/1937 focalizava o pensamento de alguns bispos e arcebispos sobre o Integralismo. Para esses religiosos, Plínio Salgado era "um espírito inteligente e culto, orientado por sólidos princípios católicos". Destacavam também que "a trilogia integralista Deus, Pátria e Família era 'única' e sua prática sincera salvaria a Terra de Santa Cruz, temporal e espiritualmente". A sintonia entre os princípios da AIB e o catolicismo lhes parecia perfeita, principalmente pela oposição feita às "ideologias nefastas do comunismo" (*Folha do Oeste*, nº 21, 25/07/1937).

Esses depoimentos, demonstrando a aceitação do Integralismo pela Igreja católica, revelavam com clareza a intenção de comover e mobilizar os leitores do jornal, católicos em sua maioria. Evidenciando, desse modo, a utilização do tema no sentido de explorar a sólida religiosidade da população de Guarapuava, que se explica pelos antecedentes de sua fundação. Um censo realizado em 1940 demonstrou que a população total da cidade era de 96.235 habitantes, sendo que 98,06% declararam-se católicos (Marcondes: 1987: 25).

As matérias da página três também indicam que as ações do partido não se limitavam à imprensa escrita: há registros de uma espécie de amparo jurídico aos militantes, prestado por Joaquim Prestes, e da manutenção de uma escola na sede do Núcleo Integralista da cidade, a Escola Mestra Leonídia, que alfabetizava maiores de catorze anos. Os registros de João do Planalto a esse respeito são elucidativos:

> Aqui em Guarapuava, a Ação Integralista, criada no ano de 1935, dedicou-se em fundar e fazer funcionar dezenas de escolas primárias em todos os distritos e bairros distantes, cujas escolas eram custeadas pelas contribuições de um mil réis feita por todos os pais de alunos em idade escolar, de cada localidade da vasta interlândia guarapuavana em cujos centros educacionais eram ministrados, além de ensinamentos primários, civismo, história, pátria e de amor a tudo o que se relacionasse ao Brasil e a sua gente (Planalto, 1981: 221-222, vol. I).

Desse modo, o apelo do ideário integralista em Guarapuava, que teve como eixo central as questões locais, também se propagava por meio da educação básica, elemento que constituía um poderoso atrativo e diferenciador perante as práticas de outros partidos, criando uma mística ritualizada (rituais que regulavam do nascimento à morte). A adesão aos seus quadros deveria ser considerada não a um partido, mas a um movimento que se apresentava como renovador das forças espirituais da nação.

O sucesso da AIB em Guarapuava pode ser avaliado também pelo fato de Lustosa ter sido guindado pela direção nacional do partido ao elevado posto de Governador da 5ª Região Integralista, e Amarílio Rezende, Membro do Conselho dos Quatrocentos,[7] a mais importante câmara do partido.

A união em torno da difusão dos princípios da AIB representou uma recomposição no cenário político de Guarapuava, na medida em que um novo grupo político emergiu. Tal grupo era composto por comerciantes não vinculados à propriedade da terra e agregou em seu bojo outros profissionais como advogados, juízes, médicos e professores. Esse grupo passou a ocupar um sólido espaço nesse cenário político, até então de domínio dos proprietários rurais.

Entre os principais fatores que catalisaram o apoio desse grupo ao Integralismo estão o anticomunismo e os valores próximos ao cristianismo, validados pelo importante apoio de setores da Igreja católica. Além de que, os seus componentes se viam como "novos 'burgueses' que iriam libertar a cidade das garras de um feudalismo entorpecente e retrógrado" (Cytrynowicz, 2001). O mesmo discurso antioligárquico, ao mesmo tempo em que conferia um verniz modernizador, oportunizou um enraizamento sólido de alguns de seus membros no campo político local, circunstância na qual Lustosa se enquadrava.

Após o breve período de expansão fulminante da AIB, seguiu-se sua morte súbita. Sentindo-se ameaçado pelo avanço dos Integralistas, Vargas encarregou-se de tirá-los do seu caminho logo após a instauração do Estado Novo. Com a habilidade política que lhe era característica, ao mesmo tempo em que aboliu os partidos políticos por decreto, em 2 de dezembro de 1937, alimentou as esperanças de Plínio Salgado, acenando-lhe com a possibilidade de ocupar o Ministério da Educação. Nessas circunstâncias, o líder integralista tentou preservar a AIB por meio da fun-

---

[7] A Câmara dos Quatrocentos era um órgão nacional da AIB, criado em 1937, para ampliar as bases sociais do movimento (TRINDADE, 1974, p. 318).

dação da Associação Brasileira de Cultura, que abandonava todos os símbolos integralistas, tais como a saudação Anauê! e o Sigma.

Assim, a *Folha do Oeste* deixou de publicar a página integralista. A notícia da extinção das câmaras, dos partidos e da criação da Associação Brasileira de Cultura foi publicada com destaque na (*Folha do Oeste*, n.º 37, 14/11/1937). Nas semanas que se seguiram, cada edição trazia um trecho do estatuto da recém-criada associação. Nesse estatuto, evidenciava-se a intenção de incrementar os sentimentos espiritualistas, promover estudos culturais, criar escolas e organizações de escotismo e incentivar serviços de assistência em benefício dos associados. O nome de Plínio Salgado, embora relegado à página quatro do jornal, não saía de cena, agora como presidente da nova associação. Os discursos apologéticos em torno de seu nome ocupavam grandes espaços.

No entanto, em fevereiro de 1938, Vargas deixou claro que os integralistas não fariam parte de seu governo. Seguiram-se hostilidades e perseguições, que obrigariam Plínio Salgado, Gustavo Barroso, entre outros destacados integralistas, a fugir do país.

A *Folha do Oeste* deixou de circular em março de 1938. No mês anterior Davi Moscalesque havia sido assassinado por um correligionário político do coronel Vilaca. Amarílio Rezende e Antonio Lustosa de Oliveira foram duramente perseguidos pela Delegacia de Ordem Social e Política, até 1941. Na reorganização partidária pós Estado Novo, porém, situaram-se em lados opostos. O primeiro fundou o PRP (Partido da Representação Popular) em Guarapuava, cuja liderança nacional coube a Plínio Salgado; o segundo, que havia se alinhado, em 1941, ao interventor paranaense Manoel Ribas, foi o fundador do PSD (Partido Social Democrata).

Nesse mesmo ano, 1941, a *Folha do Oeste* voltou a circular. Agora, entretanto, como um instrumento da ditadura Vargas, na qual imperou a censura à imprensa. Nessa época, todos os jornais brasileiros viam-se obrigados a reproduzir os discursos oficiais, dar ampla divulgação às inaugurações, a enfatizar as notícias dos atos do governo e a publicar fotos de Vargas (Capelato, 1999: 175). Com o jornal de Antonio Lustosa de Oliveira não foi diferente. Naquela época, o único a circular em Guarapuava havia se tornado um instrumento de apologia ao regime, a Vargas e a Manoel Ribas.

Bibliografia

CAMARGO, Aspásia. *Carisma e personalidade política: Vargas, da conciliação ao maquiavelismo*. In: D'ARAUJO, Celina (org.). *As instituições brasileiras na Era Vargas*. Rio de Janeiro: Editora UERJ/Editora FGV, 1999.

CAPELATO, Maria Helena. "Propaganda política e controle dos meios de comunicação". In: PANDOLFI, Dulce (org.). *Repensando o Estado Novo*. Rio de Janeiro: Editora FGV, 1999.

CHAUÍ, Marilena de Souza. "Apontamentos para uma crítica da Ação Integralista Brasileira". In: _____; FRANCO, Maria Sílvia Carvalho. *Ideologia e mobilização popular*. Rio de Janeiro: Paz e Terra, 1978.

CYTRYNOWICZ, Roney. *Integralismo e política regional: a ação integralista no Maranhão (1933-1937)*. Revista Brasileira de História, vol. 21, n° 40, São Paulo, 2001.

FAUSTO, Boris. *A Revolução de 1930*. São Paulo: Brasiliense, 1970.

LENHARO, Alcir. *A sacralização da política*. Campinas: Papirus, 1986.

MAIO, Marcos Chor; CYTRYNOWICZ, Roney. "Ação Integralista Brasileira: um movimento fascista no Brasil (1932-1938)". In: FERREIRA, Jorge; DELGADO, Lucília de Almeida Neves. *O Brasil republicano – o tempo do nacional – estatismo – do início da década de 30 ao apogeu do Estado Novo*, vol. 2. Rio de Janeiro: Civilização Brasileira, 2003.

MARCONDES, Gracita Gruber. *A igreja em Guarapuava*. Guarapuava: Faculdade de Filosofia, Ciências e Letras de Guarapuava, 1987.

PANDOLFI, Dulce (org.). *Repensando o Estado Novo*. Rio de Janeiro: Editora FGV, 1999.

POPLADE, Nestor Gastão; POPLADE, Sydnei Luiz. *Luigi Antonio Ciscato. Sua vida... Sua obra...* Publicação independente.

TEIXEIRA, Benjamin. *Registros históricos de Guarapuava*, s/l, 1997.

TEIXEIRA, Murilo Walter. *O continente guarapuavano – Transição político-social*, s/l, 2000.

TRINDADE, Hélgio. *Integralismo. O fascismo brasileiro na década de 30*. São Paulo: Difusão Europeia do Livro, 1974.

VIANNA, Marly de Almeida. "O PCB, a ANL e as insurreições de novembro de 1935". In: FERREIRA, Jorge; DELGADO, Lucília de Almeida Neves. *O Brasil republicano – o tempo do nacional - estatismo – do início da década de 30 ao apogeu do Estado Novo*, vol. 2. Rio de Janeiro: Civilização Brasileira, 2003.

Fontes Impressas

Folha do Oeste, ano 1, nº 06, 14/03/1937.
Folha do Oeste, ano 1, nº 21, 25/07/1937.
Folha do Oeste, ano 1, nº 37, 14/11/1937.

Periferias pobres em Jaraguá do Sul (sc) e Santa Cruz do Sul (rs)

A díficil arte de viver na "Pérola do Itapocu" e na "Capital mundial do fumo" – 1970-2000

Ancelmo Schörner[1]

As cidades de Jaraguá do Sul e Santa Cruz do Sul são os maiores pontos de destino da migração nas regiões do Vale do Itapocu, em Santa Catarina, e região do Rio Grande do Sul, respectivamente. Ambas têm sua "origem" na colonização alemã. Porém, do núcleo colonial de imigrantes alemães de meados do século XIX (Santa Cruz do Sul) e 1876 (Jaraguá do Sul), tornaram-se polos regionais nas últimas décadas do século XX; suas histórias urbanas apresentam vários tempos e espaços sociais que não obedecem à lógica linear das noções de progresso e desenvolvimento.

Essas cidades de médio porte apresentaram desde as últimas décadas do século XX um processo migratório intenso, onde sua população tornou-se "socialmente invisível", com dificuldades de se identificar com a construção imaginária do desenvolvimento local, ao mesmo tempo em que é culpabilizada pelos problemas econômicos e sociais pelos quais passaram, e passam, essas cidades.

Os bairros de Jaraguá do Sul e de Santa Cruz do Sul, com seus inúmeros loteamentos e vilas, permitem observar mais atentamente seus problemas de moradia,

---

[1] UNICENTRO/PR, campus de Irati, Doutor em História, membro dos Grupos de Pesquisa Estudos em História Cultural (UNICENTRO/PR) e Laboratório de Imigração, Migração e História Ambiental (UFSC).

condições da habitação e infraestrutura, que se traduzem na grande quantidade de terrenos ocupados ou em aquisição, casas cedidas ou alugadas, casas de madeiras ou barracos, pela quantidade de pessoas que não possuem água encanada, energia elétrica, a não ser se utilizando do expediente das extensões, esgoto encanado e domicílios em área verde ou áreas de risco (Schörner, 2006; Silveira, 2003).

Esses grandes contingentes de migrantes chegaram nas duas cidades a partir da consolidação de seus processos de industrialização, que exigia cada vez mais mão-de-obra, a partir dos anos 1960-1970. Em Jaraguá do Sul, o destaque eram as indústrias de alimentação, do vestuário, fiação e tecelagem, metal-mecânica e do material elétrico, da construção civil e do mobiliário. Santa Cruz do Sul se destaca como o principal polo fumageiro do Brasil e uma conjunção de fatores – volume de produção, centralização das principais empresas do setor que compram, beneficiam e exportam o produto e uma fábrica de cigarros – fazem dele a Capital Mundial do Fumo. No seu parque industrial estão instaladas sete grandes empresas transnacionais, incluindo a maior fábrica de processamento de fumo do mundo. Paralelamente ao fumo, sua economia abriga diversos outros empreendimentos industriais, destacando-se os do vestuário, metalurgia, borracha e plásticos, alimentação e construção civil.

Esses migrantes deixaram a terra, as fazendas, os sítios, os patrões, as madeireiras, sua cultura e buscaram, dentre muitos lugares no espaço urbano de Jaraguá do Sul[2] e de Santa Cruz do Sul,[3] uma vida melhor para si e suas famílias, geralmente em lugares onde vários conhecidos seus já haviam se estabelecido.

Para se ter uma melhor compreensão da construção do modo de vida que os migrantes estabelecem, é essencial sabermos as motivações e razões (Nodari, 2002) da opção para uma região específica. A migração se apresenta como uma tentativa de melhorar de vida, restabelecer o equilíbrio entre as necessidades socialmente definidas e a remuneração do trabalho. Nas duas cidades, os principais motivos e razões da migração

---

2 Muitos vieram de cidades próximas a Jaraguá do Sul, como Schroeder, Massaranduba, Luís Alves, Guaramirim e Corupá. Outros são de cidades mais distantes, como Lajes, Chapecó e Caçador. Contudo, o maior contingente é de paranaenses, vindos de cidades como Guarapuava, Quedas do Iguaçu, Marechal Cândido Rondon, Cascavel, Medianeira, Pato Branco, Francisco Beltrão, General Carneiro, Cantagalo, Pitanga, Toledo, Barracão, Chopinzinho, Coronel Vivida, Dois Vizinhos e Verê. Poucos são de outros estados.

3 Para Santa Cruz do Sul migram, principalmente, pessoas da região do Vale do Rio Pardo, que compreende municípios como Candelária, Encruzilhada do Sul, General Câmara, Passo do Sobrado, Rio Pardo, Sinimbu, Sobradinho, Vale do Sol, Vale Verde, Venâncio Aires e Vera Cruz.

são a busca de empregos, a possibilidade de, através dele, melhorar de vida. A saída dos locais de origem[4] é explicada por quase todos eles pela falta de terra, falta de trabalho nas cidades (ou quando existem os salários são muitos baixos possibilidade de acesso a serviços urbanos, como escola, creche, hospital, cursos superiores.

Conforme podemos observar na tabela abaixo, a migração acabou contribuindo para o aumento populacional das duas cidades, elevando também o percentual de sua urbanização.

População total de Jaraguá do Sul e Santa Cruz do Sul (1960-2007).

Ano	Jaraguá do Sul	Santa Cruz do Sul
1960	23.197[5]	75.931
1970	30.246	86.787
1980	48.534	99.645
1991	76.968	117.733
1996	93.076	100.433[6]
2000	108.377	107.632
2007	129.973	115.857

Fonte: IBGE. Censos Demográficos de 1960-2000 e Contagem da População 1996 e 2007.

Morro da Boa Vista

Até a década de 1870, o Morro da Boa Vista como região ou construção simbólico-ideológica de um espaço dotado de historicidade não existia. Há registros de que a primeira indicação oficial tenha sido feita por Emílio Carlos Jourdan, o criador da Colônia Jaraguá em 1876, quando em 1880 mandou estender uma faixa branca composta de duas peças de tecido de dez metros cada, firmadas em três

---

[4] Usaremos a expressão local de origem para caracterizar o último lugar de moradia antes de se deslocarem para Jaraguá do Sul e Santa Cruz do Sul, uma vez que isso pode nos indicar mais processos migratórios para as mesmas pessoas.

[5] Queda populacional decorrente do desmembramento de Corupá em 1958.

[6] Queda populacional decorrente da emancipação de Gramado Xavier, Sinimbu e Vale do Sol em 1992.

varas de taquaruçu e fixadas na parte oeste do pico com vista ao mar, de onde poderiam ser vistas desde o porto de São Francisco (Silva, 1975: 54).

Os primeiros habitantes do morro foram trabalhadores negros "vindos do Norte e do Rio de Janeiro, que trabalhavam para Jourdan no Estabelecimento Jaraguá" (Stulzer, 1972: 11-12). Ele funcionou até 1883, quando paralisou as atividades por conta de dificuldades financeiras, haja vista os problemas encontrados para fazer chegar açúcar e aguardente ao porto de São Francisco, de onde seria embarcado para o Rio de Janeiro. Neste momento os negros foram abandonados à própria sorte, sendo que alguns foram para o morro e outros ficaram nas terras onde hoje é o centro de Jaraguá do Sul.

Foram dessas terras que eles foram expulsos mais tarde, por volta de 1907, quando a sociedade que comprou as terras de Jourdan requereu despejo dos moradores sem títulos. O mandado foi cumprido e a polícia desalojou com violência e arrasou com fogo as roças e casas dos negros. Com a chegada dos imigrantes, em sua maioria alemães e italianos, no final do século XIX, os negros foram perdendo suas terras e acabaram indo para o morro, que por conta de sua presença começou a ser chamado de Morro da África.

A partir da década de 1940, o crescimento industrial de Jaraguá contribuiu para mudar toda a fisionomia da região e a vida de seus moradores, incluindo também os do Morro da África. O município tornou-se um dos polos industriais do estado, e juntamente com Joinville e Blumenau, passou a fazer parte do chamado "triângulo industrial catarinense". Nessas indústrias foram trabalhar vários moradores do Morro da África e migrantes, que começaram a ocupar o morro a partir da década de 1970.

É importante observar que a localidade do Morro da Boa Vista, que pertencia ao bairro Ilha da Figueira, apesar de ser uma das mais antigas regiões de ocupação de Jaraguá do Sul, só foi transformado em bairro em 14/07/2004, através da Lei nº 3.620, e passou-se a denominar bairro Boa Vista. Porém, melhorias existentes em outros bairros e localidades mais recentes ainda não chegaram ao morro, como água encanada para todos, energia elétrica, pavimentação, coleta regular de lixo, transporte e posto de saúde.

O morro tem cerca de 800 metros de altitude e possui moradores em até quase 600 metros. Ele pode ser visualizado através de seu traçado irregular e desconexo de seus espaços vazios e ocupados que expressam formas irregulares, legais e ilegais de ocupação do solo. Há inúmeras escadas de terra encravadas nos barrancos, algumas com até 84 "degraus" abaixo da estrada, onde sair ou chegar em casa é sempre uma tarefa perigosa. Quanto mais alto, piores são os problemas. Na parte alta do morro falta iluminação elétrica nos postes e não são poucos os trabalhadores que enfrentam a escuridão para ir ou voltar do trabalho.

A constituição geográfica do lugar permite uma lógica arquitetônica que apresenta uma composição habitacional complexa, onde a maioria das casas são construídas em madeira, sem pintura e próximas umas das outras. Em sua maioria, as casas não têm serviços de infraestrutura urbana, tais como saneamento básico e abastecimento de água, e algumas não possuem energia elétrica. Além disso, por conta da construção em terrenos muito acidentados, se percebe a existência de casas cujas janelas ficam à altura do pátio do vizinho, quando não são tapadas por paredões de terra acima dos quais passam ruelas estreitas ou se levantam pequenas casas.

As servidões[7] acompanham construções delimitadas por tortuosas cercas em disformes pedaços de terra, cortadas, de quando em vez, por valetas de esgoto exposto ou desembocam nas duas ruas principais, que assim se apresentam por serem um pouco mais largas e estarem dispostas no início e no final dos dois blocos do morro. Encontram-se, também, espaços habitacionais cujo contorno de propriedade limita-se à área construída: neles não existe possibilidade visível de demarcação de ruelas de acesso ou de divisão de terra.

Segundo Maricato (2001: 86), mais predatória do que a especulação típica da produção capitalista, tanto para a maioria de excluídos quanto para a preservação do meio ambiente, é a falta de alternativas habitacionais. Para ela, a ocupação indiscriminada de várzeas, encostas de morros, áreas de proteção de mananciais, beira de córregos, enfim, áreas ambientalmente frágeis e "protegidas" por lei são as mais agredidas pela falta de alternativas de moradia no mercado legal, para a maior parte da população.

A propriedade, mesmo ilusória, do terreno e o imenso esforço para a construção da casa constituem penosos investimentos em longo prazo – a população se fixa assim de modo relativamente permanente no local, presa a um projeto interminável. Por outro lado, como tende a ser semelhante o nível de rendimentos dos que compram os terrenos, cria-se uma uniformidade relativa da população, segregada pela distância e pela precariedade do transporte.

---

[7] Nesse caso servidões são ruelas ou escadas encravadas na terra, verdadeiros labirintos para quem não está acostumado com o morro.

Na determinação do preço dos lotes, o mais importante é a fixação de uma prestação compatível com a disponibilidade de pagamento do comprador, cujo cálculo já leva em conta que este fará sacrifícios para pagar o lote, considerando a importância que atribui à casa própria. O morador não está prioritariamente preocupado com o preço final e nem com o número de prestações, mas sim com o quanto irá despender por mês. Segundo muitos moradores do Morro da Boa Vista, as relações de compra e venda de terrenos dão levando-se em conta com quem se está negociando. Em sua maioria os terrenos são comprados de conhecidos muito próximos, de parentes, sendo que muitos deles são simplesmente ocupados.

O modelo de desenvolvimento urbano experimentado até agora tem contribuído para acentuar a exclusão, a segregação e o isolamento de grupos mais pobres da população, que como vimos, constroem suas casas sem nenhuma infraestrutura. Dessa forma, para Scarlato e Pontin (1996: 16), o termo "infraestrutura econômica" é utilizado com base na existência de serviços públicos: energia, comunicações, fornecimento de água, saneamento e esgoto, coleta e destinação de lixo.

Em termos do acesso à infraestrutura, estabelece-se uma diferenciação entre sua carência, em que são enquadrados os domicílios que não contam com pelo menos um dos critérios mínimos de acessibilidade (energia elétrica, abastecimento de água, esgotamento sanitário, no mínimo uma fossa rudimentar e coleta de lixo) e a infraestrutura inadequada, em que são enquadrados os domicílios que dispõem de acesso à infraestrutura, mas necessitam de melhorias na acessibilidade.

A situação da moradia e a condição legal do imóvel também expressam o padrão de precariedade dos moradores do morro, como podemos observar pelos dados por nós coletados nas 65 casas que visitamos entre 24/07/2003 e 21/08/2003. Dos 66 moradores com quem falamos, 55 (83,4%) afirmaram que a casa é própria, dos quais 17 (30,9%) têm escritura e 38 (69,1%) têm contrato, isto é, ainda estão pagando o terreno. Outros 11 (16,6%) moram "na escura", ocupando terrenos, com ou sem o consentimento de alguém.

A existência de mais de uma casa no mesmo terreno é frequente. A do fundo, normalmente a mais velha e precária, se prolonga e melhora para frente, ou vice-versa. Nessas residências múltiplas, os cômodos são alugados ou cedidos a parentes e conhecidos. Mas também vão se construindo mais casas para parentes, amigos e conhecidos. Amontoadas em pequenos terrenos estão, às vezes, quatro ou cinco casas, onde moram seis ou sete famílias.

Em se tratando do esgoto (destino das fezes e urina, água suja), segundo o SIAB,[8] a situação é ainda mais delicada, pois apenas sete casas (3,5%) têm ligação com a rede geral; 185 casas (94%) utilizam fossa séptica, muito embora esse número não corresponda à realidade, pois muitas fossas são ligadas ao mato ou ao riacho, além de cinco casas (7,7%) que utilizam "poço morto". Em nossa pesquisa verificamos que em 32 casas (49,2%) o esgoto corre a céu aberto.

Morar no morro é sempre um problema por causa dos riscos físicos que traz. No Morro da Boa Vista há uma série deles, que podem agir em conjunto, dificultando ainda mais as já precárias condições de vida dos moradores. Entre eles estão vendavais, que ocasionam queda de árvores e/ou galhos nas casas, enxurrada com deslizamento de terra e pedra.

Além disso, os moradores enfrentam problemas ligados à falta de infraestrutura, como água encanada, iluminação pública, rede de esgoto, creche, posto de saúde e transporte coletivo, telefone público e segurança pública.

Sobre a água, observamos que grande parte dos moradores, notadamente da parte mais lata do morro, utilizam água de nascentes e de poços, sendo que mais da metade das casas que utilizam água de nascentes não a utilizam com nenhum tipo de tratamento.

Assim, distribuição incompleta de água, sistemas de esgoto quase inexistentes, coleta inadequada do lixo, construção em morros muito inclinados e sujeitos a erosão e em várzeas sujeitas a enchentes, casas mal-construídas, mal-ventiladas e mal-iluminadas combinam para produzir o ônus ambiental da vida diária na periferia.

Vila Boa Esperança

Durante os anos 1970-80, as vilas Boa Esperança (atual bairro Imigrante), Nova Esperança (atual bairro Glória) e a Torrano (atual bairro Menino Deus),[9] entre outras que surgiram em Santa Cruz do Sul, representaram para a prefeitura – que abriu esses

---

8 Sistema de Informação de Atenção Básica da Secretaria Municipal de Saúde da prefeitura de Jaraguá do Sul. O sistema tem 197 famílias cadastradas e nos foi gentilmente cedido pela Agente Comunitária Valderes Rosa para pesquisa em 31/07/2003.

9 Esta alteração se deu com a lei municipal nº 3.255, de 10 de setembro de 1998, que alterou a denominação dos bairros e vilas da cidade.

loteamentos populares na periferia – e para os setores hegemônicos da cidade, a válvula de escape para os problemas decorrentes da ocupação irregular em diversos lugares, como as áreas de risco existentes em Santa Cruz do Sul (Silveira, 2003: 182).

Os trabalhadores safristas, contingente de mão-de-obra temporária que atua no beneficiamento industrial do fumo junto às agroindústrias fumageiras, residem, em sua maioria, nos bairros e vilas populares existentes na periferia de Santa Cruz do Sul (Silveira, 2003: 183).[10]

A Vila Boa Esperança localiza-se a sudoeste da área central da cidade, em seu limite urbano periférico, junto ao km 51 da BR-471, em áreas adjacentes ao Distrito Industrial do município (Silveira, 2003: 184). A partir dos anos 1970, as rodovias que contornam a área urbana, como a RS-509 e a RS-287, ao norte, e a BR-471, passaram a integrar mais efetivamente a cidade com a rede urbana gaúcha, facilitando o escoamento da produção fumageira e incrementando o fluxo de matérias-primas e de mercadorias.

Elas tornaram-se, assim, vetores importantes de maior acessibilidade à capital do fumo, possibilitando, também, o direcionamento, para a cidade, da força de trabalho excedentária da região do Vale do Rio Pardo. Além disso, o traçado dessas rodovias nas áreas próximas à cidade acabou constituindo-se o eixo de contorno da área urbana, contribuindo, como importante suporte infraestrutural, à ocupação de áreas vazias existentes nessas zonas periféricas da cidade, onde surgiram inúmeras ocupações clandestinas e irregulares[11] (Silveira, 2003: 185). Nesta área se organizou, na década de 1970, o Distrito Industrial, sendo que sua constituição promoveu uma progressiva reorientação do uso do solo naquela área, que até o início da década de 1970 apresentava traços de atividades agrícolas.

Essa constituição, com a presença marcante das agroindústrias fumageiras, acabou atraindo um contingente significativo de migrantes, como também aqueles

---

10 Os dados que balizaram a análise desses lugares da periferia urbana de Santa Cruz do Sul, no nosso caso a Vila Boa Esperança, são oriundos de Silveira (1997: 184), que pesquisou jornais locais, realizou entrevistas, em 1995 e 1996, com moradores, analisou dados do Censo dos Habitantes dos Bairros, realizado pelo Comitê Comunitário de Combate à Fome e à Miséria em 1994, nos bairros e vilas carentes da cidade e aplicou questionários, em 1997, nas comunidades envolvidas.

11 Para Siebert (2000: 291, grifo no original), distingue-se, por sua presença no espaço urbano, as *invasões* (áreas nas quais a ocupação não se dá por iniciativa de seu proprietário), os *loteamentos clandestinos* (nos quais o proprietário vende os lotes sem conhecimento da prefeitura, sem projeto e sem infraestrutura) e os *loteamentos irregulares* (nos quais o proprietário vende os lotes sem aprovação final da prefeitura, sem infraestrutura completa, mas com um projeto encaminhado para aprovação.

trabalhadores que, há mais tempo, buscavam garantir a sua reprodução no interior da cidade. Algumas dessas vilas surgiram espontaneamente, a partir da ocupação irregular de determinadas áreas na faixa de domínio da rodovia, outras se originaram da ocupação de áreas verdes e da própria iniciativa municipal, igualmente próximos ao Distrito. Esse foi o caso da Vila Boa Esperança, que surgiu a partir da ação interventora da prefeitura, que passou a desapropriar áreas nessa região para, a partir da realização de loteamentos populares, realocar famílias que haviam invadido áreas verdes e de risco no interior da cidade (Silveira, 2003: 186).

A Vila Boa Esperança surgiu no final da década de 1970, ano em que o processo de internacionalização das empresas agrofumageiras locais estava no auge, aumentando a demanda de mão-de-obra. Nesse contexto, houve um gradativo incremento dos fluxos migratórios para Santa Cruz do Sul. Além disso, a falta de uma política habitacional, aliada ao alto valor dos aluguéis dos poucos imóveis disponíveis para locação e aos parcos recursos com os quais os novos migrantes chegavam à cidade, promoveu o surgimento de inúmeras ocupações irregulares no interior da zona urbana (Silveira, 1997). Essa vila, principalmente ao longo dos anos 1980 e início dos anos 1990, dado o constante e crescente afluxo de novos moradores, passou a ser reconhecida como uma das maiores da cidade.

Seus primeiros moradores vão ser pessoas e/ou famílias que para lá foram transferidas pela prefeitura em função de estarem ocupando, irregularmente, áreas privadas, áreas verdes e áreas de risco em Santa Cruz do Sul. Além disso, tal lugar passava, também, a representar uma alternativa de acesso a um terreno e à casa própria para uma leva de novos migrantes que chegavam à cidade, bem como para aqueles antigos migrantes e santa-cruzenses que, já havia algum tempo, vinham procurando melhores condições para garantir a reprodução de suas famílias (Silveira, 1997).

O acesso aos lotes para essas primeiras famílias foi viabilizado pela prefeitura, que cedeu a posse dos terrenos através do pagamento de um pequeno aluguel. Contudo, a ocupação dessa área se caracterizou, desde a abertura do loteamento até o final da década de 1980, pela ausência de um projeto mínimo de urbanização, cuja precariedade e/ou inexistência da infraestrutura básica e dos equipamentos urbanos, aliada à instalação progressiva de novos moradores, contribuíram para o agravamento das já difíceis condições de reprodução dessa força de trabalho.

Como em vários loteamentos ou vilas abertas, seja pelo poder público, seja por grupos privados, como imobiliárias, as primeiras famílias a se instalar na Vila Boa

Esperança, no final da década de 1970, passaram por diversas dificuldades. As ruas não estavam calçadas, os terrenos não possuíam terraplanagem. Não havia rede de água, de iluminação pública e de esgoto, coleta de lixo e transporte urbano.

Somente a partir de meados da década de 1980 é que tal situação começou a ser modificada, notadamente, devido à mobilização e à organização comunitária dos moradores, que criaram sua Associação de Moradores em outubro de 1989. O constante aumento da população da vila, aliado aos seus tradicionais problemas de infraestrutura urbana e à insegurança decorrente de uma situação fundiária irregular, levou os moradores, através da constituição de uma associação, a pressionar a prefeitura municipal no sentido de viabilizar melhores condições de vida nessa área tradicionalmente marginalizada na aplicação dos recursos públicos municipais (Silveira, 2003: 189).

Contudo, até então, a Vila Boa Esperança, muito mais do que ser reconhecida pelo poder público como parte integrante da cidade, representava-lhe uma alternativa barata de contornar os problemas decorrentes do aumento do déficit habitacional, da dinâmica excludente do mercado imobiliário e das indesejáveis ocupações e invasões de migrantes e de moradores espoliados no interior da cidade.

Assim, é nesse contexto que boa parte das reivindicações dos moradores passou a ser atendida a partir desse período, ainda que de modo compulsório e parcial, pela administração municipal, como foi o caso da instalação da rede pública de água, de iluminação e de esgoto, muito embora, mesmo canalizado, esse último acabe tendo, como destino final, o Arroio das Pedras, que circunda os lotes situados no limite sul da vila. As ruas internas, ainda que não tenham sido pavimentadas como os moradores desejavam, foram alargadas, possibilitando a entrada dos caminhões do lixo e dos ônibus no interior da vila (Silveira, 2003: 189-90).

Além disso, se, por um lado, as melhorias urbanas realizadas pela prefeitura significaram melhores condições de vida para boa parte dos moradores, por outro, o surgimento de novos custos, como o pagamento da água, da energia elétrica e da regularização dos lotes, dados os seus insuficientes e irregulares rendimentos, forçaram-os a procurar um novo lugar na cidade para assegurar sua reprodução, caracterizando a ocorrência de um intenso processo de migração intra-urbana, denominado "marcha da propriedade", que pode durar "longo tempo e comportar várias etapas explicitando assim o processo de mobilidade residencial" (Venetier, 1989: 266, *apud* Silveira, 2003: 200-1).

Dessa forma, acompanhar, ao longo da história, a trajetória dos migrantes para Jaraguá do Sul e Santa Cruz do Sul nos permitiu salientar: 1) a passagem de uma relação com o trabalho na terra para uma localização no universo urbano em termos de residência, atividade econômica e, sobretudo, possibilidades de ascensão social; 2) as formas de consolidação da periferia nestas cidades; 3) identificar um processo de urbanização que envolve migração, impactos ambientais, abandono do poder público, falta de equipamentos urbanos mínimos e lutas pelo direito à cidade.

Bibliografia

Maricato, Ermínia. *Brasil, cidades: alternativas para a crise urbana*. Petrópolis: Vozes, 2001.

Nodari, Eunice Sueli. "Persuadir para migrar: a atuação das companhias colonizadoras". *Esboços*, Florianópolis, nº 10, 2002.

Scarlato, Francisco Capuano; Pontin, Joel Arnaldo. *O ambiente urbano*. São Paulo: Atual, 1999.

Schörner, Ancelmo. *A Pedra, o Migrante e o Morro: feridas narcísicas no coração de Jaraguá do Sul/SC – 1980/2000*. Florianópolis, 2006. Tese (doutorado em História). Centro de Filosofia e Ciências Humanas da Universidade Federal de Santa Catarina.

Siebert, Cláudia. "Blumenau fim de século: o (des)controle urbanístico e a exclusão sócio-espacial". In: Theis, Ivo; Tomio, Fabrício; Mattedi, Marcos. (orgs.). *Novos olhares sobre Blumenau: contribuições críticas sobre seu desenvolvimento recente*. Blumenau: Editora da furb, 2000.

Silva, Emílio. *O II livro Jaraguá do Sul: um capítulo na povoação do Vale do Itapocu*. Jaraguá do Sul, 1975.

Silveira, Rogério Leandro Lima da. *A produção da periferia urbana em Santa Cruz do Sul-RS: o lugar dos safristas na terra do fumo*. Florianópolis, 1997. Dissertação (mestrado em Geografia). Faculdade de Filosofia e Ciências Humanas da Universidade Federal de Santa Catarina.

_____. *Cidade, corporação e periferia urbana: acumulação de capital e segregação espacial na (re) do espaço urbano*. Santa Cruz do Sul: edunisc, 2003.

Stulzer, Frei Aurélio. *O primeiro livro de Jaraguá*. Petrópolis: Vozes, 1972.

A Cepal e desenvolvimento regional

Carlos Alberto Ferreira Gomes[1]

1. O contexto do pós-guerra

O PENSAMENTO ECONÔMICO DA CEPAL, também denominado por alguns autores de teoria do subdesenvolvimento, surge em um momento em que está em processo o nascimento de regimes democráticos em algumas regiões pós 1945. Esse novo cenário contribuirá para a queda de vários regimes ditatoriais, bem como o início de um processo de encolhimento de regimes coloniais até então plenamente consolidados.

Especificamente no caso da América Latina, observa-se que este subcontinente, até o fim da Segunda Guerra, era composto por países que, desde o período colonial, mantinham suas relações comerciais com os países mais avançados através de uns poucos produtos de exportação, tais como os minérios, o café, a carne etc. Em função disso, esses países caracterizavam-se, do ponto de vista do comércio exterior, como economias de monoculturas, cuja pauta de exportação fundamentava-se em um ou alguns poucos produtos primários.

Foi diante dessa situação que Celso Furtado cunhou a expressão "modelo primário-exportador", que acabou por se consagrar na literatura econômica. Entretanto, conforme sugere Figueiredo (1990),

---

[1] Professor de Economia da UNICENTRO, na qual integra o Grupo de Pesquisa em História Econômica, e doutorando em História pela UFF.

Cabe, no entanto, uma ressalva: é praxe, nas referências à periodização da história econômica da América Latina, utilizar a expressão anteriormente utilizada – "modelo primário-exportador" – para abranger toda uma época que termina por nítida ruptura aí por volta de 1930. (Figueiredo, 1990: 139).

Diante desse contexto, no fim da década de 1940, os principais problemas econômicos da América Latina eram definidos pela CEPAL como "o ressurgimento do endividamento externo, as dificuldades de manter o crescimento econômico, a queda dos preços das exportações frente aos preços das importações relativamente constantes e o aumento da população" (Hafner, 2007: 2).

2. A construção do referencial teórico

Adotando como base o método histórico-estrutural e a teoria do subdesenvolvimento periférico, a CEPAL concebeu uma análise sobre as características específicas da realidade socioeconômica dos países subdesenvolvidos, ao mesmo tempo em que propôs a elaboração de políticas com vistas a superar o atraso econômico por meio da industrialização. Conforme relata Nery (2004), a CEPAL denuncia a assimetria verificada nas relações econômicas internacionais, "apoiada na tendência secular à deterioração dos termos de troca, e suas propostas de caráter reformista encontrariam a resistência de setores conservadores das elites latino-americanas e de alguns membros da comunidade internacional" (Nery, 2004: 20).

O nascimento da CEPAL, em 1947, ocorreu em um contexto de crise da economia mundial. O sistema financeiro, assim como o comércio internacional, entrou em colapso durante a década de 1930, da mesma forma que a capacidade produtiva europeia entrou em grave declínio durante a Segunda Guerra Mundial.

Ocorre que identificadas as diferenças significativas entre as economias desenvolvidas e subdesenvolvidas, alguns dos conceitos e pressupostos dessas teorias hegemônicas acabavam por se tornar de difícil aplicabilidade e com nenhum poder explicativo da realidade existente nas regiões periféricas. Traduzindo essas diferenças, Nery (2004) mostra que estruturas tão díspares não poderiam ter um mesmo tratamento no que se refere às políticas a serem adotadas.

Diante disso era inevitável o questionamento sobre a utilidade das teorias hegemônicas na tentativa de explicar as causas e a manutenção do subdesenvolvimento, sugerindo a necessidade de se apresentarem propostas com condições de promover a redução do atraso socioeconômico das regiões menos desenvolvidas.

A incongruência entre as teorias existentes e a realidade do mundo subdesenvolvido tornava indispensável a construção de um referencial teórico com condições de ser aplicável a essa realidade diferente daquela encontrada nos países desenvolvidos. Uma teoria capaz de interpretar as características diferenciadas dos países periféricos e estabelecer políticas distintas daquelas que vinham sendo colocadas em prática. É com essa percepção que Bielschowsky (2000) afirma que:

> A teorização cepalina iria cumprir esse papel na América Latina. Seria a versão regional da nova disciplina que se instalava com vigor no mundo acadêmico anglo-saxão na esteira 'ideológica' da hegemonia heterodoxa keynesiana, ou seja, a versão regional da teoria do desenvolvimento. (Bielschowsky, 2000: vol. 1, 24).

À partir da Grande Depressão, os países latino-americanos passam a adotar políticas protecionistas, por meio de uma maior intervenção do estado na economia, e estas vão ser ampliadas ao longo da Segunda Guerra Mundial, promovendo dessa forma um processo de industrialização expressivo para a época. Ao final do conflito já era notória a predominância da ideologia industrializante na América Latina, identificada ainda pelo crescimento dos centros urbanos.

É a partir de estudos realizados sobre a economia de países latino-americanos, mais especificamente do Brasil, Argentina e Chile, durante os anos 1950, que se inicia a elaboração de um conjunto de informações do subcontinente e as suas relações com o chamado mundo industrializado. Apesar de ainda não captar naquele momento as especificidades da estrutura econômica de cada país, até porque havia uma grande dificuldade na obtenção de estatísticas confiáveis sobre o subcontinente, os estudos da CEPAL possibilitaram a construção de um referencial teórico coerente sobre o conjunto da América Latina.

Esses estudos foram realizados num contexto histórico em que se exigiam respostas concretas aos problemas estruturais existentes. Na interpretação de Nery (2004), a teoria da CEPAL constitui-se em um pensamento heterodoxo e original, influenciado por matrizes distintas, como as teorias econômicas clássica, neoclássica e keynesiana, além de absorver fundamentos das economias planificadas. Um aspecto original dessa escola é o fato de que ela não se limitou ao campo teórico:

Após traçar a radiografia do continente latino-americano, a CEPAL iria se esforçar para transformar suas ideias em propostas políticas que viabilizassem a industrialização da região. Seu pensamento gerou ideologias que motivaram a ação, demonstrando a estreita relação entre a teoria e a práxis (Nery, 2004:50).

Partindo de uma perspectiva histórica, a CEPAL passou a defender a ideia de que as transformações necessárias para a instalação de um complexo industrial no subcontinente só seriam possíveis se houvesse mudanças profundas em suas estruturas produtivas. Somente essas mudanças poderiam criar as condições adequadas para a absorção de técnicas produtivas que gerassem aumento de produtividade e os benefícios inerentes.

Esse diagnóstico é uma espécie de marca registrada da argumentação cepalina, visto que apresenta elementos relevantes de sua análise sobre as relações centro-periferia. Ele aponta para a reprodução da condição periférica e para a deterioração dos termos de troca com os países industrializados. As teses que propõem a industrialização com o apoio decisivo do estado irão compor um conjunto de proposições teóricas e de políticas econômicas que passarão a ser denominadas de "desenvolvimentismo cepalino", ou seja, uma forma sistemática de combate ao subdesenvolvimento latino-americano.

3. Subdesenvolvimento e estruturalismo histórico

A CEPAL foi criada em novembro de 1947 durante a Assembleia Geral da ONU, definindo na mesma ocasião a instalação de sua sede em Santiago do Chile. O ambiente que se estabeleceu a partir da criação da CEPAL, descrito por Nery (2004), mostra com clareza a expectativa gerada naquele momento:

Havia crescente necessidade de analisar a periferia a partir de sua própria ótica, buscando uma formulação teórica capaz de interpretar e transformar sua realidade, o que fez como que muitos intelectuais latino-americanos realizassem um movimento de "descolonização" das ciências sociais. Assim, a CEPAL daria origem à primeira escola de pensamento latino-americano de influência mundial (Nery, 2004:23).

É a partir da atuação da CEPAL que a questão do subdesenvolvimento será tratada como uma realidade histórica que necessita de uma teorização própria. Nessa busca em se criar um corpo analítico próprio – o estruturalismo histórico –, a CEPAL acaba se constituindo em uma importante referência intelectual da América Latina.

É nesse sentido que Nery (2004) justifica que o resultado dessa teorização é "fruto da interação do método histórico e indutivo com a teoria estruturalista do subdesenvolvimento periférico latino-americano" (Nery, 2004:26). Complementando, Bielschowsky (2000) afirma que é nesta fusão que reside a força de atração e a riqueza do pensamento cepalino.

Um dos aspectos mais importantes a se considerar com a difusão das teses da CEPAL é o fato de que o método histórico-estruturalista vai se contrapor às teorias etapistas e ahistóricas fundamentadas no princípio de que o desenvolvimento econômico é o resultado de uma sequência de fases necessárias pelas quais os países inevitavelmente devem passar.

Dentro dessa perspectiva, teve grande repercussão a obra de Walt Rostow (1974), que apresentava cinco estágios na evolução das economias capitalistas. Segundo o autor, os países subdesenvolvidos partiam de uma fase tradicional e deveriam seguir o caminho percorrido pelos países capitalistas desenvolvidos se quisessem atingir maior grau de desenvolvimento. A tese de Rostow transformou-se, no início dos anos 1960, em uma síntese do projeto norte-americano para a modernização do Terceiro Mundo; uma fórmula que tinha por objetivo orientar os *policy markers* dos países subdesenvolvidos. Assim, procurava-se comparar o subdesenvolvimento periférico a um estágio já ultrapassado pelos países desenvolvidos.

Do ponto de vista da CEPAL não se tratava de uma fase apenas, mas de uma realidade distinta, que exigia interpretações específicas. É com essa convicção que Raúl Prebisch, primeiro secretário-geral da CEPAL, elaborou sua teoria estruturalista do subdesenvolvimento periférico ao verificar as condições concretas do funcionamento das economias dos países do subcontinente. Esse trabalho pioneiro de Prebisch, apresentado em 1949 sob o título de *Estudo econômico da América Latina*, seria associado diretamente aos estudos e propostas da CEPAL, que iriam inaugurar uma nova corrente de pensamento econômico com a finalidade de contribuir para a união dos países da América Latina contra o subdesenvolvimento.

Celso Furtado (1961) apresentaria em seguida uma abordagem mais abrangente e profunda do subdesenvolvimento, em *Desenvolvimento e subdesenvolvimento*. Ao considerar o subdesenvolvimento como um subproduto do desenvolvimento do capitalismo europeu, ou seja, como uma estrutura produtiva historicamente determinada por esse desenvolvimento, Furtado interpretou o subdesenvolvimento como um processo histórico autônomo, e não uma etapa pela qual os países industrializados tivessem que obrigatoriamente passar.

A abordagem de Celso Furtado, mesmo considerando suas semelhanças com as ideias de Prebisch, pode ser considerada mais completa, tendo em vista que incorpora uma análise da estrutura subdesenvolvida e a dinâmica da sua articulação com o mundo exterior. Para ele, a questão da dominação internacional ocorre a partir da situação de dependência criada nas relações comerciais.

Na análise de Fiori (2001) sobre a evolução da teoria estruturalista cepalina, esta passou por dois momentos distintos. Em um primeiro momento ocorreu uma tomada de consciência da longa crise econômica mundial que ocorre a partir da Primeira Guerra e as consequências ocorridas nas economias latino-americanas. A CEPAL faz um diagnóstico dos impactos e reações dos países latino-americanos em relação à Grande Depressão. Ato contínuo, passou por um processo de amadurecimento até se transformar numa teoria mais abrangente, formulando pressupostos sobre os fatores causadores do subdesenvolvimento.

> Foi a primeira reflexão sistemática e original dos latino-americanos sobre sua própria trajetória político-econômica e sobre sua especificidade com relação ao resto do mundo capitalista. Um programa original de pesquisa, que depois se expandiu para o campo da sociologia, da política e da história (Fiori, 2001a: 42).

Apesar da simpatia e interesse do meio acadêmico e de organismos internacionais nas ideias difundidas pela CEPAL, em particular na denominada ideologia desenvolvimentista, o cenário em nível internacional não permitia a mesma receptividade. A Guerra Fria e a bipolarização EUA – URSS tornavam as propostas cepalinas no mínimo um motivo de questionamentos sobre as práticas capitalistas norte-americanas e, por que não dizer, uma certa simpatia sobre alguns dos princípios socialistas.

4. A influência da Cepal no brasil

Especificamente no Brasil, o período compreendido entre 1930-45 foi o de origem do "desenvolvimentismo", quando as novas elites técnica, civil e militar passaram a ocupar funções de comando nas instituições criadas pelo Estado getulista. Nesse contexto, as ideias da CEPAL iriam exercer grande influência nessa corrente ideológica, principalmente nos debates sobre as questões relacionadas com a industrialização e o papel que o planejamento do estado deveria ter nesse processo.

O planejamento e a ação estatal aparecem nos documentos da CEPAL desde a sua instalação. Considerado como corolário natural do diagnóstico de problemas estruturais da periferia, tais como a produção, emprego e distribuição de renda, o planejamento é apresentado como um instrumento que irá dar as condições de racionalidade e de ações programadas ao processo em curso.

Com o objetivo de minimizar os desequilíbrios externos e estabelecer uma programação equilibrada da expansão das atividades produtivas, o planejamento se constituiu em um elemento indispensável para combater o problema de escassez de poupança, que exigiria seleção criteriosa das atividades a serem estimuladas. Como afirmava Furtado (1985), o planejamento operaria principalmente do lado do uso de recursos raros, com o objetivo primordial de reduzir o custo social da produção.

Na condição de primeiro chefe da Divisão de Planejamento da CEPAL, Celso Furtado coordenou a elaboração do primeiro manual de técnica de planejamento das Nações Unidas. Ao considerar o planejamento como uma grande invenção do capitalismo moderno, tendo por base a experiência da França no pós-guerra, Furtado entendia ser por meio do planejamento a única solução para combater o atraso que a América Latina historicamente havia acumulado. É sob essa perspectiva que o planejamento governamental passa a ser praticamente obrigatório nas proposições políticas.

Especificamente no Brasil, na década de 1950, as técnicas de planejamento criadas pela CEPAL foram utilizadas pelo governo de Juscelino Kubitschek (1956-1961) na elaboração do Plano de Metas, considerado por Furtado como o maior instrumento de planejamento de toda a história do Brasil (Furtado, 1999). Procurando suprir a carência de quadros técnicos existentes nos governos da região, a CEPAL criaria o ILPES (Instituto Latino-Americano de Planejamento Econômico e Social), no início dos anos 60.

Embora o pensamento cepalino tenha exercido grande influência entre os países latino-americanos, certamente foi no Brasil que ela se tornou mais significativa, principalmente no período que se segue após a Segunda Guerra Mundial. Essa influência ocorreu em graus variados entre intelectuais e equipes de governos, bem como entre a classe empresarial, mais especificamente a industrial.

No meio acadêmico, duas correntes apresentam essa influência: a teoria da dependência e a teoria do capitalismo tardio. A primeira teve o seu auge nos anos 1970, quando chega a criticar alguns dos postulados da CEPAL, mas perde espaço nas décadas seguintes. Por sua vez, a teoria do capitalismo tardio permanece exercendo grande influência nos debates sobre a economia no Brasil. O argumento de Colistete (2001) é o de que a influência da CEPAL sobre essas duas correntes do pensamento econômico brasileiro é detectada em quatro dimensões relacionadas: "a ênfase nas estruturas, o papel reduzido dos atores sociais, a predominância de uma perspectiva macro e o desenvolvimento de uma visão peculiar da história" (Colistete, 2001: 27). Para o autor, a ênfase nas estruturas é amplamente reconhecida como uma das características mais marcantes da teoria do subdesenvolvimento da CEPAL.

Uma outra consequência significativa da abordagem estruturalista é quanto ao papel ocupado pela história em sua análise. Há praticamente um consenso sobre a utilização do uso do método histórico-estruturalista pela CEPAL, onde se demonstra que a análise dos processos históricos envolvendo a periferia teria exercido um papel central na teoria do subdesenvolvimento. A teoria da dependência e com maior ênfase a teoria do capitalismo tardio também assumem essa mesma utilização do método histórico-estruturalista. Do ponto de vista de Colistete (2001), "o lugar ocupado pela história nessas teorias, porém, é peculiar no sentido de que, em todas elas, a análise histórica se concentra essencialmente em uma caracterização das estruturas consideradas mais importantes" (Colistete, 2001:30). A caracterização histórica das estruturas na periferia tem importância para os casos de análises comparativas e periodizações, expedientes muito utilizados nos estudos da CEPAL e na teoria da dependência. Entretanto, esse tipo de análise histórica é pouco utilizado nas abordagens sobre os atores sociais, instituições e empresas.

5. A influência da Cepal no Paraná

Durante a execução do Plano de Metas no governo de Juscelino Kubitschek (1956-1961), algumas experiências de planejamento regional foram implementadas com relativo sucesso, numa tentativa de reproduzir em nível regional ou estadual aquilo que ocorria no país. A criação da SUDENE, resultado da visão planejadora e desenvolvimentista patrocinada por Celso Furtado e com forte influência do pensamento cepalino, estimulou o interesse de governos estaduais em utilizar modelos semelhantes de planejamento e políticas de desenvolvimento econômico. É o que se pode concluir, por exemplo, com a implementação do Projeto Paranaense de Desenvolvimento no governo de Ney Braga (1961-1966), que teve, a princípio, inspiração nas teses da CEPAL, uma vez que procurou transportar para uma situação regional o modelo primário-exportador, aplicado aos casos de relações comerciais entre países, para uma situação que envolvia estados da Federação. Neste caso, os atores são o estado de São Paulo, na condição de economia central, industrializada, e o Paraná, como economia periférica, primário-exportadora.

É nesse contexto que, a partir do início do governo Ney Braga, o Paraná se torna cenário da implementação de um projeto de desenvolvimento econômico, baseado na industrialização. Apesar da ênfase dada pelas elites à vocação agrícola do estado, vai se estabelecer nesse momento uma revisão desse pressuposto, mesmo que o Paraná se apresentasse como o maior exportador de café do Brasil.

Conforme demonstrado por Oliveira (2001), a expansão da economia cafeeira no Paraná inquietava as elites políticas e empresariais do estado:

> O principal é que essas áreas tinham conexões econômicas não com o Estado do Paraná, como se pode supor, mas sim com a cafeicultura paulista. Dessa forma, essas populações não só adquiriram os produtos industrializados e de consumo necessários em São Paulo, como exportavam o seu café pelo Porto de Santos (Oliveira, 2001:45).

Essa configuração de uma relação centro-periferia de caráter subnacional encontra sustentação na análise de Ferreira (2005), que sintetiza esse processo ao verificar que algumas regiões ou estados pretendiam a criação de um centro autônomo de expansão manufatureira, além da recuperação de indústrias tradicionais e a instalação de parques industriais modernos.

> A atribuição de relevância a esse processo, tem no pensamento da CEPAL a matriz teórica inspiradora. Os cepalinos criticavam o processo de industrialização espontâneo por considerar que ele não conduzia a um resultado "ótimo", ou seja, em alguma medida ele não era capaz de produzir tanto o aumento da produtividade como o bem-estar da população mediante a elevação da renda per capita (Ferreira, 2005:56).

Mesmo que do ponto de vista teórico a adoção do modelo cepalino, inicialmente voltado para explicar as relações comerciais entre países centrais e periféricos, não seja aplicável para os casos de situações internas de um único país, é inevitável que tal modelo seja utilizado para demonstrar uma situação típica de uma economia regional periférica e a sua submissão a uma economia industrializada.

A industrialização pretendida para o Paraná nesse período analisado não se consumou nos níveis desejados, mas as políticas colocadas em prática estabeleceram um importante marco para o processo de desenvolvimento que veio a se consolidar na década de 1970. A criação da Companhia de Desenvolvimento Econômico do Paraná – CODEPAR, em 1962 e que posteriormente se transformou no Banco de Desenvolvimento do Paraná – BADEP, em 1968, foi instrumento fundamental para promover os avanços propostos. Do desejo inicial de uma economia autônoma, nos moldes difundidos pela CEPAL, para uma realidade de economia complementar, inserida em um projeto nacional, o Paraná conseguiu consolidar parcialmente o seu projeto de desenvolvimento.

Bibliografia

BIELSCHOWSKY, Ricardo (org.). *Cinqüenta anos de pensamento na CEPAL*, vols. 1 e 2. Rio de Janeiro: Record, 2000.

COLISTETE, Renato Perim. "O desenvolvimentismo cepalino: problemas teóricos e influências no Brasil". *Estudos Avançados*. São Paulo, vol. 15, n° 41, jan./abr. 2001, p. 21-34.

FIGUEIREDO, Ferdinando. "As transformações do pós-guerra e o pensamento econômico da CEPAL". *Revista de Economia Política*. São Paulo, vol. 10, n°4 (40), out./dez. 1990, p. 138-50.

FIORI, J.L. "Sistema mundial: império e pauperização. Para retomar o pensamento crítico latino-americano". In: FIORI, J.L.; MEDEIROS, C. (orgs.). *Polarização mundial e crescimento*. Coleção Zero à Esquerda. Petrópolis: Vozes, 2001.

FURTADO, Celso. "Desenvolvimento e subdesenvolvimento (1961)". In: BIELSCHOWSKY, Ricardo (org.). *Cinqüenta anos de pensamento na CEPAL*, vol. 1. Rio de Janeiro: Record, 2000, p. 239-62.

HAFFNER, Jacqueline A.H. "Desenvolvimento econômico na América Latina: uma análise sob a perspectiva histórica". Artigo apresentado no XXIV Simpósio Nacional de História – ANPUH, 2007.

NERY, Tiago. "A economia do desenvolvimento na América Latina: o pensamento da CEPAL nos anos 1950 e 1990". Dissertação de mestrado, 2004. Rio de Janeiro, 2004– PUC – Instituto de Relações Internacionais.

OLIVEIRA, Dennison de. *Urbanização e industrialização do Paraná*. Curitiba: SEED, 2001.

ROSTOW, Walt. *Etapas do desenvolvimento econômico: um manifesto não comunista*. Rio de Janeiro: Zahar, 1974.

A SAÚDE PÚBLICA EM GUARAPUAVA NA PRIMEIRA REPÚBLICA

ALGUNS APONTAMENTOS

Michele Tupich Barbosa[1]

INTRODUÇÃO

> *"Salubridade é a base material e social capaz de assegurar a melhor saúde possível dos indivíduos. E é correlativamente a ela que aparece a noção de higiene pública".*
>
> Michel Foucault

O objetivo deste texto é descrever e analisar os saberes acerca da saúde coletiva de Guarapuava e os elementos utilizados para tornar o meio da cidade salutar para seus habitantes. Uma das práticas utilizadas para majorar força contra o estado de insalubridade de Guarapuava foi a readaptação do Código de Posturas Municipais, intentando que o mesmo conseguisse controlar os hábitos da população, que interferiam na sua saúde coletiva.

---

[1] Especialista em História da UNICENTRO. Professora Colaboradora do Departamento de História da UNICENTRO.

Essa problemática ocorreu num período em que ideias e novas práticas atentavam para uma transformação no estado de saúde da população brasileira, pois a mesma tornava-se cada dia mais doente.

A temporalidade enfatizada neste artigo é o período da Primeira República. Período este em que o Brasil vivia transformações em seu cenário político e emergiam as ideias modernizadoras nas esferas sociais, causando reflexos na saúde nacional.

Em Guarapuava analisamos o período de 1901 a 1930, e justificamos este recorte temporal por se tratar da implantação do Código de Posturas Municipais readaptado, contemplando questões acerca da saúde pública, momento este de adaptação da população a essas novas práticas e desgaste das mesmas.

Porém, não é a intenção deste artigo enfatizar o desgaste, mas sim o uso do Código de Posturas como uma prática de submissão da população a novas regras e normas de conduta referentes aos seus hábitos cotidianos de higiene domiciliar e urbana, cuidados com o comércio, comportamento público e modo de agir em algumas situações, as quais abordaremos neste texto.

Michel Foucault (Foucault, 2004) descreve que para se atingir a salubridade é preciso dominar algumas técnicas de controle dos elementos que podem favorecer ou prejudicar a saúde coletiva. Salubridade e insalubridade são o estado a que a sociedade submete-se por motivos vindos de elementos que não somos capazes de prever, mas podemos controlar, e pela nossa própria depredação do meio em que vivemos e dos "lixos" que nós mesmo produzimos, mas é certo que esses dois estados interferem na saúde pública.

O MOVIMENTO SANITARISTA NO BRASIL: SUAS CONCEPÇÕES

Para compreendermos a saúde pública e a higienização em Guarapuava na Primeira República, achamos pertinente analisar mesmo que sucintamente o cenário nacional no contexto desta problemática, sendo que a higienização da população e as práticas sanitaristas eram uma preocupação nacional nesse período. Para tanto, dividimos em dois momentos a análise destas práticas.

Em História da Saúde Pública no Brasil, Cláudio Bertolli Filho (Bertolli, 2004) analisa o primeiro momento do movimento sanitarista no Brasil que, durante a Primeira República, foi organizado pelo médico sanitarista Oswaldo Cruz.

Após estagiar no Instituto Pasteur, na França, o médico formado no Rio de Janeiro utilizou sua experiência para ajudar no combate aos surtos de peste bubônica. Por sua atuação no tratamento e controle de epidemias e pela instalação da sede do Instituto Pasteur no Brasil, em 1903, o governo federal nomeou Oswaldo Cruz diretor-geral da Saúde Pública. Entusiasta das ideias europeias de higienização, o sanitarista iniciou um movimento concernente à mesma em grandes centros urbanos como Rio de Janeiro e São Paulo, a fim de que estes passassem por tal processo. Para isso, contou com o apoio de uma equipe de médicos e da polícia para drenar pântanos, limpar residências, destruir cortiços e deslocar a população pobre dos centros urbanos para áreas periféricas. A população carente dos centros urbanos era o principal alvo de epidemias e dos sanitaristas (Bertolli, 2000: 38).

Falta de infraestrutura, ausência de água corrente e moradia adequada eram problemas já enfrentados pela população. Nos cortiços, a falta de asseio e a proximidade entre as pessoas propiciavam a disseminação da gripe espanhola. Observamos, então, que a pobreza e a falta de recursos eram os principais responsáveis pela proliferação de tal enfermidade, fato que acarretou num maior número de óbitos entre esta camada da população.

Mas e o cenário rural do Brasil, como estava? Para responder a esta pergunta abordaremos um segundo momento de higienização sanitária no Brasil, ocorrido entre 1910 e 1930. Neste momento dá-se ênfase à atuação no espaço rural e nas áreas do interior do país, onde, segundo Gilberto Hochmann (Hochmann, 998), o trabalhador rural era minado por múltiplas doenças, em especial as parasitárias, no entanto, o estado de saúde da população rural devia-se à exploração de mão-de-obra e ao desinteresse do Estado em relação às suas condições de vida.

Algumas medidas foram tomadas somente depois da publicação de um relatório elaborado por uma equipe de médicos liderada por Belisário Penna, a qual havia feito uma expedição pelo interior do Brasil, inclusive nos sertões, e denunciavam a precariedade de vida da população brasileira, acometida de endemias e parasitas. Tal relatório chocou as elites intelectuais brasileiras, os problemas de saúde ao tornarem-se públicos, apontaram o Estado como principal responsável pelo descaso com a salubridade da população do interior do Brasil. Devido à pressão sofrida, não só da parte dos intelectuais, mas de toda a sociedade, a saída foi o aumento da participação do Estado em políticas para a promoção da saúde coletiva. Justifica-se também a criação da Liga Pró-Saneamento, que institucionalizou o combate às endemias rurais. O próximo passo foi a criação do Serviço de Profilaxia Rural, cuja direção foi entregue a Belisário Penna, assim, o mesmo instalou-se nos estados brasileiros e difundiu Normas de Higiene Pública, preconizando uma regularização das práticas locais de civilidade.

No que diz respeito ao estado do Paraná, propomos uma breve análise histórica sobre a cidade de Curitiba, a primeira do Paraná a receber atenção modernizadora. Segundo Claudino Luiz Menezes (Menezes, 2000: 61) a capital paranaense no final do século XIX era vista como cidade insalubre, pestilenta e atrasada, resultados de seus cortiços e moradias sobre pântanos. Entusiasmados com o discurso de higienização e modernização predominante no país, na Primeira República, as autoridades curitibanas iniciam uma jornada pela criação de uma cidade nos moldes europeus, orientando-se por práticas políticas que fossem capazes de adequar-se a um novo padrão de sociedade em formação.

Neste novo padrão de sociedade moderna encontravam-se preocupações como moradias, espaço urbano, estética das ruas e saúde pública. Para auxiliar em tais questões, as autoridades no fim do século XIX valeram-se das Posturas Municipais, porém, apesar das inúmeras tentativas de tornar-se cidade modelo e salubre, Curitiba ainda estava longe de alcançar seu objetivo. De acordo Carmem Silvia Fonseca Kummer (Kummer, 2007) problemas como pobreza, miséria, epidemias e falta de higiene acompanhavam o crescimento populacional da cidade. Era preciso, então, submeter-se a novas regras que pudessem auxiliar nesta imagem de cidade modelo e também de um estado em pleno desenvolvimento.

Na década de 1910, a Saúde Pública tornou-se objeto de atenção de médicos e governantes. O lema "não esmorecer para não desmorecer", aplicado pelo médico sanitarista Oswaldo Cruz, era uma tentativa de chamar a atenção dos dirigentes brasileiros para a reabilitação física e moral da população (Hochmann, 1998).

No Paraná, questões relacionadas à Saúde Pública eram regulamentadas em grande maioria pela Inspetoria da Higiene e o Regulamento do Serviço Sanitário do Paraná. Vigente desde 1892, a inspetoria era composta por uma junta médica, enfermeiros e farmacêuticos, os quais preocupavam-se em fiscalizar moradias, hotéis, pensões e comércios em geral (Kummer, 2007: 42).

Em 1918, com iniciativa do Governo Federal, foi criado o Serviço de Profilaxia Rural do Paraná. Sob o lema "combater as endemias que assolam o interior do Brasil", o Serviço de Profilaxia apresentava dentro dos campos de atuação os Manuais de

Profilaxia que, segundo o discurso médico, continham os mais adequados métodos de tratamento para doenças como lepra e verminoses (Kummer, 2007: 43).

Como vimos, as práticas para a Saúde Pública na Primeira República alcançaram grande parte do cenário nacional brasileiro. As atuações atingiram diferentes esferas, como os grandes centros em plenas transformações, provindas do discurso modernizador, assim como o interior do Brasil, alvo da Liga Pró-Saneamento. Acreditamos que estas práticas suscitaram conflitos de discursos e de interesses, deste modo, objetivamos analisar neste artigo um conflito específico em Guarapuava.

Conflitos de higienização

O Código de Posturas Municipais: civilizar para curar

No início do século XIX, Guarapuava vivenciava um crescimento populacional. E é neste cenário que se iniciam discussões conflituosas entre camaristas, médicos e a população, a respeito de hábitos e costumes que são características rurais e que não se adequam ao ambiente urbano do momento, além de que o estado de saúde da população não era dos melhores.[2]

Um dos fatores de crescimento da população urbana foi o estabelecimento dos fazendeiros da região dos campos de Guarapuava e suas famílias na cidade. Para Márcia Tembil (Tembil, 2007: 90), o município apressava-se em tentar acompanhar as tendências e mudanças de modernidade, influenciado pela ordem urbana de progresso do início do século XX. Contudo, seu caráter colonial ainda era predominante devido ao desenvolvimento das atividades econômicas da cidade, por estas serem agrícolas. Vale ressaltar que, conforme Tembil, a palavra progresso e toda a conotação que ela traz, estava presente principalmente no meio das elites guarapuavanas, que tinham condições de frequentar grandes centros urbanos e observar as mudanças que lá ocorriam.

Uma das consequências deste crescimento urbano foi o aumento de doenças que, naquele momento, não se fica a compreensão de que muitas delas eram provenientes de falta de higiene pública. Conforme dados do Arquivo da Catedral Nossa Senhora de Belém, os registros de óbitos, no período de 1900 a 1905, indicam um número alto de crianças que morreram na faixa etária de dois a dez anos – che-

---

[2] Arquivo Histórico da UNICENTRO, Guarapuava. Cartas correspondências. 1900 a 1910.

gando a 62 mortes em um ano – a grande maioria das causas dessas mortes era o mal de lombrigas.³ Segundo os estudos realizados pelo Serviço de Profilaxia Rural do Estado do Paraná, em 1920, 51% da população de Guarapuava tinham vermes.⁴ Uma problemática que passa a chamar a atenção não apenas da população, mas das autoridades, tais como médicos sanitaristas do Serviço de Profilaxia Rural do Paraná e dos poucos médicos da cidade.

Constatamos que uma das formas capazes de limitar os hábitos da população das cidades brasileiras desde o período colonial, segundo Magnus Pereira (Pereira, 1999), são os Códigos de Posturas, que surgiram no Brasil como herança portuguesa e conferia-se a esses o intuito de controle e administração das cidades. Assuntos como delimitação do perímetro, esquadramento das ruas, alinhamento das casas, que hoje são corriqueiros, eram preocupações administrativas nas novas vilas do século XIX, que posteriormente tornaram-se as cidades. As autoridades locais representadas por juízes, prefeitos e, posteriormente, camaristas, viam nas Posturas Municipais um instrumento de controle social.

Os Códigos de Posturas Municipais originariamente eram documentos que reuniam algumas normas do poder público, não obstante, com o passar do tempo nele foram inseridos assuntos como: o uso dos espaços públicos, passeios, calçamentos, prédios públicos, o funcionamento de estabelecimentos comerciais, higiene, bem como os atos que não tirassem o sossego dos munícipes, estes abrangendo os deveres de ordem pública.

Em Guarapuava, o primeiro Código de Posturas Municipais foi implantado em 5 de setembro de 1854,⁵ e contemplava apenas ordens de submissão às autoridades locais. Porém, com o crescimento populacional, surgiram novas problemáticas referentes aos direitos e aos deveres dos cidadãos.

Com o intuito de resolver tais questões, a Câmara Municipal de Guarapuava propôs um novo Código de Posturas, o qual contemplava questões pertinentes à cidade, práticas interessadas à higiene pública e modos de comportamento dos

---

3 Lombrigas: nome vulgar do verme nematoide *Ascaris lumbricoides*, parasito do intestino humano, particularmente de crianças.

4 Arquivo Histórico da Catedral Nossa Senhora de Belém, Guarapuava. Livro de Atas, 1900 a 1930.

5 Arquivo da prefeitura Municipal de Guarapuava. Código de Posturas Municipal de 05 de setembro de 1854.

cidadãos. Haja vista a necessidade desta alteração nas Posturas Municipais, e após executadas as mesmas, o prefeito Francisco Couto Amaral delibera o novo Código de Posturas Municipais, sob decreto n° 046 de 05 de outubro de 1901.[6]

Numa análise feita nos artigos que tratam das questões acerca de Saúde Pública no Código de Posturas Municipais de Guarapuava de 1901, ressaltamos a priori o Art. 42, o qual submete todo caso de epidemia na cidade ao tratamento designado pela Inspetoria e Regulamento do Serviço de Higiene Sanitário do Paraná, o que vem corroborar para a afirmativa da submissão do Código de Posturas, as práticas defendidas pelo Serviço de Higiene do Paraná, no qual descreve: "Art. 42: no caso de manifestar-se qualquer epidemia, observar-se-á o Regulamento de Hygiene em vigor no Estado" (sic).[7]

No total são treze os Artigos referentes à saúde pública no Código de Posturas Municipais de Guarapuava, onde podemos encontrar algumas semelhanças com o Código de Posturas Municipais de Curitiba, que teve deliberação em 1895. Dentre essas semelhanças, observamos a questão da criação de animais em quintais no perímetro urbano, o que nos leva a pensar na transição que ocorre em alguns hábitos comuns como criação de porcos em quintais, algo que com o crescimento urbano e a proximidade das residências passou a gerar incômodos aos moradores das cidades, tomando-se então necessária uma Postura que condenam-se tais práticas. No Código de Posturas Municipais de Curitiba, este assunto é tratado no "Art. 64 – É prohibido crear, ter ou conservar porcos nos quintaes das casas do quadro urbano. A infração será punida com 10$000 em multa, e obrigado o infractor a retirá-los imediatamente"(sic) (Pereira, 1999: 58), e no Código de Posturas Municipais de Guarapuava no "Art. 25 – É prohibido ter ou conservar porcos nos quintaes, mesmo em pocilga: sob pena, e multa de 20$000 na reincidência" (sic).[8]

Encontramos outras preocupações referentes aos animais nos artigos que tratam das estribarias, curtumes e destacamos a advertência sobre os animais mortos no perímetro urbano, que é tratado no Artigo 39 que diz: "Os animais mortos no quadro, serão enterrados pelos seus donos ou a custa delles e na segunda hypothese, além de pagarem a despesa do enterramento, incorrerão na pena de 10$000 em multa" (sic).[9]

---

6 Arquivo da prefeitura Municipal de Guarapuava. Ata da prefeitura, 1901.

7 Arquivo da prefeitura Municipal de Guarapuava. Códigos de Posturas Municipal Decreto n° 046/1901.

8 Arquivo da prefeitura Municipal de Guarapuava. Código de Posturas Municipal Decreto n° 046/1901.

9 *Idem.*

Quanto aos animais domésticos, existiam artigos específicos para cães, responsabilizando o proprietário por todo inconveniente que o animal pudesse trazer, devendo este ter uma coleira de identificação; sobre tal assunto trata o Artigo 79:

> Os cães sem distincção de raças que forem encontrados no quadro urbano sem colheira com o respectivo carimbo, que mostre acharem-se matriculados, serão mortos pelo fiscal e seus ajudantes e bem assim as cadellas, que não podem ser matriculados seja qual for a raça (sic).[10]

Quanto aos poços de água potável ou dos chafarizes públicos, os cuidados eram poucos, pela falta de compreensão na época a cerca da proliferação de doenças referentes à água. Contudo, algumas medidas eram tomadas, como se vê no exemplo do Artigo 26 no inciso I:

> Ter cortume de couros ou qualquer industria de que resulte a viciação da água ou da atmosphera, dentro do quadro urbano, sem previa audiência da Camara, para ser escolhido o local para o estabelecimento; pena de 30$000 de multa", e do inciso II:"Lavar roupas ou deitar immundicies nas fontes e encanamentos de água potável, de que se utilize; pena de 30$000 de multa (sic).[11]

A respeito da higienização das casas, pensões e hotéis, encontramos preocupações com águas empossadas nos terrenos, responsáveis pela proliferação de insetos, o acúmulo de lixos nos quintais das casas, os despejos de lixos e dejetos humanos em espaço público ou de circulação de pessoas. É pertinente ressaltar que as advertências das Posturas referentes à higiene domiciliar são exigências que recaem sobre os moradores, que estavam sujeitos à fiscalização domiciliar e a penalizações pelo não cumprimento das mesmas, expressas no Artigo 32: "O fiscal visitará os quintaes e pateos tantas vezes quantas julgar preciso para verificar se são observados os artigos destas posturas com referencia a hygiene publica" (sic).[12]

Ocorre uma distinção em algumas advertências que deviam ser respeitadas por toda a sociedade, como no caso do Artigo 26: "É prohibido fazer despejos nas ruas e praças públicas de água servidas, de materiaes fecaes e outras prejudi-

---

10 *Idem*.

11 *Idem*.

12 *Idem*.

ciaes ou nocivos a saúde publica, ou que possam enxovalhar os transeuntes: pena 10$000 em multa"(sic).[13]

Em relação à higienização dos comércios, evidenciamos a preocupação com a conservação dos gêneros alimentícios e a limpeza dos estabelecimentos, sempre submetidos à fiscalização e sujeitos à penalização pelo não cumprimento dos Artigos preordenados para esses fins, como o Artigo 37: "Todos os negociantes terão os seus armazéns e utensílios em perfeito asseio, pena de 10$000 em multa" (sic).[14]

É possível distinguirmos questões relevantes ao modo de comportamento dos cidadãos com o patrimônio público e espaços comuns a todos. Trata-se de comportamentos referentes à limpeza das calçadas, das ruas, das praças e a da depredação dos prédios públicos ou domicílios alheios, é isto que trata o Art. 62 : "É prohibido nas ruas e praças, sob pena de 20$000 de multa: Fazer excavações e tirar dellas terra ou barro; Escrever, pintar figuras, fazer borrões e riscos nas paredes, muros, quebrar vidraças, lampeões e telhas" (sic).[15]

No que se refere ao cemitério observamos designações a respeito das sepulturas, enterros, funerais e conservação do morto, é isto que trata o Artigo 45: "Nenhum cadáver será conservado insepulto por mais de 36 horas e nem será sepultado antes de decorrido de 24 horas, salvo mostrando putrefacção ou tendo sido a morte o resultado de moléstia contagiosa ou epidêmica; pena de 15$000 em multa", e ainda, "Art. 67 inciso VIII – Acompanhar em sahimentos com cantos fúnebres pelas ruas, expondo o cadáver em parada para recommendações. Estas só podem ter logar em casa, na igreja e no cemitério; pena 30$000 de multa" (SIC).[16]

A implantação do uso do Código de Posturas Municipais de Guarapuava, reformulado, é imposto para normalizar a população. Percebemos assim, uma problemática envolta na mudança dos hábitos e costumes rurais para os moldes urbanos, consequência do crescimento populacional, pois a cidade já não comportava certas práticas e comportamentos. Para resolver tais conflitos é que se fez necessário o uso do Código de Posturas, numa tentativa de construir um caráter social para o guarapuavano (Barbosa, 2007: 111-125), através do qual o cidadão pudesse discernir quais

---

13 *Idem.*

14 *Idem.*

15 *Idem.*

16 *Idem.*

eram as modificações no cenário citadino, o que ele podia ou não fazer, inclusive no que diz respeito à saúde pública.

Para compreender esse processo de "higienização" da população, apontamos Michel Foucault (Foucault, 2004), em *O nascimento da medicina social*, por meio de que o autor discorre a respeito da sociabilidade do corpo como força de trabalho e produtiva. Para ele, na sociabilização no final do século XIX, desenvolveu-se a medicina de Estado que visava o controle da sociedade e dos indivíduos não apenas ideologicamente, mas também na disciplina do corpo. Esta política pretendia sanar os problemas de saúde da população, objetivando uma sociedade sadia e produtiva, que gerasse lucros e não prejuízos com a proliferação de doenças. A vigilância sanitária seria uma forma de fiscalizar e disciplinar a sociedade, pois o estado de salubridade e insalubridade não são apenas noções que equivalem à saúde ou falta de saúde, mas compreendem o estado das coisas e do meio que afetam a saúde para melhor ou para pior.

Isto vem corroborar para a compreensão da articulação do movimento sanitarista não apenas de Guarapuava, mas do Paraná na Primeira República, num momento de inserção numa problemática modernizadora de sanar e civilizar, como consta nas fontes do Arquivo Público do Paraná, a Lei nº 1791 de 08 de abril de 1918, que trata da deliberação de criação e uso de atribuições do Serviço Sanitário do Paraná, que se refere à higiene e à fiscalização da saúde individual e coletiva do cidadão paranaense.[17]

Para Foucault, uma característica do biopoder é a importância crescente da normalização. A ideia de que é preciso definir e redefinir o normal em contraposição àquilo que se opõe, utilizando-se normas para estabelecer regras, ou seja, a disciplina serve para diferenciar os atos entre certo e errado, lícito e ilícito. Ao mesmo tempo em que se diferenciam os indivíduos da sociedade, qualificando-os entre os que seguem de forma normatizada as regras, e os que fogem dessas e são punidos. Esse método disciplinar institui uma norma para que a sociedade funcione de forma perfeita e insira em seu cotidiano novas práticas antes não sabidas.

No Código de Posturas de Guarapuava de 1901, a saúde pública está incluída como postura municipal, e tem previsão de multas e prisões aos infratores. Estes fatos lembram-nos a discussão de Foucault sobre a medicina social na Europa,

---

17 Arquivo Público do Paraná, Curitiba. Coleção de Decretos e Regulamentos, 1918.

tendo diferentes momentos, mas todos tinham o mesmo objetivo, de disciplinar e controlar a população, para que a mesma não adoecesse. Foucault divide esta normatização em três momentos: na Alemanha, ficou centrada na medicina e no médico, na tentativa de normatizar o próprio corpo institucional; na França, iniciou-se a medicina urbana, preocupada com as condições de vida e do espaço físico, e com elementos como ar, água, solo; e, na Inglaterra, praticou-se a medicina preocupada com os corpos e a saúde da força produtiva do capitalismo (Foucault, 2004: 79-128).

Podemos perceber formas da medicina social: a regulamentação e normatização das atividades médicas, o saneamento das cidades e dos espaços coletivos, a definição de regras para uso de lugares públicos e a tentativa de curar e evitar os males com o uso de força policial e médica. Sendo que para Foucault:

> A arte de punir, no regime disciplinar, não visa somente à expiação, nem tão somente a repreensão, mas também o funcionamento de cinco operações: relacionar os atos, os desempenhos, os comportamentos... Diferenciar os indivíduos... Fazer funcionar a normatização (Foucault, 2004: 163).

As Posturas regulamentaram hábitos e condutas no intento de assegurar na cidade um dia-a-dia dentro das normas. As autoridades – prefeito, camaristas, polícia – precisavam se organizar para "vigiar e punir" os infratores, adaptando códigos de leis e posturas que ordenassem os cidadãos a andarem debaixo de uma norma. As posturas representavam, então, determinações que controlavam o uso do espaço urbano, estabelecendo normas de higiene e princípios de salubridade, as quais eram adaptadas de acordo com as necessidades municipais.

No Código de Posturas Municipais identificamos a repressão, através da estipulação de multas e pena de prisão para os que não submetessem suas atitudes à ordem pública ditada pelo Código, que controlava o espaço público na tentativa de evitar "misturas perigosas", termo utilizado por Foucault (Foucault, 2004: 164) para descrever o panoptismo, ou seja, relações de disciplina, como uma rede de dispositivos que estão em toda parte, sempre alertas, percorrendo toda a sociedade ininterruptamente, para manter a sociedade dentro das normas e da disciplina. No entanto, o sistema parece não ter funcionado satisfatoriamente na repressão política, a qual o principal médico sanitarista da cidade faz inúmeras críticas.

Eurico Branco Ribeiro: um parecer médico

O doutor Eurico Branco Ribeiro, uma autoridade local em termos de saúde pública por ser médico sanitarista, afirmou em 1929:

> Guarapuava é doptada de excellentes condições sanitárias, a despeito de não possuir o menor apparelhamento hygiene. Com effeito, em matéria de higyene publica, pode-se dizer que tudo está por se fazer em Guarapuava e, não obstante, é digna de nota a discreção da sua morbidez. (Ribeiro, 1929: 107).

O Dr. Eurico Branco Ribeiro presenciou as transformações ocorridas nos hábitos de higiene da população guarapuavana e atentou para alguns problemas que não haviam sido solucionados pelo Código de Posturas Municipais de 1901. Uma das observações de Ribeiro aponta-nos a ausência de redes de esgotos em Guarapuava:

> Não havendo exgottos, uma ou outra pessoa deita na rua os despejos de sua casa causando mau cheiro. Os despejos são geralmente depositados em determinado logar dos quintaes, onde sofrem fermentação para posterior aproveitamento como adubo das hortas: cada casa de Guarapuava tem um vasto quintal, em que é commum o cultivo de verdura e fructas (sic) (Ribeiro, 1929: 45).

Para Ribeiro, a ausência de redes de esgotos prejudicava a saúde coletiva, uma vez que a população tinha o costume de cultivar hortaliças em solo infectado pelo esgoto, e utilizava-se de adubos orgânicos que alastravam odores desagradáveis e que atraíam moscas e insetos. Além disso, o médico preocupava-se com a infiltração do esgoto nas águas utilizadas para o consumo da população:

> (...) infiltrações perigosas para os poços dagua de que todos se servem para limpeza da casa, dos objectos de cozinha e alguns até para beber. A má qualidade da agua dos poços de Guarapuava não decorre, porém, tão só da infiltração dos despejos mas tambem, e principalmente, da dos dejectos humanos lançados a esmo pelos quintaes ou depositados em fossas rudimentares, conforme o uso geral. Como se vê, Guarapuava não possue exgotos, nem agua encanada, nem serviço de limpeza publica (sic) (Ribeiro, 1929: 46).

Sobre os banheiros, Ribeiro relata-nos as precariedades das condições da população de Guarapuava, que se valia, em sua maioria, de patentes,[18] mesmo sabendo

---

18 Patentes: termo regional do interior do Paraná, utilizado para designar os banheiros de madeira construídos do lado de fora das casas.

que a solução para este problema seria o uso de banheiro esmaltado ligado a um tanque séptico: "Um melhoramento que todo proprietario de casa devia fazer já, consiste na installação de um gabinete sanitário, com um banheiro esmaltado e uma latrina de louça com tampa de madeira"; porém, o médico tinha noção que o custo deste benefício era muito alto, estando fora das condições da população. Essa medida era, também, uma sugestão do Serviço de Profilaxia Rural do Estado do Paraná para diminuir a incidência de contágio por ascardiose nos meios rurais por contado com as fezes, mal este que contagiava principalmente crianças. O Serviço de Profilaxia, fornecia para os cidadãos um manual de como utilizar estas novas latrinas, comparando a limpeza das mesmas com a das salas de jantar.[19]

As circunstâncias apontadas por Eurico Branco Ribeiro comprovam-nos o desgaste do Código de Posturas Municipais. Isso não ocorreu porque as Posturas eram ineficazes, mas por vários fatores, como as contínuas transformações na crescente população guarapuavana, a falta de verbas da prefeitura para estabelecer uma rede de coleta de lixo diária, e construir uma rede de esgotos e abastecimento de água que contemplasse toda a população (Ribeiro, 1929: 84).

Sobre as Posturas Municipais, Ribeiro sugere que as mesmas passassem por uma reformulação: "As Posturas Municipaes, feitas em época um tanto remota, precisam ser, no que refere-se a saúde pública, completamente reformuladas e ampliadas (...) A falta de uma fiscalização severa e inteligente quase que anulla os benefícios que ellas podiam trazer em prol do bom estado sanitário do município". Pois algumas questões sobre saúde pública não abordadas antes já faziam-se necessárias, assim, como uma readequação na fiscalização das mesmas, pois segundo o sanitarista, naquele momento (1929), este trabalho era ineficaz e não apresentava os resultados esperados, pois o controle por parte da fiscalização municipal nas práticas da higiene pública era precária, situação que agravava-se pela ausência de profissionais capacitados. Segundo o médico uma reformulação naquele momento era imprescindível para a cidade. Mas também outras vozes pediram por mudanças, como observamos nas cartas-correspondência com reivindicações da população.

---

19 Regulamento Sanitário Rural. Estado do Paraná. *Typ. A Republica*, 1918.

Cartas-Correspondência: com a voz, a população

As cartas-correspondência eram a maneira que a população de Guarapuava tinha para fazer suas solicitações, reclamações ou esclarecimentos junto ao prefeito municipal e aos camaristas. Uma das fontes que nos evidenciam o crescimento populacional da cidade são os inúmeros pedidos de alinhamento de terreno para construção de casas. Observamos que nos anos de 1920 a 1927 acontece o maior número de pedidos. As solicitações davam-se como a da carta correspondência de no. 242 de 1920: "Requerimento ao Prefeito de Guarapuava alinhamento de seu terreno para construção de casa". As solicitações são bastante específicas, não apresentando informações mais concretas para podermos investigar mais sobre o perfil dos munícipes.

Sobre a higienização da cidade, os discursos presentes nas cartas-correspondências mostram que a população vivenciava um conflito acerca de seus interesses. Encontramos algumas dúvidas e dilemas dos munícipes em relação aos seus calçamentos, estradas de ligação do perímetro rural com a cidade e concessões de lotes urbanos, porém, não evidenciamos uma preocupação com suas condições de higiene.

As maiores preocupações com a higienização ocorriam com os estabelecimentos comerciais, pois era preciso requerer junto à prefeitura um alvará de licença para instalação, por isso dava-se uma maior evidência para os estabelecimentos comerciais, para que tais apresentassem boas condições sanitárias. As solicitações com maior incidência eram para açougues, restaurantes e depósitos, assim como, lojas, pensões e outros. Para tal análise, utilizamos as cartas de 1910 a 1927, contudo não citaremos todas aqui por não julgarmos pertinente, mas como exemplo destas solicitações citaremos a carta-correspondência de 1920: "Requerimento ao Prefeito de Guarapuava para alvará de licença para a instalação de dois açougues na cidade",[20] não descriminava na carta a localização de instalação dos dois estabelecimentos. Outro caso que chama a atenção, no ano de 1921, são as cinco cartas de solicitação de alvará de licença para abertura de comércio. O requerente era o senhor Nagibe Abide, e suas solicitações são as nº 046, 054, 056, 070, 076 e 084, todas de datas diferentes, nas quais não é especificado o tipo de comércio, porém, o alvará de licença em todos os pedidos foi concedido.

---

20 Arquivo Histórico da UNICENTRO, Guarapuava. Cartas-correspondências, 1920

Em carta ao prefeito municipal, um cidadão vem requerer calçamento em frente à sua casa, justificando que nos dias de ocorrência de chuva o trânsito ficava catastrófico naquele lugar e dificultava a locomoção dos transeuntes, os quais ficavam "embarrados".[21] Outras solicitações, com grande incidência, são os pedidos de instalação de iluminação nas ruas e nas residências, fato este que observamos ser uma das maiores preocupações da população do centro urbano da cidade. Na carta-correspondência no. 298 do ano de 1927, a prefeitura recebe um ofício da Diretoria de Estatística do Paraná solicitando informações sobre a eletricidade da cidade, todavia, os camaristas respondem apenas à Diretoria, sem apresentar resultados à população. Outra reclamação vem dos moradores das áreas mais retiradas e principalmente os que utilizavam as estradas de ligação entre a cidade e os seus distritos, assim como os proprietários rurais reclamavam da falta de infraestrutura das estradas.[22]

Nas respostas com publicação dos orçamentos da cidade, os camaristas observam que a maior parte da verba da cidade iria para as escolas, a cadeia e as estradas, mas no ano de 1922 muitas destas obras públicas ficaram por fazer, cujo motivo foi o desvio de verba da prefeitura para a festa do Centenário da Independência, fato este narrado na carta- correspondência no. 148. Para a prefeitura era um privilégio participar desta festa celebrando a Independência do Brasil – neste ano aconteceu um desfile cívico em 07 de setembro, data do Centenário.[23]

Os reclamantes também faziam menção à coleta de lixo que, segundo eles, ocorria esporadicamente e não contemplava toda a cidade, sendo que o tratamento correto para a época era a incineração, mas esta ocorria de forma parcial, cabendo a cada morador incinerar seu lixo em casa, fato este que ocasionava acúmulo de lixo e mau cheiro tanto por motivo da incineração, quanto pelo acúmulo de lixo.[24] Não encontramos resposta da prefeitura ou dos camaristas para tais reivindicações, mas não poderíamos deixar de comentá-las, haja vista que o intuito principal deste artigo são as práticas e as ideias direcionadas para a saúde pública em Guarapuava.

Nesta análise lembramos os conceitos de estratégia e tática de Michel de Certeau (Certeau, 1990: 100), onde a estratégia, na ótica do autor, refere-se a uma ação

---

21 Arquivo Histórico da UNICENTRO, Guarapuava. Cartas-correspondências, 1900 a 1910.
22 Arquivo Histórico da UNICENTRO, Guarapuava. Cartas-correspondências, 1900 a 1930.
23 *Idem.*
24 *Idem.*

que supõe a existência de um lugar próprio, "como algo próprio e ser a base de onde se podem gerir as relações com uma exterioridade". Já a ideia de tática leva à interioridade, visto que, com relação às estratégias, ele define tática como:

> [...] a ação calculada que é determinada pela ausência de um próprio. Então nenhuma delimitação de fora lhe fornece a condição de autonomia. A tática não tem por lugar senão o do outro. E por isso deve jogar com o terreno que lhe é imposto tal como o organiza a lei de uma força estranha.

Enquanto as estratégias produzem, mapeiam e impõem, as táticas utilizam, manipulam e alteram algo, ou seja, enquanto prefeito, camaristas e sanitaristas majoravam forças para impor seu discurso higienizador nos hábitos da população, a mesma criava táticas para desviar a atenção para os assuntos que realmente lhes interessavam, como já apontamos, licenças para comércio, iluminação, estradas, todos relacionados à infraestrutura da cidade, exigindo das autoridades investimentos nesta área, no período estudado, sem ao menos citar preocupações quanto à saúde.

Das poucas reclamações que encontramos sobre higienização, estão a reclamação por incômodo de criação de porcos,[25] prática proibida pelo Código de Posturas, e por inconveniente de acúmulos de lixos,[26] onde percebemos contradições no discurso da prefeitura, pois se a intenção era regrar hábitos e sanear, então, a coleta de lixo deveria ser diária, como reivindicava a população e não esporádica como acontecia. Por fim, pudemos evidenciar os conflitos e divergências de interesses e saberes sobre as prioridades das autoridades políticas, que queriam seguir as normas estabelecidas pelo Instituto Sanitário e de Profilaxia Rural, do médico sanitarista que já compreendia que algumas técnicas estavam ultrapassadas necessitando de novas mudanças e da população que externava seus interesses naquilo que julgavam mais necessário.

Portanto, fica claro que as práticas e ideias para melhorar as condições de saúde da população guarapuavana certamente não aniquilaram os problemas de higienização da cidade, mas sim suscitaram conflitos de interesses, provando que saberes acerca da saúde ainda eram discussões fragilizadas pela falta de entendimento, mas certamente, esses vestígios de discursos contribuíram para a construção da história da saúde pública de Guarapuava, a qual ainda possui muitas fontes a serem investigadas.

---

25 Arquivo Histórico da UNICENTRO, Guarapuava. Cartas-correspondências, 1902.

26 Arquivo Histórico da UNICENTRO, Guarapuava. Cartas-correspondências, 1900 a 1930.

Bibliografia

BARBOSA, Michele Tupich. "Coração do Paraná: discursos sobre saúde pública em Guarapuava". In: *Revista Guairacá*. Guarapuava, n° 23, 2007, p. 111-25.

BERTOLLI, Cláudio Filho. *Cinco séculos de doença*. Rio de Janeiro: Ciência Hoje, 2000.

_____. *História da saúde pública no Brasil*. São Paulo: Ática, 2004.

_____. *A gripe espanhola em São Paulo, 1918: epidemia e sociedade*. São Paulo: Paz e Terra, 2003.

CERTEAU, Michel de. *A invenção do cotidiano*. Rio de Janeiro: Vozes, 1990.

CHALHOUB, Sidney. *A cidade febril*. São Paulo: Companhia das Letras, 1997.

FOUCAULT, Michel. *Microfísica do poder*. São Paulo: Graal, 2004.

_____. *Vigiar e punir*. Petrópolis: Vozes, 2001.

HOCHMAN, Gilberto; LIMA, Nísia Trindade. "Condenado pela raça, absolvido pela medicina: O Brasil descoberto pelo movimento sanitarista da primeira República." In: MAIO, Marcos Chor (org.). *Raça, ciência e sociedade*. Rio de Janeiro: Fio Cruz, 1996.

HOCHMAN, Gilberto. *A era do saneamento básico: as bases da política de saúde pública no Brasil*. São Paulo: Hucitec, 1998.

KUMMER, Carmem Silvia Fonseca. *Práticas médicas sobre a saúde da população paranaense – 1916 a 1930*. Curitiba: UFPR, 2007.

MARCONDES, Gracita Gruber. *Abastecimento de água em Guarapuava no século XIX*. Guarapuava: UNICENTRO, 1989.

MARQUES, Vera Regina Beltrão. *A sífilis em Curitiba no ano de 1920*. Curitiba: UFPR, 2004

MENEZES, Claudino Luiz. *Desenvolvimento urbano e meio ambiente: a experiência de Curitiba*. São Paulo: Papirus, 2000

PEREIRA, Magnus. *Posturas municipais*. Curitiba: Aos Quatros Ventos, 1999.

RIBEIRO, Eurico Branco. *O coração do Paraná*. São Paulo: USP, 1929.

RONCAGLIO, Cynthia. *Apontamento para uma história da saúde pública do Paraná*. In: *História, ciência e saúde*. Rio de Janeiro: Manguinhos, 2001.

SEVCENKO, Nicolau. *Orfeu extático na metrópole*. São Paulo: Companhia das Letras, 1992.

TEMBIL, Márcia. *Em busca da cidade moderna: Guarapuava recompondo histórias, tecendo memórias*. Guarapuava: UNICENTRO, 2007.

A CONSTRUÇÃO DA MEMÓRIA COMUNISTA[1]

O CASO DO PC DO B

Jean Rodrigues Sales[2]

Introdução

Os partidos comunistas dispensam atenção especial ao seu passado. Seja nos momentos de comemoração, seja nas ocasiões de crise, os comunistas recorreram à história partidária como elemento fundamental de conformação de sua identidade política. Tal importância atribuída ao passado pode representar um campo de reflexão para o historiador, na medida em que possibilita a discussão de temas fundamentais para o entendimento da trajetória e da prática política dos comunistas, mas que foram até agora pouco explorados pelos estudiosos brasileiros. A construção de identidades coletivas, as relações entre memória e história e a legitimação de práticas políticas são alguns dos temas que serão tratados neste capítulo.

Nesse caminho, Dulce Pandolfi traça alguns caminhos importantes na temática da construção da memória comunista. A autora chama a atenção para a importância que a relação com o passado assume nos partidos comunistas,

---

[1] Uma versão expandida deste texto foi publicada na revista *Diálogos*. (Sales, 2002).

[2] Professor do Departamento de História e Economia da Universidade Federal Rural do Rio de Janeiro, Campus de Nova Iguaçu.

exercendo um forte papel em suas intervenções políticas. A referência ao passado seria um elemento fundamental na construção da identidade comunista e, ao mesmo tempo, na manutenção da coesão do partido. No processo de construção da identidade partidária, a memória coletiva desempenharia um papel destacado:

> todos os partidos comunistas possuem um projeto bastante definido e consistente. Em função de um objetivo maior e de longo alcance, que é a construção de uma nova sociedade, projetos menores são elaborados. Servindo a uma concepção teleológica da história, comum a todas as organizações comunistas, o presente existe em função do futuro, e é o futuro que dá forma ao passado. (1995: 18).

Michael Pollak também ressalta a importância para a manutenção da coerência dos discursos das instituições políticas, a forma como lidam com o seu passado. Nesse processo, a memória seria responsável pelo reconhecimento dos indivíduos na imagem que a instituição política forja de si mesma. Sem essa identificação, sem tal sentimento de pertencimento do indivíduo ao projeto político, não seria possível manter a coesão institucional necessária à atuação política. Para o autor,

> toda organização política, por exemplo – sindicato, partido etc. –, veicula seu próprio passado e a imagem que ela forjou para si mesma. Ela não pode mudar de direção e de imagem brutalmente a não ser sob o risco de tensões difíceis de dominar, de cisões e mesmo de seu desaparecimento, se os aderentes não puderem mais se reconhecer na nova imagem, nas novas interpretações de seu passado individual e no de sua organização. O que está em jogo na memória é também o sentido da identidade individual e do grupo. Temos exemplos disso por ocasião de congressos de partidos em que ocorrem reorientações que produzem rachas. (1989: 10).

Se estiver correto, conforme apontam os autores acima, que os comunistas têm no passado uma fonte de legitimação política e que não podem mudar os seus projetos políticos radicalmente de direção sem antes reelaborar seu passado, no caso do PC do B, o problema ganhou um relevo ainda maior, tamanha era a especificidade de sua trajetória política: o fato de ter surgido como dissidência do Partido Comunista Brasileiro (PCB) e ter que, em seus primeiros anos de atuação, demarcar as diferenças em relação a sua matriz. Nessa demarcação de espaços políticos e simbólicos, a principal ferramenta utilizada pelo PC do B foi a memória partidária.

Com efeito, o discurso político que fundamentou a criação do partido foi estruturado a partir do respaldo no passado, e que tem como exemplo mais aparente o fato de, ao surgir em 1962, reivindicar para si o nome e o patrimônio simbólico do velho partido comunista fundado em 1922. Através da autoridade da história, o PC do B procurou convencer os seus militantes e interlocutores de que seria o verdadeiro partido comunista atuante no Brasil. Podemos dizer que essa disputa com o PCB pelo patrimônio simbólico representado pela tradição do comunismo brasileiro marcou toda a história do PC do B, e a ela o partido dispensou muito de suas energias.

PC DO B E PCB: A DISPUTA DE UM PASSADO

> A recuperação, no TSE, do registro legal do Partido, encerrou uma longa batalha (...). Agora, essa batalha chega ao seu final com a confirmação do que já havia garantido de fato: a continuidade da trajetória histórica do PCB, iniciada em março de 1922.[3]
>
> O PC do B tem atrás de si 77 anos de história, mais de três quartos deles passados na clandestinidade, sempre perto do povo trabalhador e longe das benesses do poder, sempre suportando e enfrentando os não poucos golpes de força que os poderosos de turno impuseram ao país. (Joffily, 1999: 6).

Essa epígrafe demonstra um aspecto marcante da história do PC do B: a disputa pelo patrimônio simbólico do Partido Comunista do Brasil (PCB) fundado em 1922 e que, em 1961, adotou o nome de Partido Comunista Brasileiro, mantendo, porém, a mesma sigla. O PC do B, ao surgir em 1962, reivindicou para si a antiga nomenclatura e, junto com ela, a tradição partidária que remontava a 1922.

Assim, o surgimento do PC do B trouxe consigo um problema para o debate político e para as interpretações históricas: qual seria o verdadeiro partido comunista atuante no Brasil, PCB ou PC do B? A pergunta é pertinente, uma vez que a tradição do movimento comunista internacional, reivindicada pelos grupos, não aceitava a existência de dois partidos comunistas em um mesmo país. Esse dilema, a meu ver insolúvel, tentou ser resolvido, sem sucesso, por alguns estudiosos do tema. Acredito, entretanto, que não seja importante discutir qual seria o partido merecedor

---

[3] Trecho retirado da *homepage* do Partido Comunista Brasileiro (PCB) Acessado no dia 28/05/1999. <http://www.pcb.org.br>.

do título de "verdadeiro" grupo fundado em 1922. O problema deve ser analisado a partir de outra abordagem. Ao invés de se perguntar qual o representante oficial dessa ou daquela tradição comunista, deve-se questionar os motivos que levaram os dois grupos a reivindicarem a origem de 1922. Que importância isso teria para suas atuações? Por que gastaram tantas energias nesse debate?

Parte-se neste texto da hipótese de que os dois partidos reivindicam para si a tradição e os símbolos representados na trajetória comunista brasileira desde 1922 para legitimar suas atuações políticas no presente e, assim, conseguir a coesão necessária para a atuação de seus militantes. Estes, por sua vez, apresentam grande respeito por esse passado reivindicado. Para ambos os grupos admitir não representar a continuidade da tradição comunista brasileira poderia, e talvez hoje ainda possa, acarretar a perda de militantes. No caso do PC do B isso é ainda mais evidente. Sendo ele o grupo que rompeu e que, a princípio, não demonstrou grande diferença em relação ao PCB, acabou por utilizar o argumento da autoridade que advinha de "seu" passado para justificar tanto o seu surgimento quanto a orientação política que seguiria. Vejamos como se deu o debate e a apropriação do passado pelos dois agrupamentos.[4]

No jornal *Novos Rumos,*[5] de janeiro de 1962, foi publicado o editorial "Em defesa da unidade do partido", que seria o marco inicial e daria os contornos à problemática da disputa pela história partidária. Por um lado, foi nesse documento que o PCB lançou a interpretação a respeito dos motivos que levaram o partido a expulsar o grupo dissidente. Por outro lado, foi em resposta a esse texto que o PC do B fez suas primeiras considerações sobre a cisão.

Segundo o documento, o grupo "fracionista"[6] teria surgido nos debates travados dentro do PCB após o XX Congresso do Partido Comunista da URSS, quando, ao

---

4 Uma observação interessante a respeito dessa disputa pelo passado é que, apesar dos esforços e energias gastos nas discussões, nenhum dos dois partidos, até o momento, conseguiu escrever uma "história oficial", o que por si só pode revelar as dificuldades de se apropriar de um passado que se quer cristalizado, mas que, na verdade, está em disputa. Recentemente, o PC do B criou um Centro de Memória, com vistas a, futuramente, escrever uma história partidária. Ver a este respeito também um artigo de Dário Canale sobre a escrita da história do PCB (1986: 77-92).

5 Periódico oficial do PCB a partir de 1962, que substituiu o jornal *Voz Operária*.

6 Uma das características marcantes da estrutura dos partidos comunistas é a proibição de facções políticas em seu interior. Assim, ser chamado de "fracionista" é uma acusação gravíssima, já que, normalmente, quando se verifica a existência de uma "fração", os seus membros são expulsos do partido.

mesmo tempo em que o partido teria conseguido se depurar de tendências que o queriam destruir, havia permanecido nele um grupo que resistia às mudanças, apegava-se à orientação errônea do passado e resistia à modificação dos métodos de trabalho já condenados. Assim, em agosto de 1957, ter-se-ia tornado impossível a permanência dos dirigentes que pertenciam a este último grupo em cargos de maior responsabilidade na estrutura partidária, sendo decidido, então, afastá-los de seus postos na Comissão Executiva.

Este grupo "dogmático e sectário", ainda segundo o documento acima, teria feito oposição cerrada à nova política adotada pelo PCB a partir de 1958, até que, depois do V Congresso, no qual a nova política fora referendada pela maioria dos militantes, começou a praticar atividades "grupistas". Para isso, os seus componentes adotaram o recurso de utilizar as frentes de trabalho em que atuavam para combater as decisões da convenção nacional e sabotar o cumprimento das tarefas traçadas pela direção eleita. Por fim, o grupo teria, com a "carta dos cem",[7] agido como uma fração, ao tornar pública uma declaração, criticando a direção do partido, sendo por isso expulso das fileiras do PCB.

O PC do B, desde o seu nascimento, combateu a interpretação feita pelo PCB. Em sua Conferência Nacional Extraordinária, realizada em fevereiro de 1962, quando foi declarada a "reorganização" partidária, já em seu primeiro documento, "Em defesa do partido" (PC do B, 1974a, 25-30), procurou demarcar território nessa disputa e expôs a sua versão a respeito do processo que teria desembocado na cisão de 1962. Os momentos importantes que teriam levado o grupo a se formar e a "reorganizar"[8] o partido seriam praticamente os mesmos apontados pelo PCB. Entretanto, a interpretação a respeito desses momentos seria oposta àquela feita pelo grupo de Luís Carlos Prestes. Enquanto o PCB acusava o grupo de "sectário", "dogmático" e "fracionista", o PC do B iria acusar a direção do PCB de ter traído os princípios marxista-leninistas, tornando-se um partido revisionista.

---

7 A "carta dos cem" foi um documento elaborado pelos militantes que fundariam o PC do B como protesto em face da atitude da direção do PCB de mudar o nome do partido. Os principais signatários do documento acabaram, por este ato, sendo expulsos do PCB. A respeito dessas discussões e da cisão que daria origem ao PC do B, pode-se ver a nossa dissertação de mestrado. (Sales, 2000).

1 Esta é a forma como o PC do B refere-se ao momento de seu surgimento. Entende que reorganizaram o partido, na medida em que o PCB estava sendo destruído pela direção de Luís Carlos Prestes.

O processo, segundo o PC do B, teria tido início nos debates em torno do significado do XX Congresso do PCUS. Nesse momento, um grupo revisionista teria sido expulso, tendo, porém, suas ideias permanecido e chegado mesmo a receber a adesão da maioria do Comitê Central, em 1957. Nesse processo, vários dirigentes teriam sido expulsos injustamente da Comissão Executiva e afastados para desempenhar suas funções em estados distantes dos centros decisórios. A partir desse momento, teriam sido colocadas em prática medidas claramente "liquidacionistas".[9] Diante dessa situação, em 1961, um grupo de militantes, com espírito partidário, teria tentado fazer a direção do PCB ver, com a publicação do documento que ficou conhecido como "carta dos cem",

> que alterar o nome do Partido, retirar dos Estatutos a afirmação de que os comunistas se orientam pelos princípios marxista-leninistas e abandonar o objetivo último do comunismo, a fim de tentar conseguir o registro eleitoral, constituía grave transgressão de resoluções do V Congresso, que só um novo congresso poderia modificar. (PC do B, 1974a: 28).

A resposta da direção do PCB, ao invés de abrir uma discussão a respeito do assunto, teria sido o

> caminho das medidas punitivas, da acusação de fracionismo e, inclusive, da expulsão de velhos e respeitados lutadores comunistas, cujo crime consiste em não admitir a liquidação de nosso glorioso partido. A conduta intolerante da direção nacional representou na realidade a abolição do direito de divergir, a fuga do dever de discutir sua posição capituladora e a consumação do divisionismo no movimento comunista, provocada pela criação do Partido Comunista Brasileiro (PC do B, 1974a: 28).

Diante dessa tentativa de "liquidação" do partido, prosseguia o documento:

> centenas de militantes comunistas de todo o país concordaram com a convocação e a realização da presente Conferência Nacional Extraordinária para tratar da reorganização do Partido Comunista do Brasil, discutir um Manifesto-Programa, deliberar sobre os Estatutos apresentados no V congresso e eleger um novo Comitê Central para dirigir o Partido até o próximo Congresso. (PC do B, 1974a: 28).

---

2 Liquidacionista é o jargão comunista para designar militantes que estão, de variadas maneiras, colocando em risco a existência física ou a independência do partido em face de outras forças políticas.

No momento de comemoração pelo décimo aniversário da "reorganização" do partido e dos 50 anos de sua "fundação", a direção do PC do B retoma os esforços na escrita de sua história. Dentre os vários documentos publicados, destacamos o "Balanço da atividade revolucionária do PC do B" (PC do B, 1974b: 31-94), pois as linhas gerais nele apontadas são aceitas pelo partido como sendo, praticamente, uma história oficial. Este documento também se reveste de importância por se referir ao período de 1922 a 1961, dizendo respeito, portanto, a episódios que são reivindicados pelos dois partidos comunistas como respaldo de suas trajetórias políticas.

Dentre as várias questões passíveis de discussão nessa "história" contada pelo PC do B, podemos destacar ao menos uma característica geral que lhe dá feição: há uma desvalorização dos momentos nos quais os problemas do partido estiveram mais diretamente influenciados pelo grupo ligado a Luís Carlos Prestes, como a Revolta de 35, a atuação no período da legalidade e a política traçada pela Declaração de Março de 1958 e pelo V Congresso. Há, porém, uma valorização dos momentos que podem ser identificados com o núcleo que viria fundar o PC do B em 1962, como o Manifesto de Agosto de 1950, a política traçada pelo IV Congresso e a oposição à política da Declaração de Março e às resoluções do V Congresso.

Os elementos presentes nessas retomadas do passado passarão a constituir pontos fundamentais do discurso dos dois partidos, sendo que, em alguns momentos – como na data de aniversário da fundação de 1922 – aparecem com maior ênfase. No caso do PC do B, a referência ao passado constitui, sem dúvida, um elemento fundamental que o acompanha até os nossos dias; o partido dispensa uma atenção constante ao problema. Exemplo disso é que em 1972, dez anos após a "reorganização" do partido, foi escrita uma série de documentos[10] nos quais transparece o esforço do partido em contar uma história adequada ao seu projeto político. Ainda nessa década, foram publicados pelo menos mais dois livros em que o partido "conta" sua história. (PC do B, 1974a; 1974c).

Desde então, são inúmeros os exemplos dos esforços do partido na "escrita" de sua história, mas não vem ao caso aqui fazer nenhum levantamento exaustivo. A título de exemplo, podemos citar dois trabalhos que, mesmo não sendo "história oficial do partido", foram escritos por militantes e, portanto, tiveram a aceitação da sua direção. O primeiro é de Haroldo Lima, escrito em 1981, no qual é traçado um "itinerário" da

---

3 Os documentos escritos para essa ocasião foram publicados em PC do B, 1974b.

história do PC do B e um balanço dos principais acontecimentos da história partidária, de 1922 até o início da década de 1980. Segundo Lima, a justificativa para esse trabalho estaria no fato de a história do partido ser constantemente adulterada:

> a burguesia tudo tem feito para escondê-la, truncá-la, subestimá-la. Oportunistas de todos os matizes, especialmente os que fundaram em 1961 o Partido Comunista Brasileiro, interessados na liquidação do partido, fazem frente com a burguesia para desvirtuar aquela história (Lima, 1984: 7).

O segundo trabalho, de meados dos anos 1990, também faz um balanço de momentos importantes da história do PC do B. A justificativa para a necessidade de seu estudo seria a necessidade de retomar o passado para entender a atuação presente do partido, uma vez que o PC do B seria o resultado de toda a sua tradição histórica. Nas palavras do autor:

> faz-se necessário, mesmo que seja breve e pontuada, registrar a história do Partido Comunista do Brasil, desde sua fundação, até seu último congresso, o oitavo, realizado em 1992, na cidade de Brasília. Necessidade que se impõe para podermos compreender o PC do B de hoje como síntese de sua própria história (Cassin, 1996: 2)[11]

Como se pode observar, a história tem desempenhado um papel destacado na trajetória do PC do B. A busca dessa memória se faz presente pela necessidade de justificar e legitimar o surgimento do partido. Nascido a partir de uma cisão e não tendo conseguido se diferenciar fundamentalmente de sua matriz, buscou na autoridade de "ser" o verdadeiro partido comunista fundado em 1922 a justificativa para a "reorganização" partidária e, evidentemente, para as orientações políticas que tem tomado desde então, tarefa essa que foi relativamente bem-sucedida. Basta lembrar que, para além dos vários problemas enfrentados pelo partido desde o seu surgimento, ele continua presente na cena política nacional. Se tomarmos como referência seja a sua "origem" em 1922 seja sua "reorganização" em 1962, ele aparece como um dos partidos de maior longevidade no país. Além disso, mesmo após a queda do socialismo real, que abalou e fez desaparecer muitos partidos comunistas em todo o mundo, ele continua com uma respeitável atividade política, com algumas vitórias eleitorais – vereadores, prefeitos, deputados e senadores. Chegou ao

---

4 Outros exemplos podem ser vistos em PC do B, s/d e PC do B, 1990.

governo juntamente com o Partido dos Trabalhadores (PT) na eleição presidencial de 2002. Além disso, tem certa influência no sindicalismo e uma surpreendente inserção junto ao movimento estudantil.

Em boa medida, os êxitos conseguidos pelo partido no decorrer de sua trajetória, principalmente em seus primeiros anos de existência, estiveram ancorados na coesão política de sua militância legitimada por um passado de luta revolucionária e de combate às ideias revisionistas. Apesar disso, não é sempre possível fazer com que apareça o partido como uma organização monolítica, em que todos seus membros se reconhecem na história por ele contada, nem sempre isso é possível. Em alguns casos, essa história não é aceita pela totalidade de seus militantes, chegando, em certos momentos, a ser abertamente questionada. É o caso da guerrilha do Araguaia, sobre a qual o partido nunca conseguiu, de maneira eficaz, contar uma história que fosse aceita pelo conjunto partidário. Como afirma Pollak, quando os membros de uma instituição não se reconhecem nas novas imagens e nas interpretações do passado individual e de sua organização, corre-se o risco de surgirem tensões difíceis de dominar.

Bibliografia

Canale, Dário. "Problemas da construção da história do Partido Comunista Brasileiro". *Novos Rumos*, São Paulo, nº 1, vol. 1, jan./mar. de 1986, p. 77-92.

Cassin, Marcos. *Partido Comunista do Brasil (PC do B): fundação e trajetória*. Piracicaba, 1996, mimeo.

Joffily, Bernardo. "O melhor aniversário para o PC do B". *Questão de ordem*, São Paulo, nº 114, 15/03/1999.

Lima, Haroldo. *Itinerário de lutas do Partido Comunista do Brasil (PC do B) de 1922 a 1984*, 3ª ed. Salvador: Editora Maria Quitéria, 1984.

Pandolfi, Dulce. *Camaradas e companheiros. História e memória do PCB*. Rio de Janeiro: Relume Dumará, 1995.

Partido Comunista do Brasil. *A linha política revolucionária do Partido Comunista do Brasil*. Lisboa: Maria da Fonte, 1974a.

_____. *Cinquenta anos de luta*. Lisboa: Maria da Fonte, 1974b.

_____. *Dois caminhos opostos – PC do B e PCB*. São Paulo: Anita Garibaldi, s/d.

_____.*Guerra Popular: caminho da luta armada no Brasil*. Lisboa: Maria da Fonte, 1974c.

_____. *Trinta anos de conflito ideológico: marxismo e revisionismo.* São Paulo: Anita Garibaldi, 1990.

POLLAK, Michael. "Memória, esquecimento e silêncio". *Estudos Históricos*, Rio de Janeiro, vol. 2, n° 3, 1989, p. 3-15.

SALES, Jean Rodrigues. *Partido Comunista do Brasil – PC do B: propostas teóricas e prática política – 1962-1976.* Campinas, Unicamp, 2000. Dissertação de mestrado.

_____. "O PC do B conta a sua história: tradição, memória e identidade política". *Diálogos,* Maringá, vol. 6, 2002, p. 155-71.

"Punto de Vista"

CULTURA, POLÍTICA, HISTÓRIA (1978-1983)

Raphael Nunes Nicoletti Sebrian[1]

OS INTELECTUAIS, ATORES, autores e intérpretes da política e da cultura, críticos permanentes do *status quo* inúmeras vezes utilizam a imprensa para difundir suas ideias e pensamentos, tornando-se os periódicos espaços privilegiados de debate intelectual em diferentes épocas. As investigações históricas nas quais se busca interpretar elementos culturais e políticos em revistas são cada vez mais comuns e têm sido elaboradas, muitas vezes, a partir dos pressupostos da história intelectual, área que se caracteriza pela pluralidade e por "correntes interpretativas" nem sempre facilmente identificáveis e que, naturalmente, possibilitam resultados diferenciados àquele que pretende desenvolver uma pesquisa direta ou tangencialmente vinculada a este campo. De acordo com Helenice Rodrigues da Silva (2003, p. 15): "Confundida com a história das ideias, a história cultural e a história dos intelectuais, essa nova área [história intelectual], indistintamente designada, hesita entre ser, de um lado, procedimento de análise, e de outro, disciplina em formação".

Alguns dos estudos mais importantes acerca da história intelectual, nos quais inclusive se pode notar um empenho – respaldado por erudição e conhe-

---

5 Doutorando em História Social – USP. Este estudo é parte de minha pesquisa de doutoramento, orientada pela professora Maria Helena Rolim Capelato, na qual a revista *Punto de Vista* é tomada como objeto e interpretada entre os anos de 1978 e 1994.

cimento aprofundado do tema – em busca de definições mais precisas, foram elaborados por Helenice Rodrigues da Silva,[2] nos quais a autora discute, entre outras questões, as peculiaridades francesas da *Histoire Intellectuelle*: "[...] a versão francesa, que melhor designa a acepção de uma História Intelectual, procura inscrever historicamente o discurso dos intelectuais, tentando ultrapassar a alternativa entre explicações internas e externas" (Rodrigues [da Silva], 2003, p. 15).

Apesar das "dificuldades" de definição do campo de estudos, sobretudo no que se refere à distinção entre história das ideias e história intelectual, alguns autores propuseram certos parâmetros importantes. Jean-François Sirinelli, em seu estudo publicado na conhecida antologia organizada por René Rémond, debruça-se sobre a constituição da história intelectual como campo autônomo de estudo nas últimas décadas. Sirinelli mostra que, na história intelectual, as revistas são objetos privilegiados de análise: "Em suma, uma revista é antes de tudo um lugar de fermentação intelectual e de relação afetiva, ao mesmo tempo viveiro e espaço de sociabilidade, e pode ser, entre outras abordagens, estudada nesta dupla dimensão" (Sirinelli, 2003, p. 249).

Este estudo se filia à acepção francesa da história intelectual, na medida em que, como destaca Rodrigues da Silva, tal proposta de abordagem permite considerar a pluralidade de discursos que constitui a revista aqui tomada como objeto de estudo, pois se situa:

> [...] na interseção de diferentes disciplinas (História, Sociologia, Filosofia etc.), [...] [e] parece visar dois polos de análise: de um lado, o conjunto de funcionamento de uma sociedade intelectual (o 'campo', na versão de Pierre Bourdieu), isto é, suas práticas, seu modo de ser, suas regras de legitimação, suas estratégias, seus *habitus*; e de outro lado, as características de um momento histórico e conjuntural que impõe formas de percepção e de apreciação, ou seja, modalidades específicas de pensar e agir de uma comunidade intelectual. [Assim] [...] a História Intelectual [...] teria por principal pressuposto restituir, do ponto de vista sociológico, filosófico e histórico, o contexto de produção de uma obra. No entanto, ela difere da tradicional história das ideias (na acepção francesa), que se restringe quase sempre a uma crônica das ideias e a uma justaposição cronológica de resumos de textos políticos e/ou filosóficos (Rodrigues [da Silva], 2003, p. 16-7).

---

6 Ver os trabalhos da autora mencionados na bibliografia deste estudo.

Em prol da superação da dicotomia entre explicações internas e explicações externas, a história intelectual "precisa observar essas duas escalas de análise", visando, para além de "uma articulação mecânica entre contexto e conteúdo", a construção de uma proposta em que haja efetivamente a articulação "entre a análise externa dos acontecimentos (históricos, sociais, políticos) e a análise interna da obra (a hermenêutica ou a análise do discurso)", ou seja, em consonância com tais considerações, buscar-se-á, neste estudo, analisar a revista *Punto de Vista*, com o intuito de analisar suas características principais e as interpretações que conferiu aos aspectos culturais, políticos e históricos no período que se costuma chamar de "primeiros tempos" (1978-1983), ou seja, o período em que a revista se desenvolve sob um regime ditatorial. Nessa proposta contemplar-se-á, concomitantemente, "a dimensão diacrônica (histórica) e sincrônica ('os aspectos diferentes de um mesmo conjunto em um mesmo momento de evolução')" (Rodrigues [da Silva], 2003, p. 19).

Analisar o "universo" das ideias políticas em uma revista cultural significa compreender, como assinalou Capelato (2005, p. 349),

> o universo das ideias não como um contexto no qual se situa o trabalho intelectual, mas relacionado ao mundo social e político no qual ele se insere. As ideias não são entendidas, portanto, como algo exterior a esse mundo, mas como substância mesma da tarefa dos intelectuais que se expressam, através das ideias – suas matérias-primas – sobre a realidade vivida, que eles procuram, ao mesmo tempo, traduzir e modificar.

As revistas culturais configuram um conjunto ou espaço de discursos múltiplos, polifônicos, inclusive contraditórios, que "só se deixam ler a partir da relação texto-contexto" (Capelato, 2005, p. 348), discursos intimamente vinculados ao momento de aparecimento e de desenvolvimento da revista, no caso específico de *Punto de Vista*, a ditadura militar na Argentina. Assim, as revistas "permitem captar com grande nitidez um estado de permeabilidade dos discursos, uma espécie de latência prévia à sua consolidação em ideologias culturais, em conjuntos articulados de ideias e valores" (Schwartz; Patiño, 2004, p. 648). Tal estado de mobilidade do pensamento e da sensibilidade permite uma série de diversos entrecruzamentos, novos e mesmo contraditórios, inimagináveis *a priori*.

Nesse sentido, lembram Schwartz e Patiño, Beatriz Sarlo – a intelectual mais importante desde o início da publicação de *Punto de Vista* e diretora da revista, oficialmente, desde o número 12, de julho-outubro de 1981, número de aparecimento oficial do conselho diretor e da "carta de intenções" do periódico (mas diretora de fato do início ao término da revista, em 2008) – pensa as revistas como "bancos de prova" ou "laboratórios de ideias" de operações intelectuais que logo se consolidam no campo cultural ou fracassam e caem em desuso (Schwartz; Patiño, 2004, p. 648). Sarlo ainda disse a respeito:

> Si esto sucede con las revistas es porque son *bancos de prueba*. La conciencia de su estar en el presente se superpone con su cualidad instrumental: las revistas son medios. A diferencia de los poemas o las ficciones, la sintaxis de la revista (que obviamente los incluye) se diseña para intervenir en la coyuntura, alinearse respecto de posiciones y, en lo posible, alterarlas, *mostrar* los textos en vez de solamente publicarlos. Por esta razón, es casi obvio agregar que el discurso cultural en las revistas no es sólo un discurso de matriz teórico-crítica y de género ensayístico.
>
> Por el contrario, el discurso cultural es *la política* de las revistas, que no aparece sólo en las editoriales [...] las editoriales son zonas poco confiables si lo que se quiere es reconstruir, en perspectiva histórica, la problemática de una revista. Las editoriales son tan ostensiblemente un discurso programático, que bien se puede prescindir de ellas o, al menos, someterlas al contraste con el discurso que resulta de la disposición de los materiales (Sarlo, 1992, p. 11-12).[3]

É importante refletir, trilhando caminhos indicados por Capelato (2005), acerca do sentido político específico de uma revista que se define como cultural, no intuito de "mostrar de que forma cultura e política se entrecruzam nessa publicação".[4] Enfim, como ressaltou Sarlo (1992, p. 15):

> [...] las revistas abren una fuente privilegiada para lo que hoy se denomina historia intelectual. Instituciones dirigidas habitualmente por un colectivo, informan sobre las costumbres intelectuales de un período, sobre las relaciones de fuerza, poder y prestigio en el campo de la cultura, relaciones y costumbres que no repiten de manera simple las que pueden leerse en los libros editados contemporáneamente. Resistiéndose a una perspectiva crítica formalista, las revistas parecen objetos más adecuados a la lectura socio-histórica: son un lugar

---

7 Por conta das dimensões reduzidas deste texto, optou-se por não incluir as traduções das citações longas em língua espanhola.

8 O subtítulo de *Punto de Vista*, desde seu primeiro número, é "Revista de cultura".

y una organización de discursos diferentes, un mapa de las relaciones intelectuales, con sus clivajes de edad e ideologías, una red de comunicación entre la dimensión cultural y política. Puede reconstruirse la relación de los intelectuales con el público en la historia de los fracasos o los éxitos de las revistas. Desde la vanguardia en adelante, las revistas construyen su público. Por eso son, en el sentido más amplio, instrumentos de agitación y propaganda.

Os intelectuais que deram origem à *Punto de Vista* formaram-se (academicamente e politicamente) nas décadas de 1960 e 1970 e um exame da bibliografia concernente à configuração do "campo intelectual" argentino nas décadas de 1960 e 1970, na qual se procurou compreender, entre outras questões, de que forma os intelectuais se posicionaram diante da ditadura iniciada em 1976, revela uma espécie de "pressuposto" de que não seria possível entender tal "configuração de campo" sem olhar atentamente para o advento do peronismo, desde suas origens "oficiais" (em 1943) até seus desdobramentos políticos anteriores à instauração do regime ditatorial (1973), ou, como diz Sarlo, analisar o período marcado "pelo surgimento, a queda, a proscrição e o regresso do peronismo" (Sarlo, 2007, p. 16, tradução nossa).

No caso dos intelectuais vinculados à *Punto de Vista* – periódico surgido em 1978 –, esses fizeram parte, como ouvintes ou protagonistas, dos debates suscitados pelo peronismo que se desdobraram na década de 1960, com o golpe militar, e no início da década de 1970, com o retorno de Perón. Participaram também, direta ou indiretamente, das discussões elaboradas por indivíduos ou instituições que delinearam caminhos na "batalha das ideias" travada entre as décadas de 1940 e 1970. Nesse período de três décadas também se definiram, como ressalta Sarlo, alguns debates de cunho cultural que adquiriram, como era comum na época, significado ou uso político.

Enfim, "os intelectuais falam de si mesmos e do que devem fazer em relação à política" (Sarlo, 2007, p. 18, tradução nossa). Na década de 1960, surgiram discursos que pretendiam inaugurar um espaço de propostas reformistas, na universidade, na pesquisa, na relação entre sociedade e intelectuais, embora, progressivamente, tais discursos tenham se tornado cada vez menos audíveis (Sarlo, 2007, p. 18). Ainda que, no início da década de 70, tenha-se a impressão de que a esquerda venceu uma "batalha cultural", "vitória" que a tornou extremamente visível no campo intelectual e artístico – visibilidade que duraria pouco, por conta do início da ditadura – há que se considerar que o movimento em direção a uma radicalização política dos discursos e das ações que se deu em fins da década de 60 ocorreu em meio a uma profusão de posicionamentos que, se não foram "vencedores", contribuíram para propor questões fundamentais.

A posição social e intelectual dos fundadores de *Punto de Vista* em fins da década de 1970 era, sucintamente, a seguinte: Beatriz Ercilia Sarlo Sabajanes, Carlos Washington Altamirano e Ricardo Piglia, nascidos, respectivamente, em 1942, 1939 e 1940, tinham concluído suas graduações em Letras (Sarlo e Altamirano) e História (Piglia) por diferentes universidades argentinas nos anos 60 e atuavam, desde meados dessa década, em diferentes áreas, publicando seus primeiros ensaios, artigos e textos. Segundo relato de Sarlo (1999), em meados de 1977, os três se encontraram em um café de Buenos Aires. Haviam dividido a experiência da direção da revista *Los Libros*, que circulou entre 1969 e 1976 e foi fechada pelos militares neste ano. A ideia dos três no encontro de 1977 era restabelecer alguns vínculos mínimos entre intelectuais, o que conseguiram, ainda que tenuamente. Piglia estava vinculado a alguns conhecidos que pertenciam à Vanguarda Comunista, pequeno partido da esquerda revolucionária, dentre os quais Elias Semán, um dos líderes, decidiu se aproximar dos jovens intelectuais e dialogar acerca de suas ideias e propostas.

Os jovens debatiam o marxismo, o "socialismo real" (que repudiavam), as táticas revolucionárias e a guerrilha. Tais temas eram discutidos em encontros nos quais, em pouco tempo, passaram a problematizar também o espaço cultural. Desses primeiros encontros surgiu a proposta de convocar alguns conhecidos para reuniões nas quais seriam discutidas questões da história literária e cultural da Argentina – deram às reuniões o nome de "Salón Literario", as quais foram realizadas, por mais de um ano, nas dependências do Centro Editor de América Latina, dirigido por Boris Spivacow, instituição na qual Altamirano e Sarlo trabalharam e pela qual publicaram seus primeiros livros.

Em fins de 1977, decidiram criar uma revista. Como não havia recursos para financiá-la, a Vanguarda Comunista[5] disponibilizou recursos até o número 03, aproximadamente, vinculação perigosa do ponto de vista político, mas que garantiu a sobrevivência do periódico, em vias de fracassar logo no seu início – dos dois primeiros números, segundo Sarlo, provavelmente foram vendidos pouco mais de 100 exemplares, dos cerca de três mil impressos. Os vínculos com a Vanguarda Comunista permaneceram em se-

---

9 Ver SOTO (2004).

gredo inclusive para os colaboradores mais próximos. Contudo, a quase "invisibilidade" da revista, negativa no que se refere à repercussão do empreendimento, permitiu que o periódico sobrevivesse em circunstâncias bastante sombrias. Apesar disso, em pouco tempo, jovens universitários se aproximaram da revista.

Os três procuraram, então, Jorge Sevilla, antigo presidente da Associação Argentina de Psicólogos – conhecido de Hugo Vezzetti, que colaborou desde o início no projeto da revista –, que aceitou assumir a direção de fachada da revista para que a publicação não circulasse anonimamente, o que levantaria suspeitas. Os contatos da Vanguarda Comunista indicaram Carlos Boccardo, artista plástico que havia trabalhado em um periódico revolucionário do início dos anos 1970, para a diagramação da revista; ele se encarregou de desenhar o logotipo da revista, que se manteve até o último número. Estabeleceram contato com María Teresa Gramuglio e com Nicolás Rosa, que se mudaram para Buenos Aires após sofrerem ameaças na universidade em que lecionavam, em Rosario.

O primeiro número de *Punto de Vista* foi publicado em Buenos Aires, em março de 1978. A revista surgiu em uma "circunstância sombria", numa conjuntura de enfrentamento de um regime ditatorial que impunha inúmeras restrições aos intelectuais. O periódico representava uma tendência de resistência cultural e política em uma época de desmandos e horror, capaz de mostrar que a produção intelectual argentina não havia sido extinta pelo regime (Terán, 2004, p. 88).

Carlos Altamirano, Ricardo Piglia e Beatriz Sarlo deram início, portanto, à elaboração de *Punto de Vista* de forma semiclandestina, cuidando principalmente para manter em segredo a vinculação política do periódico, representada então por militantes da Vanguarda Comunista que desapareceriam em agosto de 1978: Elias Semán, Rubén Kristkausky e Abraham Hochman.[6] Depois do desaparecimento desses e de praticamente todos os integrantes do partido, houve uma discussão acerca dos riscos iminentes em manter a revista, uma vez que os militantes conheciam os vínculos entre o partido e o periódico e podiam, em uma das brutas sessões de tortura, revelá-los. Decidiu-se que a publicação era tão invisível que seria possível arriscar e seguir sua publicação. Aprofundou-se a certeza de que o vínculo inicial da revista com a Vanguarda Comunista deveria permanecer em absoluto segredo. Tratava-se, por meio dos riscos corridos por esses e outros intelectuais, de assegurar um espaço precário de

---

10 Breve historia de "Punto de Vista". *Punto de Vista. 25 Años (1978-2003)*. Buenos Aires, 2003. 1 CD-ROM.

publicação para alguns críticos, escritores e artistas que estavam desarticulados, por conta da repressão, tanto no meio acadêmico quanto no campo cultural.[7]

Punto de Vista, para o grupo de intelectuais que inicialmente a dirigiu, deveria ser uma revista de "disidencia intelectual, que tuviera un papel activo en lo que se definía como lucha democrática contra la dictadura militar que ya estaba gobernando en la Argentina", como disse Carlos Altamirano em entrevista a Javier Trímboli.[8] Na referida entrevista, Altamirano recordou:

> Al abandonar el PCR, quedé flotando junto con alguna otra gente y, ya en 1976, conformamos un círculo que reunía a los que teníamos una común afinidad ideológica y política, que seguía circulando entre el marxismo y el maoísmo. En ese círculo estaban también Ricardo Piglia y Beatriz Sarlo; desde él tomamos contacto con Vanguardia Comunista, que era el otro grupo maoísta importante. Mantuvimos con ellos varias conversaciones políticas hasta que llegamos al acuerdo de editar una revista. Una revista que queríamos fuera de disidencia intelectual, que tuviera un papel activo en lo que se definía como lucha democrática contra la dictadura militar que ya estaba gobernando en la Argentina. Al mismo tiempo, formamos un grupo de estudio sobre literatura argentina; yo había terminado la carrera en letras en 1967 y, abocado por completo a la militancia, había prácticamente abandonado mis estudios de literatura. Así que, en la nueva coyuntura que se inició con el golpe militar de 1976, retomé esos estudios y comencé a trabajar junto con Beatriz Sarlo en una línea de investigación que definimos como sociología de la literatura. Paralelamente a esto, con otros amigos con los que íbamos a confluir finalmente en la revista *Punto de Vista* – me refiero a María Teresa Gramuglio y Hugo Vezzetti, entre otros –, constituíamos grupos de discusión intelectual. Así que como fruto del acuerdo con Vanguardia Comunista apareció en 1978 *Punto de Vista*.[9]

Conforme assinala Terán, observando-se os 18 números de *Punto de Vista* editados entre março de 1978 e dezembro de 1983, pode-se notar como uma publicação inicialmente centrada na literatura progressivamente explicita sua mensagem político-cultural, mais evidentemente a partir do número de julho-outubro de 1981 (Terán, 2004, p. 90).

---

11 Breve historia de "Punto de Vista". *Punto de Vista. 25 Años (1978-2003)*. Buenos Aires, 2003. 1 CD-ROM.

12 Entrevista citada em OLMOS, 2000, p. 34.

13 Entrevista citada em OLMOS, 2000, p. 34-5.

O editorial da edição de julho-outubro de 1981 não deixa dúvidas de uma tendência que se construía na revista, vinculada a uma tradição de contestação nacional, protesto contra o autoritarismo e a censura:

> En marzo de 1978, apareció el primer número de *Punto de Vista*. Su publicación venía, de algún modo a ejercer un derecho: abrir un ámbito de debate de ideas y elaboración cultural. El derecho a disentir nos parecía, entonces y ahora, una condición básica de la cultura, amenazada material y políticamente.
>
> Reflexionar sobre la historia cultural argentina o latinoamericana, sobre los métodos críticos o las teorías sociales supone un punto de partida: la defensa de la libre discusión y la creación de un lugar – la revista – que permitiera generalizarla. Comprobamos que no existen condiciones aceptables de producción intelectual donde no puedan circular las ideas, que la censura ejercida sobre la producción cultural, la represión de la diversidad, la intimidación del antagonista, son instrumentos del conformismo correlativo a un estado autoritario.
>
> [...] Esta revista es parte de un espacio cultural que se construye a pesar de la censura y el castigo a las ideas, pero que se construye también positivamente. [...] Se trata de nuestra responsabilidad en la defensa de la libertad de expresión y de pensamiento: que no haya en la Argentina culturas reprimidas o negadas. Y su consecuencia práctica, la creación de un ámbito donde algo de esto sea posible.
>
> Encerrada en los limites de la amenazada producción material, la ciega torpeza del censor, el oscurantismo ultramontano de la universidad estatal, la cultura argentina, para construirse, debe hacerlo en la superación de estos obstáculos: contra la censura, por la diferencia de opiniones y la controversia. Frente a la crisis económica que afecta a las instituciones culturales y las editoriales, y frente a la clausura política, los intelectuales hemos imaginado, en estos años, formas y espacios nuevos para la discusión y circulación de ideas, posiciones, perspectivas. *Punto de Vista* entiende que su actividad hasta ahora, y en el periodo que sigue, pertenece a este horizonte. Ha constituido un Consejo de Dirección para que la fuerza de una práctica diversa y colectiva le permita responder mejor a los requerimientos de esta etapa [...].[10]

Nota-se que, desde seu surgimento, a revista procurou se apresentar como um espaço de debate das questões argentinas e, de forma mais ampla, das questões da América Latina. Se inicialmente o periódico centrava sua produção na discussão literária, desde

---

14 Consejo de Dirección, "Punto de Vista". *Punto de Vista*, Buenos Aires, ano IV, n° 12, jul./out. 1981, p. 2, editorial por ocasião da constituição oficial e pública do Conselho de Direção da revista.

o início as preocupações políticas podiam ser notadas. O período compreendido entre 1978 e 1981 marca, para a revista, um momento de "silêncios" que confirmavam o óbvio: no período mais crítico e duro do regime militar não havia espaço para um debate aberto acerca de uma democratização da sociedade. Diante dessa impossibilidade, como assinalou Olmos, "la preocupación por definir ese espacio de disidencia y de democratización atraviesa de forma subyacente la publicación a través del repertorio de artículos, reseñas y entrevistas que organizan sus páginas" (Olmos, 2000, p. 35).

Dessa forma, *Punto de Vista* elaborou e praticou uma abertura e difusão do campo cultural ao resenhar publicações argentinas e estrangeiras, discutir exposições de arte ou filmes de outros países, entrevistar intelectuais que residiam em outros países, publicar textos inéditos de escritores argentinos e inclusive dialogar com revistas importantes de outros países, como *Vuelta*, dirigida no México por Octavio Paz – há um diálogo no número 01 de *Punto de Vista* com um texto de Carlos Fuentes publicado no número 14 do periódico mexicano. Além disso, e esse é um fato muito significativo, a revista apresentou e incorporou perspectivas teóricas e temáticas até aquele momento pouco conhecidas na Argentina que se constituíram em linhas de atualização e reformulação do campo cultural do país (Olmos, 2000, p. 36). Como disse Carlos Altamirano, em entrevista recentemente concedida ao autor deste texto:

> Creo que *Punto de Vista* aclimató e hizo un uso productivo de la sociología cultural de Pierre Bourdieu y de los planteos de Raymond Williams. Aparte de estos autores, fueron importantes Michel Foucault, en los trabajos de Vezzetti, y los argentinos Tulio Halperin Donghi y David Viñas, los uruguayos Carlos Real de Azúa y Angel Rama. Al menos Beatriz Sarlo y yo, admirábamos también el libro de Antonio Candido, *Literatura y sociedad*.[11]

Tratava-se, como debateram Sarlo, Altamirano, Vezzetti, Sábato e Adrián Gorelik em entrevista a Daniel Link, de discutir o problema da autonomia da cultura e de encontrar referências que permitissem analisar a cultura como universo autônomo – daí o peso de autores como Bourdieu e Williams –, sem perder de vista as questões políticas.

> En un contexto cultural obturado por el discurso hegemónico de un Estado autoritario, los primeros números de *Punto de Vista* abrían un espacio de debate

---

15 ALTAMIRANO, Carlos. Re: Entrevista – Pesquisa. [mensagem pessoal]. Entrevista concedida a Raphael Nunes Nicoletti Sebrian. Mensagem recebida por <rsebrian@yahoo.com.br>. 03 nov. 2008.

que, aunque no explicitara problemáticas culturales y ideológicas referidas a ese presente silenciado, probaba que el discurso histórico, así como el literario y el de la crítica cultural podían ser voces que rompieran con el monopolio de la palabra estatal (Olmos, 2000, p. 36).

No primeiro número, de março de 1978, a revista apareceu em um formato ainda bastante simples no que se refere ao aspecto gráfico, mas com desenhos de Boccardo, artista de esquerda, que se fundiam aos textos: distantes de serem apenas ilustrações, forma e conteúdo comunicavam mensagens, como, por exemplo, o desenho na capa, no qual se pode ver, por uma porta entreaberta, alguém observando, alguém olhando desde seu "punto de vista" (a diagramação mudou, significativamente, apenas no número 13, de novembro de 1981, quando Gustavo Valdez substituiu Carlos Boccardo na função que ele voltará a ocupar em 1983).

Nas 32 páginas que compõem o número inaugural foram publicados cinco textos de colaboradores não vinculados ao grupo fundador. Os participantes daquilo que viria a ser um coletivo intelectual e editorial publicaram, sob pseudônimos, resenhas e textos coletivos. Sem sombra de dúvida as escolhas dos livros a serem resenhados não foram casuais; todos os textos pretendiam ser, como assinala Sarlo, "mensagens cifradas", destinadas a leitores que estivessem dispostos a lê-los "con la misma voluntad de encontrar lo que se había sugerido oblicuamente en un comentario de cine, la reseña de un libro de historia, la opinión sobre una novela. Leídos hoy, muchos de esos textitos parecen casi incomprensibles e inmotivados" (Sarlo, 1999, p. 527-528).

Um erro de tiragem caracterizou o primeiro número de *Punto de Vista*, na medida em que seus organizadores, tendo em mente os cinco mil ou seis mil exemplares que costumavam vender de *Los Libros* até 1976, imprimiram três mil exemplares da nova revista. Contudo, como disse Sarlo, poucas pessoas queriam adquirir a revista pois sabiam dos perigos que representava a leitura de uma revista minimamente crítica naquele momento.

No primeiro número é possível perceber as questões essenciais dos primeiros tempos da revista: o esforço, ainda inicial, de atualização das referências teórico-metodológicas da crítica e a discussão e redefinição das linhas mestras da tradição literária argentina. Tais características serão notadas nos números seguintes, nos quais ainda haverá a presença bastante significativa de textos sobre: a) *Literatura*, como, por exemplo, de Sarlo (número 02, sobre o formalismo na teoria literária e na leitura; número 04, sobre Martinez Estrada e *Martín Fierro*, sobre Arlt), de Nicolás Rosa (número 02, sobre

Sarmiento em sua vertente de crítico literário, e número 03, sobre semiologia), de Piglia (número 05, sobre Borges), de Gramuglio (número 06, sobre Saer), todo o número 07, de novembro de 1979, no qual há vários textos dedicados à análise de *Martin Fierro* e Hernández, número 08, de março de 1980, no qual há entrevistas feitas por Sarlo com Antonio Candido, Ángel Rama e Antonio Cornejo Polar, um nítido esforço de apresentação para o público da revista de autores fundamentais da crítica literária latino-americana, nos quais Sarlo e Altamirano se inspiravam para fundamentar suas análises e que eram então pouco conhecidos na Argentina; b) Intelectuais e ideias, como, por exemplo, os textos sobre *Contorno* no número 04 e no número 14 (os vínculos entre o projeto de *Contorno* e os intelectuais de *Punto de Vista* também serão analisados, na medida em que há grande destaque para a revista dos irmãos Viñas); Psicologia, em praticamente todos os números do período 1978-1981, em geral de autoria de Vezzetti; c) Questões de teoria e crítica literária e cultural, como, por exemplo, o texto sobre Raymond Williams e Richard Hoggart, de Sarlo, no número 06, e a publicação de Bourdieu no número 08, textos que refletem, desde os primeiros números da revista, o mencionado esforço de "atualização das referências" a partir da apropriação crítica de diferentes autores; d) Textos sobre a história argentina e latino-americana, como os artigos de Altamirano e Halperin Donghi, por exemplo, no número 10, de novembro de 1980; e) E, por fim, uma reflexão sobre os caminhos trilhados pela própria revista no número 12, de julho de 1981, no qual foi apresentado oficialmente o Conselho de Direção e algumas das propostas norteadoras do periódico até aquele momento e daquele ponto em diante.

É importante lembrar que nesse período inicial (1978-1981) se verifica, na história argentina, a ascensão e a crise do regime militar, o que permite aos membros diretores do periódico a ampliação gradativa do seu espaço de divulgação dos discursos, culminando, no editorial de 1981, na declaração pública e irrestrita dos objetivos de *Punto de Vista*. Para isso colaborou, obviamente, o enfraquecimento da ditadura e é possível perceber esse enfraquecimento por meio da análise dos números publicados no período e, mais especificamente, do conteúdo discutido nos artigos.

Os anos de 1982 e 1983 foram decisivos para a derrocada do regime militar. Manifestações de repúdio à situação política vivenciada naquele momento pela Argentina apareceram repetidamente nos mais diversos âmbitos, com grande presença em *Punto de Vista*. Ocasião de efervescência crítica foi a derrota na Guerra das Malvinas: nessa conjuntura, foi publicado um artigo em *Punto de Vista*, intitulado "Donde anida la democracia", no qual os autores apresentaram uma reflexão acerca dos rumos políticos do país. Deve-se ressaltar que *Punto de Vista* foi uma das poucas vozes da esquerda argentina a se manifestar contra a Guerra das Malvinas, sobretudo em forma escrita.

O período 1982-1984 foi marcado, na Argentina, por alguns acontecimentos que transformaram a história daquele país que enfrentava, sobretudo no plano político e econômico – houve um caos financeiro em 1981, não por acaso ano em que *Punto de Vista* iniciou seu "processo de abertura" –, dificuldades que levariam ao fim do "Processo de Reorganização Nacional", nome dado pelos militares à ditadura que durou de 1976 a 1983. O plano econômico gestado pelos "pensadores" do liberalismo autoritário, as crises que se revelavam no interior das forças armadas e a reaparição de manifestações de protesto social motivaram atitudes do presidente Galtieri, que buscava resolver ou encobrir os "problemas".

A Guerra das Malvinas, erigida em nome do "oportunismo político", motivou significativa adesão desse empreendimento junto a diversos setores da sociedade argentina, "incluyendo apoyos de políticos e intelectuales locales y aun de integrantes del exílio y de la militancia de izquierda argentina" (Terán, 2004, p. 91). Enfatiza Terán (2004, p. 91):

> La derrota y el posterior pero rápido conocimiento de las condiciones en que se había librado una lucha que desnudó el aventurerismo, la corrupción y el decadentismo de los núcleos fundamentales de la institución militar terminaron por desquiciar todo criterio de legitimidad de la dictadura.

Além disso, após a reabertura política e a eleição de Raúl Alfonsin configurou-se, gradativamente, um quadro político no qual surgiam "nuevas condiciones para un renacer de la cultura argentina" (Terán, 2004, p. 91). Como assinala Terán, a cultura de resistência até então escondida e refugiada tornou a aparecer, marcando o retorno ao país de muitos intelectuais exilados e, também, a reestruturação de instituições científicas e acadêmicas, em uma nova pauta de questões e temas "que colocaba en un sitio privilegiado la revaloración de la democracia y la cuestión de los derechos humanos" (Terán, 2004, p. 91). Desde então é possível perceber uma profunda reconfiguração do campo intelectual argentino.

Evidentemente, essas questões foram debatidas em *Punto de Vista*, que dedicou muitas páginas à análise de temas como: a relação do intelectual com a política, mais especificamente com o processo de democratização; a Guerra das Malvinas, em um registro muito crítico dos acontecimentos; a questão democrática, tendo em vista a abertura democrática; os debates sobre a cultura popular e as relações com o peronismo; e – uma das questões mais importantes – as reflexões sobre a esquerda argentina, revisão da cultura de esquerda. O período é importante, ainda, na medida em que nele começou a ser discutida a memória da ditadura – a criação da Comissão Nacional sobre o Desaparecimento de Pessoas (CONADEP), por exemplo, ocorreu em 1984 –, e para a sua elaboração colaboraram os intelectuais ligados à *Punto de Vista*, utilizando, por vezes, a revista como espaço de discussão.

A revista havia mudado sua aparência, graças à presença de um novo diagramador e novos desenhistas e ilustradores, que trabalhavam, ainda, em preto e branco (as cores virão apenas no número 21, de agosto de 1984, de forma tímida, ocupando apenas a capa). O primeiro número publicado em 1982 foi o 14 e saiu em março. O texto de abertura, de Juan Carlos Portantiero, importante intelectual argentino exilado, tinha como tema uma das questões nodais da história argentina a formação da nação: o título era "Nación y democracia en la Argentina del novecientos". Publicado com 40 páginas, quase dez acima da média mantida desde 1978, o número trouxe diversas entrevistas importantes para compreender os interesses da revista nas tendências historiográficas então em voga e para pensar como elas foram apropriadas. Estão no número, além de um texto de Luis Alberto Romero, entrevistas com Georges Duby e Raphael Samuel, bem como os debates sempre presentes acerca da literatura latino-americana, sobre psicanálise e, cabe ressaltar, comentários de Sarlo e Gramuglio acerca de obras cujo tema era Jorge Luis Borges. Cresceu, portanto, o número de artigos, resenhas e demais materiais publicados na revista.

O número 15, de agosto de 1982, trouxe inúmeros textos acerca da Guerra das Malvinas, inclusive o artigo coletivo "¿Dónde anida la democracia?", precedido por um artigo de Carlos Altamirano, "Lecciones de una guerra". São textos fundamentais para avaliar o impacto da desagregação da ditadura e do advento da Guerra das Malvinas. Textos importantes no número também são o de Vezzetti, "Nacionalidad, raza, disciplina social. Ideología y psiquiatría" e a tradução da conferência de Pierre Bourdieu, "Lección: el oficio del sociólogo". Apareceram, ainda, diversos pequenos textos e resenhas sobre literatura argentina e latino-americana.

Literatura, aliás, é o tema fundamental do número 16, de novembro de 1982, que se abre com o artigo "Borges en 'Sur': un episodio del formalismo criollo", de Beatriz Sarlo, seguido por uma entrevista com Adolfo Prieto acerca das relações entre literatura, crítica e ensino de literatura. Discutiu-se, também, questões de sociologia – outro tema marcante junto aos intelectuais de *Punto de Vista*, afinal, adotavam uma perspectiva vinculada à sociologia da literatura – e foi publicada uma entrevista com Adolfo Pérez Esquivel a respeito do grande tema daquele momento, a democratização e a participação política. O número também é importante pois marcou a saída de Ricardo Piglia do Conselho de Direção.

Depois da Guerra das Malvinas, Hilda Sábato, escritora que compartilhava com os diretores do periódico o repúdio a essa "aventura final da ditadura" (a guerra), passou a integrar o conselho de direção da revista. A partir de 1983, houve uma ampliação da revista, que incorporou intelectuais que retornavam do exílio e, entre esses, passaram a integrar o conselho de direção José Aricó e Juan Carlos Portantiero. Desde esse ano, *Punto de Vista* abandonou o estado de "marginalidade extrema" e se aproximou de jovens intelectuais, definindo um novo lugar no marco de transição democrática. Nesse processo houve também uma "reavaliação" das ideias propostas e defendidas pelos primeiros membros diretores da revista, bem como das ações motivadas na primeira metade dos anos 1970 por tais ideias.[12]

Em abril de 1983, foi publicado o número 17 da revista, no qual apareceu um novo editorial do conselho de direção, o primeiro desde aquele publicado em 1981. No novo texto, o tema não poderia ser outro: as eleições marcadas para outubro daquele ano. Abaixo um trecho desse editorial:

> Con las elecciones anunciadas para el 30 de octubre se abre la posibilidad de democratización de la sociedad argentina. Sabemos que no existen de antemano las garantías de que la vida política del país tome ese curso: conspirarán contra él, en primer lugar, los que creyeron que en 1976 había llegado la hora de la revancha histórica contra la Argentina surgida en la década del 40 y se aplicaron a "regenerarla" con los medios más brutales que confiere el poder. Para que un proceso de democratización efectiva pueda abrirse paso, las bases y los instrumentos de esa minoría reaccionaria, que ha sido también el aliado histórico de nuestra dependencia económica, deben ser desarticulados. Y para ello la Argentina tiene que transformarse. La democracia podrá arraigar como hábito, como cultura política, únicamente si esa transformación no es concebida como tarea de élites.
>
> Sabemos que el retorno formal a la Constitución del 53 no significará, por sí, la democratización. Un régimen, aunque sea de partidos, que sólo admitiera el consenso

---

1 Breve historia de *Punto de Vista*. *Punto de Vista. 25 Años (1978-2003)*. Buenos Aires, 2003, 1 CD-ROM.

y ahogara la protesta y las aspiraciones de la sociedad, no haría más que recrear el clima de las soluciones autoritarias. [...] Hoy, en la Argentina, la democratización es una meta, pero la política no es sólo enunciado de metas: es también camino.[13]

E a argumentação prossegue, em um tom de releitura da produção do periódico até aquele momento, bem como de afirmação do posicionamento dos intelectuais vinculados à revista diante da conjuntura de redemocratização:

> *Punto de vista* ha buscado ser, con los medios a su alcance y desde su aparición en marzo de 1978, un vehículo de la disidencia intelectual contra el régimen instalado tras el derrocamiento del gobierno peronista. Nuestra revista no estuvo sola en esa actividad. Otras publicaciones, otras iniciativas, alguna editorial, fueron ejemplares para resistir la peor ofensiva contra todo lo que hubiera de valioso en la cultura argentina. Nada resultó tan estimulante como comprobar, en esos años sombríos, la formación de un campo de solidaridad e interlocución con quienes, en muchos casos, únicamente tomaríamos contacto a través de lo que esa resistencia producía aquí y allá, dispersa pero obstinada. Las alternativas políticas que se avecinan traerán la discusión y la controversia dentro de ese campo; ellas son necesarias y sólo una visión beata de la democracia puede temerlas. Sin embargo, sería olvidar la experiencia de esta década (porque en nuestra memoria debe estar presente toda la década), si cada posición intelectual se convierte en una máquina de guerra intolerante, dispuesta a que suenen nada más que sus argumentos y a demonizar toda diferencia. El terrorismo ideológico no tiene causas buenas y suele preceder o acompañar al otro terrorismo, cuya perversa dialéctica hemos conocido.
>
> Las reconstrucciones de la cultura argentina, de sus instituciones y de sus redes, de todo aquello que ha sido degradado material e ideológicamente, constituirá un desafío para los intelectuales. Porque esa reconstrucción exigirá debate y espíritu crítico, pero también nuevas ideas. Y los intelectuales no deben participar en ella con mentalidad de preceptores o de profetas, sino como ciudadanos. Estas son las apuestas de *Punto de vista*.[14]

Os números seguintes apresentam os seguintes temas: cultura nacional e cultura popular (número 18) – *Punto de Vista* foi acusada, algumas vezes, de tratar apenas de cultura de um ponto de vista elitista, sem se preocupar com a cultura popular –,

---

2 Consejo de Dirección, "Editorial". *Punto de Vista,* Buenos Aires, ano VI, n° 17, abril 1983, p. 3.

3 Consejo de Dirección, "Editorial". *Punto de Vista,* Buenos Aires, ano VI, n° 17, abril 1983, p. 3.

revisão do peronismo (número 19) – tema que ocupou diversas páginas da revista até alguns anos após a redemocratização –, discussão da esquerda argentina (números 20 e 21), entre outros, sem se distanciar, obviamente, dos demais temas e enfoques que já eram tradicionais na revista e da prática de divulgação de autores estrangeiros, como Garcia Canclini e Edward Said. O número 19, de dezembro de 1983, trouxe um novo editorial, analisando o resultado das eleições e os desafios que se apresentavam naquele momento. O número 22, de dezembro de 1984, se encerra com a "Declaração de princípios do Clube de Cultura Socialista", agremiação política e intelectual recém-criada e que desempenhará papel importantíssimo na esquerda argentina.

O governo de Alfonsín enfrentou inúmeros desafios que foram acompanhados de polêmicas intelectuais. Afinal, o novo governo substituiu uma ditadura em que o espaço para a elaboração, debate, apropriação e circulação de ideias era extremamente restrito, exceções ficando por conta de âmbitos como as revistas – entre elas *Punto de Vista* – e certas instituições, como o Centro Editor de América Latina. Os diferentes grupos enfrentaram esses "desafios" de formas diferenciadas e, no caso de *Punto de Vista*, o enfrentamento se deu nas páginas da revista, por meio da discussão de alguns temas que visitavam as páginas do periódico desde o início de sua circulação e outros mais recentes, suscitados pela conjuntura de redemocratização. A partir desse momento, outros temas são inseridos na pauta da revista, em uma espécie de "término de fase" e de alterações parciais nas orientações da revista, que podia naquele momento analisar questões das quais não se podia ocupar durante a ditadura militar.

Fontes

ALTAMIRANO, Carlos. Re: Entrevista – Pesquisa. [mensagem pessoal]. Entrevista concedida a Raphael Nunes Nicoletti Sebrian. Mensagem recebida por <rsebrian@yahoo.com.br>, 03 nov. 2008.

LINK, Daniel. "Campo intelectual". Disponível em: <http://www.periodismo.com/modules/mylinks/visit.php?cid=45&lid=906>. Acesso em: 22 mar. 2008.

REVISTA PUNTO DE VISTA, Buenos Aires. Números 1-22 (1978-1984).

SARLO, Beatriz. "La hacíamos por nosotros más que por los lectores". 30 de março de 2004. *Página 12*, Buenos Aires. Entrevista concedida a Silvina Friera. Disponível em: <http://www.pagina12.com.ar/diario/cultura/7-33440-2004-3-30.html>. Acesso em 22 mar. 2008.

Bibliografia

CAPELATO, Maria Helena Rolim. "Cuadernos Hispanoamericanos – Ideias políticas numa revista de cultura". *Varia História*, Belo Horizonte, vol. 21, n° 34, 2005, p. 344-70.

NOVARO, Marcos; PALERMO, Vicente. *A ditadura militar argentina 1976-1983: Do golpe de estado à restauração democrática*. Tradução de Alessandra de Mello e Silva. São Paulo: Edusp, 2007.

OLMOS, Ana Cecilia Arias. *Revistas culturales de la transición: prácticas políticas y estrategias de intervención cultural – una lectura comparada de "Punto de vista" y "Novos Estudos Cebrap"*. 2000. FFLCH-USP, São Paulo: 2000. Tese (doutorado em Língua Espanhola e Literaturas Espanhola e Hispano-Americana).

RODRIGUES [DA SILVA], Helenice. "A história intelectual em questão". In: LOPES, Marcos Antonio (org.). *Grandes nomes da história intelectual*. São Paulo: Contexto, 2003, p. 15-25.

_____. *Fragmentos da história intelectual: entre questionamentos e perspectivas*. Campinas: Papirus, 2002.

SARLO, Beatriz. *La batalla de las ideas*. Buenos Aires: Emecé Editores, 2007.

_____. "Intelectuales y revistas: razones de una práctica". *América. Cahiers du CRICCAL. Les discours culturel dans les revues latino-américaines de 1940 à 1970*, Paris, n° 9-10, 1992, p. 9-16.

_____. "Punto de Vista: una revista en dictadura y en democracia". In: SOSNOWSKI, Saul (org.). *La cultura de un siglo: América Latina en sus revistas*. Buenos Aires: Alianza Editorial, 1999, p. 525-36.

SCHWARTZ, Jorge; PATIÑO, Roxana. "Introducción". *Revista Iberoamericana*, Pittsburgh, vol. 1, n° 208-9, jul./dez. 2004, p. 647-50.

SIRINELLI, Jean-François. "Os intelectuais". In: RÉMOND, René (org.). *Por uma história política*, 2ª ed. Rio de Janeiro: Editora FGV, 2003, p. 231-69.

SOTO, Américo. *Vidas y luchas de Vanguardia Comunista. Primera parte*. Buenos Aires: Ediciones Nuevos Tiempos, 2004.

TERÁN, Oscar. "Ideas e intelectuales en la Argentina, 1880-1980". In: _____. (coord.). *Ideas en el siglo. Intelectuales y cultura en el siglo XX latinoamericano*. Buenos Aires: Siglo XXI Editores Argentina, 2004, p. 13-95.

História e tragicidade

Jovem Nietzsche, a leitura e o *fatum*

Hélio Sochodolak[1]

Em *Fatum e historia*, texto de 1862, Nietzsche se propôs a abordar a história de uma forma desligada dos valores cristãos. A história possuía, para ele, outro funcionamento que não aquele fundado sobre conjecturas e simples suposições, tais como Deus, imortalidade, autoridade da Bíblia, revelação, etc. Nietzsche demonstrou profundo débito para com Emerson, uma leitura muito cara para ele nesse período. Nesse sentido, elaborou uma alegoria para a história. Comparou-a a um grande relógio num movimento eterno, num eterno *devir*. Os números são os fatos, os ponteiros inauguram um novo ciclo a cada minuto... "Um novo período do mundo se inaugura". Há um fim? Se há, Nietzsche nada revelou sobre isso, não está ao alcance da humanidade nem enquanto finalidade nem enquanto centralidade. O jovem Nietzsche, com base em Emerson, questionou a centralidade do ser humano na história e a possibilidade de autoconsciência do homem. Também apostou na impossibilidade da existência de algo sem o seu contrário, ou seja, se há o *fatum*, algo lhe forneceria garantia, trata-se do seu contrário, o livre-arbítrio. Para ele, "uma liberdade absoluta sem o 'fatum' faria do homem um deus, o princípio

---

4 Professor no Departamento de História – UNICENTRO – Campus de Irati. Grupo de pesquisa: Estudos em história cultural. E-mail: sochodo@irati.unicentro.br

da fatalidade isolado o faria um autômato". Portanto, a história ocorreria não por designação arbitrária dos deuses, mas no equilíbrio de forças. Nietzsche parece desenhar uma utilidade prática para a sua leitura de Emerson. Tratava-se de uma luta contra verdades construídas a partir de relações sociais.

O objetivo do presente ensaio é perseguir a caracterização da história nos escritos autobiográficos de Nietzsche. E, a partir de uma história da leitura, identificar os significados e utilizações da leitura por um jovem espírito filosófico. Oportunamente, verifica-se que seus questionamentos sobre a história no século XIX abriram espaço epistemológico para perspectiva historiográfica interessante e perspicaz, a análise trágica. Tal visão, que encontra em Nietzsche e seus leitores os principais referenciais, apresenta-se, para a análise de narrativas, como a dos povos tradicionais, um fértil e instigante instrumental teórico.

EDUCAÇÃO, VALORES MORAIS E AUTONOMIA

Não se pode forçar a maturação da personalidade e chamar isso de autonomia, esta só vem a partir do momento em que o estudante sente certo domínio sobre os principais fundamentos da língua e dos seus mestres. Eram ideias dessa natureza que Nietzsche defendia quando escreveu seus primeiros textos sobre a história. A saber, *Fatum e história* e *Liberdade da vontade e fatum*. Neles o autor desenvolve suas primeiras reflexões, as quais foram conquistadas a partir de certas leituras, de Emerson, por exemplo.

Em *Fatum e história*, texto de 1862, Nietzsche se propôs a abordar a história de uma forma desligada dos valores cristãos, mas confessa que não se seria capaz de realizar uma análise imparcial da doutrina cristã e da história da Igreja devido à carga desses valores que recebera em sua formação. Assim, declarou profeticamente: "Uma semelhante tentativa não pode ser obra de algumas semanas, mas de uma vida." (*Fatum e história*)[2]

O jovem sentia-se impotente frente aos séculos de tradição e de ideias que, mesmo sem fundamentos lógicos, fornecem aos homens respostas que pareciam

---

5 Todas as citações de Nietzsche, salvo as indicadas em contrário, foram retiradas da tradução francesa de seus escritos autobiográficos.

seguras. Comumente aceitas, constituíam-se "portos seguros" para os pesquisadores, cartesianos ou kantianos, por exemplo.

Ao contrário, Nietzsche, ainda com 18, anos sentia-se imbuído de um espírito libertário de conquistar gradualmente sua autonomia intelectual. Reconheceu que, em se tratando de valores tão arraigados quanto os cristãos, não havia tarefa mais impossível. Enganavam-se aqueles que afirmavam ser mais fácil destruir do que construir. Havia que se confrontar consigo mesmo e com os outros que partilhavam destes valores inculcados desde a infância. (*Fatum e história*)

Nietzsche percebe que a doutrina cristã não condizia com a sua história secular e pretendia, com esta, desmistificar o catecismo. A história possui outro funcionamento que não aquele fundado sobre conjecturas e simples suposições, tais como Deus, imortalidade, autoridade da Bíblia, revelação, etc, afirmava o jovem Nietzsche. Deveriam existir outras possibilidades de se compreender a vida.

A partir desses questionamentos, o jovem Nietzsche valorizou leituras que somente pôde realizar com propriedade dez anos mais tarde.[3] Para ele, apenas a história e as ciências da natureza seriam capazes de interromper o longo reinado do céu sobre a terra. Afirmou então: "A história e as ciências da natureza, heranças maravilhosas de todo nosso passado, anunciadoras de nosso futuro, são fundamentos seguros sobre os quais nós podemos construir os edifícios de nossa especulação." (*Fatum e história*) Neste momento, Nietzsche questionou se era preferível acreditar que o homem fosse oriundo da vontade arbitrária dos deuses, ou era melhor entendê-lo como estando num estágio de desenvolvimento entre a planta e o animal. Ou seja, parte do mundo natural, e não abaixo ou acima dele.

Nietzsche demonstrou profundo débito para com Emerson, uma leitura muito cara para ele nesse período. Em sua autobiografia, destacou o como uma das principais leituras no ano de 1862 ao lado de *Ideias sobre a arte* de Büchner e *A educação estética do homem* de Schiller. Revela-nos Marc Crépon que a biblioteca pessoal de Nietzsche contava com vários volumes de Emerson traduzidos para o alemão tais como: *Conduct of life* (1860), *Essays, first series* (1856) além

---

[3] A este respeito JANZ, Curt Paul. *Nietzsche*, vol. 2. Traduzido do alemão por Pierre Rusch. Paris: Gallimard, 1984, p. 30. Remetemos também ao último capítulo de nossa dissertação de mestrado: *O duelo com o seu tempo: Nietzsche e a Segunda Intempestiva*. Será a partir do início da década de 1870 que Nietzsche fará leituras específicas sobre química, física e astronomia.

de um texto de 1876: *Essays, second series*. Além do que, foi grande a admiração de Nietzsche por Emerson durante a elaboração de toda a sua obra, vale citar o verbete sobre Emerson em *Crepúsculo dos ídolos* onde, com admiração, elogiou o estilo refinado e a felicidade e profundidade de seus escritos.[4]

A história numa alegoria

Nietzsche elaborou uma alegoria para a história. Comparou-a a um grande relógio num movimento eterno, num eterno *devir*. Os números são os fatos, os ponteiros inauguram um novo ciclo a cada minuto... "Um novo período do mundo se inaugura". Há um fim? Se há, Nietzsche nada revelou sobre isso, não está ao alcance da humanidade nem enquanto finalidade nem enquanto centralidade. (*Fatum e história*).

O jovem Nietzsche, com base em Emerson, questionou a centralidade do ser humano na história e a possibilidade de autoconsciência do homem. Não haveria apenas uma natureza humana, uma vez que ela não se manifesta da mesma maneira em todos os momentos e em todos os lugares. Povos diferentes respondem de maneiras diferentes a problemas semelhantes. O temperamento humano é constituído a partir de forças inconscientes e impossíveis de serem controladas, afirmou o jovem filósofo. Isso se apresenta ao homem como um sentimento doloroso uma vez que implica a perda de sua liberdade e independência frente às forças da natureza. Então, não há saída?

E, mais uma vez, Nietzsche retomou suas leituras e nos apresentou dois argumentos, um com base na filosofia antiga e outro em Emerson. No primeiro caso, apostou na impossibilidade da existência de algo sem o seu contrário, ou seja, se há o *fatum*, algo lhe fornece garantia, trata-se do seu contrário, o livre-arbítrio. Assim, aquele povo que reconhece e evidencia em sua cultura o *fatum*[5] se distinguiria por sua força e fir-

---

[4] Talvez fosse importante indicar sobre esse assunto as seguintes referências: Crépon, M. nota 31. In: Nietzsche, F. *Écrits autobiographiques 1856-1869*. Cf. Nietzsche, F. *O crepúsculo dos deuses*. Tradução de Maria do Carmo Ravara Cary. Lisboa: Presença, 1971, p. 93, verbete Emerson.

[5] Na mitologia grega, *Fatum* é o deus do destino, cujo nome provinha da raiz *fari* ("falar"), significando a própria palavra de um deus, e portanto uma decisão divina irreversível. Com o decurso do tempo, sob a influência das lendas gregas, *Fatum* passou a significar as divindades ligadas ao destino, como as Moiras (em Homero e em Hesíodo foram reduzidas a três: Átropos, Clotó e Láquesis e passaram a

meza de vontade. Ao passo que aqueles povos que creem em divindades bondosas, deixam-se levar e se encontrariam historicamente em situações degradantes. Assim, o livre-arbítrio nasceria do reconhecimento e da afirmação da inevitabilidade do *fatum*.[6]

No segundo caso, Nietzsche, recorrendo a Emerson, afirmou: "Todo pensamento está unido à coisa que aparece como sua expressão." Nesse sentido, o jovem Nietzsche de 18 anos, filia-se ao princípio da correspondência entre o pensamento e a coisa, da qual o primeiro é expressão.[7] Assim, se podemos elaborar no intelecto algo como livre-arbítrio é porque existe algo que corresponda a este conceito.

Daí, pergunta:

> "Uma nota musical pode nos tocar se não existe uma corda que lhe corresponda em nós?" E conclui: "A livre vontade não é mais do que uma abstração, o que significa que não há a capacidade de agir conscientemente. Somente compreendendo o 'fatum' nós compreenderemos o princípio que guia nossas ações inconscientes". (*Liberdade da vontade e fatum*)

O jovem Nietzsche concluiu esta argumentação de uma forma fantástica para um leitor/escritor de 18 anos. Para ele, o livre-arbítrio e o *fatum* concederiam equilíbrio à história. O primeiro possibilita ao homem agir e acreditar sem limites. Mas o segundo o recoloca em seu lugar e lhe recorda de sua ligação orgânica com o

---

determinar o destino de todas as criaturas humanas e de cada uma delas fixando desde o nascimento, a duração de sua vida e seu curso mediante um fio que uma delas fiava, outra enrolava e a terceira cortava quando chegava a hora prefixada para a morte), as Parcas (em Roma eram as divindades do destino, correspondentes às Moiras gregas) e as próprias Sibilas (sacerdotisas encarregadas de proferir os oráculos de Apolo). Cf. KURY, Mário da Gama. *Dicionário de mitologia grega e romana*, 6ª ed. Rio de Janeiro: Zahar, 2001. Verbetes *Fatum, Moiras, Parcas e Sibilas*, p. 146, 247, 304 e 356.

6 É possível associar este conceito, na forma como o jovem Nietzsche de 18 anos o utiliza, guardadas as devidas proporções, com o conceito de *dionisíaco* que irá sistematizar posteriormente nas obras do final da década de 1860 e inícios da década de 1870. Da mesma forma que é preciso reconhecer que está se referindo ao cristianismo, como o que possui divindades bondosas, e aos gregos que, ao afirmar o *fatum* desenvolveram o livre-arbítrio (souberam harmonizar as forças apolíneas e dionisíacas a partir da arte, diria em *O nascimento da tragédia*). Já nesse momento, para Nietzsche, os gregos serviriam como exemplo para a modernidade e o cristianismo como um elemento não-livre de seu tempo.

7 Posteriormente, por exemplo em *Verdade e mentira no sentido extra-moral*, Nietzsche irá renunciar a essa leitura, pois ela implicaria em reconhecer como fundamento da verdade a noção de correspondência. Para ele, agora influenciado grandemente pela leitura de Schopenhauer, o que se chama de verdade nada mais é do que uma representação ou metáfora do mundo.

todo, o que o obriga a dominar sua força livre. Assim, finalizou: "... uma liberdade absoluta sem o 'fatum' faria do homem um deus, o princípio da fatalidade isolado o faria um autômato". Portanto, a história transcorre não por designação arbitrária dos deuses, mas no equilíbrio de forças, ou melhor, na tragicidade.

Para Janz, estes textos do jovem Nietzsche são temporões de toda sua obra, uma vez que indicam "... todos os impulsos do pensamento nietzschiano e porque desenha(m) também os contornos daqueles que logo serão seus problemas decisivos..." (vol. 1, p. 91) Destaca-se a crítica ao cristianismo, mas também poderíamos apontar a concepção trágica de sua filosofia e a ideia de *amor fati*. Além da ideia de *eterno retorno*.

Para nós, mais do que isto, Nietzsche parece desenhar uma utilidade prática para a sua leitura de Emerson. A leitura passa a ter um importante papel em sua vida, uma vez que serviu como base para combater valores arraigados em seu próprio ser. Ler adquiriu a conotação de um combate e, sobretudo, revelou um excelso objetivo: ler para se desfazer de valores inculcados desde a infância. Tratava-se de uma luta contra verdades construídas a partir de relações sociais ao longo da história.

A LEITURA COMO FERRAMENTA PARA O COMBATE

Nietzsche abordou com precisão tais relações em *Introdução teorética sobre a verdade e a mentira no sentido-extra moral* de 1873. Afirmou ele:

> Uma multiplicidade incessante de metáforas, de metonímias, de antropomorfismos, em síntese, uma soma de relações humanas que foram poética e retoricamente elevadas, transpostas, ornamentadas, e que, após um longo uso, parecem a um povo firmes, regulares e constrangedoras: as verdades são ilusões cuja origem está esquecida, metáforas que foram usadas e que perderam a sua força sensível, moedas as quais se apagou a impressão e que desde agora não são mais consideradas como moeda de valor, mas como metal.

De fato, nestes escritos juvenis, Nietzsche já apresenta toda a sua motivação contra os mecanismos de transmissão de verdades através de mecanismos educacionais, sejam eles estatais ou religiosos. Tratava-se de mecanismos de poder que advogavam o direito de dizer a verdade e impeliam ao uso de metáforas usuais sob a designação de verdades. As verdades existiriam fundamentadas, pois, na violência. Neste sentido, ler significava reagir, adquirir instrumentos para que se possa questionar as verdades e, principalmente, permitir o autoconhecimento, aquele assolado pelas convenções sociais e conceitos que "igualam o não-igual".

Desta feita, podemos afirmar que o jovem Nietzsche era partidário de uma leitura intensiva e artística dos textos, leitura que lhe permitisse o autoconhecimento e lhe possibilitasse a aquisição de um "instrumental bélico". Percebemos que o jovem Nietzsche estava preocupado com a leitura e a escrita de textos num formato que se distinguia completamente do que chamou de *estilo jornalístico*. Para ele a criança aprende por imitação. Importa que ela possa ler com vagar, sentindo toda a carga estética do estilo dos grandes autores e artistas da língua alemã (Goethe, Lessing, Schiler), para que possa imitá-los criativamente não desenvolvendo uma leitura apressada e superficial. Tais características da leitura deveriam também ser transpostas para a escrita que exigiria *maturidade* para ser desenvolvida.

Essas tipologias de leitura e escrita iriam se confrontar com um modelo hegemônico nos estabelecimentos de ensino por toda a Alemanha. Um modelo jornalístico que seria compreendido por Nietzsche como utilitário no sentido econômico e político na medida em que atendia aos interesses do estado. Para ele, isso significava decadência de uma cultura autêntica.

Neste sentido, o jovem Nietzsche encontrou, provisoriamente, na filologia uma possibilidade pedagógica e hermenêutica de leitura dos clássicos. A filologia possibilitou uma aproximação crítica da Antiguidade, inclusive dos textos bíblicos. Por outro lado, forneceu uma possibilidade de recuperar a grandeza da língua alemã e uma negação do "jornalismo" enquanto forma de expressão. Isto exerceu uma grande atração sobre o jovem Nietzsche: por oferecer-lhe uma via de formação pessoal complementar ao universalismo do ensino que frequentou em suas escolas.

Por fim, torna-se fundamental destacar que a tragicidade presente, mesmo que embrionariamente, começou a marcar a forma da análise da história à maneira nietzscheana. A história vista como reconciliação de forças aparentemente antagônicas como, no caso, a liberdade e o *fatum*. Talvez essa seja uma das mais importantes contribuições de Nietzsche, entender a história para além de categorias metafísicas, mas a partir das relações travadas na sociedade mesma pela potência ou o direito de afirmar uma verdade como universal. Assim, chamou-nos a atenção para o fato de que essas disputas ocorrem no campo do simbólico e da cultura. Uma cultura por ornamento é aquela incapaz de afirmar a si que depende de outra para ser si mesma. Nas palavras do jovem Nietzsche, incapaz de reconhecer o *fatum*.

Nesse aspecto, o jovem Nietzsche rompeu não só com a visão cristã de uma escatologia. Rompeu, sobretudo, com a crença em um progresso iluminista. Um progresso fundado na razão metafísica-cartesiana-científica. Uma razão que compreende a história como revelação de um plano teleológico da felicidade promovida pela ciência-razão. Aponta-nos o jovem que o trágico não combina com o moderno sistema das forças produtivas.

O TRÁGICO E A HISTÓRIA

As questões indicadas pela história da leitura viabilizaram a abordagem histórica de *Fatum e história* e *Liberdade da vontade e fatum*, textos de 1862. Neles identificamos, mesmo que de forma inicial, uma possibilidade de análise da história a partir das reflexões do jovem Nietzsche, este pautado em suas leituras de Emerson.

No século XIX há ao menos duas grandes vertentes da análise historiográfica, uma, herdeira da erudição desenvolvida desde o início da modernidade que priorizava a crítica documental, centrada, filosoficamente no realismo metafísico, ou seja, na coincidência entre os textos e o real. Ou melhor, de que certos documentos históricos poderiam conter narrativas que corresponderiam fielmente ao real, ao acontecido. Uma outra vertente, essa herdeira do hegelianismo que encontrou em Marx seu melhor sucedâneo, pressupunha a dialética, seja na vertente idealista como materialista, o fundamento teórico. Tratava-se de centrar o foco da historiografia na análise do movimento dialético do espírito ou das forças produtivas para encontrar a verdade. Esta última vertente compreende a necessidade de negação da afirmação e da negação da negação como princípios fundamentais do movimento histórico.

Em contrapartida, a visão trágica, ou filosofia do trágico, tornou-se uma alternativa a esses pontos de vista sobre a história. Para o trágico, em lugar da contradição, vê-se a reconciliação em lugar do conflito entre opostos, o uso de máscaras que possibilitam uma existência, senão sem conflitos, ao menos possível. Em Nietzsche o exemplo maior dessa forma de ver o mundo apresentou-se primeiramente entre os gregos.

A narrativa trágica aparecia para os gregos como o lócus pelo qual a comunidade helênica despojava-se de todos os seus caracteres individualizantes e assumia a perspectiva da unidade natural originária. Com a ascensão da visão lógico-socrática, porém, tal perspectiva trágica teria se perdido para a ocidentalidade. Ou seja, a razão, mesmo antes de tornar-se instrumental, acabou por suplantar uma outra forma de narrar, de compreender a vida, o mundo, enfim. A partir de então a tragédia, caracterizada por Aristóteles, restringiria-se como um fenômeno somente estético. Seria preciso aguardar o final do século XVIII e o século XIX para que fosse retomada como ontologia e, como podemos constatar, com a fundamental contribuição de Nietzsche.

A partir dessa retomada do trágico como alternativa às visões modernas da história, acreditamos que, em alguma medida, operando por analogia, podemos ainda hoje encontrar elementos semelhantes à cultura trágica grega nas narrativas daqueles povos que estão à margem da cultura cientificista dominante. Nas narrativas orais e nos rituais faxinalenses, por exemplo, afloram aspectos de uma visão de mundo que os remetem, em grande medida, aos elementos constituintes da tragicidade pré-platônica e que fazia parte da cotidianidade helênica do século V a.C. Isto fica evidente, por exemplo, na visão cíclica do tempo, o qual rompe com a perspectiva linear da temporalidade ocidental e passa a exercer a contagem do tempo conforme as estações do ano ou os dias santos ou da época da colheita ou plantio. Mas esse aspecto merece um espaço próprio para tratamento adequado.

Bibliografia

Janz, Curt Paul. *Friedrich Nietzsche*, vol. 1: Infância y juventud. Tradução para o espanhol de Jacobo Muñoz. Madrid: Alianza Editorial, 1978.

Kury, Mário da Gama. *Dicionário de mitologia grega e romana*, 6ª ed. Rio de Janeiro: Zahar, 2001.

Nietzsche, Friedrich. *A genealogia da moral*. Tradução de Carlos José de Meneses. Lisboa: Guimarães Editores, 1983.

_____. *Aurora*. Tradução de Rui Magalhães. Porto: Rés, 1977.

_____. *Correspondance I Juin 1850 - avril 1869*. Textes établis par Giorgio Colli et Mazzino Montinari. Paris: Gallimard, 1986. Cartas 389 e 392. À Franziska et Elisabeth Nietzsche: 16 e 19 de out. de 1863.

_____. *Correspondance II Avril 1869-décembre 1874*. Textes établis par Giorgio Coli et Mazzino Montinari. Tradução de Jean Bréjoux et Maurice de Gandillac. Paris: Gallimard, 1986. Carta 300. A Rohde: 22 de mar. de 1873.

_____. *Correspondência*. Tradução de Felipe González Vicen. Madrid: Aguilar, s/d.

_____. *Écrits Autobiographiques. 1856-1869*. Tradução de Marc Crépon. Paris: Presses Universitaires de France, 1994.

_____. *O livro do filósofo*, 3ª ed. Tradução Rubens Eduardo Ferreira Frias. São Paulo: Centauro, 2001.

SAFRANSKI, Rüdiger. *Nietzsche: biografia de uma tragédia*. Tradução de Lya Luft. São Paulo: Geração Editorial, 2001.

SOCHODOLAK, Hélio *O jovem Nietzsche e a leitura*. (tese) Assis: Unesp, 2005.

_____. *Um homem em luta com o seu tempo: Nietzsche e a história na Segunda Intempestiva* (dissertação). Maringá/Londrina: UEM/UEL, 2001.

III
Das condutas normativas às *práxis* na América Portuguesa

AFORTUNADOS E DESAFORTUNADOS

MECANISMOS DE ACUMULAÇÃO DE CABEDAL SIMBÓLICO E MATERIAL NOS SERTÕES CURITIBANOS DO SETECENTOS[1]

Milton Stanczyk Filho[2]

DISTINÇÃO. Esta era uma das principais metas que grande parte das famílias do Antigo Regime almejava dispor. Mesmo nos mais longínquos rincões da América Portuguesa, não se pouparam esforços para alçar ou para manter posições dentro da sociedade a fim de adquirir prestígio e distinção social. Entretanto, ser livre não era suficiente para o gozo de reconhecimento. "Para tal era preciso ser 'homem bom'; 'um dos principais da terra'; 'andar na governança'; 'viver à lei da nobreza'; 'tratar-se nobremente'; 'ser limpo de sangue'; 'não padecer de acidentes mecânicos'." (Mesgravis, 1983:799).

---

[1] Este texto é parte de uma discussão integrante à dissertação de mestrado intitulada *À luz do cabedal: acumular e transmitir bens nos sertões de Curitiba (1695-1805)*, defendida em 2005 junto ao programa de Pós-Graduação em História da Universidade Federal do Paraná. A pesquisa, sob orientação da Prof.ª Dr.ª Maria Luiza Andreazza, recebeu financiamento da Coordenação de Aperfeiçoamento de Pessoal de Nível Superior (CAPES) e atualmente é continuada através de Pesquisa de Dedicação Exclusiva junto ao grupo Política, Poder e Instituições do Departamento de História da Universidade Estadual do Centro-Oeste (UNICENTRO).

[2] Docente do Departamento de História da Universidade Estadual do Centro-Oeste (UNICENTRO), Guarapuava.

Diversos autores têm destacado a transposição desses valores comuns às sociedades europeias para as terras americanas. Dentre eles, pode-se citar Evaldo Cabral de Mello, ao analisar em plano plurissecular, o zelo social pelo nome, levando-os inclusive a produzir fraudes para eliminar vestígios desabonadores. Vale destacar que a importância do nome para aquelas pessoas não se dava por seu sentido individualizante. Ao contrário, o nome servia como testemunho de pertencimento a uma determinada família. Nesse sentido, ele ressalta o poder da memória genealógica nas sociedades da época, pois a "genealogia era, na realidade, um saber vital, pois classificava ou desclassificava o indivíduo e a sua parentela aos olhos dos seus iguais e dos seus desiguais, garantindo assim a reprodução dos sistemas de dominação." (Mello, 1989:11).

A ideia do "ser nobre" atuava no sentido de conformar oposições distintas, que acabava criando uma miríade de pequenos traços distintivos entre as pessoas, que eram zelosamente cultivados por quem os conquistava, independendo da maneira pela qual foi conquistado. Afinal era uma sociedade multirracial e desde o primeiro momento, conforme destaca muito bem Gilberto Freyre, os portugueses não tiveram o menor pudor em atuar no sentido de criar uma sociedade mestiça. (Freyre, 1979).

Vê-se que nobre, no dicionário de Antonio de Moraes Silva, está definido como "conhecido e distinto pela distinção, que a lei lhe dá dos populares, e plebeus, ou mecânicos, e entre os fidalgos por grandes avoengos, ou ilustres méritos."(Silva, 1922:796). Remete, portanto, para a existência de dois tipos de nobreza: uma calcada no sangue, na linhagem, que passava de pai para filho, formada estritamente pela alta aristocracia; e outra que estava assentada em serviços prestados à Coroa, fosse pelo bom exercícios de funções públicas ou, particularmente após a expansão marítima, aos feitos prestados à monarquia lusa na própria construção do Império português (Fragoso; Bicalho; Gouvea, 2001). Como aponta Maria Beatriz Nizza da Silva em conformidade com o tratadista luso Luís da Silva Pereira Oliveira, uma seria a "nobreza natural" e a outra a "nobreza civil ou política" (Silva, 2005:16).

Na medida em que a nobilitação era um ideal disseminado na sociedade que se organizou na América Portuguesa e no novo mundo havia brechas para alçá-la, muito dos homens que se radicaram nos sertões de Curitiba desenvolveram estratégias com vista a conquistar sua própria distinção. Um dos caminhos mais recorrentes para o enobrecimento apontados pela historiografia foi percorrido por aqueles que se empenharam em associar-se a grupos de elite, particularmente pela via matrimonial.

Inúmeros estudos apontam nessa direção revelando que muitas vezes via-se na união de duas famílias uma porta de acesso tanto para a ascensão social como para o "embranquecimento" dos indivíduos. (Faria, 1998; Bacellar, 2001; Fragoso, 2000; Kuznesof, 1989; Lewcowicz, 1989; Silva, 1984).

Se aos mestiços o casamento hipergâmico podia ter esse efeito, ele foi muito usado por homens do reino que emigravam para a América e aqui contratavam núpcias com moças da terra a fim de alçar novo *status* a sua condição. Um dos estudos pioneiros nesse sentido foi o de Muriel Nazzari demonstrando, numa perspectiva de ampla duração. o quanto esses jovens portugueses se valeram de seu capital simbólico – branco e reinol – para enobrecer e conferir honorabilidade social à descendência das filhas e netas dos principais sertanistas paulistas. Focalizando o espaço social paulistano, Nazzari mostrou os vultosos dotes conferidos aos genros e seu papel capital na organização da hierarquia local (Nazzari, 2001: 69-73)

Outro caminho para situar-se numa esfera privilegiada se dava com a posse de terra. Evidentemente, ao homem livre e pobre que arrendava um pedaço de terra ou mesmo que adquirisse sua propriedade via concessão de sesmarias de tamanho regular, era concedido um diferencial social significativo, unicamente por possuir "seu chão". Ele detinha condição melhor do que muitos outros, mas ainda sendo um lavrador, um dentre tantos outros que "plantava para comer", mantinha-se em situação de certa rusticidade material. A verdadeira "nobreza da terra" na colônia era aquela que obtinha vastos latifúndios, como foi o caso de tantos senhores de engenho ao longo da área litorânea nordestina ou os grandes pecuaristas instalados em áreas centrais dessa região e mesmo na esfera de influência paulista.

Além das porções doadas pela Coroa a determinadas famílias lusitanas, muitos dos que já estavam radicados na América entenderam o princípio nobilitante conferido pela posse de áreas maiores e desenvolveram estratégias para, conjugando-se requerimentos de sesmarias, angariar um patrimônio familiar considerável. Casos dessa natureza podem ser ilustrados com as sesmarias concedidas à família Taques nos Campos Gerais que formaram um enorme latifúndio, envolvendo os atuais municípios de Jaguariaíva, Piraí do Sul, Castro e parte de Ponta Grossa (Ritter, 1980). Porém, dada a vastidão das terras a serem ocupadas, já houve época em que se asseverou que elas teriam pouco valor na colônia. Alcântara Machado observou, nessa linha, que até boa parte do século XVII, no momento da partilha, nos montes sequer se avaliava seu valor (Machado, 1972). Todavia, neste caminho vale recuperar uma síntese efetuada por Simonsen, ao afirmar que

> é porém a propriedade rural que classifica e desclassifica o homem; sem ela não há poder definido, autoridade real, prestígio estável. Fora das grandes famílias arraigadas ao chão, o que se encontra é a classe de funcionários, é uma récua de aventureiros, é a arraia-miúda dos mestiços, é o rebanho dos escravos. Em tal ambiente, a figura central que domina realmente, pela fora irreprimível das coisas, é a do senhor de engenho, do fazendeiro, do dono da terra. Conforme observavação de Oliveira Viana, os que não possuem sesmarias ou não conseguem assegurar terras se acham deslocados na própria sociedade em que vivem (Simonsen, 1978:221).

Essa percepção da importância extraeconômica da terra já pela historiografia tradicional é indicador da alteridade dos signos de diferenciação social numa sociedade monetarizada, em que nas relações econômicas concorriam fortemente fatores não econômicos. Giovanni Levi, ao analisar a comercialização de terras na América colonial, observa que seu preço variava de acordo com o relacionamento de parentesco entre as partes contratuais (Levi, 1992:133-61). Ou seja, o que dava prestígio, poder e nobilitação ao indivíduo não era somente a posse da terra, mas sim o reconhecimento dentro de um círculo de relacionamentos, aliado à posse de outros homens. Este é o caminho da "nobreza da terra", ou seja, daqueles que assentavam os esteios de seu prestígio à terra, muitas vezes pelas sesmarias e pelo número de escravos possuídos.

Na região paulista, constata-se que muitos habitantes ligados a esse estrato social mantiveram a atividade de preação, colocando os ameríndios como seus administrados (Monteiro, 1994:129-53). Para Ilana Blaj,

> o primeiro sinal de distinção social era o estatuto de homem livre e, em seguida, o de proprietário de terras e de escravos. Se a monopolização desses dois últimos caracteriza o grande senhor, a elite colonial, por outro lado, possuir dois ou três escravos e uma pequena propriedade não era tarefa impossível para os demais. Mentalmente, a posse de uma faixa de terra e de alguns escravos (mesmo que fossem indígenas) permitia o sonho da ascensão para as demais camadas de homens livres do mundo colonial (Blaj, 2002:326-7).

Contudo, aqui devemos abrir um parêntese: para a colônia, não é raro a historiografia explicitar que "ser economicamente poderoso não significava a certeza de ser considerado um 'homem bom' ou de 'família principal'. Dentro do que se estabelecia como status social de um indivíduo, inseriam-se normas de conduta e de representação social que, muitas vezes, não refletiam a situação econômica dos envolvidos. Pobreza e prestígio podiam, muitas vezes, andar juntos" (Faria, 1995:82).

A proposta que ordena este texto é a de observar os indivíduos que amealharam bens na vila de Curitiba, atentando para o fato de que as pessoas não detinham apenas um papel social. Especialmente em áreas mais distantes, nas franjas da colônia portuguesa, a pobreza e o prestígio muitas vezes caminhavam lado a lado. De outro modo, muitos dos sujeitos que acumularam cabedal na região, o fizeram ao largo das formas nobilitantes, mas, ao mesmo tempo, eram essas as pessoas que formavam o conjunto dos homens bons na localidade. É nesse momento que se percebe que as oportunidades apresentadas à boa parte da população imprimiam muita flexibilidade aos critérios de nobilitação. "Nem todos os homens bons cumpriam todos os requisitos, mas contavam com o beneplácito e com o testemunho dos demais membros da elite para serem aceitos pela mesma" (Blaj, 2002:328).

Dado o conjunto documental disponível de testamentos, inventários e auto de contas, buscou-se analisar as atividades que indivíduos tiveram durante a vida – tendo em vista o total do patrimônio amealhado – e em quais garantias se apoiavam para adquirir um determinado cabedal, seja ele simbólico ou material. Ora, é sabido que a categorização de um indivíduo como pertencente a um determinado grupo quer de homens honrados, providos, desprovidos, quer de comerciantes e lavradores, sobretudo em regiões fronteiriças como os dos sertões curitibanos, pode se tornar um tanto quanto arriscada. Isto porque mesmo que a legislação coibisse certas atividades, sobretudo as camarárias por parte dos comerciantes e daqueles que padeciam de ofício mecânico, observa-se na vila de Curitiba um ambiente relativamente flexível no que diz respeito à inserção de seus integrantes.

Honrados e providos: uma base para a aventura

Sob um certo prisma, as terras lusitanas na América podem ser compreendidas como um espaço por onde os indivíduos se movimentam. Se o ato de migrar está associado à procura de algo melhor, mais adiante, sertanistas buscavam o "remédio para sua riqueza" nos metais e nas pedras preciosas, nos índios para prear, nos produtos naturais para extrair e nas terras para o plantio ou para o criatório (Nadalin, 2001:10). A colonização faz-se por meio dessas migrações: às vezes articulada à cata de riqueza fácil e rápida, o triunfo da busca da "aventura", outras à procura de uma "dificuldade a vencer", ou seja, à procura da riqueza obtida pelo trabalho. Na acepção de Sérgio Buarque de Holanda, classificam-se "homens de grandes voos" como indivíduos do tipo aventureiro em que "o objeto final, a mira de todo esforço, o ponto de chegada, assume relevância tão capital, que chega a dispensar, por secundários, quase supérfluos, todos os processos intermediários. Seu ideal será colher o fruto sem plantar árvore" (Holanda, 1995:44-45). Em contraposição, o indivíduo do tipo trabalhador seria "aquele que enxerga primeiro a dificuldade de vencer, não o triunfo a alcançar", empreendedor de esforços "lentos, persistentes, pouco compensadores, mas, que no entanto, mede todas as possibilidades de esperdício e sabe tirar o máximo proveito de insignificante" (*Ibidem*).

O "aventureiro" Antonio Bicudo Camacho, "capitão e notável bandeirante" (Leão, 1994:73), chegou nos sertões de Curitiba em finais do século XVII e aqui se radicou juntamente com sua mulher, Maria da Rocha, e suas duas filhas, Izabel Fernandes da Rocha e Anna Fernandes da Rocha. Suas filhas também vieram para as novas terras casadas e acompanhadas de seus cônjuges: Isabel com o capitão Antonio Bueno da Veiga (natural de São Paulo), e Anna com Simão da Costa Colaço.

Mesmo sendo neto de Antonio Bicudo Carneiro, fidalgo português que foi ouvidor da comarca de São Vicente em 1585, e nobre da terra e de sangue, Camacho deslocou-se da vila litorânea de Itanhaém em direção ao sul em busca de ouro. A historiografia mostra que esse foi um dos movimentos populacionais responsáveis pela ocupação do planalto curitibano: "já no final do século XVI, em 1585, os moradores de S. Vicente, Santos de São Paulo, precisando a renovação de sua escravaria, pediam ao Capitão-Mor a organização de bandeiras para caçar os índios carijós dos territórios hoje paranaense e catarinense"(Balhana; Machado; Westphalen, 1969:27). Este era o movimento característico dos bandeirantes paulistas que iam em busca de seu sustento (metais e gentios da terra) nas fronteiras lusitanas da América.

Conhecido minerador, em 1699, Camacho encontrava-se lavrando ouro em Santa Cruz do Sutil nas terras de Palmeira juntamente com seu genro, Antonio Bueno da Veiga. Proprietário de uma sesmaria nos Campos de Meringuava em São José dos Pinhais, em 1719 (Ritter, 1980:231), Veiga acompanhou seu sogro à busca do "Eldorado". Ambos buscavam enriquecer nos sertões indo atrás de minas e escravos administrados, vivendo longe de sua morada por anos a fio. De acordo com Leão, quando Izabel faleceu, em 1717, seu marido Antonio Bueno da Veiga achava-se nas minas de Goitacás. Por um lado, corrobora-se essa data, pois o ano do testamento de Izabel é de 1725. Mas o que deve ser observado é que essa família (sogro e genro) seguia o caminho das descobertas de ouro nos caminhos de Goiás no início do século XVIII, como tantos outros sertanistas (Bacellar; Brioshi, 1999:36-41).

Após a morte de Izabel, Antonio contraiu segundas núpcias nas Minas Gerais com Maria de Aguiar e Castro. Desse consórcio recebeu de dote 1.000 oitavas de ouro, de acordo com o livro de notas de 1724-1731 do 1º tabelionato de Curitiba. O que se pode sugerir é que a aliança entre Izabel Fernandes da Rocha e Antonio Bueno da Veiga facilitou para que seus filhos fizessem casamentos de mobilidade social ascendentes, levando-os a participar da governança municipal.

Amador Bueno da Rocha, filho do casal, foi juiz, principal cargo na câmara nos anos de 1728, 1736, 1750, 1754 e 1757. Com as andanças do pai, Amador estabeleceu morada junto à sua mãe, resguardando o patrimônio nas terras de São José. Já a filha Maria Buena casou-se com o capitão João Carvalho de Assumpção, filho do capitão Manoel Picão de Carvalho, ambos pai e filho, sertanistas dedicados às atividades de exploração de metais e pedras preciosas. A união das duas famílias fazia-se presente tendo em vista que João e seu sogro Antonio mineravam junto às lavras dos Goitacás em 1718. Esta era uma aliança de terras e poder camarário já que João Carvalho de Assumpção foi vereador no ano de 1747 e seu pai, Manoel, foi procurador em 1714, juiz em 1695 e ainda figurava sem informação nos anos de 1699, 1704, 1709, 1716, e 1717.

Quanto aos haveres adquiridos com as entradas percorridas junto aos centros mineradores, como Minas e Cuiabá, a família ainda contava com 18 servitos que foram transmitidos pela mãe – Izabel Fernandes Buena – de acordo com o que foi declarado em seu testamento em 1725. Se comparados com a posse média de índios levantados por John Manuel Monteiro para a região de São Paulo entre 1600 a 1729 – média de 24,3 carijós variando de 9,3 a 37,9 (Monteiro, 1994:80) – esses 18 índios tornam-se representativos para os sertões de Curitiba.

O patrimônio amealhado pelos homens da família através da constante movimentação, de seus "grandes voos", como diria Buarque de Holanda, serviu para assegurar a condição de "família dos principais da terra", uma vez que esse *status* foi mantido pelo núcleo residente em São José, e ampliados num jogo de alianças matrimoniais de resultados "lentos e persistentes". Esta posição no encaminhamento da família retoma a ideia de que, segundo Laura de Mello e Souza, "numa hierarquia de sedimentação aluvional, as honrarias e patentes consolidavam-se as hierarquias. Sem fortuna, contudo, estas dificilmente seriam mantidas por muito tempo e não chegariam a beneficiar as famílias" (Souza, 2002:210). São as andanças atrás do ouro que os tornaram proprietários de servitos, mantendo-os providos e honrados.

Prestígio nas ordenanças

Exercer um ofício ou cargo público na administração colonial concedidos pelo rei, dentro de uma sociedade de ordens, era uma das dignificações que mais traziam "prestígio, honras e privilégios, não apenas no nível mundano, mas com resultados sociais práticos" (Wehling; Wehling, 2002:143), constituindo um fator de enobrecimento para seu ocupante e seus descendentes.

Para ser recrutado, alguns requisitos eram comuns a todos os pretendentes: ser maior de 25 anos ou emancipado, ser mentalmente capaz, ser católico e pertencer ao sexo masculino. Dependendo dos cargos, somava-se às condições a impossibilidade do candidato de exercer atividades manuais, de não padecer de "sangue infecto", de possuir boa condição econômica e o de ser alfabetizado (*ibidem*: 151).

Um dos cargos que mais nobilitavam eram aqueles ligados às funções de guerra, compreendidas nos militares profissionais organizados nos terços, nos regimentos, nas milícias e nas ordenanças. Uma vez que eram cargos remunerados ou que favoreciam a "propinas", de acordo com Arno e Maria José Wehling, muitas vezes retiravam-se remunerações em "serviços de funções adicionais" (*ibidem:* 156).

Na vila de Curitiba, vemos a trajetória do capitão de ordenanças Pedro Antonio Moreira, focalizando o olhar a seu ofício e cabedal. Natural de Lisboa, Pedro era filho dos reinóis Antonio Martins e de Thereza Maria. Segundo Ermelino de Leão, Pedro Antonio Moreira veio para o Brasil ainda muito jovem. Esse fato não causa estranhamento visto que muitos portugueses fizeram o mesmo trajeto. Carlos Bacellar aponta que encontrou um total de 966 homens naturais de Portugal que viviam na capitania de São Paulo no ano de 1801. Desses, o autor assinala que 66% (637 indivíduos) estavam casados. Mais interessante é observar que quase a totalidade (mais de 97% ou 620 indivíduos) havia contraído matrimônio com mulheres naturais do Brasil (Scott *apud* Bacellar, 1990:51).

Quando agrupamos os dados relativos às origens dos testadores e inventariados, observamos dentre o rol dos 69 indivíduos que amealharam bens ao longo dos setecentos, que há um maior número de imigrantes detentores de patrimônio (23,1%). Já quanto às mulheres, as nascidas na própria vila de Curitiba são a maioria dentre as 24 mulheres com 23,2 % do total de indivíduos.

Tabela 1: Origem dos testadores inventariados segundo o sexo (1695-1805)

Origem	Homens Abs.	%	Mulheres Abs.	%	Total	%
Portugal e Ilhas	16	23,1	3	4,3	19	27,4
'Brasil'	11	16,0	1	1,5	12	17,5
'Curitiba'	12	17,4	16	23,2	28	40,6
Não definido	6	8,7	4	5,8	10	14,5
Total	45	65,2	24	34,8	69	100

Fonte: Arquivo Metropolitano Dom Leopoldo e Silva, da Mitra Arquidiocesana de São Paulo. Caixas: Testamentos 05-01-05 – Processos gerais antigos – 1727-1777; Testamentos 05-01-06 – Processos gerais antigos – 1789-1805

Quando em terras lusitanas na América, Pedro Antonio Moreira estabeleceu morada na freguesia de São José dos Pinhais, no planalto curitibano. Lá conheceu a filha de Ignácio Preto, natural da terra, e sua mulher Luiza Cardosa. Pedro e Joanna Franco casaram em 1732 na mesma freguesia e, entre 1734 e 1752 tiveram nove filhos. No fluxo da vida de Pedro Antonio Moreira, a ênfase para a nobilitação de sua família esteve muito em torno do seu pertencimento aos principais cargos camarários: vereador em 1764 e, nos anos de 1746 e 1752, exerceu o maior ofício da câmara municipal, o de juiz ordinário.

Ao que se observa, não foi o pertencimento à câmara que levou Pedro a acumular cabedal. Foi especialmente em função de seus bens, do seu sangue português e de sua honra que o colocou numa esfera distinta o bastante para torná-lo com todos os requisitos necessários para que recebesse um cargo na ordenança local, qual seja, o de capitão. Se por um lado, os militares profissionais dos terços e dos regimentos eram considerados "profissionais especializados"(Del Priori, 2000:150), por outro, os postos das milícias e ordenanças "acabaram sendo mais propriamente títulos de prestígios para a promoção social do que cargos públicos" (*Ibidem*: 151).

Quando Moreira faleceu em 1785 e os bens de seu inventário foram abertos pela viúva Joanna, pode-se ver que, mesmo não sendo sesmeiro, o cabedal do capitão era o 5º maior em espólio bruto da região, com 2:445$149. Seus bens contavam com um bom número de rezes (600 entre vacas, bois, cavalos, éguas, novilho e touros), dois bois carreiros, dois campos, uma casa e um sítio, oito escravos e mais os trastes domésticos. Neste estudo sobre o capitão, confirma-se que homens honrados não adquiriram prestígio, poder e nobilitação somente com a posse de campos para criar, mas sobretudo mediante o reconhecimento dentro de um círculo de relacionamentos diferenciados na sociedade, aliado à posse de outros homens.

Desprovidos mas honrados

Como estamos vendo, a distinção era a tônica a ser alcançada pelos indivíduos na sociedade colonial. Para alçar condição dentro dessa sociedade estamental, vimos que eram necessárias estratégias diversas para ascender socialmente: fazer uma aliança matrimonial vantajosa, pertencer à nobreza da terra, deter a posse de outros homens. Ou seja, queria-se pertencer à elite, ter prestígio. Diversos autores apontam que uma estratégia do casamento serviria para reforçar o poder das elites e consequentemente elevar-se entre os indivíduos:

> A prática do casamento no seio da própria família ou entre as mesmas famílias era uma das formas de preservar a propriedade no âmbito do clã. Antonio Cândido chama a atenção para o fato de que os casamentos constituíam uma política para reforçar os grupos parentais e, dessa forma, preservar o status e os bens econômicos (Blaj, 2002:186).

Determinadas famílias estavam conformadas à nobreza da terra e pertenciam à câmara municipal desde o momento em que ela se institucionalizou (Fragoso; Bicalho; Gouvea, 2001). Elas conseguiram manter um dos ramos nobres, com distinção social ao longo de todo o período observado. Entretanto, como já havíamos nos deparado na historiografia, muitas vezes o nome, o prestígio, a honra, andava em mãos opostas à riqueza. Alguns indivíduos providos de honra e estima eram desprovidos de bens materiais.

Um dos capitães povoadores de Curitiba, Mateus Martins Leme, pode ser característico desse rol de indivíduos. Paulista, natural de Santo Amaro, Leme possuía em sua terra natal um sítio denominado Boi-mirim. Filho de paulista com moça da terra – Thomé Martins Bonilha com Leonor Leme – a família era possuidora de uma sesmaria.

Participantes da elite local, circulando na vereança nos mais diversos casos, parece que a sorte não sorriu para esta família no que diz respeito à acumulação de bens. Sertanista que percorreu no século XVII o interior da capitania de São Vicente e Santo Amaro, era bandeirante muito respeitado e conhecido por ser "possante em peças", ou seja, detentor de enorme escravaria de indígenas.

Contudo, no momento em que resolve fazer seu testamento, em 1695, Matheus declara muitos poucos bens: "duas colheres de prata e hua tomoladera que possa ter quatro patacas de peso mais ou menos" (Leão, 1994:1284-1288), a quem deviam as ditas a Manoel Picam de dote. Sita ainda uma espingarda, e quatro "peças" do gentio. Leme faz ainda um adendo a seu testamento em 1697 – o codicilo – e aumenta seu espólio em apenas uma serva, uma espingarda e demais trastes caseiros. Mesmo sendo de família honrada e pertencente ao alto círculo de relacionamentos da vila, Mateus Martins Leme era desprovido de bens.

Desafortunados

Outros dois casos, apresentam uma colônia mais "esfumaçada" em suas hierarquias e acúmulo de cabedais simbólicos e materiais. O primeiro é o caso de Sebastião Cardoso Serpa, cujo testamento é de 1789. Natural da freguesia de Santo Antonio da Ilha do Pico, ao que transparece em seu testamento, vive de trabalhos esparsos. Declara que possui três vacas, uma égua com cria, dois boizinhos e pouca roupa. Não lega terra alguma, mas indica que tinha uma sociedade com Antonio Teixeira Álvares, um "negócio de sola".

Esse indivíduo deixa entrever em sua fala que pertencia ao vasto grupo daqueles que tentavam a sorte em diversas partes da colônia, afinal moveu-se por inúmeras regiões coloniais. Sua passagem pelo Rio Grande e por Taubaté, suas dívidas com indivíduos da vila de São João Del Rey, Rio de Janeiro e dos

Caminhos das Gerais suscitam esta ideia. Ademais Serpa, nem seu pai e outros parentes figuravam na câmara. Mas outro ponto chama atenção na documentação, o caso de ele ter uma filha com uma escrava, assim como o provável pai de outras duas crianças.

O que se apresenta para estes dois indivíduos é que as atividades por eles realizadas não interessavam aos homens com maiores patrimônios. Essas foram as oportunidades que se apresentaram a esses dois homens livres.

Finalmente passamos para as atividades mecânicas. Um inventariado reconhecido como alfaiate foi Manoel Ignácio da Fonseca. Este caso ganhou força à medida que foi estudado por Mara Fabiana Barbosa (Barbosa, 2003:87-113) quando de seu interesse no comércio e no mercado de Curitiba.

Natural da vila de Curitiba e alfaiate desde os 21 anos, Manoel casou com Ana Maria de Andrade. Segundo Barbosa, "teve uma carreira aparentemente estável, mesclando em apenas dois anos, oficialmente, ofício mecânico e comércio. Foi o único entre os homens que entraram para a família Ribeiro de Andrade a ter como fiador um outro membro da família, o também artesão Antonio Teixeira de Freitas, e isso apenas uma única vez no ano de 1778"(*Ibidem*: 110).

Quando de seu falecimento, com 30 anos, em seu inventário arrolado em 1785,[3] observa-se que entre os bens do falecido, sua escrava Francisca era o mais valioso, além da casa e uns poucos bens de metal precioso, dos quais ressalta um par de brincos de ouro e uma fivela de prata. A única ferramenta utilizada em seu ofício a ser arrolada foi uma tesoura grande de alfaiate.

Quanto a suas dívidas, Manoel deixou sete delas – quatro registradas e outras três reclamadas após sua morte – das quais cinco foram com outros comerciantes e artesãos da vila: o sargento-mor Francisco Xavier Pinto, os tenentes Estêvão José Ferreira e José Bernardino de Souza, Brás Álvares Natel e o sapateiro Francisco Teixeira Camelo. Suas outras dívidas foram com Miguel Rodrigues Seixas e para "a Fabrica desta Igr.ª Matriz". Dos seus credores, todos aqueles que pertenciam ao grupo dos comerciantes e artesãos poderiam ser considerados como bem-sucedidos, visto que todos eram donos de vários escravos, salvo o tenente José Bernardino de Souza, dono de apenas dois escravos.

---

1 Arquivo Público do Paraná – Juízo de Órfãos de Curitiba, 10ª Vara Cível Caixa PJI-03 – Processos Judiciários Inventários nº 03.023 – 1785 – Auto de Inventário de Manoel Ignácio Fonseca. Fl 03 e 03v.

As dívidas do falecido Manoel, que somavam 17$910 réis, foi saldada graças ao valor da jovem escrava que possuía, já que não deixou quantia alguma em dinheiro. O caso de Manoel é bom exemplo para demonstrar que os indivíduos dos sertões curitibanos que transmitiram bens foram pessoas alheias aos ofícios mecânicos. Diz-se isso pois os bens inventariados eram poucos e a coisa de maior valor, sua escrava, serviu para quitar dívidas. Logo, mesmo inventariado, ele não transmitiu nada. Seu inventário foi apenas a salvaguarda de seus credores.

Considerações finais

Ao conseguirmos pinçar da malha social as trajetórias de homens e mulheres nos sertões de Curitiba, que conseguiram amealhar ao longo da vida um cabedal, alguns pontos são colocados à reflexão: nos meandros de uma sociedade, à primeira vista hierárquica e ordenada, brechas de mobilidade social e de acúmulo de cabedal estão sempre presentes. De acordo com Giovanni Levi, "o discurso sobre a estratificação social não pode, portanto, ficar limitado às dimensões das propriedades e nos conduz à compreensão de estratégias familiares complexas, sobre as quais funcionavam mecanismos fatais, que filtravam o sucesso e o insuceso, a sobrevivência e o desaparecimento"(Levi, 2000:96).

Como vimos, podemos à luz do rol de testamentos, inventários *post-mortem* e processos de autos de contas, observar que as contradições presentes na sociedade monetarizada apontam para uma economia imperfeita. Ou seja, os mecanismos de acumulação que, mesmo no âmbito econômico, estariam mediados pela política, gerando assim diferentes oportunidades entre os indivíduos coloniais.

O que se observou nas sociabilidades desenvolvidas pelos indivíduos analisados foi um jogo complexo de equilíbrio, no qual se interpenetravam diferentes estratégias para alçar notoriedade no seio da sociedade. Contudo, deve-se observar que não existiu uma formação social única nos trópicos. É possível depreender o hibridismo existente nos princípios organizadores da sociedade colonial, em que a ênfase para a nobilitação – ser um homem bom – originalmente situada no nascimento, na honra e na etnia coexistia com outra esfera de valores próprios de uma sociedade de classes, pautada no mérito pessoal, na riqueza e na fortuna.

Chamam a atenção também os diferentes caminhos percorridos por aqueles que acumularam e transmitiram um cabedal mais significativo. Os testadores da primeira metade do século XVIII são, basicamente, pessoas nascidas fora dos limites dos sertões curitibanos. Ao mesmo tempo, são indivíduos com inserções sociais muito diferenciadas e que, é possível pensar, nem sempre conseguiram a posição de homens bons em vida. Mas, à exceção dos forasteiros, eles legaram para seus descendentes a condição de homens bons.

As pessoas que conseguiram acumular bens, de forma geral, encontravam sua unidade em alguns aspectos: primeiramente pode-se observar que eram reinóis ou descendentes diretos de portugueses nascidos no reino. Em segundo, que a estratégia mais recorrente para alçar condição, quando esses reinóis chegavam solteiros, era casar com moças de boas famílias locais o que significava adquirir honorabilidade pelo casamento. E finalmente que, dentre aqueles que deixaram bens, o mais comum era serem proprietários de terras e de homens, que necessitavam ser transmitidas às gerações futuras. Ou seja, detinham e transmitiam tanto seu cabedal simbólico quanto patrimonial.

Logo, as pessoas que transmitiram bens foram pessoas alheias aos ofícios mecânicos. O alfaiate Manoel, serve de exemplo, pois os bens inventariados eram poucos e a coisas de maior valor que possuía, sua escrava, serviu para quitar dívidas. Mesmo inventariado, ele não transmitiu nada. Seu inventário serviu como salvaguarda de seus credores.

O sangue e o nascimento também não bastavam para alçar o indivíduo à condição privilegiada na sociedade. Sebastião Cardoso Serpa, reinol da ilha do Pico, não ascendeu socialmente, transitou por esferas inferiores da sociedade e não conseguiu distinção nem no momento da sua morte. Seus testadores não aceitaram assumir tal função. Diferentemente de outros indivíduos, este português, mesmo detentor do saber das letras e do sangue (cabedal simbólico) não tomou posição estratégica na sociedade que o tornasse uma peça importante dentro da trama dos relacionamentos.

Muito embora essa sociedade seja marcada por tendências quanto ao acúmulo e a transmissão patrimonial, tendo como fator principal a rede de relacionamentos e as atitudes tomadas até a hora da morte, os dados apontam que as possibilidades de transitar por entre esferas sociais, são muito díspares. Se, por um lado, o cabedal simbólico tem peso significativo para o enriquecimento familiar, por outro, percebe-se que a vida dos indivíduos era marcada por momentos-chave dentro da teia social. O casamento seria o ato que visava tanto à manutenção do *status quo* quanto a busca de alianças que fortaleceriam as redes de parentais. Para além disso tudo, pode-se vislumbrar como pano de fundo da sociedade constituída nos sertões de Curitiba nos setecentos, a permanente circulação dos indivíduos entre diferentes esferas da coletividade.

Referências Bibliográficas

BACELLAR, Carlos de Almeida Prado. *Viver e sobreviver em uma vila colonial:* Sorocaba, séculos XVIII e XIX. São Paulo: Annablume/Fapesp, 2001.

_____; BRIOSHI, Lucila Reis (org.). *Na Estrada do Anhanguera: uma visão regional da história paulista.* São Paulo: Humanitas FFLCH/USP, 1999.

BALHANA, Altiva Pilatti; MACHADO, Brasil Pinheiro; WESTPHALEN, Cecília Maria. *História do Paraná*, vol. I. Curitiba: Grafipar, 1969.

BARBOSA, Mara Fabiana. *Terra de negócio: o comércio e o artesanato em Curitiba na segunda metade XVIII.* Curitiba: dissertação de mestrado DEHIS/UFPR, 2003.

BLAJ, Ilana. *A trama das tensões: o processo de mercantilização de São Paulo colonial (1681-1721).* São Paulo: Humanitas/Fapesp, 2002..

FARIA, Sheila Siqueira de Castro. *A colônia em movimento.* Rio de Janeiro: Nova Fronteira, 1998.

FRAGOSO, João; BICALHO, Maria Fernanda; GOUVÊA, Maria de Fátima. (org.). *O Antigo Regime nos trópicos: a dinâmica imperial portuguesa (séculos XVI-XVIII).* Introdução. Rio de Janeiro: Civilização Brasileira, 2001.

HOLANDA, Sérgio Buarque de. *Raízes do Brasil.* São Paulo: Companhia das Letras, 1995.

KUZNESOF, Elizabeth Anne. "A família na sociedade brasileira: parentesco, clientelismo e estrutura social (São Paulo, 1700-1980)". *Família e grupos de convívio,* São Paulo, nº 17, set. 1988/ fev. 1989, p. 37-63.

LEÃO, Ermelino de. *Diccionário histórico e geográfico do Paraná.* Curitiba: Empresa Graphica Paranaense, 1994.

LEVI, Giovanni. "Sobre a micro-história". In: BURKE, Peter. *A escrita da história, novas perspectivas.* São Paulo: Editora Unesp, 1992.

_____. *Herança imaterial: trajetória de um exorcista no Piemonte do século XVII.* Rio de Janeiro: Civilização Brasileira , 2000.

LEWCOWICZ, Ida. "Herança e relações familiares: os pretos forros nas Minas Gerais do século XVIII". In: *Família e grupos de convívio*, São Paulo, n° 17, set. 1988/fev. 1989, p. 101-14.

MELLO, Evaldo Cabral de . *O nome e o sangue: uma fraude genealógica no Pernambuco colonial*. São Paulo: Companhia das Letras, 1989.

MESGRAVIS, Laima. "Os aspectos estamentais da estrutura social do Brasil colônia". In: *Estudos econômicos*. IPE/USP vol. 13, 1983.

MONTEIRO, John Manuel. *Negros da terra: índios e bandeirantes nas origens de São Paulo*. São Paulo: Companhia das Letras, 1994.

NADALIN, Sérgio Odilon. *História do Paraná: ocupação do território, população*. Curitiba: Seed, 2001.

RITTER, Marina Lourdes. *As sesmarias do Paraná no século XVIII*. Curitiba: IHGB, 1980.

SCOTT, Ana Silvia Volpi, *op. cit., apud.* BACELLAR, Carlos de Almeida Prado. "A colonização em São Paulo às vésperas da Independência". In: ROWLAND, Robert (coord.). *Contexts of long-distance migration: Portugal and Brazil (papers presented to the XVII International Congress of Historical Sciences, Madrid, 1990)*. Firenze, Departament of History and Civilization, European University Institute, 1990.

SIMONSEN, Roberto C. *História econômica do Brasil (1500-1820)*, 8ª ed. São Paulo: Companhia Editora Nacional, 1978.

SILVA, Antonio de Moraes. *Dicionário da língua portuguesa*, facsímile da 2ª ed. de 1813. Lisboa: Typographia Lacérdina, 1922.

SILVA, Maria Beatriz Nizza da. *Ser nobre na colônia*. São Paulo: Editora Unesp, 2005.

SOUZA, Laura de Mello e. "Famílias de sertanistas: expansão territorial e riqueza familiar em Minas". In: Nizza da Silva, Maria Beatriz. *Sexualidade, família e religião na colonização do Brasil*. Lisboa: Livros Horizonte, 2002.

WEHLING, Arno; WEHLING, Maria José. "O funcionário colonial entre a sociedade e o Rei". In: DEL PRIORE, Mary. *Revisão do Paraíso: os brasileiros e o estado em 500 anos de história*. Rio de Janeiro: Campus, 2000. p. 139-59.

Construindo a paisagem da América Portuguesa

Imagens textuais nos relatos de viagem do final do período colonial

Tiago Bonato[1]

Segundo a definição do Moderno Dicionário Enciclopédico Brasileiro, publicado em meados da década de 1980, *paisagem* é "espaço de território que se abrange num lance de vista; pintura que representa uma paisagem; gênero literário que descreve ou representa o campo ou cenas campestres". Esses significados provavelmente abrangem todas as definições mais comumente utilizadas quando se fala de *paisagem*. Para o senso comum, o significado de paisagem é fortemente carregado de uma característica de percepção visual à distância, na qual o observador sente-se fora do "objeto" contemplado (Sandeville Junior, 2005: 02). Paisagem traz a noção de amplitude, distanciamento, observação.

Acredita-se que o termo *paisagem* deriva do termo latino *pagus*,[2] que, segundo o Dicionário Latino-Português de Francisco Torrinha significa: 1. marco ou baliza me-

---

[1] Mestrando do programa de pós-graduação em História na Universidade Federal do Paraná. Bolsista CNPq.

[2] Qualquer especulação etimológica sempre soa duvidosa, uma vez que não há como mapear exatamente quando e como certas palavras surgem e são incorporadas ao léxico da população. A forma mais comum é estabelecer associações entre línguas do mesmo ramo linguístico, embora nunca se saiba ao

tida na terra; 2. território rural delimitado por marcos; e 3. aldeia; povoação (Torrinha, 1942: 599). O termo latino estava muito mais ligado a demarcação da terra. *Pagus* era um distrito rural composto de várias fazendas, que não possuía poder político direto, sendo uma jurisprudência da unidade administrativa maior, a *civitas*. Para Jörn Seemann, os habitantes de um *pagus*, em geral, eram diferentes dos habitantes das cidades romanas. Eram camponeses e agricultores que veneravam os deuses locais: o espírito das florestas, das matas, dos campos e dos lares. Segundo o autor, vem daí a ligação do termo com a palavra *pagão* (Seemann, 2007: 52.). A questão da territorialidade está assim ligada ao termo *paisagem*. A demarcação das terras, a posse efetiva de cada pedaço da natureza está presente na significação do termo. A territorialidade está também intimamente ligada ao fenômeno estudado dessa pesquisa, a rede de naturalistas espalhados pelos territórios do além-mar português com a finalidade de conhecer detalhadamente as potencialidades econômicas dos espaços lusitanos. Esse movimento está associado à posse efetiva dos territórios, que, de uma maneira geral, eram pouco conhecidos ainda no século XVIII. No mais, apenas uma estreita faixa litorânea era explorada pelos portugueses, enquanto o imenso *sertão* – que no Brasil, o principal espaço português no século XVIII – era desconhecido. *Conhecer* os interiores dos territórios era importante também pela nova ciência política vigente no século XVIII. Além do claro status que o conhecimento científico dos territórios trazia, a estatística das populações e um conhecimento detalhado das paisagens interioranas eram essenciais para a ciência política da época.

Derivado do termo francês *paysage*, a *paisagem* chegou até a língua portuguesa fortemente ligada à noção de país (região, território, pátria), entre os séculos XVI e XVII.[3] Para alguns autores, o termo nas línguas latinas está muito relacionado ao Renascimento e à arte, e

---

certo se o termo surgiu primeiro em uma e depois em outra ou se, simplesmente, existiam concomitantemente. É importante ressaltar, também, que não há uma implicação direta entre as origens da palavra e a forma como é utilizada corriqueiramente, ou seja, um falante que utiliza um termo no seu dia a dia não está preocupado com a significação que ele tinha na origem, o que dá à língua uma certa criatividade e uma proliferação de sentidos possíveis.

3 Segundo o autor, a ideia de *paisagem* é uma construção moderna, mesmo que suas origens etimológicas possam remontar às línguas indo-europeias. O novo mundo tem intensa participação nesse processo. Mesmo que o termo tenha nascido com o Renascimento e o Barroco, "não se trata apenas de uma vinculação com as artes, que de fato se estabelece, mas de reconhecer um novo olhar que se forma

aproxima-se da palavra italiana paesaggio, que surge na pintura durante o Renascimento. Essa se refere ao que o olho abarca, ou capta, num único golpe de vista, o campo do olhar. A paisagem é, neste sentido, uma aparência e uma representação de objetos vistos e percebidos conforme o sujeito que os olham. (Silva, 2007: 200)

No *Vocabulário portuguez e latino* de D. Raphael Bluteau, publicado em 1712, *paisagem* é designada como "Villa da que representão os painéis de boas pastagens", além de uma indicação "Vide paiz". No verbete *paiz* a primeira definição é "termo do pintor. Painéis em que estão representados arvoredos, prados, fontes e outros aprazíveis objetos do cāpo". A questão da paisagem enquanto representação da natureza está presente também no termo inglês *landscape*, derivada diretamente do seu par holandês *landschap*, que continha o significado de uma "arte de imitação da natureza" (Sandeville Junior, 2005: 03). Segundo Simon Schama, o termo holandês também deriva do alemão e significa tanto uma unidade de ocupação humana – uma jurisdição, na verdade – quanto qualquer coisa que pudesse ser o aprazível objeto de uma pintura (Schama, 1996: 20). A questão da estética da paisagem está muito ligado a outro conceito, de *imagem*. A paisagem não se refere apenas ao espaço físico, mas a apropriação desse espaço, à construção do território e, por fim, pode se tornar a imagem desse território (Sandeville Junior, 2005: 03).

Fica evidente através das definições colocadas que o termo *paisagem* carrega consigo três concepções distintas e indissociáveis: ao mesmo tempo em que *paisagem* é a natureza em si – ou uma parte dela, um território, um espaço – é também a visualização desse espaço através de um observador e, ainda, a representação do mesmo espaço, seja pela pintura ou pela escrita. Essa associação de significados indica a natureza do problema em que o termo e, consequentemente o conceito *paisagem* estão inseridos. Daí também a importância dessa discussão para o presente trabalho. Os relatos de viagem trazem uma construção de uma paisagem, ou, uma paisagem representada. A representação é feita por naturalistas que percorreram a paisagem enquanto espaço físico e a visualizaram enquanto observadores. Outro ponto são as diferentes dimensões da paisagem dentro da geografia. Segundo

---

no contexto de grandes transformações que incluem a constituição de um "novo mundo"". SANDEVILLE JUNIOR, Euler. *Paisagem. Paisagem e Ambiente*, São Paulo, vol. 20, p. 47-60, 2005, p. 3.

Corrêa e Rosendahl, a paisagem geográfica apresenta simultaneamente várias dimensões que cada matriz epistemológica privilegia. A análise dos autores leva em conta aspectos culturais e simbólicos do conceito de paisagem, produtos de uma nova perspectiva da geografia. Para eles a paisagem

> tem uma dimensão morfológica, ou seja, é um conjunto de formas criadas pela natureza e pela ação humana, e uma dimensão funcional, isto é, apresenta relações entre as suas diversas partes. Produto da ação humana ao longo do tempo, a paisagem apresenta uma dimensão histórica. Na medida em que uma mesma paisagem ocorre em certa área da superfície terrestre, apresenta uma dimensão espacial. Mas a paisagem é portadora de significados, expressando valores, crenças, mitos e utopias: tem assim uma dimensão simbólica (Correa; Rosendahl, 1998: 08)

Uma importante abordagem do conceito de paisagem é a abordagem cultural da paisagem, de muita utilidade para essa pesquisa, feita por Denis Cosgrove. Seu conhecido artigo, traz, já no título, a essência de seu trabalho e a direção dos seus esforços. "A geografia está em toda parte: cultura e simbolismo nas paisagens humanas" coloca a questão da interpretação hermenêutica da paisagem. Cosgrove propõe a aplicação de algumas *habilidades interpretativas* para a leitura desse texto cultural que é a paisagem. Essas habilidades seriam as mesmas que dispomos

> ao estudar um romance, um poema, um filme ou um quadro, de tratá-la [a paisagem] como uma expressão humana intencional composta de muitas camadas de significados (...) sugerindo maneiras de tratar a geografia como uma humanidade e como uma ciência social. (Cosgrove, 1998: 97).

O simbolismo é peça-chave para interpretação da paisagem segundo Cosgrove. Certamente sua teoria está muito ligada ao legado de Sauer, tanto no que diz respeito ao papel da cultura não material na paisagem – que é essencial para uma análise simbólica, quanto nos métodos subjetivos que Sauer chama de "além da ciência" (Sauer, 1925: 61). Por isso uma geografia cultural renovada poderia considerar a paisagem como um *texto cultural*, reconhecendo que "os textos têm muitas dimensões, oferecendo possibilidades de leituras diferentes, simultâneas e igualmente válidas" (Cosgrove, 1998: 101). Cosgrove insiste também no caráter da paisagem como representação da natureza. Para o autor, o surgimento da *paisagem* vem de uma nova relação entre o homem e o ambiente, no Renascimento: "ao mesmo tempo, a cartografia, a astronomia, a arquitetura, os levantamentos terrestres, a pintura e muitas outras artes e ciências estavam sendo revolucionadas pela aplicação de regras, formas matemáticas e geométricas derivadas de Euclides" (Cosgrove, 1998: 98). Dessa maneira, o surgimento da ideia de paisagem está ligado a uma forma mais racional de ver o mundo, um novo olhar à natureza.

Um novo olhar à natureza era parte da bagagem dos naturalistas que viajaram pelo sertão da América Portuguesa nos séculos XVIII e XIX. Seja um olhar racional e sistemático que em geral regia as observações dos viajantes de Coimbra, seja o olhar externo, de estranhamento e exotismo dos extasiados viajantes estrangeiros do século do romantismo. Tratados como uma representação simbólica do que o autor viu no decorrer de sua expedição, os relatos e os diários mostram sempre a construção de uma determinada paisagem pelos viajantes. Sejam os cronistas medievais, os primeiros portugueses em viagens ao oriente, ou os cientistas dos séculos XVIII e XIX que visitaram o Brasil, a escrita dos relatos remonta sempre a uma seleção de fatos e torna o todo da paisagem redutível à escrita. Para isso, certamente, há vários recortes e seleções, reduzindo a paisagem e se distanciando de qualquer visão objetiva do objeto de estudo. A interpretação simbólica da paisagem, como proposta por Cosgrove, traz em si a impossibilidade da neutralidade:

> O texto de uma interpretação geográfica da paisagem é o meio através do qual transmitimos seu significado simbólico, através dos quais re-presentamos esses significados. Inevitavelmente, nossa compreensão é informada por nossos próprios valores, crenças e teorias, mas está apoiada na busca de evidência de acordo com as reconhecidas regras desinteressada do mundo acadêmico (Cosgrove, 1998: 98).

A abordagem simbólica das paisagens enquanto texto cultural se aproxima das abordagens da dimensão histórica das paisagens. Dessa maneira podemos voltar a pisar no terreno da história. A multiplicidade das variáveis que devem ser levadas em conta no estudo das paisagens também é peça-chave para sua interpretação. Para Francisco Carlos Teixeira da Silva, a paisagem aparece, quando se aborda contrariamente a visões reducionistas e não funcionalistas – visões que recebem a crítica na história tanto quanto na geografia – como resultante de variados fatores (Silva, 1997: 204). A paisagem enquanto um processo de longa duração é essencial na abordagem do autor. Processo esse que impõe limites ao registro histórico e dificulta o acesso a fontes sobre o tema. Em seu artigo, Silva afirma que

> devemos entender a natureza (...) não mais como um dado externo e imóvel, mas como produto de uma prolongada atividade humana (...) O diferencial importante que devemos reter na percepção da história da paisagem é a noção de conjunto, sistêmica, marcada por padrões, passíveis de comparação (...) Trata-se de uma visão de conjunto, do enlace de múltiplas variáveis, em uma duração sempre longa (Silva, 1997: 204).

Nessa citação fica evidente outra premissa do autor ao tratar de paisagens. Não existem paisagens naturais. Todos os espaços naturais já foram modificados pelo homem: "a natureza virgem não é mais do que um mito criado pela ideologia de civilizados sonhadores de um mundo diferente do seu" (Silva, 1997: 204). A multiplicidade de variáveis que formam a percepção da paisagem abarca também a interferência humana no espaço natural. Aliás, a noção de espaço natural é em si uma utopia, já que

> tudo somado [as pequenas atividades humanas dentro de uma floresta] implicava que a floresta já não era, desde há muito, natural. Assim, a distinção formal entre paisagem natural e paisagem cultural mostra-se agora, bastante prejudicial a um amplo entendimento da relação homem/natureza (Silva, 1997: 209).

A desconfiança quanto à existência de paisagens naturais – mesmo que com uma abordagem diferente da utilizada Silva – é também o tema central do trabalho de Simon Schama. Em *Paisagem e memória*, o autor deixa claro que

> paisagem é cultura antes de ser natureza; um constructo de imaginação projetado sobre mata, água, rocha. Tal é o argumento desse livro. No entanto, cabe também reconhecer que, quando uma determinada ideia de paisagem, um mito, uma visão se forma num lugar concreto, ela mistura categorias, torna as metáforas mais reais que seus referentes, torna-se de fato parte do cenário (Schama, 1996: 20).[4]

---

[4] A questão da polaridade natureza e cultura pode ser aplicada, além do conceito de *paisagem*, ao próprio conceito do *homem*. Voltando ao trabalho de Clifford Geertz, "isso sugere não existir o que chamamos de natureza humana independente da cultura. Os homens sem cultura não seriam os selvagens inteligentes de *Lord of the flies*, de Golding, atirados a sabedoria cruel dos seus instintos animais; nem seriam eles os bons selvagens do primitivismo iluminista, ou até mesmo, como a antropologia insinua, os macacos intrinsecamente talentosos que, por algum motivo, deixaram de se encontrar. Eles seriam monstruosidades incontroláveis, com muito poucos instintos úteis, menos sentimentos reconhecíveis e nenhum intelecto:

A argumentação de Schama não passa, entretanto, somente pela negação de uma paisagem natural enquanto intocada pelas ações do homem em seu meio. Paisagem é posterior à cultura, para o autor, no sentido de apreendida pelo homem. Não se pode afirmar a existência da natureza antes de cultura, uma vez que a concepção de um espaço dito *natureza* passa pela percepção do homem em relação a seu referente, e dessa forma, já está sujeita a cultura. O referente está tão colado ao signo devido ao uso constante e histórico que já não é possível separá-los. Mais do que isso, as categorias se misturam, conforme o trecho acima citado. A floresta germânica de Teutoburguer Wald foi vista como um refúgio para os exércitos germanos nas primeiras batalhas frente aos romanos. Posteriormente, com as vitórias obtidas, a metáfora da *floresta fortaleza* foi se tornando cada vez mais real e assim, referente e metáfora se misturam, e, de alguma maneira a floresta vira de fato uma fortaleza para gerações de germanos que lutam contra seus inimigos sob a densa floresta. Os mitos da floresta fortaleza, assim como quaisquer mitos da sociedade em questão, são de extrema importância para se compreender a percepção de paisagem de cada um. Para o autor, ignorar o mito equivale a empobrecer a compreensão de mundo – torna a sociedade desencantada (Schama, 1996: 143).

Segundo Raymond Williams, o homem sempre observou rios, montanhas, matas, mas, em dado momento, houve a consciência de que se viam tais elementos (Williams *apud* Vieira, 2006: 07). Entretanto, a questão pode estar mais ligada à concepção do signo do que à consciência humana do olhar. Todos os elementos naturais descritos pelo autor – rios, montanhas, matas – existiam de alguma forma, mas não enquanto *rios, montanhas e matas*, já que essa é uma concepção do homem a respeito. Só a partir do momento em que a cultura humana interpretou o espaço, é que a paisagem passou a existir. Isso vai de acordo com Schama, que analisa como cada sociedade percebe, de maneira diferente – como a fortaleza de Teutoburguer Wald – uma mesma *paisagem*.

E, se a concepção de uma paisagem é parte de um processo, que passa pela cultura e civilidade humana, pelos sistemas interpretativos de cada um, a *representação* da paisagem, mais ainda, pode ser considera como parte desse processo. Uma concepção indissociável até mesmo no uso cotidiano e na definição dos dicionários:

---

verdadeiros casos psiquiátricos". GEERTZ, Clifford. *Geertz, Clifford. O impacto do conceito de cultura sobre o conceito de homem*. In.: _____. *A interpretação das culturas*. Rio de Janeiro: LTC Editora, 1989, p. 61

a *paisagem* enquanto representação do espaço observado. A própria dialética que existe entre as duas mostra a interdependência do processo. Concebe-se e se representa a paisagem, representação que interfere na concepção, e assim por diante. A representação da paisagem é feita a partir da tríade real-percebido-imaginário, ou, pode-se pensar ainda, através da experiência, percepção e representação. A paisagem é o processo perceptivo que se opera no olhar. Não é a mão que pinta, mas o olho que seleciona, enquadra, foca, edita, que transforma *"land into landscape"* (Vieira, 2006: 09).

A representação da paisagem remonta ao problema amplamente discutido no interior das ciências humanas sobre a *totalidade* de reconstrução do objeto de estudo, seja ele qual for. Uma história, assim como uma geografia ou uma ciência qualquer que se pretenda total, é irrealizável do ponto de vista metodológico e mesmo prático. Esse problema foi muito bem representado em uma pequena história contada pelo autor argentino Jorge Luis Borges, chamada *Del rigor de la ciencia*:

> Em aquel Imperio, el arte de la cartografía logró tal perfección que el mapa de uma sola província ocupaba toda uma Cuidad, y el mapa del império toda uma Provincia. Com el tiempo, esos mapas Desmesurados no satisfacieron y los Colegios de Cartógrafos levantaron um Mapa del Imperio que tênia el tamaño del Imperio y coincidia puntualmente com él. Menos Adictas Al Estudio de la cartografia, lãs Generaciones Siguientes entendieron que ese dilatado Mapa era Inútil y no sin Impiedad lo entregaron a lãs Inclemencias del Sol y de los Inviernos. En los desiertos del Oeste perduran despedazadas Ruínas del Mapa, habotadas por Animales y por Mendigos; em todo el País no hay outra relíquia de lãs Disciplina Geográficas (Borges, 1974: 847).

A representação precisa de uma paisagem, exatamente como vista pelo observador, assim como o mapa de Borges, teria as mesmas dimensões que a própria paisagem. Nesse caso, não apenas dimensões espaciais, mas também temporais – já que a paisagem é um processo histórico – sociais, ambientais e assim por diante. A representação total, seja de uma paisagem ou de um mapa, é impossível.

A paisagem, quando representada, torna-se uma imagem. O todo do espaço físico é compilado em uma representação – seja ela pictórica, descrita oralmente, textual ou quaisquer outros meios. A imagem está longe de ser o espaço real. Por definição, é apenas uma representação. Segundo Sallas,

A paisagem é uma imagem cultural, um meio pictórico de representar, estruturar ou simbolizar o mundo. Ela pode ser representada através de vários tipos de materiais, pela pintura ou através da escrita. Assim, o significado verbal, visual ou construído da paisagem possui uma história de trocas complexas entre esses elementos (Sallas, 1997: 136).

Para tentar perceber a paisagem construída pelos viajantes dos séculos XVIII e XIX, particularmente a construção de um *sertão*, que é o objetivo principal do presente trabalho, é necessário levar em conta as imagens obtidas através da representação pictórica das regiões visitadas pelos viajantes. Observar as pranchas pintadas pelos viajantes ou pelos *riscadores* que acompanhavam a expedição é um importante caminho para se analisar como esses naturalistas estavam vendo a paisagem.

O estudo da representação pictórica certamente é um caminho possível – e amplamente utilizado – para se compreender a construção da paisagem.[5] O que proponho aqui, no entanto, é o estudo das *imagens textuais*, expressas na forma de escrita nos diários e memórias. A partir de uma correspondência com as *imagens pictóricas*, pode-se obter uma base teórica mais sólida e uma análise mais completa.

Segundo a historiadora Ana Luiza Fayat Sallas, a correspondência ou não entre imagem e texto é um problema antigo no interior das ciências humanas: "tanto na filosofia, quanto na teoria da percepção, na semiologia, na psicologia, na estética e na história da arte, existem variantes significativas referentes aos limites da interpretação e à relação entre imagem e texto" (Sallas, 1997: 140). A história pode fazer uso dos dois tipos de fonte, segundo a autora, pois ambos são "portadores de uma determinada verdade pelo fato de nos dizer algo a respeito de um determinado momento histórico" e só existem a partir de experiências do homem.

---

[1] Além de servirem como fontes a trabalhos preocupados com a construção da paisagem, as imagens pictóricas são largamente utilizadas em trabalhos de representação em geral. Sem sair do tema proposto, viagens e narrativas, temos por exemplo: SALLAS, Ana Luisa Fayat. *Ciência do homem e sentimento da natureza. Viajantes alemães no Brasil do século XIX*. Curitiba, 1997. Tese de doutorado defendida na UFPR; GINCANA-BAYONA, Yobenj Aucardo. "Do Apolo de Belvedere ao Guerreiro tupinambá: etnografia e convenções renascentistas". *História*. São Paulo, vol.25, nº 2, 2006, p. 15-47.; e ainda RAMINELLI, Ronald. "Do conhecimento físico e moral dos povos: iconografia e taxionomia na Viagem Filosófica de Alexandre Rodrigues Ferreira". *História, Ciências, Saúde*. Manguinhos, vol. VIII (suplemento), 2001, p. 969-92.

O problema começa pela definição de *imagem*. O conceito contempla de pinturas a descrições, mapas, diagramas, sonhos, projeções, memórias, etc. Obviamente isso não significa que essas definições tenham algo em comum. Para elucidar a questão, Sallas utiliza o trabalho de W. J. T. Mitchell, "Iconology: image, text, ideology" (Mitchell *apud* Sallas, 1997: 14). Para Mitchell, é equivocada a distinção que se estabelece entre as imagens gráficas (como sendo imagens próprias) e as imagens verbais ou mentais (como sendo ilegítimas). Ambas envolvem mecanismos de apreensão e interpretação multissensoriais. O que acontece – e o autor critica esse panorama – é que, em geral, se tem a imagem como um signo que não se pretende como tal, "mascarado como presença natural e imediata". No já citado artigo de Francisco Faria, "Significado da paisagem das Américas", encontramos a mesma inquietação com o problema entre palavras e pinturas: "É digno de contraste que algumas narrativas literárias sobre o novo mundo tenham adquirido, por vezes, um grau intenso de fantasia, e os apontamentos de nossa paisagem tenham sido feitos com tal exatidão pelos holandeses" (Faria, Edição Policopiada: 06). Aqui, mais uma vez, a palavra, a imagem verbal, é tida como o *outro*, no sentido de que é uma produção humana artificial e arbitrária, criada a partir das emoções, sentidos e interpretações de quem escreve e por isso mesmo sujeita a *um grau intenso de fantasia*. Se de um lado as palavras são signos arbitrários, do outro lado encontramos a imagem pictórica, representação exata do espaço, muito próxima da *realidade*. A perspectiva contrária é encontrada no texto de Carlo Ginzburg, *De A. Warburg a E. Gombrich:* notas sobre um problema de método, republicado em 1989, em sua coletânea de ensaios *Mitos, emblemas, sinais:* morfologia e história (Ginzburg, 2007: 63). Preocupado com a metodologia dos seguidores de Warburg, Ginzburg passa pelo problema da legitimidade das imagens pictóricas e textuais utilizadas como fonte. Existe o pressuposto, segundo o autor, natural na "confiança em que as obras de arte, em sentido lato, fornecem uma mina de informações em primeira mão, interpretáveis *sem mediações* (este é o ponto), sobre a mentalidade e a vida efetiva de uma época talvez remota" (Ginzburg, 2007: 63). Entretanto, quando Carl Saxl – um dos discípulos mais notáveis de Warburg e portanto objeto de estudo de Ginzburg –, chega a conclusões a respeito de algumas xilogravuras do século XVI, o autor afirma que o modo como Saxl chega a essa primeira conclusão não é muito convincente. É sempre arriscado comparar uma xilogravura ao registro de uma declaração verbal: uma imagem é inevitavelmente mais ambígua, aberta a diferentes interpretações – e suas nuances (...) não são transponíveis para um plano articulado, racional (...), senão a preço de se forçar um pouco (Ginzburg, 2007: 59).

No caso do estudo de relatos de viagem, a imagem representada da paisagem é encontrada na narração da viagem. Essa metodologia traz à tona o problema do narrador, nesse caso, o próprio sujeito da ação, o viajante. Para Marie Noeile Bourguet, a forma e o conteúdo da narrativa tendem a ser influenciados, já que há, por parte do viajante, um abandono do mundo e a existência apenas da paisagem onde se desloca (Bourguet, 1997: 207). Uma narrativa nunca é neutra, para Tzvetan Todorov. Para o autor, as viagens trazem em si uma espécie de vaidade, que incide também sobre a própria narrativa: "A verdade é que a própria existência de uma narrativa implica necessariamente a valorização do seu objecto (já que esse merece ser evocado) e, portanto, uma certa satisfação do seu narrador" (Todorov, 1991: 97). Para José Roberto Braga Portella,

> o narrador constrói a si mesmo como figura de sujeito de enunciação, isto é, atribui-se um duplo papel: o de mediador e o de operador. Sua consciência age em dois níveis, no da interpretação da realidade e no da produção de um novo real, isto é, de um real só concebível enquanto transcrição do que teria sido percebido pelos sentidos (Portella, 2006: 51).

O narrador seleciona e tem o controle, mesmo que não conscientemente, do que será escrito e, consequentemente, do que será lido e apreendido pelos leitores. A leitura das narrativas de viagem constrói, no leitor, o itinerário e as aventuras vividas pelo viajante, mas não de maneira total ou real.[6] A leitura dos relatos de viagem, tão difundida na Europa desde as primeiras viagens ultramarinas, era a oportunidade das pessoas, que por inúmeros motivos não se aventu-

---

2 Brincando mais uma vez com a literatura, temos o marinheiro Marlow, de Joseph Conrad. A tentativa de narrar sua expedição ao *Coração das trevas* não conseguirá passar o real vivido por ele: "Tenho a impressão de que estou tentando contar um sonho – uma tentativa vã, porque nenhum relato é capaz de transmitir a sensação onírica, onde aflora essa mistura de absurdo, surpresa e encantamento, num frêmito de emoção e revolta, essa impressão de ser capturado pelo inacreditável em que consiste a própria essência dos sonhos". O trecho vale para mostrar a consciência do narrador sobre a impossibilidade, em última análise, de sua narrativa. CONRAD, Joseph. *Coração das trevas*. Porto Alegre: L&PM, 2002.

ravam a desbravar territórios d'além-mar, participarem da viagem. "O processo de leitura imita, em certa medida, o conteúdo da narrativa: é uma viagem pelo livro" (Todorov, 1991: 103).

Bourguet também aponta para o fato de que o diário, onde deveriam ser descritas todas as atividades do dia, simultaneamente à própria viagem, já é um primeiro seletor de fatos. O viajante descreve o que vê, o que faz, o que encontra e o que sente. Mesmo que pareça tão plausível, essa afirmação deve ser tomada com cautela. Obviamente é impossível que o viajante consiga transmitir todas as atividades do dia para o papel. A tarefa fica ainda mais complicada quando se trata das sensações, medos, alegrias e relações. O que, afinal, é descrito pelo viajante?

Se a correspondência entre *imagem textual* e *imagem pictórica* é legítima, podemos utilizar de forma proveitosa as reflexões de E. H. Gombrich. No livro *Arte e ilusão, um estudo da psicologia da representação pictórica*, o autor trata de vários elementos – pensando na representação pictórica – que podem ser transferidos para a representação a partir de relatos de viagem. Para o autor a observação e construção de uma paisagem passam pelo crivo seletor do que ele denomina *schemata*. Não há naturalismo neutro. "O artista, não menos que o escritor, precisa ter um vocabulário antes de poder aventurar-se a uma 'cópia' da realidade " (Gombrich, 1986: 74). O vocabulário, no caso do artista, é sua *schemata*. O artista se deixa atrair por motivos que possam ser traduzidos em seu idioma. Tudo o que lhe é familiar salta aos olhos. Ele não pode *transcrever* o que vê. Apenas *traduzir*. Todas as pinturas partem de modelos já preexistentes na mente do artista, que acaba sempre utilizando e reutilizando o mesmo modelo para pintar o mesmo objeto em essência, mesmo que os detalhes sejam diferentes. O retrato bem feito, por exemplo, não é aquele que o artista registra fielmente sua experiência visual, mas onde constrói fielmente um modelo relacional:

> quantas pessoas viram seu governante em carne e osso, ou viram-no tão de perto a ponto de poderem reconhecê-lo? Quantas viajaram tanto, a ponto de poderem distinguir as cidades umas das outras? (...) A estampa vendida no mercado como retrato do rei era apenas ligeiramente alterada para representar seu sucessor ou rival (Gombrich, 1986: 59).

Sua bagagem de experiências funciona, portanto, como mais um crivo seletor, que admite apenas os aspectos que existem em sua *schemata*. "O familiar será, sempre, o ponto de partida para a representação do desconhecido; uma representação já existente exerce sempre certo fascínio sobre o artista, mesmo quando ele se esforça para registrar a verdade" (Gombrich, 1986: 60).

As reflexões a respeito da psicologia e da cognição nas imagens pictóricas é extremamente útil para entendermos a construção da paisagem pelos viajantes. Munidos da análise de Gombrich, podemos agora retornar para o campo das imagens textuais, que é a principal fonte desse trabalho. Da mesma forma que os motivos pintados pelo artista devem fazer parte do que Gombrich chama de *schemata*, no caso das narrativas a construção textual também remete a um referente previamente conhecido. A própria comunicação se dá através de um sistema de signos e referentes aceitos por uma determinada comunidade que é reproduzido e reatualizado constantemente: "Não só a 'novidade' de uma mensagem é apreciável apenas se referida a uma tradição como também a sua própria decodificação pressupõe a existência de um âmbito circunscrito de escolhas – do contrário, (...) a comunicação seria impossível" (Ginzburg, 2007: 85). O sistema de comunicação, regido pela semiótica e pela linguística é utilizado por Gombrich em suas teorias de *schemata*. Para Ginzburg, Gombrich se aproxima das teorias linguísticas de Wolf. Assim, "a língua não tanto nomeia coisas ou conceitos preexistentes, quanto, pelo contrário, articula o mundo das nossas experiências" e ainda,

> a informação que nos chega pelo mundo visível é tão complexa que nenhuma figuração jamais poderá vertê-la integralmente. Isso não se deve à subjetividade da visão, mas à sua riqueza. Não se trata da documentação de uma experiência visual, mas da fiel construção de um modelo relacional (Ginzburg, 2007: 84).

É através desse problema que Gombrich passa de uma teoria linguistica a uma teoria pictórica. É também através dele que podemos fazer a ponte do caminho de volta e utilizar tanto as reflexões da linguistica quando as de Gombrich e seus seguidores paa a análise dos relatos de viagem. Qualquer que seja a narrativa em questão, ela deve remeter a algum referente preexistente, para que a compreensão ocorra.

A partir dessas reflexões se pode pensar: realmente o artista pinta o que vê, no sentido de que olha a paisagem a sua volta e a interpreta numa tela, ou ele só identifica alguns aspectos – que já lhe são familiares, que podem ser traduzidos, que existem em sua *schemata* –, só vê o que pinta? Ou, para a análise dos diários e das memórias dos viajantes, volta-se a questão já proposta: o que, afinal é descrito pelos viajantes? A indagação correta seria então: se descreve ou se constrói a paisagem que se vê, ou só são visíveis aos olhos dos cientistas alguns aspectos familiares, que são passados para o papel?

Bibliografia

Berque, Augustin. "Paisagem-marca, Paisagem-matriz: elementos da problemática para uma geografia cultural". In: Corrêa, Roberto Lobato; Rozendahl, Zeny (orgs.). *Paisagem, tempo e cultura*. Rio de Janeiro: Editora uerj, 1998, p. 84-91.

Bourguet, Marie Noeile. "O Explorador". In: Vovelle, Michel. *O homem do Iluminismo*. Lisboa: Presença, 1997.

Bluteau, Raphael. *Vocabulario portuguez e latino*. Coimbra: Collegio das Artes da Companhia de Jesu, 1712.

Borges, Jorge Luís. *Obras completas*. Buenos Aires: Emecé, 1974.

Castro, Demian Garcia. "Significados do conceito de paisagem: um debate através da epistemologia da geografia". Disponível em: http://www.pucsp.br/~diamantino/paisagem.htm

Conrad, Joseph. *Coração das trevas*. Porto Alegre: l&pm, 2002.

Cosgrove, Denis. "A geografia está em toda parte: cultura e simbolismo nas paisagens humanas". In: Corrêa, Roberto Lobato; Rozendahl, Zeny (orgs.). *Paisagem, tempo e cultura*. Rio de Janeiro: Editora uerj, 1998, p. 92-123.

Faria, Francisco. *Significado da paisagem das Américas*. Edição Policopiada.

Ginzburg, Carlo. "De A. Warburg a E. Gombrich: notas sobre um problema de método". In.: _____. *Mitos, emblemas, sinais: morfologia e história*. São Paulo: Companhia das Letras, 2007.

Gombrich, E. H. *Arte e ilusão, um estudo da psicologia da representação pictórica*. Martins Fontes: São Paulo, 1986.

Moderno Dicionário Enciclopédico Brasileiro. Curitiba: Editora Educacional Brasileira s.a., 1983.

Portella, José Roberto Braga. "De como se pode pensar uma literatura de viagens sobre Moçambique na segunda metade do século xviii no bojo da construção do Iluminismo português". In.: _____. *Descripções, memmorias, noticias e relações. Administração e Ciência na construção de um padrão textual iluminista sobre Moçambique, na segunda metade do século XVIII*. Curitiba, 2006. Tese de doutorado defendida na UFPR.

SALLAS, Ana Luisa Fayat. *Ciência do homem e sentimento da natureza. Viajantes alemães no Brasil do século XIX*. Curitiba, 1997. Tese de doutorado defendida na UFPR.

SANDEVILLE JUNIOR, Euler. "Paisagem". *Paisagem e Ambiente*, São Paulo, vol. 20, 2005, p. 47-60.

SAUER, C.O. *A morfologia da paisagem*. In: CORRÊA, Roberto Lobato; ROSENDAHL, Zeny (orgs.). *Paisagem, tempo e cultura*. Rio de Janeiro: Editora UERJ, 1925/1998, p. 12-74.

SCHAMA, Simon. *Paisagem e memória*. São Paulo: Companhia das Letras, 1996.

CORRÊA, R.L., ROSENDAHL, Z. *Apresentando leituras sobre paisagem, tempo e cultura*. In: _____.(orgs.) *Paisagem, tempo e cultura*. Rio de Janeiro: Editora UERJ, 1925/1998.

SEEMANN, Jörn. "Geografia, geograficidade e a poética do espaço: Patativa do Assaré e as paisagens da região do Cariri (Ceará)". *Ateliê Geográfico*, Goiânia, vol. 1, n° 1, p. 50-73, setembro 2007.

SILVA, Francisco Carlos Teixeira da. "História das Paisagens". In: VAINFAS, Ronaldo; CARDOSO, Ciro Flamarion. *Domínios da história. Ensaios de teoria e metodologia*. Elsevier: Rio de Janeiro, 1997.

SILVA, Vicente de Paulo da. "Paisagem: concepções, aspectos morfológicos e significados". *Sociedade & Natureza*, Uberlândia, 19 (1): 199-215, jun. 2007

TODOROV, Tzvetan. *As morais da história*. Portugal: Publicações Europa – América LTDA, 1991.

TORRINHA, Francisco. *Dicionário latino português*, 8ª ed. Gráficos Reunidos LTDA: Porto, 1942.

VIEIRA, Daniel de Souza L. "Paisagem e imaginário: contribuições teóricas para uma história cultural do olhar". *Fênix – Revista de História e Estudos Culturais*. Setembro 2006, vol. 3, ano III. Disponível em www.revistafenix.pro.br.

Religião e patronato

relatos católicos e calvinistas no tempo da Guerra do Açúcar (1630-1654)

Michelle de Araujo Schampovski Rodrigues[1]

1 - A invasão holandesa no nordeste açucareiro: um encontro do protestantismo com o catolicismo

No século XVII os holandeses, interessados no lucro comercial português obtido com o cultivo e exportação do açúcar e com o tráfico negreiro, realizaram duas tentativas de incursão no nordeste brasileiro. Segundo Gonsalves de Mello (1968: 235-237), a primeira ocorreu em 1624 em Salvador, na Bahia, capital do Estado do Brasil. Porém esse ataque foi frustrado pelos soldados luso-brasileiros que logo conseguiram repelir os invasores. O segundo ataque ocorreu em 1630, em Pernambuco, que naquele momento era a mais rica região açucareira da América Portuguesa. Desta vez, os invasores obtiveram sucesso e conseguiram permanecer no Brasil até 1654, quando foram expulsos ao fim da guerra de restauração (1645-1654).

---

3 Mestranda em História pela Universidade Federal do Paraná/UFPR. Bolsista do Conselho de Desenvolvimento Científico e Tecnológico – CNPq.

A vinda dos holandeses para o Brasil deve ser entendida dentro de um contexto amplo, pois como aponta Gonsalves de Mello ela "não foi uma aventura de corsários, nem uma iniciativa de cristãos-novos e judeus, mas uma ação planejada na linha de interesse dos Países Baixos" (Mello, 1968:237). É através do estudo desse contexto que podemos intentar compreender os interesses dos holandeses e a motivação da sua vinda para o Brasil. No que se refere aos interesses comerciais, devemos avaliar que os Países Baixos mantinham com Portugal um comércio corrente que era anterior a União Peninsular (1580-1640). Os navios neerlandeses traziam para os portos portugueses não só mercadorias do norte da Europa, como trigo, madeira e metais, mas também produtos de sua indústria, sobretudo peixe, manteiga e queijo. No retorno levavam produtos comercializados pelos portugueses como o sal grosso de Setúbal, vinhos, especiarias e drogas do Oriente e da África e açúcar e madeiras do Brasil, os quais eram direcionados ao consumo próprio dos Países Baixos ou por eles distribuídos no norte europeu (Mello, 1968:235).

No entanto, com a crise de sucessão do trono português e a ocorrência da União Ibérica houve modificações e interrupções nesse processo comercial. Segundo Almeida e Mello (1968:176), as disputas pelo trono português se deram devido à morte prematura de D. Sebastião (1554-1578) que não deixou um sucessor direto. Seu tio D. Henrique I (1512-1580) chegou a assumir o trono por dois anos, mas também faleceu, pondo fim a dinastia de Avis. Felipe II, rei de Castela, passou então a disputar a coroa portuguesa e acabou tomando posse do trono português, dando início à União Ibérica (1580 a 1640).

Os Países Baixos eram, então, possessão da dinastia dos Habsburgos, e haviam se rebelados contra este domínio em luta por sua emancipação, na chamada Guerra dos Oitenta Anos (1568-1648). Destarte, devido a esta rebelião, os Países Baixos sofriam pressões políticas, religiosas e econômicas por parte de Castela. Durante o reinado dos Felipes, diversos embargos nos portos portugueses foram determinados. Isso ocasionou interrupções temporárias no comércio com os holandeses e, além de prejudicar o abastecimento europeu também atraiu o seu avanço marítimo aos principais pontos comerciais pertencentes aos portugueses, ou seja, os holandeses decidiram pela busca direta dos produtos antes comercializados com Portugal. Conforme explica Magalhães (1998:51), a burguesia neerlandesa, apoiada pelo seu governo, fundou a Companhia das Índias Orientais (voc) em 1602, e a Companhia das Índias Ocidentais (wic) em 1621. Esta tinha a intenção de investir contra o monopólio marítimo comercial português no Atlântico, mais precisamente na região do nordeste brasileiro.

Nesse contexto de disputas havia um forte elemento religioso em questão que fazia com que os Habsburgos católicos reforçassem a imposição de restrições comerciais e religiosas aos holandeses. Segundo Delumeau (1983:128), após o surgimento da Reforma protestante na Alemanha, com frei Martinho Lutero e suas *95 teses* pregadas na porta da igreja de Wittenberg, em 1517, os ideais protestantes espalharam-se por toda a Europa e alcançaram os Países Baixos. As influências de João Calvino (1509-1564) ali se desenvolveram a partir de 1540, devido a um afrouxamento das perseguições aos heréticos. Foi onde o calvinismo se transformou num rigoroso teocentrismo e numa doutrina da predestinação, segundo a qual a salvação é oferecida a uns, mas recusada por outros, pois conforme defendia Calvino, Deus havia preparado uns para a vida eterna e outros para a condenação (Delumeau, 1989:153).

Com a vinda dos holandeses para o Brasil, através da Companhia das Índias Ocidentais, vieram também os conflitos vividos na Europa, guardadas as suas singulares proporções. As disputas no ultramar se intensificavam à medida que os holandeses não concordavam com as bulas papais e tratados feitos entre os ibéricos através dos quais eram atribuídos direitos de navegação e expansão comercial exclusivos aos portugueses. Conforme Russel-Wood (1998:238) as bulas papais concediam aos portugueses o monopólio da navegação, comércio e pesca, proibindo as outras nações de qualquer interferência em suas atividades. Também eram elas que garantiam o apoio da Igreja no que diz respeito a atividades políticas e religiosas seguidas pelos portugueses com povos que não eram nem europeus nem cristãos.

As bulas, como a *Rex regum*, do papa Eugénio IV, datada de 1436; a *Dum diversas*, de 1452; a *Romanus pontifex*, de Nicolau V a Afonso V e seus sucessores, datada de 1455; e, finalmente, a *Inter caetera* de Calisto III, de 1456, de uma maneira geral, concediam aos portugueses o direito e apoio para fazer guerra aos inimigos da cristandade, conquistar e subjugar pagãos e infiéis para, através da servidão, convertê-los ao cristianismo. Além disso, como esclarece Alencastro (1998:194), a posse e o domínio de terras descobertas e por descobrir foram acordados através dos tratados firmados entre as coroas ibéricas. O Tratado de Alcáçovas, de 1479, reconhecia a soberania de Lisboa sobre Madeira, Açores e toda a África. O Tratado de Tordesilhas, de 1494, pactuava fronteiras comuns, partilhando o domínio e o império sobre mares, territórios e povos desconhecidos.

Entretanto, depois da Reforma protestante os países que adotaram o luteranismo e o calvinismo não se submetiam mais à autoridade papal e não aceitavam a divisão pactuada em Tordesilhas e Alcáçovas. As regras estabelecidas através das bulas papais perdiam significado para os protestantes. A disputa pelo monopólio ultramarino chegou, então, ao universo jurídico. A Companhia das Índias Orientais (VOC) encomendou e editou, em 1608, a dissertação jurídica do holandês de Huig van Groot, *Maré liberum, sive de jure quod batavis competit ad Indiana commercia*, que defendia a liberdade de navegação a navios de todas as nações. Essa contestação foi respondida por portugueses e castelhanos que buscaram a reafirmação da legalidade do princípio do *Maré clausum*, o qual garantia a exclusividade de navegação aos ibéricos. Ainda, as ideias defendidas por Groot foram confrontadas pelo padre Serafim de Freitas, em 1625, na sua obra *De Iusto Imperio Lusitanorum Asiático* (Magalhães, 1998:14). Diante dessas insatisfações os Países Baixos desenvolveram seu expansionismo em direção ao Oriente e ao Atlântico. No Brasil, com o sucesso da incursão de 1630, permaneceram por 24 anos.

2 - Relatos católicos e calvinistas no tempo da uerra do Açúcar (1630-1654)

O período do domínio holandês no Brasil é relatado por diversos cronistas luso-brasileiros e holandeses. Esses autores foram contemporâneos às guerras e alguns escreveram suas obras como testemunhas oculares, outros baseados em documentos ou relatos já existentes. Entre os relatos sobre o assunto destacamos cinco obras que possuem características comuns relevantes: foram promovidas e encomendadas por patronos que, evidentemente, tinham interesses a alcançar com a sua publicação.

Entre os relatos de origem holandesa selecionamos para análise dois relatos escritos contemporaneamente à Guerra do Açúcar. A obra escrita por Gaspar Barlaeus (1584-1648), *História dos feitos recentemente praticados durante oito anos no Brasil* e a de Joan Nieuhof (1618-1672) *Memorável viagem marítima e terrestre ao Brasil*. A obra de Barlaeus foi encomendada pelo conde Maurício de Nassau (1604 -1679), um jovem militar de origem nobre. Barlaeus deveria narrar os sete anos de seu governo no nordeste do Brasil (1637-1644). No entanto, este autor nunca esteve no Brasil. Ele deveria escrever sua obra "de maneira imparcial à luz de documentação fornecida". Para isso, Nassau lhe forneceu elementos do arquivo que havia reunido em Pernambuco, durante seu governo, além de informações diversas.[2] Barlaeus não escreveria sua obra de maneira imparcial, já que ela foi patrocinada por Nassau em busca de enaltecimento e promoção pessoal. Ao contrário, em seu discurso constrói uma imagem simbólica de heroísmo para Nassau e rica em elementos religiosos, já que tanto o autor quanto seu patrono eram protestantes, além disso, é notória a forma com que Barlaeus constrói seu discurso: ele coloca o conde como defensor de sua pátria e do calvinismo.

Barlaeus viveu numa época de intensa atividade literária nos Países Baixos e foi contemporâneo de Grócios (1583-1645), Vossius (1618-1689), Spinoza (1632-1677) e Rembrandt (1606-1669). Ele teve também como contemporâneo Joan Nieuhof que nasceu na Vestfália e, mais tarde, entrou para o serviço da Companhia das Índias Ocidentais como agente comercial. Também prestou serviços para a Companhia das Índias Orientais depois que retornou do Brasil. Foi então que produziu as obras *Memorável viagem marítima e terrestre* e *Viagem às Índias Orientais*, esta resultado de suas duas viagens ao Oriente. A obra referente ao Brasil foi baseada em parte nas descrições de Barlaeus e na *Naturalis Brasiliae* de Piso e Marcgrave, fazendo uma espécie de continuação da crônica de Barlaeus e, por isso, contribui para a compreensão do discurso realizado em torno da pessoa de Nassau e do processo de encomenda de obras literárias.

Enquanto *História dos feitos* trata do tempo nassoviânico (1637-1644), *Memorável viagem marítima e terrestre* cobre os anos de 1640 a 1649. Nieuhof viveu no Brasil durante esses nove anos, estudou o país e aprendeu o português, por isso relatou aquilo que viu e vivenciou. Embora seu relato não tenha sido encomendado por Nassau a obra foi apresentada pessoalmente por Nieuhof ao conde e a Guilherme Piso em uma conferência. Seu irmão Hendrik Nieuhof foi o responsável pela publicação.[3]

Por sua vez, os relatos de origem luso-brasileira também são contemporâneos à Guerra do Açúcar. As obras selecionadas para este estudo têm como patrocinador João Fernandes Vieira, personagem ativo nas Guerras do Açúcar. Além desse as-

---

4 MELLO, J. A. Gonsalves de. "Prefácio". In: BARLAEUS, G. *História dos feitos recentemente praticados*. Edição de 1980.

5 RODRIGUES, José Honório. "Introdução". In: NIEUHOF, Joan. *Memorável viagem marítima e terrestre ao Brasil*. Traduzido do inglês por Moacir N. Vasconcelos, confronto com a edição holandesa de 1682. São Paulo: Livraria Martins, 1942, p. x

pecto panegírico as obras são ricas em elementos religiosos já que seus autores possuíam confissão católica, e dois deles se formaram em instituições religiosas. Outro aspecto característico é que os autores unem o discurso panegírico ao religioso em torno do seu patrocinador e, então, colocam Vieira como responsável pelo levante e consequente restauração de Pernambuco, ou seja, constroem em torno dele uma imagem heroica de protetor da pátria portuguesa e da religião católica. As obras são: *O valeroso Lucideno e triunfo da liberdade*, de frei Calado do Salvador (1601?-1654); *O Castrioto lusitano*, de frei Rafael de Jesus (1614-1693) e *História da guerra de Pernambuco*, de Diogo Lopes de Santiago (?-?).

Segundo Gonsalves de Mello (1954:28), frei Calado e frei Rafael de Jesus foram educados no interior de instituições religiosas, sendo que o primeiro formou-se bacharel, licenciado e mestre de artes na Universidade de Évora e fez parte da Ordem de São Paulo. Calado viveu no Brasil durante cerca de 30 anos e faleceu em 1654. Habitou inicialmente a região de Porto Calvo onde se tornou lavrador e senhor de escravos. Por sua vez, frei Rafael de Jesus nasceu na cidade de Guimarães em 1614 e faleceu em 1693. Foi pregador e dom abade do mosteiro de São Bento de Lisboa e nunca esteve no Brasil. Diogo Lopes de Santiago, também cronista luso-brasileiro, era natural da cidade do Porto, Portugal. Mudou-se para Pernambuco, em data ignorada, vivendo junto ao Arraial Novo do Bom Jesus. Foi professor de gramática em Pernambuco e transformou-se em cronista por vontade própria.

Essas crônicas tratam de diferentes períodos da dominação holandesa. Segundo Evaldo C. Mello (1997:71) *O Lucideno* narra a guerra desde o início, mas segue apenas até meados de 1646, começo da guerra de restauração, enquanto que a *História da guerra de Pernambuco* e *Castrioto Lusitano* discorrem também sobre o governo de Nassau, a guerra de restauração e tratam inclusive da capitulação holandesa. Essas obras, portanto, têm em comum o fato de tratarem do período da invasão holandesa e de terem sido objeto de encomenda, além disso, elas se entrecruzam. A obra de Calado foi publicada em 1648, entretanto, foi incluída no *Index librorum prohibitorum* por um decreto apostólico de Roma em 1655, de onde só foi retirado em 1667. A obra teria uma segunda parte, a qual não chegou a ser impressa devido à interdição do primeiro volume e da morte de Calado, em 1654. (Mello, 1954:89). Podemos sugerir que foi devido a isso que Vieira encomendou outras obras.

Gonsalves de Mello alude que, para compor sua obra, Santiago utilizou-se das informações contidas na crônica de Calado. No entanto, nela apresenta também informações originais, principalmente no que se refere à Insurreição Pernambucana, período do qual Calado não trata. Por sua vez, frei Rafael de Jesus, como não conheceu o Brasil, baseou sua obra nos relatos de Santiago, que, como já citado, é grande parte baseada n'*O Valeroso Lucideno*. A redação de *A história da guerra de Pernambuco* foi concluída por Santiago nos anos finais da década de 1660. Antes mesmo de mandar publicar esta obra, o patrocinador das crônicas a entregou a frei Rafael de Jesus que, graças a esse expediente, utilizou o manuscrito para escrever *O Castrioto Lusitano* (Mello in: Santiago, 2004:2).

Não somente as obras de origem holandesa, como também as luso-brasileiras foram escritas devido a encomenda e patrocínio de terceiros. Segundo Robert Darnton que realiza um estudo sobre o *Antigo Regime Literário*, os escritores, devido à pequena difusão do livro nos anos imediatamente posteriores ao surgimento da imprensa, escreviam para um público determinado que buscava atender seus interesses particulares. Os reis possuíam um historiógrafo oficial e seus familiares possuíam leitores, secretários e bibliotecários que buscavam livros que atendessem seus anseios funcionais e de classe. Desta forma, os escritores integravam-se a uma sociedade de ricos patrocinadores e cortesãos os quais se beneficiavam mutuamente, ou seja, os cortesãos eram entretidos e os autores recebiam refinamento e posição social (Darnton, 1987:21).

Conforme explica Darnton, as obras produzidas segundo este regime possuíam cunho panegírico, ou seja, tinham o intuito de louvar e elogiar seus patronos. Os escritores que tinham opiniões consideradas "sadias" e que faziam propaganda em favor do governo eram privilegiados e recebiam pensões ou subsídios. Ao contrário, os patrocinadores evitavam efetuar qualquer tipo de pagamento a quem fosse de duvidosa lealdade. Portanto, para beneficiar-se financeiramente e, até mesmo sobreviver do ofício de escritor era necessário agradar a restrita comunidade leitora. Dessa forma, os escritores viviam numa dependência diante das regras relativas ao patronato, ao mecenato e ao mercado. É nesse contexto de produção literária que as crônicas em questão devem ser entendidas.

Pode-se, pois, afirmar que todos estão imersos num mesmo campo literário, cujas características referem-se ao caráter panegírico e as tensões existentes na cristandade ocidental. Vejamos agora os aspectos panegíricos e religiosos presentes a estes relatos sobre o período do domínio holandês no Brasil.

3 - Religião e patronato nos relatos sobre o domínio holandês no Brasil

Durante a presença holandesa no nordeste açucareiro, luso-brasileiros e holandeses dividiram o mesmo território. Essa convivência era tensa à medida que a visão espiritual ou religiosa influenciava ou determinava o modo como católicos e protestantes compreendiam uns aos outros. A análise da questão da alteridade ou da visão do *outro* aqui é realizada conforme o estudo realizado por Todorov em *A conquista da América:* a questão do outro. No caso de Colombo o *outro* é a sociedade encontrada com a descoberta do Novo Mundo. No nordeste açucareiro para os católicos o *outro* ou, os *outros*, são os protestantes, os judeus e os índios. Por sua vez, para os protestantes, os *outros* são os católicos, e também os judeus e os indígenas, isto é, o *outro*, para católicos e protestantes, é aquele que difere de si em suas crenças e ideais religiosos.

O *outro*, ou seja, o protestante, é descrito por frei Calado em *O Valeroso Lucideno e triunfo da liberdade* como pérfido, traidor, como inimigo mortal da cristandade, cruel inimigo do povo católico, como rebelde que estava "contra o inocente sangue católico português", visto ser "tão grande o ódio que tinham a nossa sagrada religião Católica Romana". Eles desejavam, ainda segundo Calado, inclinar e perverter os seus fiéis a suas falsas seitas. O frei ainda se refere aos invasores como "tiranos roubadores, não tementes da justiça divina". Segundo ele, "sempre os holandeses tratavam os portugueses de Pernambuco com risonhas palavras e mãos aladroadas, cheias de estratagemas, e enganos, proveitosos para eles, e danosos para nós". Em sua visão, em suma, a religião protestante era uma "errônea seita calvinista e luterana" (Calado, 1987:174).

Para entender a maneira que Calado via e se referia ao *outro* é necessário retomar Russel-Wood (1998:240), segundo o autor, as bulas papais estabeleceram regras básicas preliminares para o relacionamento e para o comércio dos portugueses com povos não cristãos. Além disso, utilizaram termos específicos para se referir a estes povos, tais como: sarracenos, infiéis, pagãos e inimigos da cristandade, o que possibilitou a fixação uma mentalidade de alteridade, nova ou já existente, dos portugueses em relação aos não cristãos. Isso pode ser observado na narrativa de Calado, ou seja, no modo em que se refere aos não cristãos e aos reformados. Podemos verificar que a alteridade presente nas bulas papais, e os termos utilizados por elas parar se referir aos não católicos estavam presentes nas palavras e discursos de Calado. Para Calado a sua religião era a verdadeira. Os reformados haviam se rebelado contra ela e permaneciam no erro, do qual deveriam ser removidos. Mas sua principal preocupação não era corrigir, mas sim extirpar as heresias e, principalmente, eliminar seus portadores: os hereges. Daí a importância de expulsar os neerlandeses do território brasileiro sob a justificativa da defesa da fé católica.

Podemos verificar na obra de Calado grande ênfase nos atos violentos e abusivos dos neerlandeses, mas no momento em que o autor passa a descrever o levante dos luso-brasileiros passa a mostrar o quanto os católicos também mataram e causaram dano ao inimigo. Para os católicos, os protestantes mereciam ser castigados em nome da fé católica romana. A violência contra hereges se justificava como o ideal de defesa religiosa.

Por outro lado, Barlaeus não retrata estes abusos em sua obra. Ao contrário, defende os neerlandeses segundo os seus ideais. Barlaeus afirma que a destruição dos templos e das casas e conventos para a construção de Mauriciópole, cidade construída por ordem de Maurício de Nassau, não se tratava de profanação, pois todo lugar era considerado sagrado para adorar a Deus, e o que os neerlandeses pretendiam era uma mudança de religião:

> As casas, os conventos e as igrejas, derribados, não pelo furor da guerra, mas de propósito, lagrimavam com a própria ruína. Não parecia sacrilégio aos nossos essa demolição, como o foram furores dos foceus contra o templo de Delfos, mas uma mudança de religião, admirando-se embora os bárbaros e os papistas de que admitissem tais profanações espíritos cultivados, instruídos nas normas mais elevadas e tão persuadidos do culto divino. Os holandeses, ao contrário, convencidos de que todo o lugar é igualmente sagrado e idôneo para se adorar a Deus, julgavam que não cometiam nenhuma impiedade, mas praticavam um ato de inteligência, desejando dar maior segurança à nova cidade e ao seu culto. Não queriam injuriar a Deus, (para longe tal cousa), mas sim que fosse adorado de modo mais seguro e proveitoso. (Barlaeus, 1974:154).

Conforme explica Natalie Z. Davis, para os católicos a percepção do perigo estava na *"pessoa do herege"* como fonte de profanação, por isso, extirpar, ferir e matar eram modos de purificar o corpo social. Por outro lado, para os protestantes o perigo estava no *"uso incorreto de objetos materiais"*, por isso procuravam destruir os bens religiosos católicos, o que estava ligado ao ideal de iconoclastia calvinista que condenava o culto de imagens ou ídolos. (Davis, 1990:146). Porém, isso não significa que os católicos não destruíssem os locais de culto dos protestantes, nem que estes não matassem os católicos, sobretudo porque estavam inseridos num contexto de guerra.

Ora, Barlaeus admite que muitas atrocidades foram cometidas pelos neerlandeses, mas defende que isso ocorreu antes da chegada de Maurício de Nassau, pois por falta de um governador tanto os lusos-brasileiros quanto os holandeses abandonaram a virtude e se apegaram aos prazeres, ao ócio "maculando, de maneira vergonhosíssima, a boa fama de sua nação com a impiedade, os furtos, o peculato, os homicídios e a libidinagem"(Barlaeus, 1974:154).

O modo que os protestantes viam o *outro*, ou seja, os praticantes de outras religiões, partia de seus princípios religiosos. Contudo, a maneira como viam os sacerdotes católicos, os índios e os judeus era diferenciada. Cada grupo era visto de uma maneira divergente e, por isso, cada um deveria receber um tratamento específico no que se refere à religião. Nassau e os predicantes calvinistas decidiram suprimir o culto supersticioso e que cultuava vários deuses, levado a efeito pelos que eram chamados por eles de "pagãos". A eles deveriam ser ministrados os rudimentos da fé protestante e a crença e adoração de um só Deus, pois os protestantes entendiam que os índios estavam perdidos nas trevas e na ignorância.

O tratamento indicado aos judeus era desgarrá-los da crença e observância da lei mosaica e da espera da restauração do reino de Jerusalém. Os judeus deveriam ser persuadidos à fé em Jesus Cristo, aceitando-o como o Messias prometido. Aos clérigos e católicos, chamados de papistas, convinha lhes mostrar os erros cometidos pela Igreja, de modo que abolissem o reconhecimento de um só chefe infalível e supremo na terra, ou seja, o Papa. Como vemos, os praticantes de outras religiões eram vistos pelos neerlandeses protestantes como ignorantes, no caso dos "pagãos", ou como "obstinados", no caso dos católicos, que viviam no engano e que deveriam ser esclarecidos e, mais do que isto, persuadidos a uma verdade, à "verdadeira doutrina" por mais difícil que fosse:

> É muito tênue a esperança de conversão dos papistas pela sua inveterada opinião de verdade, a qual dificilmente se lhes arrancaria, pois julgam que devem guardar a religião e as cerimônias recebidas dos seus maiores e que seria abominável abandoná-las.
>
> Temos só um predicante que pode falar-lhes em português, mas nem um só papista, que deseje ouvi-lo. Obstinados pelos conselhos de seus padres, a quem

dão lucros, e presos pela superstição, fizeram-se surdos à voz dos nossos. Preferem as velharias retumbantes às novidades, e antes querem uma religião esplendorosa e ornada que uma menos brilhante e vistosa. (Barlaeus, 1974:137).

Obviamente, a maneira pela qual os lusos-brasileiros e holandeses viam uns aos outros não era a mesma. Isto pode ser observado através da análise dos discursos dos cronistas. Todorov, ao analisar os escritos de Colombo, verificou que suas crenças determinavam a maneira como o conquistador viu e interpretou o que estava vendo e, reproduziu o que Colombo via em si mesmo. Da mesma maneira podemos entender que, devido à atmosfera religiosa em que os cronistas estavam imersos e ao contato entre católicos e calvinistas no contexto das Guerras do Açúcar, os seus relatos estão impregnados de suas crenças. Suas ideologias certamente influenciaram o modo como viam e descreviam o *outro*.

Se os ideais religiosos estavam tão presentes nos discursos dos autores que escreveram sobre o período do domínio holandês podemos ressaltar que o discurso panegírico estava igualmente presente. Além disso, ao longo das narrativas, muitos desses autores uniram os elementos simbólicos religiosos ao discurso panegírico em torno da pessoa de seus patrocinadores. Desta maneira, o conde Maurício de Nassau é responsável, segundo Barlaeus, pela defesa do protestantismo, e João Fernandes Vieira é colocado por frei Calado, frei Rafael de Jesus e Santiago como um herói, responsável pelo levante e consequente restauração de Pernambuco e defensor da Igreja católica. Como podemos verificar na análise do discurso de Diogo Lopes Santiago:

> (...) e uma das mais hericas ações que se tem visto, é a que nestes tempos sucedeu na quarta parte do mundo, América, na província do Brasil, capitanias de Pernambuco, foi a que originou e executou com admirável prudência, constância, valor e fortaleza, o insigne varão d'eterna memória João Fernandes Vieira, o primeiro aclamador das guerras de Pernambuco, governador que foi delas, fidalgo da casa de Sua majestade e do seu conselho de guerra, alcaide mor de Pinhel, comendador das comendas de Santa Eugênia de Alá e S. Pedro de Torradas, da ordem de Cristo, governador eleito do Maranhão e mestre de campo de um terço d'infantaria que levantou com 2000 homens à sua custa, e governador que foi dos reinos de Angola, por Sua Majestade, e por particular inspiração de Deus (...).(Santiago, 2004:10).

Mas o cronista de Nassau, Barlaeus, também se preocupou em construir uma imagem heroica ao seu patrocinador. Nassau é, ao mesmo tempo, o defensor da pátria e da religião, tendo Deus e as autoridades neerlandesas a seu favor. Às realizações de Nassau durante seu governo são agregados elementos simbólicos e religiosos. Por um lado, o conde é retratado como o representante e defensor do calvinismo. É ele, segundo estes escritores, que organiza a religião no nordeste açucareiro e que estabelece regras para restringir a prática de outros credos, zelando sempre pela religião reformada. Por outro lado, ele representa a estabilidade e a honra de sua pátria no Brasil. Foi o conde um grande administrador firmado nas bases protestantes: "Fizeste fora da Pátria o que antes nela praticaste: tomaste armas em favor da Religião, da Pátria e da Igreja, da salvação dos homens e dos interesses do comércio, assim procedendo numa e noutra parte, para a glória das Províncias Unidas" (Barlaeus, 1974: x).

Podemos concluir que em meio às peculiaridades desses relatos há muito que lhes é comum. As obras são contemporâneas às guerras, foram escritas com base em documentos ou em crônicas já existentes. Das cinco obras analisadas, quatro foram encomendas por patronos. A exceção, *Memorável viagem marítima e terrestre*, foi baseada em uma obra de encomenda. Pode-se, pois, afirmar que todos estão imersos num mesmo campo literário, cujas características referem-se ao caráter panegírico e as tensões existentes na cristandade ocidental. Em suma, são questões atinentes àquilo que Robert Darnton chama de *Antigo Regime literário*. A atmosfera religiosa, que a todos envolvia, permeia os escritos desses autores. Seus relatos estão impregnados de suas crenças, o que faz com que essas obras apresentem abundantes elementos simbólicos religiosos em seus discursos e esses elementos estão a todo o momento ligados a pessoa dos patrocinadores desses relatos escritos no tempo da Guerra do Açúcar.

Bibliografia

ALENCASTRO, L. F. "A economia política dos descobrimentos". In: NOVAES, Adauto (org.). *A descoberta do homem e do mundo*. São Paulo: Companhia das Letras, 1998.

ALMEIDA, Antonia Fernanda P. de; MELLO, Astrogildo Rodrigues de. "O Brasil no período dos Filipes (1580-1640)". In: HOLANDA, Sérgio Buarque de (dir.). *História geral da civilização brasileira*. São Paulo: Difusão Europeia do Livro, 1968.

BARLAEUS, Gaspar. *História dos feitos recentemente praticados durante oito anos no Brasil*. Tradução de Cláudio Brandão. São Paulo: Edusp.

CALADO, Manuel. *O valeroso Lucideno e triunfo da liberdade*. Belo Horizonte: Itatiaia; São Paulo: Edusp, 1987.

DAVIS, Natalie Zemon. *Culturas do povo: sociedade e cultura no início da França moderna*. Tradução de Mariza Corrêa. Rio de Janeiro: Paz e Terra, 1990.

DARNTON, Robert. *Boemia literária e revolução: o submundo das letras no Antigo Regime*. Tradução Luís Carlos Borges. São Paulo: Companhia das Letras, 1987.

DELUMEAU, Jean. *A civilização do Renascimento*. Tradução de Manuel Ruas, vol. 1. Lisboa: Editorial Estampa, 1983.

_____. *Nascimento e afirmação da Reforma*. Tradução de João Pedro Mendes. São Paulo: Pioneira, 1989.

JESUS, Frei Rafael de. *Castrioto Lusitano*. Pernambuco: Assembleia Legislativa de PE, 1979.

MAGALHÃES, J. R. "A construção do espaço brasileiro". In: BETHENCOURT, Francisco; CHAUDHURI, Kirti (dirs.). *História da expansão portuguesa*. Navarra: Temas e Debates e Autores, 1998, vol. II.

_____. "Os limites da expansão asiática"; In: BETHENCOURT, Francisco & CHAUDHURI, Kirti (dirs.). *História da expansão portuguesa*, vol. 2. Navarra: Temas e Debates e Autores, 1998.

MELLO, Evaldo Cabral de. *Rubro veio: o imaginário da restauração pernambucana*, 2ª ed. Rio de Janeiro: Topbooks, 1997.

_____. *Olinda restaurada: guerra e açúcar no Nordeste, 1630-1654*, 1º ed. Rio de Janeiro: Forense-Universitária; São Paulo: Edusp, 1975. _____. *Nassau: governador do Brasil holandês*. São Paulo: Companhia das Letras, 2006.

MELLO, José Antonio Gonsalves de. "O domínio holandês na Bahia e no Nordeste". In: HOLANDA, Sérgio Buarque de (dir.). *História geral da civilização brasileira*. São Paulo: Difusão Europeia do Livro, 1968.

_____. *João Fernandes Vieira: mestre de campo do terço de infantaria de Pernambuco*. Recife: Universidade do Recife, 1956, p. 34.

_____. *Frei Manuel Calado do Salvador*. Universidade do Recife: 1954, p. 28.

NIEUHOF, Joan. *Memorável viagem marítima e terrestre ao Brasil*. Traduzido do inglês por Moacir N. Vasconcelos, confronto com a edição holandesa de 1682. São Paulo: Livraria Martins, 1942.

Russel-Wood, A. J. R. "Fronteiras de integração". In: Bethencourt, Francisco; Chaudhuri, Kirti (dirs.). *História da expansão portuguesa*, vol. 1. Lisboa: Temas e Debates, 1998.

Santiago, Diogo Lopes de. *História da guerra de Pernambuco*. Recife: Companhia Editora de Pernambuco – cepe, 2004.

Silva, Leonardo Dantas. "Diogo Lopes Santiago, testemunha ocular da guerra de Pernambuco". In: Santiago, Diogo Lopes de. *História da guerra de Pernambuco*. Recife: Companhia Editora de Pernambuco – cepe, 2004.

Todorov, Tzvetan. *A conquista da América: a questão do outro*, 1ª ed. Tradução de Beatriz Perrone Moisés. Brasileira. São Paulo: Martins Fontes, 1983.

Retratos do abandono na América Portuguesa

Dados para uma história social dos enjeitados na Curitiba setecentista

André Luiz M. Cavazzani[1]

Comportamento mais ou menos presente em todas as épocas, o abandono de recém-nascidos remonta às origens da cultura ocidental e, com algumas reatualizações, ainda é recorrente em tempos hodiernos, variando no tempo as explicações, os motivos e as atitudes sociais perante este fato.

No ocidente europeu o fenômeno do enjeitamento de bebês parece ter atingido sua maior pungência no arborescer da Idade Moderna. Ao reconstituírem os diversos regimes demográficos da Europa moderna, demógrafos historiadores constataram com assombro o impressionante dado de que em algumas lo-

---

[1] Doutorando do programa de pós-graduação da Universidade de São Paulo linha: História Social. Orientador: prof. Dr. Carlos de A. P. Bacellar. Mestre em História pelo setor de Pós-Graduação em História da Universidade Federal do Paraná, pesquisador do Centro de Documentação e Pesquisa de História dos Domínios Portugueses/DEHIS/UFPR. O texto que segue consiste em adaptação abreviada da dissertação de mestrado, *Um estudo sobre a exposição e os expostos na Vila de Nossa Senhora da Luz dos Pinhais de Curitiba (segunda metade do século XVIII)*, defendida na primavera de 2005 no setor de Pós-Graduação em História da UFPR. Agradeço publicamente ao financiamento concedido pelo CNPq, no período de elaboração dessa pesquisa, e aos professores doutores Sérgio Odilon Nadalin e Maria Luiza Andreazza orientadores da mesma.

calidades europeias para cada duas crianças que nasciam uma era abandonada. (Marcílio, 1998:11)

Explicar esta situação tornou-se um desafio para diversos pesquisadores, que buscaram na história social os elementos para entender as várias nuances deste fenômeno, que muito embora tenha atingido seu auge na modernidade, representou *"uma prática comum e moralmente aceita da antiguidade à renascença"*. (Boswell,1998:38)

Sintomaticamente, surgiriam nos conventos da Europa medieval os primeiros anúncios da institucionalização do abandono que viria a desembocar na criação das rodas de expostos.[2] As Santas Casas de Misericórdias que passaram a contar com um torno cilíndrico acoplado em suas muradas para ali serem depositados os bebês indesejados, especializaram-se no acolhimento aos enjeitados tornando-se, no devir dos séculos, o grande emblema do fenômeno da exposição de recém-nascidos. Fenômeno que também se reproduziu no âmbito da sociedade colonial brasileira.

Em fins da década de 70 surgiriam no meio acadêmico brasileiro os primeiros trabalhos a tangenciarem o assunto do abandono de bebês no contexto da América Portuguesa. Laima Mesgravis e A.J. Russel-Wood trouxeram à lume as primeiras linhas acerca dessa questão focando, porém, suas discussões, na atuação institucional das Santas Casas de Misericórdias, também conhecidas como *Casas de Roda*,[3] sob o ponto de vista de sua função no processo colonizador português (Mesgravis, 1976); (Russel-Wood, 1981).

Não menos importante seria a contribuição, também precursora, de Maria Luiza Marcílio, que ao se utilizar de técnicas de demografia histórica, compilou as primeiras séries de dados quantitativos a dimensionar a incidência da exposição de filhos na Vila de São Paulo, centro administrativo da capitania de São Paulo. Somaram-se a ela outros demógrafos historiadores revelando que mesmo em lo-

---

2 Os sinônimos *exposto* ou *enjeitado* eram terminologias utilizadas no passado para nomear os bebês vítimas do abandono. Para que não se incorra em nenhum anacronismo, cabe o alerta de que criança abandonada é uma expressão mais contemporânea guardando, portanto, uma distinção semântica em relação a exposto ou enjeitado.

3 A primeira Roda teria sido instalada em 1726, na Santa Casa de Misericórdia de Salvador, a segunda em 1738, no Rio de Janeiro, e, finalmente, a última Roda do período colonial seria instalada em Recife no ano de 1789.

calidades destituídas de *Casas de Roda* o abandono de bebês seguia como prática recorrente. (Marcílio, 1968); (Burmester, 1974); (Kubo, 1974)

Os passos desses historiadores pioneiros foram seguidos, e, 20 anos depois, em fins da década de 1990, surgiriam nos círculos acadêmicos brasileiros as primeiras publicações a elevar a problemática do enjeitamento de crianças ao status central da discussão. Ficam aqui anotadas as contribuições de Renato Pinto Venâncio, Carlos Bacellar, e, novamente, Maria Luiza Marcílio (Venancio, 1999); (Bacellar, 2001); (Marcílio, 1998).

Seguindo o rumo dos autores mencionados acima, têm se proliferado nos setores de pós-graduação brasileiros pesquisas que, buscando preencher uma lacuna historiográfica, passaram a verticalizar as discussões em relação ao abandono de crianças, inventariando o rol das possíveis motivações que levaram os pais a praticarem o abandono de filhos no passado colonial; as taxas de mortalidade que assolavam os bebês vítimas de abandono; a censura ou a - ausência de- aos pais que enjeitavam os seus rebentos; o caráter da inserção social do sujeito exposto numa sociedade rigidamente ordenada sob a égide do Antigo Regime europeu; a relação entre a atenção institucional – via Santas Casas de Misericórdia ou via Câmaras Municipais- e a prática da exposição, entre outras questões (Venâncio, 2009).

Somando-se a esses trabalhos existem pesquisas onde, a propósito, se inscrevem as linhas que seguem, que buscam as nuances desse fenômeno em localidades desassistidas do amparo institucional fato que, como já foi dito, não inibia a prática da exposição.

Entremeada por capões de matas de araucária a *Vila de Nossa Senhora da Luz dos Pinhais de Curytiba*, localizada ao sul da América portuguesa, emerge como pano de fundo para a análise proposta. Esse modesto vilarejo, à segunda metade dos setecentos, assentava-se primordialmente na pequena lavoura de subsistência, na criação e comércio de gado, impulsionados pela demanda por gêneros de primeira necessidade surgida nas regiões mineradoras localizadas ao centro da colônia. Conviviam nesse reduzido núcleo populacional os mesmos elementos étnicos que formaram o povo brasileiro: europeus, índios, africanos e toda a variada gama de mestiços que caracterizaram os quadros demográficos de grande parte dos países americanos e da maioria das regiões brasileiras (Balhana; Machado; Westphalen, 1969:119).

Na *Vila de Nossa Senhora da Luz...* não houve nenhuma iniciativa efetiva, por parte das autoridades locais, no sentido de amparar os pequenos expostos. A vila de Curitiba não contava com as emblemáticas *Casas de Roda* que, do século XIV até meados do século XX, receberam em suas dependências milhares de recém-nascidos abandonados nas mais diversas cidades da Europa ao novo mundo. Além disso, nessa localidade a Câmara Municipal, principal instância administrativa do reino português, não assumiu para si o encargo com os enjeitados. Assim, na Curitiba setecentista, a alternativa que restava aos pais que, por diversos motivos, tiveram de optar pelo abandono de seus filhos, foi a de deixá-los ao léu em locais ermos ou, como ocorria mor das vezes, à porta dos *fogos*.[4] Tecnicamente esta modalidade de exposição ficou conhecida pela historiografia como *"abandono domiciliar"* contrapondo-se ao *"abandono institucional"* que geralmente ocorria nas casas de Roda.

É bem verdade que na maioria das vilas do Brasil colonial não houve nenhuma forma de amparo oficial aos expostos o que, em geral, ficou restrito aos grandes centros coloniais que detinham maior importância na economia de exportação. Entretanto, só agora começam a surgir na produção historiográfica brasileira os primeiros trabalhos que buscam analisar a problemática do abandono em localidades desamparadas do auxílio institucional aos expostos.

Assim, inspirado pelos estudos de Carlos Bacellar, pioneiro no estudo das nuances do *"abandono domiciliar",* esse texto buscou, levantar evidências sobre a situação dos expostos nos quadros sociais da *Vila de Nossa Senhora da Lux dos Pinhais de Curytiba*, num momento essencialmente estratégico de suas vidas: o da inserção dessas crianças nos domicílios receptores. Para tanto, procedeu-se o cruzamento nominativo com censos pré-estatísticos (também conhecidos como listas nominativas), registros paroquiais, e, finalmente, registros camarários.

O caráter da integração dos expostos aos seus domicílios receptores ainda aparece como uma questão nebulosa no contexto dos estudos acerca da exposição domiciliar. Teriam sido os expostos incorporados como filhos legítimos? Sofreram alguma espécie de estigma ou marginalização, como parecia ocorrer nos centros mais urbanizados onde havia as rodas de expostos? Ou seriam meros serviçais, agregados, como muitos outros que viviam em torno de certas famílias?

Buscando responder essas indagações buscou-se primeiramente averiguar se haveria uma tendência de se expor crianças em domicílios de pessoas privilegiadas

---

4 Como se sabe, assim eram tradicionalmente denominados os domicílios em Portugal e nas colônias portuguesas.

na escala social, provavelmente mais abonadas do que o restante da população. Nesse caso, considerou-se que o fato de um domicílio ser chefiado por um *homem bom* poderia indicar a sua proeminência.[5]

Evidentemente, os chefes de *fogos* que traziam a distinção de *homens bons* eram a minoria na Vila de Curitiba, assim, *a priori*, a probabilidade desses receberem expostos em suas casas também era menor. Portanto, inicialmente, torna-se difícil dimensionar a ocorrência do abandono à porta dos domicílios da elite local frente aos demais domicílios.

Cruzando um total de 294 atas de batismos de expostos, listas nominativas e registros camarários,[6] foi possível levantar que entre os anos de 1769-1790, pelo menos 29 crianças, configurando 9,8%, foram deixadas à porta de *fogos* chefiados por *homens bons*. Ao mesmo tempo, foi possível detectar que 75 pessoas entre 294, configurando 25,5%, acolheram mais de um enjeitado em sua casa. O grau de repetição no recebimento de expostos oscilou entre duas a, no máximo, cinco crianças. Entre as três pessoas que receberam cinco enjeitados estavam doutor Lourenço Ribeiro de Andrade, Luiz Ribeiro da Silva e João Batista Diniz. Todos eles eram *homens bons*, tendo ocupado importantes cargos na administração da Vila de Curitiba, dentre os quais: capitão, vereador e juiz ordinário.[7] Portanto, ao que parece, mesmo que os domicílios proeminentes fossem minoria na vila, fica claro que estes foram visados com importante frequência pelos pais dos expostos.

Quais os tipos de expectativas que levavam os pais a abandonarem seus filhos às portas dos domicílios mais abastados? Nesse sentido, a primeira suposição é a de que houvesse alguma esperança de que o filho exposto lograsse melhores condições

---

5 Vale ressaltar que, seguindo as indicações historiográficas, nem sempre o prestígio social significava a fortuna material de um indivíduo. Nesse caso, ao classificar um domicílio como proeminente levou-se em conta a conjunção de dois fatores: a) a presença de escravos no domicílio que recebia um exposto; b) a participação do cabeça do *fogo*, acolhedor de expostos, em atividades ligadas à "governança" ou então na ocupação de cargos elevados na milícia. Sobre o problema da interação, nem sempre verificável, entre fortuna e prestígio social.

6 Atas da Câmara Municipal de Curitiba. Levantamento realizado no CEDOPE através do projeto: Formação da sociedade paranaense: "população, administração e espaços de sociabilidade (1648-1853)" – módulo "Pelouros e Barretes; juízes e vereadores da Câmara Municipal de Curitiba – século XVIII".

7 *Idem*. Ver também (LEÃO, 1994).

de vida num domicílio mais bem colocado na escala social. Esse tipo de expectativa bem podia ser alimentada por um costume corriqueiro, na época, que levava os indivíduos com cabedal suficiente para tanto a *"beneficiarem meninos e meninas 'criados em caza' com bens, esmolas e ajudas à sua futura criação"* (Lopes, 1998:86).

Conforme lembra Philippe Ariès, sob a perspectiva da morte, a caridade expressa nos testamentos – através de legados pios ou da distribuição de esmolas aos pobres e, entre eles, os enjeitados – parecia atuar como um bálsamo a aliviar as tensões daqueles que se preparavam para adentrar numa outra esfera de existência que admitia apenas três destinos possíveis: a salvação, o purgatório ou a danação das almas (Ariès, 1981:202).

Fato interessante é que, mesmo no contexto do abandono domiciliar, a prática da esmola aos enjeitados não era restrita ao fato desses terem sido criados no domicílio do benfeitor. Em 1771, o sargento-mor Simão Gonçalves de Andrade, radicado em Jundiaí mas com relações sociais estreitas na Vila de Curitiba, declarou...

> que em poder de Joze Ribr.º do Prado morador que hé hoje na Arazitaguaba Se acha hum Rapas emgeitado por nome Joze de quem o dito e Sua molher Sam padrinhos ao dito Rapas deyxo de minha terssa Sincoenta mil Reis e Se o dito morer antes de Ser Capas de Se lhe intregarem ficarão para as duas minhas filhas ou para Seus herdeyros e meus genrros e testamenteyros lhe meteram no Cofre a dita emportançia, athe o dito Ser Capas de Se lhe emtregar e pesso as ditas minhas filhas Recolhão Logo Logo o dito Rapaz donde quer que Se achar e o mandem emSinar a Ler e Escrever havendo[?] Capaçid.ᵉ lhe mandara enSinar algum ofiçio e o tratem com toda a Caridade.[8]

Para além da esmola, outra forma de expressar a caridade para com os pequenos abandonados expressava-se na preocupação em auxiliar uma enjeitada a tomar o estado de casada. Para o contexto colonial não era incomum a concessão de pequenos dotes às meninas expostas, chamadas pelos testadores de *minhas enjeitadas*, como uma espécie de garantia para seu futuro casamento, havendo também aqueles que declaravam ter efetivamente casado uma enjeitada (Faria, 1998:75).

---

[8] Arquivo Público do Paraná – Juízo de Órfãos de Curitiba, 10ª Vara Cível. Caixa PJ1-02 – Processos Judiciários Inventários nº 02. 014 – 1783 – Auto de Inventário do Sgto-Mór Simão Gonçalves de Andrade. Testamento em anexo de 1771.

Em 1774, Brás Domingues Veloso, *homem bom*,⁹ dono de um cabedal considerável, dividido em alguns lances de terras, *administrados* e muares, declarou que havia casado...

> hua Ingeitada por nome Maria de Jezus que Criei em Caza com Plazido de Gois [Bonute] lhe dei por esmola hû Lugar para [ilegível 1 palavra] Sitio no Rio Verde Rogo a meos Erdeyros que por Couza de tao pouca intidade não' movao' [Contendas] [destes] hajaô esta esmola por bem [firta] E por quanto hé a ultima vontade miassigno.¹⁰

Depreende-se a partir desse pequeno excerto que, sob o abrigo do domicílio de Brás Domingues Veloso, a pequena exposta parece ter encontrado todas as condições necessárias para completar as etapas de um ciclo de vida que era normalmente esperado para os extratos livres da população colonial.

Conseguindo sobreviver à morte prematura, tão característica nas sociedades tradicionais, Maria de Jesus foi batizada e, definitivamente, incorporada ao domicílio que a recebeu. Quando mais velha, em 1772, o pequeno dote que recebeu por esmola propiciou-lhe constituir – com a interferência de seu "pai" de criação – uma aliança matrimonial sacramentada sob a égide da Igreja.¹¹ Futuramente, ela pôde dar à luz a pelo menos dois filhos legítimos,¹² que foram criados em companhia de seu marido, Plácido de Góes Bonete Vareyro. Os levantamentos nominativos trouxeram alguns instantâneos do que foi a vida do casal entre 1776 e 1797. Eles não possuíam escravos, obtinham o sustento de suas roças e, também, da lide com um rebanho de aproximadamente 30 muares.¹³ O casal parecia viver uma vida relativamente modesta, fato que

---

9 Brás Domingues possuiu um currículo extenso com diversas atividades desenvolvidas na Câmara de Curitiba onde ele ocupou o cargo de Juiz Ordinário nos anos de, 1743, 1748 e 1750. Atas da Câmara Municipal de Curitiba. Levantamento realizado no CEDOPE.

10 Arquivo Metropolitano Dom Leopoldo e Silva, da Mitra Arquisiocesana de São Paulo. 1777 – Auto de Contas de Brás Domingues Velozo. Testamento em anexo de 1774.

11 Arquivo da Catedral Metropolitana Basílica Menor de Nossa Senhora da Luz dos Pinhais de Curitiba. Livro de Casamentos III.

12 Arquivo da Catedral Metropolitana Basílica... Livro de Batismos v.

13 CEDOPE... Listas Nominativas de Habitantes da Vila de Curitiba. Para os anos de 1776, 1771, 1782, 191, 1797. Documentos originais pertencentes ao Departamento do Arquivo Público de São Paulo.

não os impediu de acolher em casa três meninas expostas (*Maria em 1779, Marianna em 1787, Vitorianna em 1789*) e, providenciar, futuramente, o casamento da exposta Maria de Jesus[14] (que, conforme a ata nupcial, possuía o mesmo nome de sua mãe de criação) com o viúvo Antonio Ribeiro Baptista. Repetia-se, portanto, um ciclo de vida, apontando para a direção de que nem sempre o qualificativo de *exposto* atuava como um entrave definitivo à inserção social do indivíduo na vida adulta.

Socorrida pela caridade de Brás Domingues Veloso, Maria de Jesus encontrou uma via para se inserir da forma mais adequada possível – através do casamento legitimamente constituído – no âmbito da sociedade que a cercava.[15] Não obstante, a esmola *tão pouca* que parecia não merecer maiores disputas da parte dos seis filhos legítimos, herdeiros forçados, de Brás Domingues Veloso, pode ser tomada como um indício de que no interior do *fogo* que a acolheu como exposta, Maria de Jesus recebeu um tratamento inferior ao dos filhos legítimos, tendo sido, provavelmente, incorporada ao domicílio na condição de uma simples agregada e não como um membro genuíno da família que a criou. Em outros casos, porém, a incorporação do exposto ao domicílio que o recebeu poderia ser ainda mais profunda.

Em 1783, José de Oliveira Sampaio e sua mulher Maria do Nascimento de Jesus, acolheram em sua casa a exposta Maria. Ele era *homem bom*[16] e sua esposa era filha do capitão miliciano Pedro Dias Cortes.[17] O casal possuía pelo menos seis escravos lotados em seu domicílio, indicativo de que os pais da pequena Maria haviam escolhido abandonar sua filha à porta de um domicílio de posses. Logo no momento em que Maria foi batizada, abriu-se um prognóstico positivo do ponto de vista da sua inserção no domicílio que a acolheu: os seus receptores optaram por batizá-la como afilhada.

Jack Goody lembra que, no âmbito da tradição católica, o patrocínio batismal acabou substituindo, em certa medida, a ideia de adoção. Os padrinhos tornavam-

---

14 Conforme a ata de casamento (ver nota 19) a exposta parece ter recebido o mesmo nome de sua mãe de criação.

15 Nesse caso é importante lembrar dos trabalhos historiográficos que localizam a importância do casamento legitimamente constituído nas sociedades tradicionais.

16 Atas da Câmara Municipal de Curitiba. Levantamento realizado no CEDOPE.

17 Arquivo Público do Paraná – Juízo de Órfãos de Curitiba, 10ª vara cível [Sem Numeração] – Processo de Auto de Contas de Maria do Nascimento de Jesus – 1804. Testamento em anexo de 1801.

se pais espirituais do batizando e, na falta dos pais, deveriam ser os primeiros interceder pelo futuro da criança (Goody, 1985:69).

São diversos os estudos que ressaltam a importância que a sociedade colonial atribuía às relações entre padrinhos e afilhados. O parentesco espiritual era reconhecido socialmente e implicava respeito e obediência por parte do afilhado, assim como proteção e auxílio por parte dos padrinhos e das madrinhas. Conforme certa historiografia tem evidenciado, tal relação era tão estreita que os senhores buscavam evitar a todo custo apadrinhar seus escravos para não colocar em risco o poder de coagi-los à força (Vainfas, 2000:27). Conforme argumenta Renato Pinto Venâncio,

> por reconhecer a importância social do parentesco espiritual, os senhores e as autoridades agiam com cautela quando se tratava da escolha de pais espirituais. Para os enjeitados tal vínculo abria caminho para a integração familiar. Não é absurdo considerar o compadrio, portanto, como uma espécie de "adoção popular", uma adoção que não chegava a ser registrada em cartório, mas que implicava em compromissos semelhantes ao da adoção legal (Venâncio, 1998:138).

Nessa direção, o parentesco espiritual pôde servir como uma via para estreitar os laços entre Maria e o casal que a acolheu. Ela não foi a única exposta a ser batizada como afilhada de seus receptores na Curitiba setecentista. Para a segunda metade do século XVIII, 85 crianças, configurando 20,6% dos casos, foram apadrinhadas pelo casal receptor. Situação semelhante foi observada por Carlos Bacellar, na Vila de Sorocaba, onde, de um universo de 147 expostos, 51 (38,7%) foram batizados como afilhados do casal que os recebeu em casa. (Bacellar, 2001:223) Novamente, esses dados tendem a ressaltar uma perspectiva otimista sobre a condição em que determinados expostos eram integrados aos domicílios depois de serem acorridos.

Em 1783, mesmo ano de seu batismo, Maria é recenseada pela primeira vez nos levantamentos nominativos da Curitiba setecentista. Por motivos ainda não esclarecidos, a mesma não foi relacionada como exposta, mas na condição de agregada ao domicílio de seus receptores. Em geral, tanto para a Vila de Curitiba, como para outras localidades da colônia, os levantamentos nominativos apresentavam grandes variações na hora de registrar um exposto. Sem uma lógica aparente, ora os enjeitados eram relacionados no rol dos filhos legítimos, ora como agregados e, finalmente, também como expostos.

Dessa forma, alerta-se que avaliar o nível de integração do exposto em seu domicílio receptor, tendo por base a classificação que o mesmo recebia na hora de ser registrado pelos recenseadores, mostrou-se uma tarefa infrutífera na maioria das vezes. Contudo, a história de Maria pôde trazer alguns indicadores a respeito das nuances que interferiam na maneira pela qual uma criança enjeitada era classificada junto ao seu domicílio receptor.

Como foi observado, a partir de 1783, Maria foi classificada como uma agregada ao domicílio que lhe havia recebido. Essa situação perdurou até 1791, ano da morte de José de Oliveira Sampaio, padrinho e chefe do *fogo* onde a exposta Maria morava. Coincidência ou não, após esse evento, Maria passou a ser recenseada, com o qualificativo de exposta ao mesmo domicílio, que era agora encabeçado pela viúva de José, Maria do Nascimento de Jesus. Em 1803, às vésperas de sua morte, Maria do Nascimento declarou...

> fui cazada com Jozé de Oliver^a SaoPaio, taobem já falescido de cujo Matrimonio não tivemos filhos alguns que haja de ser meos Erdr^o forçados, e como assim não tenho, *Constituo por minha Universal Erdr^a a Maria Urçula da Conceição por Ser esta a minha exposta, ou Ingeitada, e afilhada que a Criei como filha e por tal a tenho e ella por tal Se [?] e me tem servido como filha desde que teve uso de Razão até o prezente e esta fidelidade a constitua a minha universal Erdeira de todos os meus bens que [f.3v]* Que por meo falescimento se achar em depois de pagas as minhas dividas e sufrágios, e funeral, e deixar de cujos bens já delles fis doação a d^a m^a Erdeira por Escriptura publica a qual protesto seja enSinuada p^a maior vigor.[18]

Segundo Carlos Bacellar, ao que tudo indica, era a própria família que tratava da identificação da criança como seu membro ou apenas como agregado (Bacellar, 2001). Se os trâmites do recenseamento colonial realmente funcionavam no sentido observado pelo autor, pode se aventar que a opção em deixar de classificar Maria Urçula da Conceição como agregada era fruto de uma iniciativa subjetiva de Maria do Nascimento de Jesus. Tal iniciativa poderia ser interpretada, talvez, como uma intenção de antecipar uma decisão que ela tomaria futuramente: assumir a sua exposta e afilhada como *universal herdeira* de todos os seus bens.

---

18 Arquivo Público do Paraná ... [sem numeração] – Processo de Auto de Contas de Maria do Nascimento de Jesus – 1804.

Do testamento de Maria do Nascimento irrompem com precisão as motivações que a levaram a assumir a exposta como se fosse sua própria filha. De um lado, parecia existir uma razão de foro afetivo a influenciar as resoluções que Maria do Nascimento tomou, antes de falecer, em relação à sua enjeitada. Reconhecer a exposta *Maria Urçula de Jesus* como sua universal herdeira era também uma forma de demonstrar gratidão à fidelidade que ela havia lhe dedicado desde a sua mais tenra infância. Entretanto, também subjaziam razões de ordem prática, pois o casal era estéril e não pôde gerar filhos.

Nesse sentido, Carlos Bacellar levantou que em Sorocaba muitos casais estéreis contornavam tal problema adotando, literalmente, um exposto. Segundo o autor,

> embora durante o período colonial não houvesse legislação a respeito, ocorreram em Sorocaba casos concretos em que se chamava de adoção nada menos que a própria exposição de crianças. Adotava-se um exposto como pura e simples intenção de substituir os filhos que não se conseguia ter, tratando esse exposto como se filho fosse (Bacellar, 2001:235).

Ao mesmo tempo, o fato de uma exposta ter sido abandonada justamente à porta de um casal que não teve filhos pode não ter sido apenas uma simples coincidência. Mesmo que seja impossível averiguar até que ponto casais estéreis realizavam um esforço efetivo para receber e criar um bebê indesejado, é fato que a lacuna de filhos em determinados domicílios parecia deixá-los propensos a acolher expostos.

Aos quatro dias do mês de junho de 1774, o modesto lavrador André Corcino, casado com Custódia de Souza, registrou o óbito do pequeno Francisco, seu filho, que faleceu com apenas dois meses de idade. Cerca de oito meses depois, em fevereiro de 1775, o casal batizou como afilhado o menino Francisco exposto à porta deles. Em maio de 1789, Tomé Álvares Palhano, casado, anotou o óbito de Salvador, seu filho, que morreu com a idade de um ano. Cerca de oito meses depois recebeu à sua porta a exposta Maria. João Antonio da Costa e sua esposa perderam seu filho com dois meses de idade, em 22/12/1788. Em março de 1790, recolheram em casa Leandro, enjeitado, que foi batizado como afilhado do casal. Num intervalo de dois anos, João Francisco Correia e sua esposa perderam um filho biológico, para depois socorrerem uma exposta.

Desta feita, conforme sugerem os casos acima narrados, um traço relativamente frequente no âmbito do abandono domiciliar era o surgimento de um exposto em um domicílio por ocasião do óbito de algum recém-nascido. Ao se deparar com eventos análogos para o contexto da Vila de Sorocaba, Carlos Bacellar sugeriu que

> seria possível admitir que, da parte dos pais da criança abandonada, haveria uma intenção declarada de aproveitar uma mãe que perdera o filho, mas que ainda dispunha de leite para ser escolhida como o destino de uma exposição. Da parte dessa mãe, que há pouco perdera um filho, não é absurdo considerar que o enjeitado viria a substituir o filho perdido, fechando a lacuna na série de filhos (Bacellar, 2001:225).

Tal explicação conduz à nuance interpretativa, que tende a considerar o fenômeno da exposição como um *"mecanismo social de redistribuição de crianças excedentes."* (Tilly, 1992:3).

Não há muitas evidências concretas a respeito da maneira pela qual tais crianças expostas, substitutas de filhos legítimos recém-falecidos, foram incorporadas à família que os recebeu. Entretanto, o que importa salientar é o fato de que tais procedimentos de substituição de filhos parecem ter ocorrido em diversas circunstâncias e podem ter sido mais comuns do que se possa imaginar. Além disso, esse tipo de evento destaca que, no contexto do abandono domiciliar, a escolha dos domicílios em que se abandonavam crianças estava longe de ser aleatória. É fato que havia domicílios mais propensos do que outros na hora de receber um exposto.

Nesse sentido, pôde se observar que a grande tendência, no que se refere ao abandono na Vila de Curitiba, consistia na exposição de crianças à porta de domicílios modestos, chefiados por homens livres que não foram qualificados com distintivos sociais ou patentes de milícia. A grande maioria dos expostos, configurando 71% (209 casos em 294 avaliados), foi abandonada à porta de casas nas condições descritas, indicando que os segmentos mais humildes da população, que dependiam exclusivamente da mão-de-obra familiar para subsistir, eram os que recebiam mais enjeitados.

Chegando a dados semelhantes para a Vila de Sorocaba, Carlos Bacelar observou que o predomínio, em números absolutos, dos *fogos* encabeçados por homens poderia significar, na verdade, a intenção de escolher casais constituídos. Domicílios com esse perfil eram teoricamente mais estáveis e, além disso, a presença da esposa, que na maioria das vezes já havia tido filhos, poderia garantir melhores condições de tratamento ao pequeno exposto (Bacellar,2001:215). Ao que tudo indica, tal explicação também se encaixa para o contexto curitibano, uma vez que na Curitiba setecentista, para o recorte estudado, não foram anotados abandonos à porta de moradas chefiadas por homens declarados solteiros, e aconteceu apenas uma exposição em domicílios encabeçados por viúvos. Entre o universo dos homens solteiros havia também os clérigos. No período estudado, ocorreram três exposições à porta de padres, entretanto, vale ressaltar que os três padres acabaram encaminhando as crianças para que fossem criadas em casas que se adequavam ao perfil domiciliar, destacado como sendo o preferido na hora de se expor uma criança: eram chefiadas por homens casados.

Ao escolherem moradias simples, encabeçadas por casais constituídos, mais do que a proeminência do domicílio receptor, os pais dos expostos poderiam estar à procura de moradias estáveis, onde o exposto poderia obter melhores condições de sobrevivência. Nesses domicílios, ao que tudo indica, os enjeitados engrossavam a força de trabalho familiar, laborando muitas vezes ao lado dos filhos legítimos de seus receptores, suprindo a lacuna de mão-de-obra escrava e auxiliando seus receptores na obtenção do sustento da família que os acolheu.

A estabilidade também parece ter influenciado quando as crianças eram abandonadas em lares chefiados por mulheres. Dentre esses lares, a maior parte dos abandonos contabilizados para o período, 29 casos que representavam 9,7% de 284 registros de batismos de expostos avaliados, ocorreu em lares onde a chefia do domicílio ficava por conta das viúvas. A idade das 29 viúvas que recolheram expostos em suas casas oscilou de 39 a 89 anos. Essas mulheres, ao que tudo indica, haviam encerrado seu ciclo fértil e, talvez com seus filhos já casados, poderiam dispensar maiores atenções ao pequeno enjeitado.

Entretanto, seria no universo dos domicílios chefiados por mulheres que ocorreriam os abandonos à porta dos domicílios que pareciam ocupar o status mais prejudicado do espectro social na Vila de Curitiba. Quatro crianças foram expostas à porta de casas chefiadas por mulheres classificadas como administradas e duas crianças foram batizadas como enjeitadas à porta de mulheres forras. Em relação aos abandonos ocorridos à porta de forros na Vila de São João Del Rey, Sílvia Brüegger levantou a hipótese de que seria possível

> que em domicílios de brancos, crianças mestiças fossem incorporadas mais como agregados do que como parte efetiva da família. Já nos lares de forras, talvez pudessem gozar de um status diferente. A hipótese me parece bastante plausível, sobretudo se considerando o fato de terem as libertas poucos filhos, o que as tornaria, possivelmente, mais receptivas àquelas crianças (Bruegger, 1995:230).

Infelizmente, até o momento, não foi possível agregar maiores informações a respeito das forras que receberam expostos na Vila de Curitiba. O único dado que pôde ser levantado para os dois casos foi, justamente, o registro de batismo que declarava que o bebê havia sido abandonado à porta das forras *Rosa* e *Fellipa*. Tendo em vista a imprecisão dos levantamentos nominativos, sobretudo em relação aos segmentos desfavorecidos da população da Curitiba setecentista, a tentativa de acompanhar a trajetória dos expostos, bem como o perfil dos domicílios das forras que os receberam, resultou em frustração. Desta feita, ainda faltam elementos para testar a hipótese levantada por Sílvia Brüegger para o contexto da Vila de Curitiba. A análise das exposições à porta dos domicílios chefiados por administrados esbarrou na mesma dificuldade.

Em linhas de conclusão, constata-se que o enjeitamento de crianças, no contexto do abandono domiciliar, embora originado do interesse ou necessidade de alguém abandonar um filho recém-nascido era também orientado por necessidades e conjunturas internas aos domicílios receptores. É ponto pacífico que, na Vila de Curitiba, dentre diversos lares com variadas condições socioeconômicas, alguns foram escolhidos mais do que uma vez para abrigar expostos, gerando, portanto, tendências de exposição que, podem significar, uma preocupação com a sobrevida das crianças expostas por parte dos pais que às abandonavam.

Sabe-se que generalizar as evidências aqui recolhidas, acerca do tratamento recebido pelos expostos no interior dos domicílios receptores, consiste num vício perigoso. Afinal nem todos os enjeitados tiveram a mesma sorte. Alguns certamente tiveram pior destino do que outros, abandonados ao léu, em locais ermos, distantes da misericórdia alheia (Cavazzani; Moraes, 2004).

Porém, os indícios aqui levantados permitem pensar que os termos/vocábulos *exposto* e *enjeitado*, de uso tão frequente no vernáculo setecentista, não parecem corresponder à noção que a palavra abandonar suscita nos dias de hoje. Na prática estas palavras parecem ter adquirido, no âmbito das sociabilidades coloniais, um caráter polissêmico: o exposto nem sempre era um indivíduo desamparado a esmo por seus pais.

Bibliografia

Ariès, Philippe. *O homem diante da morte*. Rio de Janeiro: F. Alves, 1981.

Boswell, John. *The kindness of strangers: the abandonment of children in Western Europe from Late Antiquity to the Renaissance*. Chicago: The Universitiy of Chicago Press, 1998.

Bacellar, Carlos de Almeida Prado. *Viver e sobreviver em uma vila colonial: Sorocaba, séculos XVIII e XIX*. São Paulo: Annablume, 2001.

Cavazzani, A.L.M.; Moraes, J.M. "In extermis 'causa mortalidade e exposição numa pequena vila da América portuguesa'". In: *Anais do XIV Encontro Nacional de Estudos Populacionais*. Campinas: ABEP, 2004.

Balhana, A. P.; Pinheiro Machado, B.; Westphalen, C. *História do Paraná*. Curitiba: Grafipar, 1969.

Burmester, A M. de O. *A população da vila de Curitiba segundo os registros paroquiais. 1751-1800*. Dissertação de mestrado: UFPR, 1974.

Brüegger, S. M. J. *Minas patriarcal família e sociedade (São João Del Rei-séculos XVIII e XIX)*. Tese de doutorado: UFF, 2002.

Faria, S. de C. *A colônia em movimento: fortuna e família no cotidiano colonial*. Rio de Janeiro: Nova Fronteira, 1998.

Goody, J. *Família e casamento na Europa*. Oeiras: Editora Celta, 1985.

Journal of Family History. Tilly, L. et.al. *Child abandonment in european history; a simposium*, vol. 17; n° 1. Londres: Jai Press Inc., 1992, p. 1-23.

Kubo, E.M. *Aspectos demográficos de Curitiba 1801-1850*. Dissertação de mestrado: UFPR, 1974

Leão, E. de. *Diccionário histórico e geográfico do Paraná*. Curitiba: Empresa Graphica Paranaense, 1994.

Lopes, E. C. *O revelar do pecado: filhos ilegítimos na São Paulo do século XVIII*. São Paulo: Annablume, 1998.

Marcilio, M.L. *La ville de São Paulo. Peuplement et population*. 1750-1850. Rouen: Éditions de L'université de Rouen, 1968.

_____. *História social da criança abandonada*. São Paulo: Editora Hucitec, 1998.

Mesgravis, L. *A santa Casa de Misericórdia de São Paulo 1599?(sic)-1884: contribuição ao estudo da assistência social no Brasil*. São Paulo: Conselho Estadual de Cultura, 1976.

VENÂNCIO, R. P. *Famílias abandonadas: a assistência à criança de camadas populares no Rio de Janeiro e em Salvador, séculos XVII e XIX*. Campinas: Papirus, 1999.

_____. (org.). *De Portugal ao Brasil: uma história social do abandono de crianças, séculos XVIII-XX*. Belo Horizonte: PUC Minas/São Paulo: Alameda, 2010 (no prelo).

VAINFAS, R.(org.) *Dicionário do Brasil Colonial (1500-1808)*. Rio de Janeiro: Objetiva, 2000.

WOOD, A.J.R. *Fidalgos e filantropos: a Santa Casa de Misericórdia da Bahia, 1550-1755*. Brasília: Editora da Universidade de Brasília, 1981.

PARA O MUNDO E PARA A ETERNIDADE

IDADE DO BATISMO NAS ATAS PAROQUIAIS (CURITIBA, SÉCULOS XVIII-XIX)[1]

Paula Roberta Chagas[2]
Sergio Odilon Nadalin[3]

Aos catorze dias domes de Novembro de mil eseteCentos e vinte etres annos em esta Igreia matris de n. Sr.ª da Luz dos Pinhais. Bautizei epus os Santos Óleos â Florênçia inocente filha de Rozaura Soltr.ª do gentio daterra da admenistrasão de Matias Friz de Abreu forão padrinhos Pedro da Silva Pinto e Izabel.

o Vigr.º Gr.º Mendes Barbuba

[b 01-4 029 a]

Aos tres dias domes de dezembro de mil eseteCentos e vinte etres annos em esta Igreia matris de N. Sr.ª da Lux. bautizei epus os Santos Oleos â Veronica

---

[1] Colaborou na pesquisa e na confecção deste capítulo a acadêmica e bolsista de Iniciação Científica Marina Braga Carneiro do Curso de História da Universidadade Federal do Paraná (Carneiro, 2009).

[11] Mestranda no Programa de Pós-Graduação em História da UFPR, membro do Centro de Documentação e Pesquisa de História dos Domínios Portugueses (CEDOPE) do Departamento de História da UFPR, e do Grupo de Pesquisa Demografia & História (UFPR/CNPq).

[12] Professor Associado, membro do Centro de Documentação e Pesquisa de História dos Domínios Portugueses (CEDOPE) do Departamento de História da UFPR. Pesquisador do CNPq e do Grupo de Pesquisa Demografia & História (UFPR/CNPq).

inocente filha de Ventura Solteira do gentio daterra da admenistrasão de Diogo daCosta Roza nasceo aos vinte eseis de novembro. forão padrinhos João Pais e Paula Friz.' Molher dosobre d.º Diogo da Costa pesoas de mim Reconhecidas.

o Vigr.º Gr.º Mendes Barbuda

[b 01-4 029 v][4]

Introdução

A historiografia tem apontado para a ausência de informações nos registros paroquiais arrolados na América Portuguesa, a respeito da idade em que as crianças eram batizadas. Trata-se de evidência documental característica até, pelo menos, as primeiras décadas dos oitocentos, o que tem compelido os especialistas brasileiros em Demografia Histórica a considerarem a data do batismo como equivalente à do nascimento.[5]

Pelo que se sabe, também, em alguns momentos ou esporadicamente, esses dados foram anotados pelos vigários e, pelo que parece, em função de admoestações de "visitadores".[6] É fato que as Constituições do Arcebispado da Bahia não exigiam, no modelo divulgado,[7] a inclusão deste dado como conteúdo das atas. Porém, por outro lado, tendo em vista as ameaças e os perigos que assombravam as crianças recém-nascidas, e sem dúvida considerando as representações que se faziam em torno do batismo nas sociedade tradicionais, as mesmas Constituições exigiam que as crianças fossem batizadas até o oitavo dia, estipulando penas pecuniárias para os desobedientes.[8]

---

13 Do acervo digitalizado do Centro de Documentação e Pesquisa de História dos Domínios Portugueses, CEDOPE, do Departamento de História da UFPR.

14 Ver, por exemplo, BURMESTER, A. M. de O. *Population de Curitiba au XVIII e siècle*. Université de Montreal, 1981. Tese (doutorado).

15 Kátia Campos mostrou isso concretamente, em relação à Freguesia de N. Sr.ª da Conceição do Antônio Dias, nas Minas Gerais. CAMPOS, K. M. N. *Elo da história demográfica de Minas Gerais: reconstituição e análise inicial dos registros paroquiais da freguesia de N. S.ª da Conceição do Antônio Dias*. Belo Horizonte: Cedeplar, 2007, p. 27-8. Dissertação (mestrado) Universidade Federal de Minas Gerais.

7 *Ibidem*, p. 29.

8 As normas do Concílio de Trento determinavam que o batismo deveria ser realizado o mais cedo possível, sendo que cada diocese deveria fixar os prazos admissíveis. Foi assim que a monarquia fran-

Em Curitiba, provavelmente em função de uma dessas visitações, os anos de nascimento dos batizandos são anotados, com muita descontinuidade, a partir de 1723, e de forma mais contínua, de 1729 a 1763. Depois disso, somente de 1837 em diante, acompanhando uma tendência que parece se generalizar nas paróquias brasileiras no século XIX.

Tendo em vista a atuação dos diversos vigários que estiveram à frente da Paróquia nos setecentos e, depois, dos oitocentos, e com base em alguns estudos amostrais anteriores,[9] construímos, uma base de dados comparativa com o objetivo de realizar análises a respeito do intervalo entre o nascimento e a data do Batismo, no âmbito de um estudo crítico dos registros paroquiais.[10] Para as explicações necessárias, seguem-se também algumas inferências relacionadas à importância assumida pelo Sacramento no imaginário da sociedade colonial.

O que foi mencionado explica o primeiro recorte cronológico (1729); dado que na maior parte dos oitocentos a informação é usual nas atas de batismo, decidimos encerrar o estudo em 1849, como que assinalando, a partir da segunda do século XIX, as profundas mudanças institucionais e estruturais que viriam.

---

cesa, por exemplo, restringiu o prazo para as 24 horas após o nascimento, sob pena de pesadas multas (GOURDON, 2006:20). Tudo indica que, na América Portuguesa, os "prazos admissíveis" estenderam-se para os oito dias, possivelmente em função das distâncias a serem percorridas pelos paroquianos (Vide, CAMPOS), *op. cit.*, p. 20.

9 GALVÃO, R. R.; NADALIN, S.O. "Arquivos paroquiais e bastardia: mães solteiras na sociedade setecentista". *Anais. XIV Encontro Nacional de Estudos Populacionais, Caxambu-MG.* Campinas: ABEP (Associação Brasileira de Estudos Populacionais), [ver XIV Encontro da ABEP, ST 22 (HIS), em http://abep.org.br]. 2004:9-13. NADALIN, "Mães solteiras e categorias de ilegitimidade na sociedade colonial dos séculos XVIII e XIX". *NW Noroeste. Revista de História. Congresso Internacional de História; Território, culturas e poderes. Actas,* vol.1. (Braga), Núcleo de Estudos Históricos (Universidade do Minho), 2006.

10 GALVÃO, R. R.; NADALIN, S. O. "Pus os santos oleos a Francisco innocente, pater incognitus. Bastardia e ilegitimidade: murmúrios dos testemunhos paroquiais durante os séculos XVIII e XIX". *XII Encontro Nacional de Estudos Populacionais (Atas),* Caxambu (MG), 23 a 27 out. 2000 (publicado em CD-ROM, 24p. - ver "publicações", em http://www.abep.org.br). GALVÃO; NADALIN. *"Arquivos paroquiais, bastardia e ilegitimidade: mães solteiras na sociedade setecentista (versão preliminar)".* Atas da *V Jornada Setecentista,* 2003. Curitiba (PR), Centro de Documentação e Pesquisa de História dos Domínios Portugueses (CEDOPE), Departamento de História, UFPR. GALVÃO; NADALIN, *Anais. XIV Encontro Nacional de Estudos...* 2004.

A referência à data de nascimento nos registros de batismo curitibanos

A epígrafe que abre este texto transcreve dois documentos encontrados no Livro 1 de Batismos (na "seção" destinada aos cativos), o primeiro no anverso e o segundo no verso da folha 29, com intervalo de 19 dias, mas registrados um após o outro pelo mesmo vigário, Gregório Mendes Barbuda. A documentação também testemunha a visita do padre José Rodrigues França, que deixou várias anotações nos livros em referência. Dentre elas, salientamos a recomendação de que as atas incluíssem, além de outras informações, a data de nascimento do batizando – tanto para os "brancos" e livres quanto para os "escravos".[11] O batismo de Florência, em 14 de novembro de 1723, coincide aparentemente com o início da visitação, e o registro segue o modelo até então observado pelos vigários. De fato, a primeira anotação do padre França data de 13 de novembro de 1723, e a recomendação que nos interessa ocorreu em 15 de novembro; já no batismo de Verônica, que se segue, o vigário parece obedecer à indicação do visitante. Entretanto, logo simplifica novamente a redação das atas, "esquecendo-se" da admoestação do padre visitador. O seu substituto, Antonio de Sampaio Maciel, entra em cena em 1727 e até 1729 procede da mesma forma. Ainda nesse último ano, as primeiras treze atas não contêm a data de nascimento do batizando. É nesse momento que retorna a Curitiba um velho personagem, aparentemente revestido de novas funções: referimo-nos ao padre Gregório Mendes Barbuda, que deixou registrado no Livro 1.2 quatro atas de batismo seguindo o modelo sugerido por José Rodrigues França, em 1723, ou seja, incluindo como informação a data de nascimento. Dessa forma, com novos poderes, parecia estar indicando ao novo vigário, Ignacio Lopes, como deveriam ser realizados os assentamentos. Como consequência, inaugura-se em 1929 um período de séries contínuas que, quase ininterruptas, se mantêm até 1763. Depois, inexplicavelmente, o

---

11 V.do em vizita. Recommendamos m.do ao R.do Vigr.º oCuidado q.' deve ter Com os asCentos dos bautizados de maneira q.' lhe não passem algũas e q.' Visto lhe não Suceda: fará antes de Bautizar os asCentos na forma Seguinte: F. filho de F. n.al detal parte ede sua molher F. n.al de tal, nasceo aos tantos detal mês e anno por mim Vigr.º, ou p.lo P.e F. de Licença minha, e Logo lhe pus os Sntos óleos. Forão padrinhos [fuao] n.al detal parte, e F. filha ou mulher de F. ep.a Constar fis este termo dia mês eera aSCima. O Vigr.º F. aSCIm Secloservará daqui endiante, [enclestudo] Se escreverá per extenço enão per algarismos ou [?], esta mesma forma digo clareza SecloServe Com os dos escravos deClarando Se deq.m São os escravos, ainda os mesmos padrinhos. V.ª de N. S.ra da Lus aos 15 de 9.bro de 1723. (assina:) O Viz.or Joseph Roiz.' França.

padre Manoel Domingues Leytão – que havia iniciado seu trabalho em Curitiba no ano de 1731, mantendo quase sempre o bom hábito de registrar a data de nascimento do batizando – deixou de anotar o quesito.

A situação é diferente nos oitocentos. Observa-se que, coerentemente com a melhor organização dos livros, aumenta a demanda por batismos, pois aumentava a população. No entanto, até o final da década de 1830, os padres e vigários que deixaram seus assentos nos arquivos eclesiásticos curitibanos teimavam em não identificar a data do nascimento do batizando ou, mesmo, sua idade. Foi em meados de 1837 que o vigário Antonio Teixeira Camello tomou a iniciativa, possivelmente admoestado por um visitador – e seguindo uma tendência que, ao que parece, generaliza-se no Brasil –, de registrar a idade da criança, embora no início não fosse acompanhado nessa iniciativa pelos outros dois padres que deixaram suas assinaturas nas atas de batismo da paróquia.[12] Mais para o final do ano, mesmo alternando-se os signatários dos assentamentos, torna-se corrente a inclusão dessa informação.

Tendo em vista os objetivos do texto, consideramos suficientes os dados arrolados até 1849, e esse ano, portanto, encerra nossas observações. Assim, objetivado o problema, passamos ao arrolamento dos itens das atas de batismo que nos interessavam, utilizando para este fim as folhas de "levantamento nominativo abreviado"[13] que colecionam dados a respeito das atas de batismos ocorridos na Paróquia de Nossa Senhora da Luz dos Pinhais de Curitiba desde o final do século XVII.[14]

De acordo com a periodização já mencionada, e considerando a desejada comparação entre os séculos XIII e XIX, nossas análises compreendem os seguintes recortes cronológicos, quais sejam, 1729-1739, 1740-1749 e 1750-1763 – numa continuidade que diria respeito à primeira metade dos setecentos – e, finalmente, 1837-1849, para finalizar o período. É importante grifar que essa última conjuntura antecede as grandes transformações estruturais e institucionais que caracterizam a segunda metade do oitocentos, prolongando-se pelo menos até a década de 1930.

---

4 Referimo-nos aos padres Joaquim de Sá Sotto Mayor e João d'Abreu Sá Sotto Mayor.

5 FLEURY, M.; HENRY, L. *Nouveau Manuel de dépouillement et d'exploitation de l'état civil ancien*, 3ª ed. Paris: INED, 1985, p. 69-75.

6 As referidas folhas se encontram arquivadas no Centro de Documentação e Pesquisa de História dos Domínios Portugueses (CEDOPE), no Departamento de História da UFPR. De forma complementar, utilizamos também a documentação digitalizada do mesmo acervo.

Tabela 1 – Omissão da data de nascimento nas atas de batismo; 1729-1763 / 1837-1849.

Período	Cond. Juríd.	Indeterminados n.a.	Indeterminados %	Inocentes n.a.	Inocentes %	Inocentes + Indets. n.a.	Inocentes + Indets. %	Total
1729-1739: P. Ignácio Lopes, P. Manoel D. Leytão	livres	26	4,05	-	-	26	4,05	642
	cativos*	05	1,00	35	7,01	40	8,02	499
1740-1749 P. Manoel D. Leytão	livres	08	0,92	94	10,77	102	11,68	873
	cativos*	08	2,14	59	15,82	67	17,96	373
1750-1763 P. Manoel D. Leytão	livres	05	0,31	446	27,72	451	28,03	1609
	cativos*	08	1,56	185	36,13	193	37,70	512
Subtotal (séc XVIII)	livres	39	1,25	540	17,29	579	18,53	3124
	cativos	21	1,52	279	20,16	300	21,68	1384
1837-1849 (séc XIX) P. Ant. T. Camello	livres	69	1,24	344	6,17	413	7,41	5575
	cativos*	27	4,31	93	14,83	120	19,14	627
Total	livres	108	1,24	884	10,16	992	11,40	8699
	cativos	48	2,39	372	18,50	420	20,89	2011
Total do período		156	1,46	1256	11,73	1412	13,18	10710

*Obs: escravos e administrados.

Fonte: Arquivo da Catedral Basílica de Nossa Senhora da Luz dos Pinhais de Curitiba. Atas de Batismos.

A síntese das distribuições construídas em função do arrolamento detalhado dos dados, considerando as distinções necessárias entre a população livre (incluindo alforriados) e a população cativa (agregando escravos de origem africana e administrados indígenas), está organizada na tabela 1, que informa, igualmente, o nome dos vigários que atuaram nos períodos observados. Assim, entre 1729 e 1763, 18,5% dos registros de batismos de crianças livres, tanto legítimas como ilegítimas, não possibilitam verificar o intervalo entre o nascimento e o batismo da criança. Essa percentagem aumenta um pouco quando nos fixamos nos filhos de escravas e administradas (21,7%). Em média, 20 em cada 100, o que é um pouco mais do que foi detectado para a freguesia do Antonio Dias (Vila Rica), na mesma época (15,0%, 1719-1768).[15]

Trata-se de cifras muito gerais, pois, no que se refere a Curitiba, durante o período assinalado, a situação dos registros muda de bem favorável na década de 1730 (6% de omissão, em média), piorando gradativamente, até chegar, nos anos 1750, à sofrível média de quase 33%. Ou seja, gradativamente o padre Leytão diminuía os cuidados que demonstrou no início de seu ministério, deixando praticamente de informar o quesito a partir de 1763, como mencionamos anteriormente (ver tabela 1).[16]

A presença da informação em pauta nos anos de 1837 em diante reflete a melhoria da qualidade dos registros durante o século XIX – pelo menos, para a população livre: até 1849, somente 7,4% das atas de batismo de crianças dessa categoria não incluíam a data do nascimento. É de se anotar, no entanto, a grande diferença observada nas atas dos cativos, agora africanos (19,14%);[17] de qualquer forma, a média de 13,3% é significativamente menor do que os 20% calculados para o início do período analisado.

---

7 COSTA, I. del N. da. *Vila Rica: População (1719-1826)*. São Paulo: Instituto de Pesquisas Econômicas (IPE) da USP, 1979, p. 64 (tabela 17), p. 226 (tabela II.2).

8 Nos anos que seguem esporadicamente, observam-se algumas atas que incluem a data de nascimento do batizando.

17 A respeito do aumento dos escravos de origem africana em Curitiba, ver NADALIN, S.O. *NW Noroeste. Revista de História...* 2006, p. 273 (tabela 3). Sobre as omissões, ver COSTA, I.. del N. da. *Vila Rica: População* (1719-1826), 1979, p. 64.

Análise das informações

Os comentários acima revelam que a qualidade das informações não é de todo satisfatória, tanto para os livres como – e principalmente – para os cativos. Todavia, acreditamos que os dados construídos constituem uma boa amostra do que estava se passando nos setecentos, autorizando que se considerem os períodos demarcados como tendências gerais de uma época que se estende, de diversas formas, até o início do XIX.

Os dados arranjados na tabela 2 (2.1 e 2.2) autorizam afirmar que, no início do século XVIII, havia a preocupação evidente em batizar as crianças precocemente: entre os livres, um pouco mais pronunciada, revelando-se que 45 batismos entre 100 foram administrados até o oitavo dia da criança;[18] entre os cativos, uma percentagem um pouco menor (40%). Praticamente um século tendo se passado, a data do batismo de parte das crianças parece ter se postergado, de modo um tanto mais pronunciado entre os livres do que entre os cativos. De fato, as médias e medianas organizadas na tabela 3 mostram as tendências de uma distribuição "à direita", de forma mais pronunciada entre os africanos. De qualquer maneira, sempre se preferiu batizar a criança no primeiro mês: no setecentos, quase 78% das livres,[19] 79% dos cativos; nos oitocentos, as crianças escravas situam-se praticamente na mesma percentagem (77%), e as mães livres parecem ter manifestado menos preocupação com esse procedimento (71%).[20]

---

[18] Esses dados mal se comparam com as práticas batismais observadas no Velho Mundo. Assim, quase meio século mais tarde (1821), mas em plena época da Restauração, em três paróquias francesas esta relação era bastante maior: em média de 84 em cada 100 (GOURDON, V. "Les pratiques du baptême à Paris et à Rome au XIXe siècle". *Popolazione e storia*, Società Italiana di Demografia Storica, 2006, p. 21/tabela 1).

[19] Ainda muito abaixo das mencionadas paróquias francesas, onde praticamente 91% das crianças eram batizadas antes de completarem o primeiro mês de idade (GOURDON, V. *Popolazione e storia*... 2006: p. 21).

[20] Em Ubatuba, no início dos oitocentos, os batismos parecem ter se registrado entre o segundo e o décimo quinto dia, em torno de uma média de 20 dias. Tudo indica uma distribuição parecida a Curitiba nos anos iniciais de observação (tabela 2). MARCÍLIO, M.L. *Caiçara: terra e população*. São Paulo: Paulinas/CEDHAL, 1986, p. 202.

Tabela 2 – Distribuição dos intervalos entre o nascimento e o batismo (séculos XVIII e XIX).
2.1 População livre

Intervalos em dias	1729-1739 #	1729-1739 %	1740-1749 #	1740-1749 %	1750-1763 #	1750-1763 %	ST: SÉC. XVIII #	ST: SÉC. XVIII %	1837-1849 #	1837-1849 %	TOTAL #	TOTAL %
00-08	283	47,2	344	46,7	472	43,4	1099	45,4	880	17,5	1979	26,5
09-15	204	34,1	243	33,0	72	6,6	519	21,4	1079	21,4	1598	21,4
16-30	48	8,0	67	9,1	148	13,6	263	10,9	1615	32,0	1878	25,2
31 e mais	64	10,7	83	11,3	395	36,3	542	22,4	1468	29,1	2190	296,3
Subtotal	599	100,0	737	100,0	1087	100,0	2423	100,0	5042	100,0	7465	100,0
2 anos e mais	-		-		-		-		28	0,5	28	0,5
inocentes	-	4,0	94	10,8	446	27,7	540	17,3	344	6,2	884	10,2
indeterminados	26	2,6	8	0,9	5	0,3	39	1,2	69	1,2	108	1,2
expostos	17		34	3,9	71	4,4	122	3,9	92	1,7	214	2,5
total	642		873	100,0	1609	100,0	3124	100,00	5575	100,0	8699	100,0

Fonte: Paróquia de N. Sr.ª da Luz dos Pinhais de Curitiba. Atas de batismos.

Tabela 2 – Distribuição dos intervalos entre o nascimento e o batismo (séculos XVIII e XIX).
2.1 População livre

Intervalos em dias	1729-1739 #	1729-1739 %	1740-1749 #	1740-1749 %	1750-1763 #	1750-1763 %	ST: SÉC. XVIII #	ST: SÉC. XVIII %	1837-1849 #	1837-1849 %	TOTAL #	TOTAL %
00-08	283	47,2	344	46,7	472	43,4	1099	45,4	880	17,5	1979	26,5
09-15	204	34,1	243	33,0	72	6,6	519	21,4	1079	21,4	1598	21,4
16-30	48	8,0	67	9,1	148	13,6	263	10,9	1615	32,0	1878	25,2
31 e mais	64	10,7	83	11,3	395	36,3	542	22,4	1468	29,1	2190	296,3
Subtotal	599	100,0	737	100,0	1087	100,0	2423	100,0	5042	100,0	7465	100,0
2 anos e mais	-	-	-	-	-	-	-	-	28	0,5	28	0,5
inocentes	-	4,0	94	10,8	446	27,7	540	17,3	344	6,2	884	10,2
indeterminados	26	2,6	8	0,9	5	0,3	39	1,2	69	1,2	108	1,2
expostos	17		34	3,9	71	4,4	122	3,9	92	1,7	214	2,5
total	642		873	100,0	1609	100,0	3124	100,00	5575	100,0	8699	100,0

2.2 População cativa

Intervalos em dias	1729-1739 #	1729-1739 %	1740-1749 #	1740-1749 %	1750-1763 #	1750-1763 %	ST: Séc. XVIII #	ST: Séc. XVIII %	1837-1849 #	1837-1849 %	Total #	Total %
00-08	162	37,0	97	31,8	122	38,2	381	35,9	117	26,1	498	33,0
09-15	130	29,7	85	27,9	98	30,7	313	29,5	117	26,1	430	28,5
16-30	51	11,6	45	14,8	51	16,0	147	13,8	113	25,2	260	17,2
31 e mais	95	21,7	78	25,6	48	15,0	221	20,8	101	22,5	322	21,3
Subtotal	438	100,0	305	100,0	319	100,0	1062	100,0	448	100,0	1510	100,0

2.2 População cativa

Intervalos em dias	1729-1739 #	1729-1739 %	1740-1749 #	1740-1749 %	1750-1763 #	1750-1763 %	ST: Séc. XVIII #	ST: Séc. XVIII %	1837-1849 #	1837-1849 %	Total #	Total %
2 anos e mais	-	-	-	-	-	-	-	-	43	6,9	43	2,1
inocentes	35	7,0	59	15,8	185	36,1	279	20,2	93	14,8	372	18,5
adultos	21	4,2	1	0,3	--	--	22	1,6	16	2,6	38	1,9
indeterminados	5	1,0	8	2,1	8	1,6	21	1,5	27	4,3	48	2,4
Total	499	100,0	373	100,0	512	100,0	1384	100,0	627	100	2011	100,0

Fonte: Paróquia de N. Sr.ª da Luz dos Pinhais de Curitiba, atas de batismos.

Tabela 3 – Idade Média e Mediana (em dias) dos batizandos, séculos XVIII e XIX

Anos	Livres		Cativos	
	Média	Mediana	Média	Mediana
1729-1739	18,6	16,5	34,1	29,3
1740-1749	19,0	19,2	34,4	27,6
1750-1763	14,9	14,1	20,2	18,9
1837-1849	44,6	45,7	44,5	42,4

Fonte: Paróquia de N. Sr.ª da Luz dos Pinhais de Curitiba. Atas de Batismos.

Em síntese, apesar das pequenas diferenças reveladas pelas tabelas 2.1 e 2.2, no século XVIII o perfil da distribuição dos intervalos entre o nascimento e o batismo das crianças livres e cativas é muito semelhante. Tudo se passava como se parte das famílias entendesse que *"baptizadas até os oito dias depois de nascidas"*, como dispunha as Constituições, significasse realmente batizar no oitavo dia (gráfico 1 e gráfico 2, página seguinte).

Ao deslocarmos nosso olhar para os anos próximos a 1840, verificamos que o desenho tomado pela distribuição dos intervalos entre o nascimento e o batismo muda de forma extraordinária. Como mostram os gráficos 3 e 4, essas novas condições apresentam-se tanto para as crianças livres como para os filhos de escravos. Confirmando as considerações feitas no que concerne aos números da tabela 2, o perfil da repartição durante o mês é mais estendido, e as duas "curvas" também são, sintomaticamente, muito parecidas, marcadas pelas preferências dos pais e (ou) seus próximos não só para batizarem as crianças no final da primeira semana de vida (até o 8º dia), mas também com relativa concentração no 10º dia (em particular entre os cativos), no 15º, 20º e, muito especialmente, quando as crianças completavam um mês de vida. Sintetizando essas indicações, na prática (abstraindo-se certa eleição no 8º. dia), no século XIX, para cada 100 batismos ocorridos durante os 30 primeiros dias, 56 foram marcados justamente em "idades redondas".

Gráfico 1 – Distribuição da idade (em dias) dos batizandos livres.

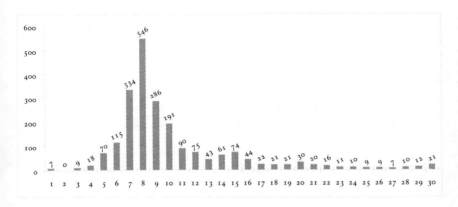

Batismos ocorridos antes do trigésimo dia, números absolutos (1729-1763)

Fonte: Paróquia de N. Sr.ª da Luz dos Pinhais de Curitiba, Atas de Batismos.

Gráfico 2 – Distribuição da idade (em dias) dos batizandos cativos

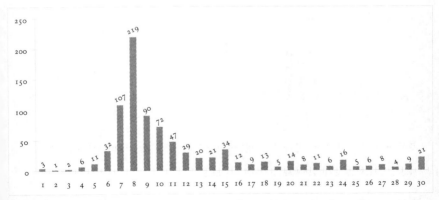

Batismos ocorridos antes do trigésimo dia, números absolutos (1729-1763)

Fonte: Paróquia de N. Sr.ª da Luz dos Pinhais de Curitiba, Atas de Batismos.

Gráfico 3 – Distribuição da idade (em dias) dos batizandos livres.

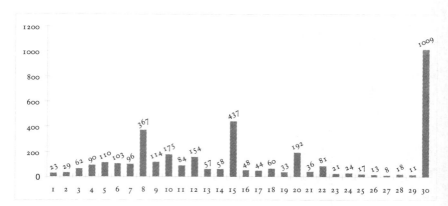

Batismos ocorridos antes do trigésimo dia, números absolutos (1837-1849)

Fonte: Paróquia de N. Sr.ª da Luz dos Pinhais de Curitiba, Atas de Batismos.

Gráfico 4 – Distribuição da idade (em dias) dos batizandos cativos

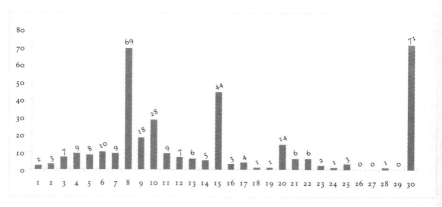

Batismos ocorridos antes do trigésimo dia, números absolutos (1837-1849)

Fonte: Paróquia de N. Sr.ª da Luz dos Pinhais de Curitiba, Atas de Batismos

Esse comportamento estende-se para o primeiro ano de vida da criança, não só influenciando uma flexão da distribuição para a direita, mas também pequenas concentrações no 60º, 90º dias, e assim por diante. De forma que os gráficos 5 e 6 permitem visualizar as observações mencionadas; ou seja, as evidências apontam para o fato de que, no século XIX, parte dos pais (livres e escravos) aguardava certos momentos para batizar seus filhos, sempre em idades "redondas".

Gráfico 5 – Distribuição da idade (em dias) dos batizandos livres e cativos.

Batismos ocorridos antes do primeiro aniversário, em números

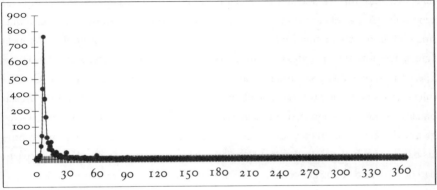

absolutos e agregados (1729-1763)

Fonte: Paróquia de N. Sr.ª da Luz dos Pinhais de Curitiba, Atas de Batismos.

Gráfico 6 – Distribuição da idade (em dias) dos batizandos livres e cativos.

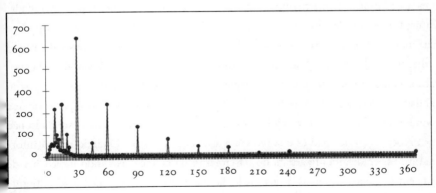

Batismos ocorridos antes do primeiro aniversário, em números absolutos e agregados (1837-1849)

Fonte: Paróquia de N. Sr.ª da Luz do Pinhais de Curitiba, Atas de Batismos.

Acreditamos que esta constatação – de mudanças de condutas na sociedade curitibana a respeito das práticas de batismo – é evidente. Em consequência, é de se perguntar se as preocupações em relação à representação que faziam os homens e mulheres – ou, pelo menos, parte deles –, dos setecentos, a respeito deste sacramento mudaram durante o período, ou de um século a outro. Parece que sim, mas – atenção – as duas repartições referem-se a crianças *sobreviventes*. De fato, é necessário ter em conta que, na época, para mil nascidos vivos, cerca de 200 crianças faleciam antes de completar um ano,[21] que parcela importante dos óbitos ocorria no primeiro mês de vida, e que, finalmente, muitas crianças falecidas não tiveram seus batismos homologados pela Igreja, nem foram registradas no livro dos óbitos. Provavelmente todas as crianças que faleceram receberam o sacramento *sub condicionne*, conforme dispunham as Constituições, mas não é possível saber se algumas que passaram por este ritual tiveram seu batismo renovado na igreja, de maneira apropriada. Pelo que pudemos observar, os registros de óbitos das crianças que faleciam em tenra idade não mencionavam eventuais batismos sob condição, embora acreditemos que as pessoas que assistiam ao parto não deixariam de batizar os recém-nascidos em perigo, ao menor signo de vida.

Elementos para uma conclusão

Apesar da importância evidente do problema, do ponto de vista teológico e mesmo administrativo, grifamos de novo que, inexplicavelmente, as já mencionadas Constituições do Arcebispado da Bahia não incluíam no modelo de ata proposto a exigência de precisão em relação à idade do batizando, tanto que era bastante usual a utilização da designação "inocente" para as crianças. Em consequência, além da anotação, quando muito, de "inocente", os párocos não se sentiriam obrigados a registrar tal dado, em especial durante o século XVIII e início do XIX. De fato, a partir da tese pioneira de Maria Luiza Marcílio,[22] várias pesquisas mostraram que este dado não era preocupação dos padres que redigiam as atas de batismo. Quando muito, informavam esporadicamente a data do nascimento da criança, existindo indicações de que, em algumas paróquias, a qualidade da documentação teria melhorado durante

---

13 Mais precisamente, 190 a 214 crianças por mil (BURMESTER, *op. cit.*, p. 278-83).

14 Marcílio, M. L. "La Ville de São Paulo; peuplement et population (1750-1850). Rouen: Université de Rouen, 1972:, p.85-6; 161 e seguintes.

o desenrolar dos setecentos. Provavelmente, isso resultava das visitas de prelados que, em nome dos respectivos bispos, tratavam de sanar a questão, instando os vigários a completarem a informação. Assim é que, fruto ou não das reclamações dos bispos dirigidas aos párocos para aprimorar as informações contidas nas atas, a partir de um certo momento, localizado ainda na primeira metade do século XIX, a informação sobre a idade do batizando torna-se corrente.

Em relação ao que foi analisado, cabe grifar, novamente, a contradição entre o que se representava na época a propósito do sacramento do batismo e as práticas desenvolvidas pelos paroquianos curitibanos. De formas diversas podemos justificar as diferenças entre o que se passava aqui e as informações que temos a respeito dos intervalos entre o nascimento e o batismo na Europa. A pergunta que fica é se, de fato, os coloniais esforçavam-se realmente em tudo fazer para que seus filhos tivessem a possibilidade de viver, tanto no mundo em que acabaram de ingressar como na eternidade.

Finalmente, tendo em vista o propósito anunciado de contribuir para a crítica da documentação paroquial, pensamos que, em especial para os estudos de história das populações, a pesquisa realizada permite, até certo ponto, tranquilizar os demógrafos em relação às decisões tomadas. Com efeito, tomar a data de batismo como a de nascimento não deverá distorcer em demasia os resultados. Mesmo que a primeira metade do século XIX constitua um problema maior, o fato é que, logo em seguida, generaliza-se a prática de os vigários anotarem a data de nascimento da criança.

Bibliografia

BURMESTER, Ana Maria de O. *Population de Curitiba au XVIIIe siècle*. Montreal: Université de Montreal, 1981, tese de doutorado.

CAMPOS, Kátia Maria Nunes. *Elo da história demográfica de Minas Gerais: reconstituição e análise inicial dos registros paroquiais da freguesia de N. S.ª da Conceição do Antônio Dias*. Belo Horizonte, 2007. Cedeplar, Universidade Federal de Minas Gerais, dissertação de mestrado.

CARNEIRO, Marina Braga. *Práticas de batismo e crítica da documentação paroquial. Curitiba, séculos XVIII e XIX*. Curitiba, 2009. Relatório, Programa de Iniciação Científica da UFPR/CNPq.

Costa, Iraci del Nero da. *Vila Rica: População (1719-1826)*. São Paulo: Instituto de Pesquisas Econômicas (IPE) da USP, 1979.

Fleury, Michel; Henry, Louis. *Nouveau Manuel de dépouillement et d'exploitation de l'état civil ancien*, 3ª ed. Paris: INED, 1985.

Galvão, Rafael Ribas; Nadalin, Sergio Odilon. "Arquivos paroquiais, bastardia e ilegitimidade: mães solteiras na sociedade setecentista (versão preliminar)". *Atas da V Jornada Setecentista*, 2003. Curitiba, Centro de Documentação e Pesquisa de História dos Domínios Portugueses (CEDOPE), Departamento de História, UFPR.

_____. "Arquivos paroquiais e bastardia: mães solteiras na sociedade setecentista". *Anais. XIV Encontro Nacional de Estudos Populacionais*, Caxambu (MG). Campinas: ABEP (Associação Brasileira de Estudos Populacionais), 2004 [ver XIV Encontro da ABEP, ST 22 (HIS), em *http://abep.org.br*].

_____. "Pus os santos oleos a Francisco innocente, *pater incognitus*. Bastardia e ilegitimidade: murmúrios dos testemunhos paroquiais durante os séculos XVIII e XIX". *XII Encontro Nacional de Estudos Populacionais (Atas)*, Caxambu (MG), 23 a 27 out. 2000 (publicado em CD-ROM, 24p. – ver "publicações", em *http://www.abep.org.br*).

Gourdon, Vincent. "Les pratiques du baptême à Paris et à Rome au XIXᵉ siècle". *Popolazione e storia, Società Italiana di Demografia Storica*, 2, 2006.

Marcílio, Maria Luiza. *Caiçara: terra e população*. São Paulo: Paulinas/CEDHAL, 1986

_____. *La ville de São Paulo; peuplement et population (1750-1850)*. Rouen: Université de Rouen, 1972 (A referida obra foi publicada em português: *A cidade de São Paulo: povoamento e população (1750-1850)*. São Paulo: Pioneira, 1973).

Nadalin, Sergio Odilon. "Mães solteiras e categorias de ilegitimidade na sociedade colonial dos séculos XVIII e XIX". *NW Noroeste. Revista de História. Congresso Internacional de História; Território, culturas e poderes. Actas* (vol. 1). (Braga), Núcleo de Estudos Históricos (Universidade do Minho), 2006.

Vide, Sebastião Monteiro da. *Constituições primeiras do Arcebispado da Bahia*. Brasília: Senado Federal, 2007.

IV
Sociabilidades e hierarquias de cor no Império luso-brasileiro

Degredo e suplício

A Justiça e as formas de aplicação da pena de degredo interno no Brasil imperial

Fabio Pontarolo[1]

A PROPOSTA PRINCIPAL DESSE TEXTO consiste em discutir a permanência dos suplícios públicos na aplicação da pena de degredo interno no Brasil império, durante as décadas de 1820 e 1830, mesmo após a proibição de tais formas de punição pelo governo imperial. Tal discussão se mostra pautada pela apresentação de quatro estudos de caso. Porém, inicialmente, se mostra importante a realização de algumas considerações sobre a tradição penal lusitana na aplicação dessa condenação.

A condenação ao degredo consistia em uma forma de expulsão penal prevista pela Justiça secular e eclesiástica da Coroa portuguesa. Nos séculos de formação do império marítimo português, a trajetória dos portugueses condenados a degredo para o Brasil ou para as demais colônias lusitanas incluía um tempo de

---

[1] Doutorando em História pela UFPR, professor colaborador do DEHIS da UNICENTRO. Este texto apresenta algumas questões discutidas no segundo capítulo de nossa dissertação de mestrado, defendida no Programa de Pós-Graduação em História pela UFPR em março de 2007, com o título "Degredo Interno e Incorporação no Brasil Meridional: trajetórias de degredados em Guarapuava, século XIX".

espera nas prisões do reino até que fossem alocados nos navios que saíam dos portos em direção à capitania de seu destino nas colônias. Só após a disponibilidade de vaga no navio se dava o embarque, não sem antes os condenados de níveis sociais desprivilegiados na época passarem por penas físicas – herdadas do direito romano – que acompanhavam o degredo.

No Livro v das Ordenações Afonsinas, Manuelinas e Filipinas estão enumeradas as penas a serem aplicadas aos condenados, de acordo com seus delitos. Em sua maioria eram severas. Nas Ordenações Filipinas – elas vigoraram em Portugal de 1603 até a segunda metade do século XIX, e no Brasil até 1830[2] – a mutilação, a marca de ferro ardente e outras penas físicas não aparecem com tanta frequência quanto nas Ordenações anteriores. No entanto, outras penas físicas herdadas do direito romano continuaram a ser amplamente aplicadas.

O açoitamento, prescrito às pessoas denominadas comuns, aparece em quase todas as condenações, inclusive como complemento à pena de degredo, e ocorria antes do embarque para as terras de além-mar. O baraço e o pregão pelas ruas da cidade faziam parte da pena das Ordenações para os condenados em julgamento público por assassinato.[3] A isso se seguia o decepamento de um membro ou o açoitamento público (Pierangeli, 2001).

Sofrer esses tormentos, sobreviver a eles e ainda chegar vivo à colônia seria impossível, não houvesse abrandamento dos suplícios desses condenados, que o Estado português pretendia projetar como povoadores das novas terras. Na época das Ordenações, a teatralização na execução das sentenças ocupava um papel social fundamental: "a economia da punição passava pelo espetáculo" (Toma, 2002:106). Sobre o corpo incidiam os suplícios, a partir do que se organizava todo o espetáculo punitivo. A encenação da punição se confundia com a encenação do poder do rei tanto nos patíbulos de execução pública quanto no próprio corpo dos condenados,

---

16 Vigorou só até 1830 no que toca a questões criminais, pois então foi promulgado o código criminal do Império. Quanto a questões cíveis, esteve em vigor, em sua maior parte, até 1916, quando foi elaborado o primeiro código civil brasileiro.

17 O baraço consistia numa corda envolvida ao pescoço do condenado, enquanto a autoridade judicial ou o inquisidor anunciava a pena pelo pregão (proclamação pública). No caso dos cristãos novos banidos do território português, o suplício era seguido da exposição e cortejo ao longo do auto-de-fé, onde o público geralmente participava do suplício lançando pedras, injúrias e lixo aos culpados pelas ruas que davam acesso ao porto de embarque (Pieroni, 2003:22).

onde se inscreviam a vontade e a supremacia do monarca – seu domínio se dava sobre os corpos dos súditos (Foucault, 1977).

Tomado como lição pela plateia, o espetáculo punitivo ia além da intimidação e assumia funções de diferenciação hierárquica. A execução pública dos suplícios também funcionava como marca de diferenciação pelas categorias estamentais nobiliárquicas, isentas que eram de tais estigmas no caso de condenação a degredo.

Os "homens de qualidade" – de diferentes níveis, incluindo a nobreza –, beneficiavam-se de privilégios de linhagem e da execução dos autos-de-fé, para não sofrer castigos físicos e, em alguns casos, evitar o degredo para terras longínquas coloniais e permanecer nos coutos internos de Portugal. A humilhação era reservada às pessoas comuns, para nelas imprimir a vergonha. O procedimento judiciário para os nobres era suavizado pela própria legislação que lhes reservava alguns privilégios.

No Brasil pós-independência, entretanto, todas essas punições até então comuns e complementares à pena de degredo na legislação portuguesa haviam sido juridicamente abolidas do leque de suplícios aplicados às pessoas livres pelo governo luso-brasileiro. Essa mudança se mostra válida a partir do Aviso expedido por Dom Pedro I, então príncipe regente, ainda em 1822 (*apud* Almeida Junior, 1911:146):

> Nenhuma lei, e muito menos a penal, será estabelecida sem absoluta necessidade. Toda a pena deve ser proporcional ao delito e nenhuma deve passar da pessoa do delinquente. A confiscação de bens, a infâmia, os açoutes, o baraço e pregão, a marca de ferro quente, a tortura e todas as mais penas cruéis e infamantes, ficam em consequência abolidas.[4]

As ideias disseminadas pelos processos de modernização penal em vigor na Europa ocidental combinavam muito bem com a ideia de emancipação que vigorava nos primeiros tempos do reino brasileiro independente. Mesmo assim, como veremos com os quatro estudos de casos a seguir, o suplício não deixou de ser aplicado no Brasil império durante a década de 1820. Nos casos documentados, por motivos independentes do crime cometido, alguns degredados foram protagonistas de uma forma de espetáculo punitivo, tal como nas execuções características do Antigo Regime português.

A partir das prescrições da Carta Régia de 1º de abril de 1809 D. João VI sancionou o plano de povoamento dos Campos de Guarapuava, área localizada mais

---

[1] Vale lembrar que o castigo físico aos escravos sob a forma dos açoites foi mantido na legislação brasileira até sua proibição em 1886.

especificamente na região sul da província de São Paulo, a qual, naquele período, abrangia todo o atual território do estado do Paraná: finalizando o documento, ficava ordenado o envio de todos os degredados e degredadas sentenciados em São Paulo. Como expunha o príncipe regente, "Igualmente vos ordeno que façais remetter para os Campos de Guarapuava todos os criminosos e criminosas que forem sentenciados a degredo, cumprindo alli todo o tempo do seu degredo"(*Collecção Decisões do Governo do Império do Brasil de 1809*, 1891:136). No caso dessa forma de degredo interno praticado no Brasil oitocentista, os degredados provinham de capitanias e depois províncias da própria colônia ou império –, o condenado era enviado para outro território pertencente ao reino, onde deveria permanecer por tempo determinado, ou então perpetuamente.

No momento de chegada da corte portuguesa ao Rio de Janeiro, a estrutura judicial da colônia compunha-se da Relação da Bahia, responsável pela Justiça nas comarcas do norte; da Relação do Rio de Janeiro, em funcionamento desde 1751 e abrangendo as comarcas do sul; dos ouvidores-gerais das capitanias; dos juízes de fora e ouvidores das comarcas e, naqueles municípios que não eram cabeça de comarca, havia os juízes ordinários eleitos. Com exceção desses últimos, todos os demais graus da hierarquia judiciária eram exercidos por indivíduos letrados, ou seja, formados em Coimbra e membros da magistratura portuguesa. Com esta formação, de acordo com o historiador José Murilo de Carvalho, estes oficiais eram submetidos ao mesmo mecanismo de circulação de elites no poder (Carvalho, 2003:173-174). Vale lembrar que as duas Relações estavam submetidas às ordens da Casa da Suplicação e Mesa do Desembargo do Paço de Lisboa, órgão máximo da Justiça portuguesa no período colonial.

Em 1808 D. João VI criou os equivalentes da Casa da Suplicação e do Desembargo do Paço no Brasil. Com sede na Corte do Rio de Janeiro, a Casa de Suplicação do Brasil foi criada em substituição à Relação daquela cidade. Como deixa claro o príncipe regente na ordem de sua criação, a Instituição ficava responsável por ações tais como as ordens para transferência de presos, o recebimento de apelações das decisões judiciais e a comutação de certas penas, o que toca diretamente às situações de degredo: "considerada como Superior Tribunal de Justiça para nele se findarem todos os pleitos em última instância [...] terão os Ministros a mesma alçada que têm os da Casa da Suplicação de Lisboa" (Nequete, 1973:20).

Os ouvidores nas capitanias agiam no âmbito das Juntas de Justiça. Criadas por alvará de 1765, suas atribuições buscavam agilidade na aplicação da Justiça no interior da colônia. De acordo com Lenine Nequete, competia-lhes julgar os crimes de deserção e desobediência de soldados e oficiais envolvidos em sedições, rebeliões ou crimes de lesa-majestade, além de todos os crimes contrários ao direito natural e das gentes, como homicídios voluntários, roubos e resistência às Justiças (Nequete, 1973:134).

A Junta de Justiça de São Paulo, criada em janeiro de 1775, havia sido desativada antes da chegada da corte ao Brasil. Todavia, por Carta Régia de três de agosto de 1820, o governador da capitania ficava autorizado a restabelecer esse órgão da administração da Justiça criminal (D.I., 1891:116-118). Com isso, D. João VI pretendia diminuir o número de réus enviados para a Casa de Suplicação da Corte, além de reduzir o tempo de espera pelos julgamentos e o número de réus de São Paulo presos nas cadeias do Rio de Janeiro.

Pelo documento, também ficava estabelecido o sistema de funcionamento da Junta de Justiça. Nela, o governador exercia o cargo de Presidente, com voto de desempate. O ouvidor da comarca de São Paulo seria o Juiz Relator. Formar-se-ia um corpo de seis votantes contando-se ainda com os juízes de fora daquela cidade e das vilas vizinhas, ou com advogados "da melhor nota", ou ainda com vereadores, na falta destes primeiros. Para condenações superiores a dez anos de degredo seriam necessários no mínimo quatro votos, enquanto para outras condenações bastaria o mínimo de três.

Com funcionamento ocasional, a Junta só poderia ser convocada pelo governador da capitania, devendo, para isso, levar em consideração a pertinência da atuação do órgão, independentemente dos crimes a serem julgados. Dos distritos deveriam ser remetidos ao juiz relator os réus e respectivos processos. As condenações deveriam ser sumárias, excluindo as situações que envolvessem militares com privilégio de foro, "sem excepção de qualidade de Brancos, Indios, Mulatos e Pretos, sendo primeiro ouvidos com sua defesa em tempo breve na forma da Ley do Reyno."

Nesse sentido, nove anos depois da criação da estrutura da Junta de Justiça paulista, uma carta de guia de três dessas pessoas, de um total de cinco nomeadas na lista de outubro de 1829, se iniciava com palavras que reivindicavam fundamentação no poder do imperador Dom Pedro I. Remetia, em seguida, à organização judiciária da Província, que executara a condenação:

> Dom Pedro pela Graça de Deus e Unânime Aclamação dos Povos, Imperador Constitucional e Defensor Perpétuo do Império do Brasil, Faço saber a vós, Comandante Civil ou Militar da Povoação de Nossa Senhora de Belém de Guarapuava, que das Cadeas desta Cidade se vos remettem degradados os Reos seguintes [...]. [através do "Doutor" Rodrigo Antonio Monteiro de Barros] "Fidalgo de Sua Imperial Casa, Ouvidor geral desta Comarca, Juiz Relator na Junta de Justiça desta Província e Juiz dos Degradados.[5]

Essas três pessoas tiveram o baraço e pregão como parte da pena estabelecida pela Junta de Justiça de São Paulo no mesmo ano: João José Maria, Joaquim Antonio e Joaquina Maria. Juntos, após o suplício, eles caminharam por três meses até chegar a Guarapuava para serem apresentados a Antonio da Rocha Loures, comandante da povoação, em 26 de janeiro de 1830.

Conforme o documento citado, João foi o primeiro a ser elencado nessa condição. Casado, nascido na cidade de São Paulo, 44 anos de idade, João era filho de Jacinto José e Maria da Conceição e "vivia de lavouras". Culpado pelos ferimentos e consequente morte de Antonio José Gonçalves, foi sentenciado em 2 de agosto de 1829 "a andar de baraço e pregão pelas ruas principais, e em cinco anos de degredo para Guarapuava". Certamente sua pena teve início com a expedição da carta de guia em 20 de outubro do mesmo ano.

De acordo com uma informação anotada no mesmo termo, a sofrida viagem a Guarapuava durou várias semanas, até que chegaram aos seus destinos "presos em galés", ou seja, portando calceta de ferro[6] e corrente prendendo uns aos outros. Cumpria-se assim o Regimento de 27 de Julho de 1582, que já prescrevia que os degradados fossem transportados "presos em ferros" até o local de cumprimento da pena ou ao embarque para o ultramar *(Textos de história*, 1999:267*)*.

Essa peculiaridade do envio dos degradados para Guarapuava chamou a atenção de Taunay. Segundo ele, os amotinados de Santos foram punidos com excessivo rigor, de modo que alguns partiram em degredo para o sertão de Guarapuava ligados uns aos outros "com pegas aos pés", além de ordens de devolução de outras galés no lugar daquelas que haviam sido enviadas (Taunay, 1956:240).

---

5 *Carta de Guia para os Reos abaixo declarados na Povoação de N. S. de Belém de Guarapuava (...) aos vinte de outubro de 1829*. Arquivo Histórico Benjamin Teixeira, Guarapuava.

6 Argola de ferro presa aos pés do condenado, juntamente com uma corrente presa à sua cintura ou a outros encalcetados.

Percebemos que, além do caso do controle dos presos e degredados na realização de trabalhos públicos, o uso de correntes de ferro era prática comum no transporte de presos. Era comum quando se enviavam vadios e degredados para as povoações e presídios no interior das capitanias e províncias. As correntes eram comuns também para mantê-los lá. Na falta de uma cadeia e de um ouvidor na pequena povoação, aqueles que infringissem a lei ou perturbassem a ordem eram levados acorrentados até a capital da capitania ou até a comarca mais próxima, no caso a de Castro.

Em 1850, o médico Hermann Burmeister, de passagem pela província de Minas Gerais, também relatou essa prática (Burmeister, 1952:343):

> Já descrevi um comboio de presos algemados aos pares, que vi em Ouro Preto. Em Congonhas, outro desses comboios passou rumo a Sabará e, mais tarde, encontrei um terceiro durante minha viagem. Os presos eram escoltados por homens armados, mas não fardados. Tais tropas são geralmente comandadas por um militar a cavalo. Num dos comboios vi também uma mulher, embora as criminosas sejam em número muito inferior.

Com pena a cumprir até 1834, João José Maria permaneceu em Guarapuava pelo menos até 1840, quando seu nome apareceu na lista de habitantes da região, que, como percebemos, era pouco esclarecedora quanto à situação dos degredados.[7]

De acordo com os dados da mesma carta de guia de João José, outro caso de degredo envolvendo a punição com o baraço e o pregão foi o de Joaquim Antonio. Descrito como branco e com mais de 30 anos de idade, era filho de Francisco de Paula Rosário e Marianna Custodia e morava com sua mulher, Anna Leite, no Bairro do Pouso-Alegre, na Freguesia de Santa Isabel. Vivendo "do serviço da roça", o réu foi condenado pelas mortes do escravo Antonio, propriedade de Gertrudes Maria, e do preto forro Thomas. Os crimes aconteceram no bairro de Jaguari, em Santa Isabel, provavelmente durante o trabalho de feitio das roças de Gertrudes Maria. Esse trabalho pode ter provocado desentendimentos entre o escravo da proprietária, o liberto e o livre Joaquim Antonio. Julgado culpado em Mogimirim, a sentença da Junta de Justiça da

---

7 Cf. *Listas de Habitantes da Freguesia de Nossa Senhora de Belém de Guarapuava, 1828, 1835 e 1840*. Cópias microfilmadas pertencentes ao DEHIS. Curitiba, UFPR.

província, de nove de setembro de 1829, determinava que Joaquim Antonio deveria "ser conduzido pelas ruas públicas com baraço e pregão e dois anos de degredo para Guarapuava".

Assim como João José Maria, a pena de Joaquim Antonio deve ter iniciado com a expedição da carta de guia, em 20 de outubro de 1829. Com uma pena curta, cumprida sem incidentes, até onde se sabe, Joaquim não apareceu mais em documentos produzidos durante o período em que ele esteve em Guarapuava. Ao fim da pena, entre 1831 e 1832, o branco livre deve ter retornado à sua terra de origem, onde tinha família.

Joaquina Maria completava o trio. Sentenciada pela Junta de Justiça de São Paulo em 5 de outubro de 1829, foi descrita como branca, nascida na Freguesia de Juqueri e filha "legítima" de Joaquim Dias com Isabel "de tal". Viúva de José Francisco, Joaquina matou Adão Ribeiro. Foi presa na vila de Atibaia e setenciada "a ser conduzida pelas ruas públicas com baraço e pregão, e em vinte annos de degredo para Guarapuava".

Com a maior pena entre os condenados remetidos pela carta de guia de 1829, Joaquina aparece nas listas de habitantes da década de 1830, sempre com dados diferentes. Em março de 1832, ela foi referida como branca, de 48 anos de idade e solteira. Dez meses depois, em janeiro de 1833, passou-se a achar que ela só tinha 41 anos. Nas listas de 1835 fica ainda mais difícil precisar a idade de Joaquina. Na primeira delas sua idade foi reduzida para 30 anos, além ser referenciada como parda e solteira. Em outra lista do mesmo ano, ela foi referenciada como tendo 31 anos de idade, solteira, e parda livre. Assim, sem nenhuma outra fonte de informação sobre Joaquina Maria, limitamo-nos a traçar sua trajetória até 1835.

José Manuel de Azevedo foi descrito em sua carta de guia avulsa de 3 de janeiro de 1831 como filho de Manoel José de Azevedo e Maria Angélica de Siqueira. Também era casado, nascido na vila do rio São Francisco e tinha supostamente 27 anos de idade quando iniciou seu degredo de cinco anos em Guarapuava. João recebeu sua pena em pregão público na Casa de Suplicação da Corte. Numa carta de guia com vários detalhes do processo, sua descrição física detalhada chama a atenção: "homem branco, [...] de estatura medianna, coxo da perna esquerda, olho claro, Rosto redondo, falto de dentes na frente do lado de cima, cabelos pretos, pouca barba, sobrancelha cabeluda".[8]

Condenado "por Accórdão da Caza da Suplicação" em 2 de setembro de 1826 pelo homicídio de Antonio Rodrigues da Silva, José Manuel enfrentou o processo movido pela viúva de Antonio, Rita Maria da Conceição, no "districto da Ilha Grande". De acordo com os dados do processo, o falecido Antonio Rodrigues da Silva estava em litígio com o "coxo" José Manuel de Azevedo e Antonio Rodrigues de Santa Anna, pela posse de terras e colheitas de cafezais.

"Incendiado em ódio" Antonio de Santa Anna jurou de morte a Antonio da Silva e mandou o genro e o "coxo" José Manuel realizarem o serviço. Para isso, forneceu pólvora e balas ao genro, que não foi nomeado no documento. No entanto, foi José Manuel quem jurou de morte a Antonio da Silva, num encontro que tiveram durante o serviço de tropas milicianas. Tal ameaça foi levada a cabo na tarde de 13 de fevereiro de 1825, quando Antonio da Silva retornava de seu trabalho na lavoura de café. Ao passar próximo da casa do "coxo" José Manuel, Antonio da Silva foi ferido com um tiro de espingarda disparado por alguém que ele não viu, e faleceu três dias depois na vila da Ilha Grande.

No resumo do processo que está na extensa carta de guia de José Manuel de Azevedo, há detalhes do julgamento realizado na Casa de Suplicação da Corte. De acordo com as testemunhas ouvidas, logo após o disparo, escravos de José Manuel correram atrás de Antonio da Silva, ferido, "dentre os cafesaes". Queriam matá-lo de uma vez por todas. Desistiram quando ouviram vozes próximas ao ferido. Depois, esses escravos – não se sabe quais eram seus nomes, nem mesmo quantos eram – se uniram a José Manoel e observaram, de um ponto mais alto nos fundos da casa, a movimentação provocada pelo ato que praticaram. Ali permaneceram armados até que, naquela mesma noite, "*atravesando por matos para a outra costa da Ilha*", José, sua mulher e seus escravos passaram para o outro lado do São Francisco. Na vila de mesmo nome do rio, permaneceram contrariando as testemunhas e alegando estarem a cinco léguas do local no dia do crime.

---

8 *Guia que acompanha o Reo sentenciado José Manoel de Azevedo (...) 3 de janeiro de 1831*. Arquivo Histórico Benjamin Teixeira, Guarapuava.

No entanto, as querelas e provocações de José Manuel junto a Antonio da Silva eram conhecidas publicamente, o que reforçou a acusação durante o julgamento em plenário público, também conhecido como "pregão", de onde saiu sua sentença. Além disso, testemunhas viram o translado noturno de todas as pessoas que estavam na casa de José Manuel na hora do crime. Segundo essas testemunhas, o próprio José Manuel atirou em Antonio da Silva. O fato de nenhuma pessoa da casa do réu ter auxiliado no socorro ao ferido também pesou na decisão da Casa de Suplicação. Além disso, o também litigante e mandante do crime, Antonio de Santa Anna, tratou de negar seu envolvimento e conseguiu provar que estava em local distante no momento do disparo que matou Antonio da Silva, fazendo recair sobre José Manuel quase toda a culpa.

Sentenciado a cinco anos de degredo para Guarapuava, José Manuel de Azevedo teve ainda que pagar 200 mil reis à viúva Rita Maria da Conceição, além de outros 50 mil reis à Relação da Corte para os custos dos autos do processo. O outro réu julgado no mesmo pregão, Antonio Rodrigues de Santa Anna, ficou sentenciado apenas à pena pecuniária, alçada nos mesmos valores de José Manuel. É importante frisar que a autoridade que assinou a carta de guia, José Alves Barros, foi mencionada como "escrivão dos Degredados" na Corte, função prevista no Regimento dos degredados, ainda do século XVI (*Textos de história*, 1999:265-279).

Apesar de sua sentença ter sido pronunciada em 5 de setembro de 1826, somente em 14 de outubro de 1829 José Manuel iniciou a viagem para degredo. Ele, ao que tudo indica, permaneceu preso na corte por quase três anos, possivelmente até que sua família concluísse o pagamento pecuniário de sua pena.

Alguns sentenciados a degredo de fora da corte realmente amargavam tempos de prisão enquanto aguardavam a decisão em última instância da justiça da capitania e do então Vice-Reino, a Casa de Suplicação, antes de seguirem para o destino da pena. Esses homens ficavam na prisão do Aljube, verdadeiro depósito e sepulcro humano.

No Aljube, podiam construir solidariedades com seus pares, uma vez que os sentenciados eram de alguma forma separados por cor, condição social ou tipo de condenação. De outra forma, podiam se envolver em conflitos e transformar suas estadias num inferno. Isso aconteceu em 1813, quando o carcereiro foi acionado para encerrar um tumulto na cela dos "degredados brancos" que aguardavam para ser enviados à

Índia e a Moçambique (Araújo, 2004:106). O episódio fez com que, três anos mais tarde, os presos à espera de envio para degredo fossem transferidos do Aljube para as Fortalezas de Santa Cruz e Ilha das Cobras, pois era preciso aliviar a pressão dos profissionais que lidavam com a administração e guarda das prisões.

Sobre a viagem de José Manuel de Azevedo ao degredo temos que ele seguiu em embarcação até o porto de Santos, com sua carta de guia indicando que ele deveria ser apresentado ao Ouvidor e Corregedor da Comarca da cidade de São Paulo, responsável pelo seu envio para Guarapuava a partir de então. Na cidade de São Paulo, conforme anotação presente na própria carta de guia, José Manuel permaneceu na cadeia até 3 de janeiro de 1835, quase cinco anos depois de expedida sua sentença.

Uma vez em Guarapuava, a única informação encontrada sobre a sua permanência veio da lista de habitantes de março de 1832. Relacionado como degredado casado, ele teve sua idade modificada para 25 anos. Independentemente de encontrarmos outros dados referentes a José Manuel, entendemos que o simples fato desse degredado continuar vivo, depois de passar tantos anos aguardando o envio para Guarapuava, constituiu um processo de luta pela própria sobrevivência, com capacidade realmente formidável de adaptação à vida no cárcere.

Em 1830 foi aprovado o Código Criminal do Brasil império, calcado no código proposto por Pascoal de Mello e Freire em Portugal, e consequentemente seguidor das ideias jurídicas de César Beccaria. No novo conjunto de leis criminais do império, percebemos uma drástica diminuição no número de crimes puníveis com o degredo e um grande número de crimes punidos com a prisão com trabalho (Cordeiro, 1861). Enquanto as Ordenações Filipinas previam a pena de degredo a 256 crimes e heresias religiosas, o novo código penal brasileiro restringia sua aplicação apenas aos crimes de estupro (art. 219, 220, 221 e 224) e de exercício ilegítimo de autoridade militar (art. 141).

Posteriormente, os crimes de falsificação (art.173, 174. 175 e 176) passaram a incorrer na pena de degredo, especificamente para a Ilha de Fernando de Noronha.[9] Lá, os criminosos eram obrigados a realizar atividades dentro e fora do presídio que foi construído, mas não eram utilizados como elementos povoadores (Pessoa, 1994).

---

9 Lei de 3 de outubro de 1833. In: *Collecção das Leis do Império do Brazil de 1833*. Rio de Janeiro: Typographia Nacional, 1873.

Mesmo assim, a utilização do degredo para as novas povoações continuou sendo tema de discussão em todo o império. Os textos dos discursos de abertura das sessões legislativas provinciais de São Paulo de 1835, 1836 e 1837[10] apontam para a necessidade de se transferir o local de envio dos degredados de Guarapuava para além do rio Iguaçu, mais ao sul da província, a fim de evitar fugas e povoar os Campos do Corvo, Palmas e Laranjeiras, ainda desabitados e próximos à fronteira com argentinos e paraguaios, antes que estes resolvessem levantar pretensões territoriais sobre a região.

Nesse caso, podemos notar na flexibilidade da Justiça brasileira a permanência dos modos de utilização do degredo no império português. Esse modelo luso-brasileiro usava da flexibilidade típica do Antigo Regime para promulgar leis e decretos facilitadores do povoamento de territórios coloniais. Através da inclusão contínua de prisioneiros como mão-de-obra instrumentalizada, levavam a cabo seus intentos de recriação de uma sociedade expansiva, hierárquica e baseada na manutenção de laços de dependência pessoal.

Ao se realizar a análise das formas de aplicação do degredo interno no século XIX, podemos nos questionar sobre os motivos do governo imperial para utilizar o tal pena em determinados processos de povoamento, quando a legislação penal já apontava para a substituição desse tipo de punição pela prisão com trabalho. Chega-se, então, à proposição de que os princípios de utilização do degredo interno no Brasil oitocentista diferiam bastante dos pressupostos do utilitarismo benthaminiano. Decorriam da existência de áreas despovoadas, que precisavam ser interligadas aos circuitos econômicos imperiais com o auxílio da inclusão em cadeias de dependência pessoal de degredados e demais criminosos nas lides colonizatórias.

Vale lembrar que estamos analisando um período de escassez populacional nessas áreas, anterior ao incremento das taxas de imigração estrangeira – estratégia da segunda metade do século XIX.[11] Dessa maneira, compreendemos a permanência da

---

10 *Collecção das Leis e Resoluções decretadas pela assembleia Legislativa da Província de São Paulo: contendo os actos das secções de 1835-1836-1837*. São Paulo: Typographia de Costa Silveira, 1837. A província de São Paulo foi responsável pela administração do território paranaense e de parte do catarinense até 1853.

11 O incremento do número de habitantes foi levado a cabo pelas levas imigratórias a partir da segunda metade do século XIX, a partir dos novos conceitos de população adotados pelos intelectuais brasileiros oitocentistas (Paz, 1996).

aplicação do degredo e de todo o seu cerimonial, com o uso do baraço e pregão em algumas ocasiões, como parte de uma reforçada tradição jurídica, a qual ainda se mostra bastante pertinente nas primeiras décadas do império brasileiro, mesmo que as leis promulgadas já apontem para sua substituição.

Bibliografia e fontes manuscritas

ALMEIDA JUNIOR, João Mendes de. *Processo criminal brasileiro*, 2ª ed. Paris: Typ. Aillaud/Alves & Cia., vol. 1, 1911.
ARAÚJO, Carlos E. M. de. *O duplo cativeiro*: escravidão urbana e o sistema prisional no Rio de Janeiro (1790-1821). UFRJ, Rio de Janeiro, 2004, dissertação de mestrado.
BURMEISTER, Hermann. *Viagem ao Brasil através das províncias do Rio de Janeiro e Minas Gerais*. São Paulo: Livraria Martins Editora, 1952.
CARTA DE GUIA PARA OS REOS ABAIXO DECLARADOS NA POVOAÇÃO DE N. S. DE BELÉM DE GUARAPUAVA (...) AOS VINTE DE OUTUBRO DE 1829. Arquivo Histórico Benjamin Teixeira, Guarapuava.
CARVALHO, José Murilo. *A construção da ordem: a elite política imperial*. Rio de Janeiro: Civilização Brasileira, 2003.
COLLECÇÃO DECISÕES DO GOVERNO DO IMPÉRIO DO BRASIL DE 1809. Rio de Janeiro: Typographia Nacional, 1891.
COLLECÇÃO DAS LEIS DO IMPÉRIO DO BRAZIL DE 1833. Rio de Janeiro: Typographia Nacional, 1873.
COLLECÇÃO DAS LEIS E RESOLUÇÕES DECRETADAS PELA ASSEMBLEIA LEGISLATIVA DA PROVÍNCIA DE SÃO PAULO: CONTENDO OS ACTOS DAS SECÇÕES DE 1835-1836-1837. São Paulo: Typographia de Costa Silveira: São Paulo, 1837.
CORDEIRO, Carlos Antônio. *Código Criminal do Império do Brasil*. Rio de Janeiro: Typographia de Quirino e Irmão, 1861.
D. I. *Documentos Interessantes para a História e Costumes de São Paulo*, vol. XXXVI, 1911.
FOUCAULT, Michel. *Vigiar e Punir: nascimento da prisão*. Tradução de Lígia M. P. Vassallo. Petrópolis: Editoras Vozes, 1977.
GUIA QUE ACOMPANHA O REO SENTENCIADO JOSÉ MANOEL DE AZEVEDO (...) 3 DE JANEIRO DE 1831. Arquivo Histórico Benjamin Teixeira, Guarapuava.

Listas de Habitantes da Freguesia de Nossa Senhora de Belém de Guarapuava, 1828, 1835 e 1840. Cópias microfilmadas pertencentes ao dehis. Curitiba, ufpr.

Nequete, Lenine. *O Poder Judiciário no Brasil a partir da Independência*. Porto Alegre: Editora Sulina, 1973.

Paz, Francisco M. *Na poética da história: a realização da utopia nacional oitocentista*. Curitiba: Editora ufpr, 1996.

Pessoa, Gláucia T. *Fernando de Noronha: uma ilha-presídio nos trópicos 1833-1894*. Rio de Janeiro: Arquivo Nacional, 1994.

Pierangeli, José Henrique. *Códigos penais do Brasil: evolução histórica*, 2ª ed. São Paulo: Ed. Revista dos Tribunais, 2001.

Pieroni, Geraldo. *Banidos: a Inquisição e a lista dos cristãos novos condenados a viver no Brasil*. Rio de Janeiro: Bertrand Brasil, 2003.

Pontarolo, Fabio. *Degredo interno e incorporação no Brasil meridional: trajetórias de degredados em Guarapuava, século xix*. Curitiba: pghis, 2007, dissertação de mestrado

Taunay, Affonso de E. *História da cidade de São Paulo sob o Império (1822-1831)*. São Paulo: Divisão do Arquivo Histórico, 1956.

Textos de história: Revista do Programa de Pós-Graduação em História da UnB. Brasília: vol. 6, nº 1-2 (1998), 1999.

Toma, Maristela. *Imagens do degredo: história, legislação e imaginário (a pena de degredo nas Ordenações Filipinas)*. Campinas: Unicamp, 2002, dissertação de Mestrado.

CLASSIFICADOS PELAS ARMAS

HOMENS DE COR NOS CORPOS MILITARES DE MINAS GERAIS (1709-1777)

Leandro Francisco de Paula[1]

MINAS GERAIS NASCEU COM A EXPLORAÇÃO DO OURO. Durante todo o século XVIII, cerca de 400 mil pessoas se deslocaram do reino de Portugal para aquelas terras. Houve também um intenso movimento migratório no interior da própria colônia. O processo de ocupação do território foi, desde o início, tumultuado, o que gerou muitos conflitos na capitania, como por exemplo a guerra dos emboabas (Boxer, 2000: 87-109; Souza, 2006: 78-108). A coroa, por sua vez, tentava se impor na região, criando vilas e instalando um aparato burocrático, mesmo em meio às resistências dos colonos em relação a esse tipo de política. Tais esforços estavam voltados no sentido de garantir a extração dos metais preciosos da capitania, evitar tumultos, querelas entre os diferentes grupos que lá estavam assentados e, principalmente, impedir revoltas de escravos. Esse último se transformou no maior temor das autoridades mineiras e da população branca em geral no

---

[1] "Mestrando do Programa de Pós-Graduação em História da Universidade Federal do Paraná. Pertence ao grupo de pesquisa Espaço e Sociabilidades, presente na mesma instituição. É bolsista da agência de fomento CAPES.

século XVIII, pois a população escrava de Minas Gerais se tornou a maior do estado do Brasil no período.

O elevado número de escravos da capitania pode ser explicado pelo considerável aumento do volume do tráfico ocorrido em consequência das descobertas do ouro e com as consequentes migrações para Minas Gerais. Entre os anos de 1701 e 1720, quase 300 mil escravos africanos desembarcaram nos portos brasileiros, a maioria deles destinados a abastecer de mão-de-obra a região mineira; entre 1720 e 1740, foram mais de 310 mil sujeitos. Nas próximas duas décadas, o número subiu para mais de 350 mil cativos desembarcados no Brasil (Marquese, 2006: 114). Esses fatores, somados com o mecanismo da emancipação dos escravos, foram responsáveis pela existência de uma também elevada camada populacional constituída por indivíduos lívres de cor. Em 1810, dos pouco mais de 320 mil habitantes de Minas Gerais aproximadamente 80% eram homens de cor livres ou cativos (Alden, 1963: 528). Esses homens eram a principal força de trabalho da capitania, atuando tanto na agricultura quanto na extração dos metais preciosos. Isso contribuiu consideravelmente para que no século XVIII Minas Gerais se tornasse o principal centro econômico do estado do Brasil.

O aumento da população e da extração de metais preciosos colocou em primeiro plano a questão da segurança interna e externa da capitania. Os quilombos formados por escravos fugitivos constituíam uma ameaça tão forte para os colonos quanto aquela proporcionada pelos indígenas hostis. Além disso, era preciso evitar os contrabandos de ouro, proteger os vilarejos, as famílias, mulheres e crianças. Nestas circunstâncias, os corpos militares passaram a ganhar maior importância em Minas Gerais. Um intrumento eficaz na manutenção da ordem e segurança na capitania no século XVIII foram as tropas de auxiliares e as ordenanças, compostas por brancos. No entanto, em outros espaços, nos lugares inacessíveis, na luta contra os mencionados quilombos, contra os também temidos indígenas "selvagens", outros corpos militares eram mais eficientes: aqueles segmentos compostos por homens de cor.

Até a década de 1760, os homens de cor atuavam no emprego das armas em corpos militares tidos como "irregulares" – os quais eram companhias de ordenanças de pé, os corpos de pedestres e os corpos de homens-do-mato. Os últimos são conhecidos mais pela figura de seus comandantes, os capitães do mato. Estes detinham certa autonomia até pelo menos a década de 1760, sendo que muitas vezes eram considerados extremamente anômicos. Por exemplo, no ano de 1720, mais precisamente no dia 22 de janeiro, a câmara de Ouro Preto discutia formas de fazer com que os homens de cor da capitania não comercializassem nas regiões onde se realizava a extração de metais preciosos. Chegaram a estipular até uma multa pesada para quem praticasse tal delito (*Revista do Arquivo Público Mineiro*, 1938: 124). No mês seguinte, no dia 3 de fevereiro, em outra sessão, os camaristas abriram um parágrafo nos termos de acordo do livro da câmara ordenando para que o carcereiro da Vila de Ouro Preto, João Ferreira Diniz, não recebesse pessoas que haviam sido presas por capitães-do-mato em decorrência de delito de vendas em locais proibidos (*Revista do Arquivo Público Mineiro*, 1938: 125). Podemos perceber, observando esse caso, a considerável autonomia que os capitães-do-mato tinham em Minas Gerais na primeira metade do século XVIII. As autoridades mineiras, como os oficiais da câmara, precisavam estar atentos com relação a esses sujeitos.

Havia a necessidade de se regularizar tais corpos militares, para diminuir sua autonomia e evitar problemas maiores. Em 17 de dezembro de 1722, Dom Lourenço de Almeida, conde de Assumar, o então governador da capitania de Minas Gerais, assinou um documento cujo intuito era pelo menos tentar exercer algum controle sobre esses corpos militares: o Regimento dos Capitães-do-Mato. O documento estipula algumas regras que deveriam ser seguidas pelos sujeitos que exerciam essa função. Nos primeiros parágrafos determina o soldo que eles receberiam pelas prisões de negros fugidos. A variação dos valores tinha relação direta com a dificuldade – em teoria – que o capitão teria nessa atividade de captura (*Revista do Arquivo Público Mineiro*, 1897: 389). Mais adiante, uma passagem do Regimento demonstra a tentativa de exercer maior controle sobre tal corpo militar:

> sucedendo que alguns capitão-do-mato usam prender negros que não estão fugidos, sendo notório este seu mal procedimento, se me dará logo proceder contra eles, e o juiz ordinário, e, na sua falta, o cabo de distrito, lhes proibirá de exercerem os ditos postos até nova ordem minha. E prendendo alguns negros, lhes não pagarão as tomadias (*Revista do Arquivo Público Mineiro*, 1897: 390).

Os capitães-do-mato foram proibidos também de prender negros fora da comarca onde residiam, sob castigo de também perderem o posto caso isso fizessem. Deviam também obedecer pontualmente qualquer ordem dada por um capitão-mor. O documento também ordena que os capitães do mato "nas investidas [contra] os quilombos não ajam com crueldade", a não ser que houvesse resistência por parte daqueles que estavam aquilombados. O regimento determina também que "os carcereiros das cadeias não soltarão os negros fugidos sem que primeiro sejam pagos das suas tomadias os capitães do mato" (*Revista do Arquivo Público Mineiro*, 1897: 391). Ao final do documento uma ordem final é dada:

> Todo capitão-do-mato que depois de prender negros fugidos os tiver em sua mão, ou em sua casa mais de quinze dias sem os vir meter nas cadeias, e onde não os houver apresentado aos cabos dos distritos em que foram presos [tais negros] para os segurarem até seus senhores os receberem (...) lhes não pagarão tomadias algumas (*Revista do Arquivo Público Mineiro*, 1897: 391).

Tudo leva a crer que tais regulamentações foram, na maior parte das vezes, seguidas pelos capitães-do-mato nas décadas posteriores à criação desse regimento. A punição era rigorosa para os que não cumprissem as ordens ali existentes. As autoridades tinham agora uma arma muito eficaz na luta contra os quilombos. Das décadas de 1730 até 1760, inúmeros ataques a quilombos foram feitos, sendo que os capitães-do-mato eram geralmente os principais responsáveis por essas ações. No entanto, um documento de 1765 demonstra toda a dificuldade que as autoridades ainda detinham em tentar controlar tais corpos militares, mesmo mais de 40 anos depois da formulação do Regimento dos Capitães-do-Mato mencionado acima. O documento é uma ordem do então governador de Minas Gerais, Luís Diogo Lobo da Silva, na qual determina a prisão de cinco sujeitos que lhe desobedeceram. Primeiramente, o governador havia ordenado, através de algum capitão mor, a três capitães-do-mato – Athanasio Antonio, Francisco da Costa e Ambrósio – realizarem a prisão de dois negros e uma crioula que andavam aquilombados e os entregassem ao juiz de fora na cadeia da cidade de Mariana. Os capitães-do-mato desobedeceram a essa ordem. O governador, então, mandou que outro capitão-do-mato realizasse a prisão dos sujeitos que o desobedeceram. No documento consta que os três foram de alguma forma levados por esse capitão-do-mato – não identificado – à presença do juiz de fora. No entanto, uma vez lá, conseguiram se aliar a dois oficiais de pedestres – José Coelho Fonseca e João Pereira da Cruz – que os puseram em liberdade antes mesmo destes terem sido colocados na prisão. Os cinco tornaram-se fugitivos. Ao final do documento o governador afirma:

> Ordeno a todos os capitães mores, comandantes dos distritos e oficiais de milícias de jurisdição deste governo, que os cinco criminosos, capitães-do-mato e

pedestres, sejam achados, e que os façam prender e os remeter seguros na cadeia da cidade de Mariana, e que lá sejam entregues ao Dr. juiz de fora, acompanhando-se nesta diligência oficial de justiça do mesmo distrito, para que passe por certidão de execução, sem faltarem a justa moderação e necessária segurança, regulando-se para a certeza da identidade dos ditos delinquentes (*Revista do Instituto Histórico e Geográfico de Minas Gerais*, 1959: 446-447).

A punição deveria ser severa. Na segunda metade do século XVIII, em Minas Gerais, não se podia mais admitir desobediência. O controle social passou a ser mais rigoroso. Minas se tornara um importante centro econômico, indispensável para a manutenção do estado português. O menor deslize poderia se tornar num problema grave para as autoridades. E em tempos de guerra, isso era o que o marquês de Pombal menos desejava (Maxwell, 1996).

A década de 1760 foi caracterizada como um período com intensa mobilização militar em todo o estado do Brasil, a qual foi realizada em decorrência dos conflitos com os castelhanos nas partes meridionais da América Portuguesa (Alden, 1968). Na esteira desse movimento, foram criados os terços de pretos e pardos de Minas Gerais. A partir daí, nestes corpos militares os soldados de cor passaram a agir. No contexto em que ideias provenientes da ilustração começaram a influenciar as decisões políticas daqueles que estavam no poder em Portugal, a normatização e institucionalização de um corpo militar como o terço de pretos e pardos de Minas Gerais merece destaque. Francis Cotta chamou a atenção para a possibilidade de ascensão social dos oficiais desses corpos militares da capitania. No artigo "Os terços de homens pardos e pretos libertos: mobilidade social via postos militares nas Minas do século XVIII", o autor afirmou que os oficiais dos ditos terços formavam uma elite negra, pois já no início do século XIX parte desses homens aparecem nos documentos como senhores de terra (Cotta, 2003).

É interessante observar a mudança que ocorreu com a institucionalização dos corpos militares em Minas Gerais. Na primeira metade do século XVIII, os corpos irregulares, compostos por homens de cor – como os mencionados corpos de pedestres, capitães-do-mato – agiam localmente, eram dispersos, detinham certa autonomia e muitas vezes não eram regulados. Com a reestruturação militar, houve uma maior regulamentação de todos os corpos militares existentes no Estado do Brasil. Com isso, a anterior autonomia de alguns corpos militares – como no caso dos capitães-do-mato – foi substituída por uma heteronomia rígida. O Estado começou a exercer um maior controle nos corpos militares em consequência das inúmeras guerras travadas nessa segunda metade de século. Partindo desse ponto, é necessário compreender a mudança social do soldado de cor na capitania de Minas Gerais. Para isso, é importante se levar em conta também as tranformações econômicas e sociais ocorridas na capitania e as ligações destas com a existência de uma camada populacional considerável de homens de cor.

Dessa forma é possível entender as representações que governadores, câmaras, homens das armas e população geral de Minas Gerais formavam acerca dos homens de cor presentes nos corpos militares, bem como as mudanças nessas representações entre os anos de 1709 e 1777. Adiante nos ateremos a algumas dessas representações, mais especificamente àquelas construídas e disseminadas pelas autoridades mineiras da época.

Acerca das representações sobre a camada social negra de Minas Gerais, é interessante mencionar o fato de os homens de cor serem comumente apresentados tanto como a força de trabalho indispensável para a manutenção da capitania, quanto associados à categoria de "vadios" e ociosos (Souza, 1986). Muitas vezes apareciam nos discursos como bravos guerreiros, os quais adentravam nas matas para enfrentar os índios ferozes e os quilombos; no entanto, em outros discursos, são representados como soldados inúteis, desordeiros, indisciplinados, que poderiam se unir aos escravos e organizar uma revolta em massa contra os brancos de Minas Gerais.

Por exemplo, no trecho a seguir, escrito por João José Teixeira Coelho a respeito dos homens de cor em Minas Gerais, há uma comum representação destes na capitania, associando-os a categoria de "vadios":

> Os vadios são o ódio de todas as nações civilizadas e contra eles se tem muitas vezes legislado, porém, as regras comuns relativas a este ponto não podem ser aplicáveis ao território de Minas, porque estes vadios, que em outra parte seriam prejudiciais, são ali úteis. Eles, à exceção de um pequeno número de brancos, são todos mulatos, cabras, mestiços e negros forros. Por estes homens atrevidos é que são povoados os sítios remotos do Cuieté, Abre Campo, Peçanha e outros; deles é que se compõem as esquadras que defendem o presídio do mesmo Cuité da irrupção do gentio bárbaro e que penetram, como feras, os matos virgens, no seguimento do mesmo gentio. E deles é, finalmente, que se compõem as esquadras que muitas vezes se espalham pelos matos para destruir os quilombos dos negros fugidos, e que ajudam nas prisões dos réus (Coelho, 1994: 150).

Se os homens de cor eram necessários para a segurança da capitania e para garantir a extração dos metais preciosos, eles poderiam também ser responsáveis por revoltas no interior da própria capitania, na visão de algumas autoridades. Por exemplo, em 1772 a câmara de São João del Rei escreveu uma carta direcionada ao rei em repúdio aos terços de pretos e pardos e seu oficialato integralmente negro.[2] Segundo a carta, Minas estava cheia de "inumeráveis escravos pretos e mulatos, cada um dos quais é inimigo doméstico de todos os brancos. São quase tantos como estes os pardos e negros, que ou nasceram forros ou se acham libertos", por isso os integrantes da dita câmara acreditavam que "não é neles menor o ódio que nos tem, mas maior a soberba de que naturalmente são dotados". Além disso, deixando transparecer o estigma social que os homens de cor sofriam em Minas Gerais, a carta é finalizada com a ideia de que

> pobreza e a dependência para com os brancos é que contém alguns deles na paz necessária para a nossa conservação e do Estado; porém, como se formaram todos em companhias, dando-se-lhes oficiais das mesmas castas, justamente se deve que o livre uso das armas os fez atrevidos e poderosos, e que chegará o tempo em que unindo-se aos escravos, seus semelhantes, rompam em algum excesso, disputando-nos o domicílio.[3]

A sugestão da dita câmara para que tal receio não se tornasse realidade foi sujeitar os ditos negros "a oficiais brancos, porque o respeito, o temor destes, melhor os fará conter nos limites da sua obrigação".[4]

Entretanto, no contexto da guerra luso-castelhana, em pleno ano de 1777, quando foram enviados corpos militares compostos por homens de cor de Minas Gerais para o palco do conflito, os problemas relativos a esse tipo de tropa se escancararam aos olhos do então governador e capitão-general da capitania de São Paulo, Martim Lopes Lobo de Saldanha: segundo a descrição, era uma multidão composta, em sua maioria, de negros, que se encontravam "inteiramente nus, sem

---

2 Cf. Representação dos oficiais da Câmara da Vila de São João del Rei, dirigida a D. José I, solicitando providências cautelares no sentido de evitar possíveis levantamentos por parte dos mulatos e escravos pretos. AHU – Minas Gerais, cx. 107, doc. 27. Minas, 30 de julho de 1774.

3 *Idem.*

4 *Idem.*

mais que umas ceroulas e camisas, com muitas poucas armas particulares, e estas desconcertadas" (Alden, 1968: 250). Ainda nas palavras do general:

> estava a expedir ordem aos comandantes dos destacamentos de Minas Gerais, que iam em marcha para o continente do Sul, a fim de voltarem logo para suas respectivas comarcas, pois assentou ultimamente comigo o senhor marquês Vice-rei, a quem tinha representado o miserável estado desta tropa, ser mais proveitoso ao Real Serviço fazê-las retroceder do que infestar a campanha do sul, com um troço de gente quase inútil para o ministério da guerra.[5]

Aqui os temidos homens de cor possuidores de armas e perigosos para capitania, os quais poderiam se sublevar, como foi mencionado na carta apresentada acima enviada pela câmara de São João del Rei à coroa, aparecem como frágeis combatentes, praticamente desarmados, adoentados, os quais deveriam retornar para Minas Gerais para que não atrapalhassem o andamento da guerra. Nesse trecho, os homens de cor estão longe daquela representação de homens ferozes que adentravam nas matas para atacar os índios hostis e os quilombos.

Para alguns, como Laura de Mello e Souza, esses negros descritos como "vadios", pertenciam a um setor social mineiro constituído por sujeitos "desclassificados". Contudo, no que diz respeito aos homens de cor que faziam parte de corpos militares, essa ideia de desclassificação social precisa ser repensada. Deve-se, ademais, refletir sobre o papel do negro naquela sociedade de Antigo Regime que estava passando por intensas mudanças no decorrer do século XVIII. Não se pode esquecer que o sujeito social constrói a si mesmo pela própria ação, a qual é exercida de acordo com o papel desse sujeito na sociedade (Thompson, 1966). Contudo, ao se estudar um grupo social específico num dado recorte espaço-temporal, deve-se tomar cuidado para que não se superdimensione apenas uma perspectiva possível de análise. Como, por exemplo, no caso da população de homens de cor em Minas Gerais no século XVIII, conferir uma demasiada ênfase nas ações de resistência desses indivíduos diante da escravidão ou entendê-los como sujeitos "desclassificados". Os homens de cor das Minas Gerais setecentistas, como indivíduos componentes dessa sociedade específica, nessa configuração social, estão envoltos numa tensa rede de poder, em constante interdependência

---

5 Cf. Para o capitão-mor Antonio Correya Pinto, das Lages. *DI*, vol. LXXVIII, p. 204. São Paulo, 2 de junho de 1777.

com os indivíduos do próprio grupo e com os de outros grupos sociais (Elias, 1993; Elias, 1994; Elias, 2000; Elias, 2001).

Os homens de cor, pertencentes ao grupo social com maior crescimento populacional nos últimos decênios do século XVIII, realizavam trabalhos de variadas categorias. Eram carpinteiros, ferreiros, músicos, cozinheiros, alfaiates, entre outras atividades existentes nas diversas áreas da capitania. Indivíduos livres de cor sociabilizavam-se com escravos, tanto em festas quanto nas próprias irmandades religiosas; esses grupos se relacionavam no cotidiano com sujeitos oriundos das diversas categorias sociais existentes nas Minas Gerais setecentistas (Scarano, 2002). Portanto, a capitania em questão precisa ser analisada levando-se em conta toda essa complexidade social, com essas trocas de experiências entre sujeitos e interdependência recíproca.

É muito interessante incluir esse tipo de perspectiva na análise dos corpos militares compostos por homens de cor em Minas Gerais. Dessa forma, as instituições sociais podem ser vistas como parte integrante do próprio *habitus* social do indivíduo. Assim, pode-se entender que o militar de cor tanto formava a instituição militar quanto era formado por ela. O estudo das modificações, das transformações no interior das instituições militares em Minas Gerais e das mudanças nas relações entre elas e os próprios homens de cor que delas faziam parte, pode trazer à tona o surgimento de mudanças na própria economia psíquica desses indivíduos. Compreender esse quadro como uma configuração social específica pode ser interessante para uma melhor análise desse jogo social como um todo. Em outras palavras, para finalizar, é importante compreendermos como o negro em Minas Gerais no século XVIII atuava no campo militar. Além disso, precisamos entender como no emprego das armas e dentro desse campo social específico os homens de cor eram classificados.

Bibliografia

Alden, D. "The Population of Brazil in the late eighteenth century: a preliminary study". In: *The hispanic american historical review*, vol. 43, n° 2. (mai., 1963), p. 173-205.

_____. "O período final do Brasil colônia (1750-1808)". In: Bethel, Leslie (org.). *América Latina colonial*. Tradução de Mary A. L. de Barros & Magda Lopes. São Paulo: Edusp/FUNAG, 1999.

_____. *Royal government in colonial Brazil* – *with special reference to the administration of the marquis of Lavradio, viceroy, 1769-1779.* Berkeley/Los Angeles, 1968.

ARQUIVO HISTÓRICO ULTRAMARINO (Lisboa). Projeto Resgate. Minas Gerais (1750-1780).

BLACKBURN, Robin. *A construção do escravismo no Novo Mundo: do Barroco ao Moderno, 1492-1800.* Rio de Janeiro: Record, 2003.

_____. Pierre. *Economia das trocas simbólicas.* São Paulo: Editora Perspectiva, 1990.

BOURDIEU, Pierre. *O poder simbólico.* Tradução de Fernando Tomaz. Lisboa: Difel, 1989.

BOXER, C.R. *A idade de ouro do Brasil.* Rio de Janeiro: Nova Fronteira, 2000.

COELHO, J.J.T. *Instrução para o governo da capitania de Minas Gerais* (1780). Belo Horizonte: Fundação João Pinheiro, 1994.(Coleção Mineiriana).

COTTA, Francis Albert. *No rastro dos Dragões: universo militar luso-brasileiro e as políticas de ordem nas Minas setecentistas.* Belo Horizonte: Universidade Federal de Minas Gerais, 2005, tese de doutorado em História.

DOCUMENTOS INTERESSANTES PARA A HISTÓRIA E COSTUMES DE SÃO PAULO (D.I.) São Paulo: Arquivo do Estado, 1902 (VOLUMES LXVIII e LXXIX).

ELIAS, Nobert. *O processo civilizador: formação do estado e civilização*, 2ª ed. Tradução de Ruy Jurgman. Rio de Janeiro: Zahar, 1993.

_____. *A sociedade de corte.* São Paulo: Zahar, 2001

_____. *A sociedade dos indivíduos.* Rio de Janeiro: Zahar, 1994.

KLEIN, Herbert S. "A demografia do tráfico atlântico de escravos para o Brasil". *Estudos econômicos*, vol. 17, nº 2, mai./ago., 1987.

_____. "Os homens livres de cor na sociedade escravista brasileira". *Dados – Revista de Ciências Sociais*, 17, 1978.

KÜHN, Fábio. "A fronteira em movimento: relações luso-castelhanas na segunda metade do século XVIII". In: *Estudos Ibero-Americanos.* Porto Alegre: PUCRS, vol. XXV, nº 2, dez./1999, p. 91-112.

KUETHE, Allan J. "The status of the free pardo in the disciplined militia of New Granada". *The Journal of Negro History*, vol. 56, nº 2. (abr., 1971), p. 105-17.

LAVRADIO, Marquês do. *Cartas do Rio de Janeiro (1769-1776).* Rio de Janeiro: Secretaria de Estado de Educação e Cultura. Instituto Estadual do Livro, 1978, p. 160-1.

MARAVALL, José Antônio. *A cultura do barroco. Análise de uma estrutura histórica*. São Paulo: Edusp, 1997.

MARQUESE, Rafael de Bivar. "A dinâmica da escravidão no Brasil: resistência, tráfico negreiro e alforrias, séculos XVII a XIX". *Novos estudos - CEBRAP*, São Paulo, n° 74, 2006.

MAXWELL, Kenneth. *Marquês do Pombal: paradoxo do Iluminismo*. Tradução de Antônio de Pádua Danesi. Rio de Janeiro: Paz e Terra, 1996.

MELLO, Christiane F. Pagano de. "A Guerra e o Pacto. A política de intensa mobilização militar nas Minas Gerais". In: CASTRO, Celso; IZECKSOHN, Vitor; KRAAY, Hendrik (org.). *A nova história militar brasileira*. Rio de Janeito: FGV/ Bom Texto, 2004, p. 67-85.

MENDONÇA, Marcos Carneiro. *Século XVIII, século pombalino do Brasil*. Rio de Janeiro: Xerox do Brasil, 1989, p. 801. (Biblioteca Reprográfica Xerox).

PATTERSON, O. *Slavery and social death: a comparative study*. Harvard University Press, 1982.

REVISTA DO ARQUIVO PÚBLICO MINEIRO, ANO II, VOLUME II. Ouro Preto: Imprensa Oficial de Minas Gerais, 1897.

REVISTA DO ARQUIVO PÚBLICO MINEIRO, ANO XXV, VOLUME II. Belo Horizonte: Imprensa Oficial de Minas Gerais, 1938.

REVISTA DO INSTITUTO HISTÓRICO E GEOGRÁFICO DE MINAS GERAIS. VOL. VI. Belo Horizonte, 1959.

SCARANO, J. *Negro nas terras do ouro: cotidiano e solidariedade século XVIII*. São Paulo: Brasiliense, 2002.

SOUZA, L. M. *Desclassificados do ouro: a pobreza mineira no século XVIII*, 2ª ed. Rio de Janeiro: Edições Graal, 1986.

_____. *O Sol e a sombra. Política e administração na América Portuguesa do Século XVIII*. São Paulo: Companhia das Letras, 2006.

THOMPSON, E. P. *The making of the English working class*. Nova York: Vintage Books, 1966.

VINSON, Ben III. *Bearing arms for his majesty: the free-colored militia in colonial Mexico*. Stanford University Press, 2001.

VOELZ, Peter M. *Slave and soldier: the military impact of Blacks in the colonial Americas*. Nova York: Garland, 1993.

Homens de cor ao lado de brancos

A formação de corpos militares mistos em São Paulo (1765-1821)

Fernando Prestes de Souza[1]

Desde a institucionalização dos primeiros corpos militares de auxiliares na América Portuguesa – a segunda linha –, a partir da aplicação da carta régia de 7 de janeiro de 1645, estes se basearam em divisões, tipicamente barrocas, por cor (Blackburn, 2003: 37-38).[2] Brancos, pardos e pretos eram incorporados separadamente, ou seja, gozando de relativa autonomia em terços próprios e comandados por indivíduos de mesma cor. No território em que se constituiu a capitania de São Paulo, entretanto, pouquíssimos corpos militares de auxiliares foram formados até meados do século XVIII (Leonzo, 1979: 23-28). De acordo com Sérgio Buarque de Holanda, por volta de 1674 a população das vilas de São Paulo, Sorocaba e Parnaíba eram compostas por nada

---

[1] Mestrando pelo Programa de Pós-Graduação em História na Universidade Federal do Paraná (PGHIS-UFPR) e bolsista da Coordenação de Aperfeiçoamento de Pessoal de Nível Superior (CAPES). Contato: ferhist@yahoo.com.br.

[2] Cf. "Carta Régia de 7 de Janeiro de 1645. Criação de Soldados Auxiliares". In: SILVA, José Justino de Andrade e. *Collecção Chronologica da Legislação Portugueza*. Lisboa: Imprensa de J. J. A. Silva, 1854.

menos que 80% de índios e mamelucos, aproximadamente (Holanda, 1966: 87; Nazzari, Kok, 1998: 33; 2001: 498). Por outro lado, a presença de africanos era reduzidíssima no período. Ao invés de tropas institucionalizadas, predominavam ali os ajuntamentos de sertanistas (Monteiro, 1994: 57-98), tropas constituídas por brancos, mestiços e índios, cuja atuação na captura dos "negros da terra", combate a quilombos e desbravamento dos sertões da América Portuguesa rendeu aos "paulistas" enorme fama, a qual corria nos vários espaços do império português ao longo do século XVIII (Rodrigues, 2006: 65). Dada a natureza destes corpos militares, brancos, mestiços e índios atuavam lado a lado, sem demarcação rígida de fronteiras entre os grupos. O "paulista", enfim, era associado mais à figura do indígena que à do europeu (Kok, 1998).

Contudo, já no século XVIII, e sobretudo ao longo da segunda metade, esta sociedade passou por transformações profundas. A gradativa ampliação do tráfico de escravos para a capitania, motivada principalmente pelo incremento das atividades com a cana-de-açúcar, colocou em cena atores sociais praticamente ausentes da sociedade paulista nos séculos XVI e XVII. Com efeito, o peso social de escravos africanos e homens livres de cor só aumentou daí por diante (Klein, 1978; Luna; Klein, 2006). Vale dizer que neste momento é que se iniciou uma incorporação mais sistemática de pardos, pretos e mulatos livres na estrutura militar de São Paulo. Em decorrência, o contato entre brancos, índios e negros, somado à complexidade da sociedade paulista desde a segunda metade do século XVIII, exigiu e culminou em esforços maiores da parte dos brancos em se diferenciarem dos outros grupos. Os corpos militares, deste modo, eram constituídos de forma a reforçarem a distinção que se buscava marcar entre as diversas "classes" de pessoas. No entanto, em dois momentos específicos, duas autoridades militares de destaque defenderam a incorporação de brancos e homens de cor lado a lado, em mesma tropa. Objetiva-se aqui problematizar as situações em questão, suas causas e justificativas, atentando nelas para possíveis transformações nas relações entre estes grupos desiguais em termos de *status*, poder e condição, numa sociedade de Antigo Regime. Para pensar as relações entre grupos de brancos e homens de cor livres parte-se aqui da ideia segundo a qual raça, identidade e etnia não são condições imutáveis, mas, ao contrário e de modo efetivo, são relações socialmente construídas. Fazem parte, ademais, de dinâmicas disputas por poder e *status* entre grupos interdependentes e desiguais, as quais ocorrem em contextos históricos específicos (Nazzari, 2001: 500-1).

A partir de 1765, quando a capitania de São Paulo foi restaurada – uma vez que permanecera subordinada ao Rio de Janeiro desde 1748 – a região passou por processo amplo e sem precedentes de reestruturação econômica e militar (Bellotto, 1979). Neste momento, a criação de corpos militares de auxiliares bem como a institucionalização e regularização dos já existentes seguiram os padrões barrocos de divisão por cor. O contexto no qual se operava este militarismo, e que justificou a restauração da capitania, foi fortemente marcado pela guerra luso-castelhana (1762-1777), travada nas partes meridionais da América Portuguesa (Maxwell, 1997: 119-139; Silva, 2006: 60-84). Além de enviar soldados para o Rio Grande de São Pedro e às fronteiras com o Paraguai, coube a São Paulo empreender sua própria defesa.

Num primeiro momento, entre 1765 e 1767, o critério de inclusão de indivíduos em companhias militares de acordo com a cor foi relativamente rígido, como se pode ver no processo de institucionalização das tropas auxiliares litorâneas. Em Santos, por exemplo, o governador Morgado de Mateus negociou com um comerciante local, Caetano Francisco Santiago, "homem pardo e rico", a transformação da companhia de aventureiros da qual Santiago era capitão em uma companhia de auxiliares composta por pardos forros.[3] Outras soluções, em verdade, eram comuns às regiões rurais, onde o contingente de brancos era muitas vezes insuficiente para a constituição de corpos militares. Assim, nas companhias de ordenanças – a terceira linha – poderiam ser alistados conjuntamente "mulatos, bastardos e carijós", dos quais "os mais capazes" seriam oficiais, conforme ordenou Morgado de Mateus em 1772 ao sargento-mor de Jundiaí.[4] Entretanto, mediante exame atento da documentação, é possível constatar que as fronteiras entre os grupos poderiam ser tênues, mas existiam. Na lista da companhia de ordenança do bairro de Santa Ana, cidade de São Paulo, referente a 1768, vê-se os alistados classificados a partir das categorias "branco", "bastardo", "carijó", "pardo" e "preto".[5] Apesar de a companhia abrigar indivíduos

---

3 Cf. "Carta ao Conde de Oeyras sobre formação de Companhias e diversos outros assuntos militares". *Documentos Interessantes para a história e costumes de São Paulo* (D.I.), vol. LXXII, p. 51-2. Santos, 10 de setembro de 1765; "Carta ao Conde de Oeyras, sobre Fortaleza, e estado Militar da capitania". *D.I.* vol. LXXII, p. 45-7. Santos, 2 de agosto de 1765.

4 Cf. "Ordem que foi ao Sargento-mor de Jundiaí para formar uma companhia de mulatos, bastardos e carijós". *D.I.* vol. XXXIII, p. 60. São Paulo, 11 de maio de 1772.

5 Conforme Nazzari, a partir da década de 1790 é que se processaram medidas concretas visando dar cabo à diversidade de categorias barrocas utilizadas para classificar pessoas, substituindo-as, paralela-

destas cinco "classes", vizinhos entre si e predominantemente lavradores, buscava-se marcar com rigor as diferenças entre os grupos: excepcionalmente havia pardos alistados em esquadras[6] de brancos. De modo análogo, a relação entre pardos e pretos era também desigual. Os pretos, por sua vez, que pareciam se situar no subsolo da hierarquia racial, surgiam isolados na última das quinze esquadras da companhia de ordenança em questão (Nazzari, 2001: 503-509).[7]

Com o agravamento dos conflitos no sul, a partir de 1774, e, sobretudo, após os espanhóis tomarem para si a Ilha de Santa Catarina, já em 1777, inúmeras cartas foram enviadas pelos capitães-generais às autoridades locais, transmitindo ordens para o recrutamento de todos os súditos "capazes de pegar em armas". Não importava se estes fossem "brancos, pardos, mulatos, e negros, e ainda os papudos" robustos – os quais, em conjunto, formariam o que chamo aqui de "tropas mistas". O sucessor de Morgado de Mateus, governador Saldanha, buscava levantar tropas rapidamente para remetê-las à Santa Catarina e, igualmente, defender a costa litorânea de sua capitania.[8] Como se vê, chegou-se ao ponto de recrutar os "papudos", homens doentes, com bócio. A esta época, no esforço de guerra, as autoridades recorriam a todo tipo de improvisos, e, não por acaso, algumas medidas adotadas geraram amplo descontentamento em determinadas camadas da sociedade paulista. Destaque-se o conflitante enquadramento de homens de cor ao lado de brancos em tropas auxiliares.

De fato, em 1776, os alistados de Itu reclamavam junto ao governador de São Paulo de que entre eles estava "alistado um filho de um mulato". A reação imediata dos brancos, resistindo a serverem em tropas mistas ao lado de gente de cor, não parece

---

mente, pela homogeneidade ilustrada. A partir de então, o sistema de classificação racial comportaria apenas "brancos", "pardos" e "pretos" (Nazzari, 2001: 514-24).

6 As companhias eram divididas em esquadras, as quais eram encabeçadas pelos cabos-de-esquadra. No caso em questão havia quinze esquadras, cada qual comportando em média quinze homens. Cf. "Lista da Companhia de Ordenança do bairro de Santa Ana da qual é Capitão Manoel Cavalheiro Leite". *Revista do Instituto Histórico e Geographico de São Paulo*, vol. XXXIV, 1938, p. 435-44. Santa Ana, 12 de janeiro de 1768.

7 Cf. *Idem*.

8 Cf. "Para o Sargento-mor Bento Lopes de Leão, de Taubaté". *D.I*, vol. LXXVIII, p. 8-9. São Paulo, 4 de abril de 1777; "Para o Sargento-mor Antonio Pacheco da Silva, de Itu". *D.I*, vol. LXXVIII, p. 24-5 São Paulo, 7 de abril de 1777; "Para o Sargento-mor Antonio Jorge de Godoy, de Jundiaí". *D.I.*, vol LXXVIII, p. 25. São Paulo, 7 de abril de 1777.

ser algo fora do comum no contexto colonial. O que salta aos olhos do historiador, ao contrário, é a retórica breve, mas sofisticada, do governador Saldanha: considerando os clamores dos auxiliares brancos como "inatendíveis e digno[s] de castigo", caso a queixa tivesse prosseguimento, argumentou ainda que "por santa lei novíssima de El Rey nosso senhor estão os mulatos forros habilitados para todas as honras civis, militares, e eclesiásticas".[9] Provavelmente o governador estava se referindo ao alvará de 16 de janeiro de 1773, o qual determinou que todos aqueles escravos que se encontrassem na quarta geração do cativeiro ficariam libertos. Também deu fim, ao menos no plano teórico, aos impedimentos que vedavam o acesso a honras e ofícios públicos aos libertos. Contudo, Pombal e os governadores coloniais procuraram deixar bastante claro que esta lei valia apenas para o Reino, e não para as colônias (Silva, 2001: 107-149; Russel-Wood, 2005: 139). Utilizá-la no todo ou parte neste momento servia apenas para dar suporte à retórica oficial do recrutamento. Situações semelhantes, as quais exigiam habilidade e jogo de cintura no posicionamento das autoridades militares no tocante à questão racial certamente ocorreram em São Paulo, embora sejam raros os fragmentos daquele passado sobre esta matéria.

Com o fim da guerra luso-castelhana, em 1777, muitas das companhias militares criadas na década de 1770 foram desmobilizadas, especialmente as tropas mistas. Porém, nova reorganização militar tocaria a capitania na virada do século XVIII para o XIX, na esteira do decreto de 7 de agosto de 1796, pelo qual os terços de auxiliares tornar-se-iam regimentos de milícias.[10] Neste novo contexto, o peso social da camada de homens livres de cor, significativamente maior do que na década de 1760, refletiu na estrutura militar paulista. É suficiente destacar que, em 1797, ainda com base nas diferenças de cor, foi criado o primeiro regimento miliciano de pardos, composto de dez companhias e denominado Regimento dos Úteis. Salvo exceções, o oficialato deste corpo militar, que, quando todo preenchido de recrutas, comportava 800 praças, era formado por uma elite entre os homens de cor. As companhias que juntas formavam o Regimento dos Úteis localizavam-se na

---

9 Cf. "Ofício do General Martim Lopes Lobo de Saldanha para o Capitão Romualdo José de Pinho e Azevedo da Vila de Itu". *D.I.*, vol, LXXVI, p. 37-8. São Paulo, 15 de agosto de 1776.

10 Cf. "Decreto de 7 de agosto de 1796. Regulando os Corpos Auxiliares do Exército, denominando-os para os futuros Regimentos de Milícias". Palácio de Queluz, 7 de agosto de 1796. In: SILVA, Antônio Delgado da. *Colleção da Legislação Portugueza desde a última Compilação das Ordenações – Legislação de 1791 a 1801*. Lisboa: Typografia Maigrense, 1828, p. 295-7. Disponível em http://iuslusitaniae.fcsh.unl.pt

cidade de São Paulo e seus arredores, mas, não obstante, é possível asseverar que as relações econômicas e as experiências militares destes sujeitos, em particular o oficialato, ultrapassavam e muito o espaço da cidade de São Paulo. Ora, até a década de 1820 constantemente os milicianos pardos solicitavam licenças do serviço militar para deslocarem-se à corte do Rio de Janeiro ou à capitania de Minas Gerais, onde tratariam de seus modestos ou suntuosos negócios, como já o fazia o rico capitão dos pardos forros de Santos, em 1767.[11]

As fronteiras móveis entre os grupos, assentadas sobremaneira na estigmatização concernente à ascendência africana dos homens de cor, e as carências do sistema defensivo de São Paulo possibilitavam um curto espaço de manobra aos sujeitos que buscavam deixar de lado a carreira militar na hierarquia própria aos pardos. Em 1816, por exemplo, dois irmãos que serviam no Regimento dos Úteis abriram e levaram adiante processo para provar a pureza de sangue, e, consequentemente, eximirem-se do alistamento ao lado de homens de cor. Com mesmo objetivo, em 1821, um cabo do Regimento solicitou sua remoção, e, no mesmo ato, indicou outro corpo militar, este constituído por homens brancos, onde lhe fosse mais cômodo servir, por localizar-se próximo da sua residência. Ambas as tentativas, todavia, tiveram parecer negativo. Esclarecedor é o parecer referente ao último caso: conforme o pardo Lourenço Siqueira, capitão da 4ª companhia, sediada em Atibaia, desconhecia-se qual "a causa do suplicante querer passar para outro regimento aonde lhe não compete servir, por ser homem pardo, e sair do regimento de sua própria cor aonde lhe é destinado servir", e, portanto, entendia que "não parece justo a passagem que pretende, porque do contrário é abrir exemplo aos mais".[12]

O Regimento Miliciano dos Úteis manteve-se até a extinção das milícias e a criação da Guarda Nacional, em 1831, mas já em 1815, e na contramão do que se praticava, uma das mais altas autoridades militares da capitania, o inspetor geral de milícias José Arouche de Toledo Rendon, projetou obstinadamente a "extinção da separação de cores", ou seja, "abolir o nome de Regimento de homens Pardos, en-

---

11 Cf. "Livros Mestres dos Regimentos de Infantaria dos Úteis e dos Sertanejos de Itu". Arquivo Público do Estado de São Paulo (APESP), ord. 446; "Cartas sobre o estado atual dos negócios desta capitania". *D.I.*, vol. XXIII, p. 389-92. Santos, 5 de julho de 1767.

12 Cf. APESP, ord. 265, cx. 33, doc. 33-1-57. São Paulo, 12 de dezembro de 1816; APESP, ord. 270, cx. 37, doc. 37-3-4. Atibaia, 10 de abril de 1821.

trando em todos eles tanto os brancos, como os pardos".[13] Estava em pauta, novamente, o tema da incorporação de homens de cor ao lado de brancos. Nas palavras de Rendon, proferidas em 1815, "foi sem dúvida um passo político aproveitar para as armas esta classe", mas "tem cessado os motivos daquela valiosa separação que ofende ao Estado, nutre a prevenção contra as cores e faz desgraçados os próprios pardos". Além disso, finalizou sua proposta encaminhada ao governador da capitania, Conde de Palma, defendendo que "politicamente falando devem-se promover os meios de extinguir a lembrança do mulatismo por meios indiretos, como este, visto que ainda não é possível no estado das coisas mudar a opinião pública a respeito dos mulatos" (Leonzo, 1979: 178-179, 314-329).[14]

Como se viu, a arguição do proponente era bem mais rica em detalhes e refinamento do que aquela feita pelo governador Saldanha, em 1776. Evidentemente, naquela ocasião o governador tinha em vista uma questão prática, imediata, proveniente de um contexto marcado por esforços de guerra e no qual periodicamente eram criadas novas companhias militares, arranjadas muitas vezes aos improvisos. A argumentação do inspetor Rendon, reiterada em 1821, por outro lado, fazia parte de um plano de reformas militares e propunha discussões em torno de práticas sociais – a inserção de indivíduos em corpos milicianos divididos por cor – e uma instituição – o Regimento de Pardos – ambas já bem estabelecidas naquela sociedade.[15] Já não se tratava de justificar o ato de dispor de homens de cor e brancos conjuntamente quando a ocasião assim o exigisse. O que estava em debate em 1815 e na década seguinte era a exclusão do ideal da "incorporação social" da "grande diversidade de tipos sociais" em suas próprias hierarquias (Morse, 1988: 76, 81), um princípio barroco de organização dos corpos militares – e, porque não o dizer, da

---

13 Cf. "Projeto de Plano para o Melhoramento das tropas Milicianas de São Paulo". APESP, ord. 265, cx. 33, doc. 24. São Paulo, 5 de setembro de 1815.

14 Cf. "Projeto de Plano para o Melhoramento das tropas Milicianas de São Paulo". APESP, ord. 265, cx. 33, doc. 24. São Paulo, 5 de setembro de 1815. Rendou valeu-se de idêntica formulação quando de seu parecer, encaminhado ao governador e capitão-general conde de Palma, em 1816, relativo ao requerimento dos dois irmãos que solicitaram emprego em unidade da milícia composta por brancos. Cf. APESP, ord. 265, cx. 33, doc. 33-1-57. São Paulo, 12 de dezembro de 1816.

15 Cf. "Último parecer do abaixo assinado na presente Comissão Militar sobre o Plano que se deve adotar para a organização do Exército da 2ª Linha na província de São Paulo". APESP, ord. 265, cx. 33, doc. 33-3-54. São Paulo, 24 de outubro de 1821.

sociedade luso-americana –, e sua substituição por outro, ilustrado. Cabe indagar, então, em que medida estes fatos, os quais vinham acompanhados de discursos altamente sugestivos do ponto de vista político,[16] segundo os quais além de "extinguir a lembrança do mulatismo" devia-se considerar os homens livres de cor habilitados para todas as honras, acenam para uma nova política da Coroa voltada à equiparação entre brancos e homens livres de cor da América Portuguesa, ou, ao contrário, concorriam para acentuar as diferenças entre os grupos.

Analisando mais de perto as justificativas dadas às duas situações em que as divisões sociais entre brancos e homens de cor foram desequilibradas na capitania de São Paulo por conta de projetos e práticas de alistamento militar, vê-se rapidamente que não se tratava de um processo dirigido pelas autoridades portuguesas e caracterizado pela busca de se estabelecer a igualdade civil, militar ou política entre os grupos em questão. Volte-se, pois, ao primeiro momento, na década de 1770, a outro caso de formação de tropas mistas. Vivendo já as consequências da perda da ilha de Santa Catarina aos espanhóis, em abril de 1777, coube ao governador Saldanha "engrossar o corpo" militar que formara "com toda a pressa" e destinava àquela região. Quando questionado sobre o alistamento do mulato forro José na tropa em questão – a companhia auxiliar de Pindamonhangaba – a arguição do governador e capitão-general foi igualmente breve, mas nela deixava de lado alguns dos recursos retóricos utilizados meses antes, de modo que adotou um tom mais franco e direto. Assim, após Saldanha lamentar a impossibilidade de atender aos requerentes no sentido de não permitir a atuação de homens de cor em uma companhia de brancos, justificou sua decisão afirmando que assim a conservação da América Portuguesa como a expulsão dos castelhanos de Santa Catarina não seriam realizáveis sem a ajuda de "todos os capazes de pegarem em armas". Ademais, advertia a José Correia Leite que este deveria indicar-lhe todos os mulatos em condições a "engrossar" as companhias de auxiliares mistas.[17]

Por seu turno, a proposição do inspetor geral de milícias evidencia os motivos da incomum proposta de abolição do Regimento dos Pardos e a consequente in-

---

16 O termo "político", inclusive, fora utilizado repetidas vezes pelo inspetor geral de milícias, José Arouche de Toledo Rendon, quando tratava da extinção do Regimento dos Pardos.

17 Cf. "Para o M. R. Padre e senhor José Correia Leite, em Nossa Senhora do Rosário de Guaratinguetá". *D.I.*, vol. LXXVIII, p. 30-1. São Paulo, 8 de abril de 1777.

clusão de homens de cor ao lado de brancos. Merece especial atenção um trecho interessantíssimo da referida explanação, pois seu objetivo prático era comum aos projetos de reformadores das milícias e das tendências ilustradas, sobretudo a partir do século XIX, em todo o Estado do Brasil e, por certo, em várias partes do mundo hispano-americano (Vinson III, 2004: 342-345; Kuethe, 1971; Morse, 1988: 76, 81; Silva, 2005; Kraay, 2003). O aparente empenho do inspetor de milícias em suprimir a perpetuação dos estigmas carregados pelos "desgraçados pardos" se mostrou logo como uma estratégia nos jogos de poder, pois, escrevia Rendon, "havendo nesta capitania grande número de homens da cor parda capazes de pegar em armas, são raros aqueles que estão nas circunstâncias de gozar as honras de oficiais, uns por falta de educação, e a maior parte por muito pobres. Daqui procede a indecência de se apresentarem na sala de vossa excelência e no Batalhão, homens de banda e gola que d'ali há poucos instantes voltam para o triste estado de sapateiros ou taverneiros com o capote roto". A reorganização dos corpos militares, assentada na extinção da separação baseada na cor, funcionaria, por um lado, como meio de inclusão social aos homens de cor, mas, de outra parte, efetivamente minando as suas possibilidades de "gozar das honras de oficias".[18]

Nota-se, deste modo, que grande parte do problema levantado por Rendou foi direcionado exatamente para as posições de poder e prestígio que os homens pardos poderiam ocupar no Regimento Miliciano dos Úteis. De fato, o inspetor de milícias dialogava com os termos presentes no alvará de 17 de dezembro de 1802, que regulava o modo pelo qual deveriam "ser feitas as promoções dos diversos postos dos regimentos de milícias dos (...) domínios da América, a fim de que os mesmos regimentos [chegassem] ao mais alto grau de instrução, disciplina, e pe-

---

18 Cf. "Projeto de Plano para o Melhoramento das tropas Milicianas de São Paulo". APESP, ord. 265, cx. 33, doc. 24. São Paulo, 5 de setembro de 1815; Ver a posição de autoridades ilustradas em relação aos corpos milicianos compostos por homens de cor em "Relatório, do Marquês do Lavradio, vice-rei do Rio de Janeiro, entregando o governo a Luiz de Vasconcellos e Sousa, que o sucedeu no vice-reinado". In: *Revista do Instituto Histórico e Geográfico Brasileiro* (RIHGB), t. IV, 1863, p. 409-86. Rio de Janeiro, 19 de junho de 1779; "Ofício do governador da capitania de Pernambuco, Caetano Pinto de Miranda Montenegro, ao secretário de estado da Marinha e Ultramar, visconde de Anadia, sobre a distribuição racial da população da capitania de Pernambuco, prevalecendo o número de pardos e pretos e a desorganização em que se encontram os diversos Regimentos de milícias, precisando de autorização real para compor e reorganizar os ditos regimentos". Arquivo Histórico Ultramarino (AHU) – Pernambuco, cx. 259, doc. 17.405. Recife, 24 de março de 1806.

rícia militar".[19] A partir de sua promulgação, estariam hábeis para ocupar os mais altos postos nas hierarquias milicianas, mediante aprovação em concurso, apenas os oficiais que tivessem "servido com distinção na Tropa Regular" – a primeira linha – e que contemplassem "todas as circunstâncias necessárias para o digno desempenho das obrigações que lhes são inerentes". Todavia, "no caso de não haver oficiais da Tropa Regular que se apresentem a concurso, serão a ele admitidos os capitães e ajudantes dos próprios regimentos de milícias". E frisava-se, ainda, que "desta generalidade não será excetuado regimento algum de homens brancos". O texto do alvará, elaborado em um ambiente marcado pela transição entre as visões de mundo barroca e iluminista, como se vê, tem como princípio a divisão dos corpos militares por cores.

Aos milicianos pardos e pretos, porém, destinou-se atenção particular, pois

> que para os postos de coronéis, tenentes-coronéis, majores e ajudantes dos Regimentos Milicianos de homens pretos, denominados de Henriques, e igualmente para os de homens pardos que atualmente existem, ou para o futuro existirem em qualquer capitania do Brasil, sejam sempre atendidos de preferência os oficiais de suas próprias cores (...).[20]

Ou seja, em tese os milicianos pardos e pretos teriam preferência no acesso aos postos de comando em seus regimentos. Não obstante, e era neste ponto que Arouche Rendon colhia elementos para alicerçar seus argumentos no combate ao oficialato pardo, o alvará de 1802 indicava que somente poderiam prestar concurso os pardos e pretos "quando neles concorram as precisas circunstâncias para o desempenho dos mesmos postos" e, ademais, "segundo o (...) pessoal merecimento" de cada um. Não por acaso Rendon sugeriu que os negros servissem ao lado de brancos, e, em contrapartida, ao reconhecer que "o resultado desta medida, uma vez tomada, será de ficarem muito poucos oficiais da classe dos pardos", defendeu que os postos de auto-

---

19 Cf. "Alvará, pelo qual Vossa Alteza Real há por bem regular o modo por que devem ser feitas as promoções dos diversos postos dos regimentos de milícias dos seus domínios da América, a fim de que os mesmos regimentos cheguem ao mais alto grau de instrução, disciplina e perícia militar que a sua constituição permite, e possam servir como convém assim à defesa externa como à manutenção da ordem interior dos expressados domínios". AHU – Bahia (Coleção Eduardo de Castro e Almeida, 1613-1807), cx. 131, doc. 25.846. Lisboa, 17 de dezembro de 1802.

20 *Idem*.

ridade e destaque ficassem todos longe de mãos não-brancas. A ideia, em síntese, era ampliar o número de cargos e postos de prestígio e poder acessíveis aos brancos.[21] A constituição de tropas mistas podia ser necessária por diferentes motivos. No período da guerra luso-castelhana o foi na medida em que era diminuta a população disponível para o recrutamento, e este, voltado a produzir combatentes, ocorreu sob todo tipo de atropelos. Não houve, contudo, continuidade das tropas mistas após o fim da guerra. Já a proposta de Rendon, elaborada e debatida nas décadas de 1810 e 1820, embora não implementada, tinha outra finalidade prática: retirar os homens de cor dos postos de comando e prestígio. Portanto, em nenhum dos casos tratava-se, realmente, de uma política nova da coroa voltada à equiparação entre brancos e homens de cor da América Portuguesa – mesmo que os discursos apontassem para a concessão de direitos e abolição dos estigmas. Para o primeiro caso, trabalhou-se aqui com a hipótese de que fora uma solução moldada numa realidade marcada pelo esforço de guerra, e os benefícios aos homens de cor não passavam da retórica visando o recrutamento. Por outro lado, a segunda situação inseria-se em uma nova perspectiva, a qual, além de homogeneizante, era tão ou mais marginalizadora do que a barroca.

Bibliografia

BELLOTTO, Heloísa Liberalli. *Autoridade e conflito no Brasil colonial: o governo do Morgado de Mateus em São Paulo (1765-1775)*. São Paulo: Conselho Estadual de Artes e Ciências Humanas, 1979.

BLACKBURN, Robin. *A construção do escravismo no Novo Mundo, 1492-1800*. Rio de Janeiro: Record, 2003.

HOLANDA, Sérgio Buarque de. "Movimentos de população de São Paulo no século XVIII". *Revista do Instituto de Estudos Brasileiros*, nº 1, 1966, p. 55-111.

KLEIN, Herbert S. "Os homens livres de cor na sociedade escravista brasileira". *Dados – Revista de Ciências Sociais*, nº 17, p. 3-27, 1978.

---

21 Cf. "Projeto de Plano para o Melhoramento das tropas Milicianas de São Paulo". APESP, ord. 265, cx. 33, doc. 24. São Paulo, 5 de setembro de 1815.

Kok, Maria da Glória Porto. *O sertão itinerante: expedições da capitania de São Paulo no século XVIII*. São Paulo: Tese (doutorado em História) – Departamento de História da Faculdade de Filosofia, Letras e Ciências Humanas da Universidade de São Paulo, 1998.

Kraay, Hendrik. "Identidade racial na política, Bahia, 1790-1840: o caso dos Henriques". In: Jancsó, István (org.). *Brasil: formação do Estado e da nação*. São Paulo/Ijuí: Hucitec/Unijuí/fapesp, 2003, p. 521-46.

Kuethe, Allan J. "The status of the free pardo in the disciplined militia of New Granada". *The Journal of Negro History*, vol. 56, nº 2, abr./1971, p. 105-17.

Leonzo, Nanci. *Defesa militar e controle social na capitania de São Paulo: as milícias*. São Paulo: tese (doutorado em História) – Departamento de História da Faculdade de Filosofia, Letras e Ciências Humanas da Universidade de São Paulo, 1979.

Luna, F. V.; Klein, H. S. *Evolução da sociedade e economia escravista de São Paulo, de 1750 a 1850*. São Paulo: Edusp, 2006.

Maxwell, Kenneth. *Marquês de Pombal: paradoxo do iluminismo*. Rio de Janeiro: Paz e Terra, 1997.

Monteiro, John Manuel. *Negros da terra: índios e bandeirantes nas origens de São Paulo*. São Paulo: Companhia das Letras, 1994.

Morse, Richard. *O espelho de próspero*. São Paulo: Companhia das Letras, 2000.

Nazzari, Muriel. "Vanishing Indians: the social construction of race in colonial São Paulo". *The Américas*, vol. 57, nº 4, abr./2001, p. 497-524.

Rodrigues, Maria Eugénia. "Cipaios da Índia ou soldados da terra? Dilemas da naturalização do exército português em Moçambique no século XVIII". *História Questões & Debates*, vol. 24, nº 45, jul./dez. 2006, p. 57-95.

Russel-Wood, A. J. R. *Escravos e libertos no Brasil colonial*. Tradução de Maria Beatriz de Medina. Rio de Janeiro: Civilização Brasileira, 2005.

Silva, Karina da. *Os recrutamentos militares e as relações sociedade-estado na capitania/província de São Paulo (1765-1828)*. Dissertação (mestrado em História) –Departamento de História da Faculdade de História, Direito e Serviço Social da Universidade Estadual Paulista, 2006.

Silva, Luiz Geraldo. "Esperança de liberdade". Interpretações populares da abolição ilustrada (1773-1774). *Revista de História*, nº 144, 2001, p. 107-49.

_____. "Aspirações barrocas e radicalismo ilustrado. Raça e nação em Pernambuco no tempo da independência (1817-1823)". In: JANCSÓ, István (org.). *Independência: história e historiografia*. São Paulo: Hucitec, 2005, p. 915-34.

VINSON III, Ben. "Articular el espacio: el establecimiento militar de gente de color libre en el México colonial de la conquista hasta la independencia". *Callaloo*, vol. 27, nº 1, 2004, p. 331-54.

Patentes milicianas dos chefes com domicílio urbano

Organização sócio-espacial a partir da Décima Urbana de Paranaguá (1808)

Allan Thomas Tadashi Kato[1]

Introdução

Em 27 de junho de 1808, o rei Dom João VI (já no Rio de Janeiro) ordenava através de um alvará a criação do imposto da Décima sobre os prédios urbanos dos seus territórios ultramarinos, já existente em Portugal desde o século XVII (Cavalcanti, 2004:259). Este incidia sobre 10% do rendimento líquido dos imóveis (ou seja, sobre o preço de aluguel) para ser pago pelos inquilinos moradores das cidades litorâneas no Brasil e nos outros domínios da Coroa (Brasil, 1891:72-73).[2]

---

[1] Mestrando em História na Universidade Federal do Paraná. Orientador: Prof. Dr. Magnus Roberto de Mello Pereira. Integra o Centro de Documentação e Pesquisa da História dos Domínios Portugueses, séculos XV-XIX.

[2] A exceção eram as Santas Casas de Misericórdia pela piedade do seu instituto, e as cidades da Ásia que pela decadência estavam isentas das cobranças.

Na forma como determinou o Alvará régio foi feita à cópia deste em Paranaguá,[3] a Câmara definiu quais eram os prédios do setor urbano e depois de escolhidos os membros da Junta da Décima, arbitrou-se o valor de aluguel de cada edifício, para aqueles que não já o tivessem. Era a partir deste que se calculava o novo imposto. Em 10 de novembro de 1808, o livro contendo a Décima de Paranaguá passou a ser escriturado. Os lançamentos foram divididos por ruas e travessas. Em relação à maioria das vias, o escrivão teve o cuidado de definir o lado da rua (esquerdo e direito) em que se localizava o morador tributado, e em relação a algumas ruas a sua direção (rua do Terço indo para o São Francisco, por exemplo) foi anotada. Arrolou-se, quase sempre, primeiro as casas de um lado, depois, as do outro.

Em cada nota foi registrado qual era o nome do proprietário, o do inquilino – se havia –, a situação do morador com relação à casa (em que mora, alugada, etc.), valor do aluguel em réis, assim como o valor das falhas e consertos (que era outro imposto, este para a manutenção das fachadas) e o valor do imposto da Décima. Indicação de pavimentos (sobrados e térreos) e numeração das casas é feita na margem no texto.

De modo semelhante se fez em Antonina e no Rio de Janeiro que conhecemos através de outras pesquisas (Gomes, 2003:54; Cavalcanti, 2004:260-83). A extensão do alvará em 3 de junho de 1809 promoveu, também, a taxação das cidades do sertão (Brasil, 1891:72-73). Nesse sentido, outras câmaras produziram seus livros: São Paulo (Bueno, 2005:59-77), localidades das Minas Gerais (Carrara, 2003:69-81), e de Curitiba que também conhecemos direta ou indiretamente.

O estudo que segue tem como objetivo a análise da organização espacial de Paranaguá em 1808, a partir dos chefes de domicílio urbano com foco nos postos milicianos. Antes, de modo rápido, é necessário algumas explicações quanto à metodologia da pesquisa.

Metodologia

Tratamos de realizar um estudo que se debruça sobre os chefes com domicilio urbano em Paranaguá no início do século XIX, um retrato de fins de 1808. Para

---

3 Uma cópia do Alvará da Décima Urbana está incluída nas primeiras folhas do Livro de Décimas que continha as vilas litorâneas do que era a jurisdição da Comarca de Paranaguá. PARANAGUÁ. Livro de Lançamento de Dízimo (predial) 1808-1857. Acervo da Biblioteca da Câmara Municipal de Curitiba.

que seja possível analisarmos esse determinado grupo de pessoas foi necessário congelá-lo por um momento para poder focalizá-los. É o caso da fonte que possibilita o início desta análise, a Décima Urbana de 1808. Produzida em novembro de 1808 retrata aquele momento, ou seja quais eram os chefes com domicílio urbano naquele instante – informação esta que não é possível em outras fontes.

Depois de verificados os nomes destes chefes (arrolados na Décima) foi indispensável conhecê-los. As Listas Nominativas de Habitantes nos serviram para essa qualificação.[4] Trata-se de censos nominativos, em que era arrolada a população da Vila, domicílio a domicílio. Nelas aparecem os núcleos domiciliares (pai, mãe, filhos, agregados e escravos) e, na sequência, alguns dados sobre as pessoas são anotados: idade, estado conjugal (casado, solteiro e viúvo), cor de pele (branco, negro e pardo) e origem (natural da vila, um exemplo). Títulos da patente miliciana também são citados, assim como o modo de sustento da casa: vive de sua fazenda, vive de seu botequim, etc.

Para a qualificação dos chefes de família, foram utilizadas todas as Listas entre 1801 e 1809. São oito, à exceção do ano de 1802 que, aparentemente, não existe. A necessidade de se trabalhar com esse conjunto de Listas se deve ao desencontro das informações. Existem chefes com domicílios urbanos que foram inventariados como moradores da cidade na Décima, mas que por algum motivo, não estavam situados na Lista Nominativa de 1808.

O passo seguinte foi a localização hipotética desses chefes. Pois era a partir da distribuição destes na zona urbana que se realiza esta análise. Portanto, primeiro foi necessário buscar uma planta base do loteamento; segundo, identificar os logradouros anotados na Décima nesta planta; depois, localizar cada domicílio arrolado.

Se olharmos para uma planta cadastral moderna de Paranaguá, em sua região central perceberemos uma dada configuração espacial que podemos supor, com relativa segurança, que preserva as mesmas características básicas que o traçado que a vila tinha em 1808. Isto porque o lote urbano é um documento. Seu formato denuncia o modelo de ocupação do solo e suas características são preservadas ao longo dos séculos. Assim, excetuando reformas nas ruas – aberturas e alargamentos – as cidades coloniais brasileiras mantiveram seus setores

---

4 Cópias das Listas Nominativas de Habitantes utilizadas nesta pesquisa pertencem ao CEDOPE/UFPR. Originais no Arquivo Público do Estado de São Paulo sob denominação Maços de População.

históricos relativamente preservados quanto à constituição dos lotes. Os quarteirões mantiveram suas características desde que foram construídas as casas e definidos os tamanhos dos lotes em cada lado da rua. É esta permanência que permite a utilização da atual planta cadastral de Paranaguá como base para uma planta hipotética da vila no início do século XIX.[5] De fato, as nossas fontes são o loteamento e o arruamento em si, na sua existência material. A planta cadastral é apenas a representação moderna disto.

Na sequência, procurou-se confrontar os dados da planta cadastral atual com informações trazidas de documentos de época, tais como plantas, iconografia e descrições. Por sorte, em 1815 foi elaborada uma planta da vila, um período muito próximo ao ano de nosso interesse (Reis Filho, 2000). Essa planta nos traz a localização dos quarteirões e áreas ocupadas até então. Trata-se de excelente indicativo de onde estariam localizadas as casas em anos anteriores e comprova a nossa suspeita quanto à permanência do traçado e do loteamento de Paranaguá.

Por fim, a última fonte utilizada são as Memórias Históricas de Paranaguá, do ano de 1850, escritas por Antonio Vieira dos Santos, um morador da cidade no período em que essa análise se ocupa, a primeira década do século XIX. A informação que Vieira dos Santos nos fornece é a descrição das ruas no ano de 1850, apontando proprietários, toponímia das ruas – naquele momento – e eventuais nomes de ruas e de antigos proprietários em tempos anteriores ao ano de 1850 (Vieira dos Santos, 2001). Em algumas ruas podemos observar que os topônimos não se modificaram. Em outras é possível perceber as mudanças, tendo em vista seus antigos proprietários. Tal tipo de informação é necessário, dada a mudança dos topônimos. Os atuais são diferentes dos do início do século XIX. Então, a comparação da Décima, de Vieira dos Santos e dos atuais topônimos, foi necessária.

Localizadas as ruas, o próximo passo foi o de escolher os lotes sobre quais estariam hipoteticamente os moradores. Em consonância com a planta de 1815, determinamos a localização de cada casa e do morador correspondente. Como não possuímos informações sobre lotes concedidos e não edificados ou sobre espaços vazios entre as casas, a única forma foi dispor as casas arroladas na Décima pelo lado indicado (esquerdo e direito) uma ao lado das outras – quando indicado. Esta decisão

---

5 Agradecemos a prof. Dr.ª Ana Luiza Fayet Sallas (do Departamento de Ciências Sociais da UFPR) por ter intermediado junto a prefeitura de Paranaguá a disponibilização da planta cadastral da cidade.

foi tomada em função do conhecimento que se sabe sobre aquilo que era desejável nos espaços urbanos da época. Basta que tenhamos em mente os provimentos do ouvidor Rafael Pires Pardinho, e as atas das câmaras das vilas coloniais brasileiras, para percebermos como o adensamento era algo desejável (Santos, 2000:118).

Com isso produzimos plantas temáticas sobre cada uma das categorias socioeconômicas levantadas, principalmente, nas Listas Nominativas. Neste texto, algumas considerações sobre os postos milicianos desses chefes encaminharam nosso objetivo.

A Vila de Nossa Senhora do Rosário de Paranaguá

Cidade à margem de um rio que desemboca no oceano, pertence ao atual estado do Paraná, foi institucionalmente criada em 1648 quando se tornou vila. Doze anos depois foi criada a capitania de Paranaguá (que chegou a abarcar até o Mato Grosso). A descoberta de ouro fez a coroa e os supostos donatários darem maior importância para a região. O ouro foi, no entanto, mais efêmero do que a capitania, que foi reanexada à de São Paulo, em 1710. Apesar do metal escasso, a vila prosseguiu, e os moradores que ali permaneceram continuaram a sobreviver de uma agricultura de subsistência, possivelmente. E conseguiram mais do que isso. Quando ali esteve, em 1720, o ouvidor geral da capitania Dr. Raphael Pires Pardinho anotou que das vilas do sul (São Francisco do Sul, Ilha de Santa Catarina – atual Florianópolis –, Laguna e Curitiba) era a com maior população e comércio. Duas mil pessoas de confissão, em 1721, em Paranaguá foram estimadas pelo ouvidor (Santos, 2000: 23-24). É de se supor que havia uma população ainda maior, uma vez que as crianças – que não confessavam até certa idade não eram computadas – eram em número considerável. Em 1808, ano da Décima, a população era de 4225 pessoas, cerca de um quarto tinha domicílio na zona urbana.

O espaço urbano da vila de acordo com o escrivão da Décima e outras observações poderia ser descrito (e imaginado) mais ou menos assim. Eram 294 casas divididas em onze ruas e travessas. Provavelmente parte significativa delas tivesse cobertura de telha (Saint-Hilaire, 1978:100).[6] Poderia se notar uma ampla horizontalidade dos edifícios – somente 5,8% tinham dois pavimentos, 4,4% dos edifícios estavam em ruínas ou em construção e 6,1% tinham alguma função comercial. Eram em número de quatro as igrejas ou capelas sendo somente a Matriz envolta

---

6 Escreveu o viajante em 1820 que todas as casas tinham cobertura de telha.

de casas, não em torno dela, mas das casas nas ruas que principiavam no Largo da Matriz. Outros edifícios também tinham sua importância como o Colégio Jesuíta (já há largo tempo sem a ordem religiosa que o iniciou, mas que não finalizou a obra) com seus três andares, e a Casa da Câmara em uma casa térrea alugada – recorrente ação no Brasil colonial. Esses dois edifícios na rua da Praia. Uma ou duas fontes de água alimentavam a população urbana.

Patentes milicianas

Excelente indicativo de uma posição social elevada eram os postos milicianos. Uma distinção atribuída a poucos (ou requisitada). Por motivos que parecem óbvios as mulheres chefes não foram incluídas nesta categoria porque não poderiam conquistar tais posições.[7] E os padres também foram excluídos, estes já tinham um grau de distinção, o de serem detentores do poder espiritual. Sendo assim 42,2% de todos os chefes eram homens que poderiam almejar distinção pela patente miliciana. Almejar poderia todos, mas poucos conseguiam. Um indício nesse sentido era que dos chefes homens com domicílio urbano em 61,6% não localizamos nenhum posto. A princípio todos os homens a partir dos quinze anos de idade seriam milicianos. Todos os chefes urbanos homens tinham idade superior a este limite entretanto, para a maioria não foi indicada nas fontes analisadas nenhuma atribuição miliciana.

Para 22,7% foi atribuída uma patente na alta hierarquia miliciana. Eram tenentes-coronel, sargentos-mores, capitães-mores, capitães e tenentes, estes da milícia e da tropa paga, no caso do sargento-mor (este recebia soldo). Com destaque tinham habitação urbana dois capitães-mores, o da própria vila, José Carneiro dos Santos, e o de Antonina, Francisco Rodrigues Ferreira.[8] Quatro eram os sargentos-mores, um deles também era de Antonina, Antonio Jose de Carvalho, um da ordenança Manoel Antonio da Costa, um que recebia soldo Fernando Gomes Pereira da Silva, e o tropeiro Jose Felix – que não sabemos a qual hierarquia pertencia. As listas de capitães e tenentes eram ainda maiores.

---

[7] As chefes do sexo feminino correspondiam a 28,9% dos chefes com domicílio urbano em Paranaguá, 1808. Estas, portanto permanecem retiradas da análise dessa categoria social.

[8] Antonina era (e é) uma localidade próxima a Paranaguá que até 1797 era uma freguesia da segunda, dez anos antes da execução das Décimas do litoral no Brasil.

Já para 15,7% foram anotadas patentes na baixa hierarquia. Eram alferes, sargentos, ajudantes, cabos e soldados assim como um pífaro e um tambor-mor que eram funções exercidas por homens de baixa patente miliciana. Observamos que aparentemente havia sub-registro dos chefes dessas patentes. Não nos parece concreto que os chefes de alta fossem em maior número do que os de baixa hierarquia. Notamos que era recorrente nos diversos documentos analisados serem anotados as altas patentes, mas o mesmo não ocorria para os de baixa como os milicianos ou mesmo ajudantes.[9] Por ora fica a impressão que outros documentos – que não foram utilizados neste trabalho – podem nos indicar se é correta esta suposição.

Tabela 1

Percentual e número absoluto de chefes com ou sem patentes milicianas em Paranaguá, 1808.

Patentes	alta	baixa	NI	Total
Total	42	29	114	185
Percentual	22,7%	15,7%	61,6%	100,0%

Fonte: dados obtidos a partir da tabulação da Décima Urbana de Paranaguá (1808) e Listas Nominativas de Habitantes (1801-1809).

Para uma melhor visualização dos dados observamos essa categoria social (as patentes) sob dois pontos: um que objetiva avaliar a distribuição das subcategorias (alta e baixa hierarquias) pelas ruas e travessas no qual se busca compreender onde se localizavam, e outra que distribui estas pelos logradouros – o que pretende buscar o microcosmo de cada via objetivando verificar setores no interior de cada rua.

Sob a ótica da distribuição pelos logradouros observamos que a análise dos setores, do campo e do mar, nos leva a entender que existia uma equivalência do local de domicílio urbano escolhido pelos chefes de alta hierarquia miliciana. Na zona

---

9 Como a princípio todos os homens eram milicianos, a partir dos quinze anos pode ser que essa informação seja negligenciada porque era subentendida – uma hipótese.

do mar eram 47,6% e oposta eram 52,4%.[10] Mas essa suposta igualdade oculta uma diferenciação no interior desse grupo. É preciso um aprofundamento, e entender quem eram os chefes dessa condição.

A localização dos domicílios dos chefes capitães – um dos mais importantes postos – nos revela uma distinção quanto à escolha do local de habitação. Eram nas ruas do Terço e Direita que mais se encontravam, entretanto os do primeiro logradouro tinham maior preponderância.

A rua Direita tinha, em número percentual elevado (35,7%), mais chefes com posições elevadas na milícia, mas estes ainda buscavam seus lugares, os novos tenentes podem ser indícios nesse sentido. Estes eram 60% dos chefes da alta hierarquia que "buscavam" melhores posições na hierarquia social. O posicionamento de dois capitães-mores (um de Antonina e outro da vila) também pode indicar que o logradouro era importante quanto à escolha do local de habitação urbana. Já na rua do Terço que apesar de ter um número menor de cabeças de domicílio nessa condição (26,2%), o número de capitães era mais representativo: 72,7% dos chefes de alta hierarquia da via, o que pode indicar uma situação de melhor status social. As posições "desejadas" já tinham sido alcançadas por estes chefes.

Não nos parece que a proximidade em relação ao rio fosse elemento de distinção quanto aos postos ocupados na alta hierarquia milíciana. A localização preferencial dos chefes capitães na rua do Terço (38,1% de todo o setor urbano) não sugestiona qualquer relação nesse sentido. Talvez as ocupações – como a de negociante – exercidas tivessem fator mais preponderante na escolha do local de habitação urbana.

Quanto aos chefes de baixa hierarquia miliciana, a distribuição era maior pelas vias parnanguaras. Em todas pudemos identificar chefes com esses postos. A rua Direita tinha o maior percentual (ligeiramente superior) em relação aos outros logradouros, mas nada que identificasse uma concentração. Notamos que existia certa tendência dos chefes de baixa hierarquia terem seus domicílios na zona do campo, mas também, nada que identificasse uma setorização (44,7% área do rio e 55,3%). O que nos demonstrou que esses chefes de baixas posições não estavam excluídos dos logradouros próximos ao rio, local de recorrente habitação dos chefes de maior condição social.

---

10 Convencionamos denominar logradouros da parte central e externa ao rio Itiberê (do campo) as ruas da Gamboa, do Fogo, do Campo, Direita e Travessa do Funil, e logradouros próximos ao rio (do mar) eram as ruas do Terço, da Praia, do Chargo, do Porto da Matriz, da Baixa e a Travessa da Matriz.

Aqui parece mais claro que a distinção entre os logradouros do rio e do campo não era evidente quanto aos postos milicianos. Não havia uma concentração de qualquer um dos postos de baixa hierarquia miliciana em nenhum dos logradouros parnanguaras. Se observarmos os chefes alferes (a maior patente dessa categoria) pôde-se notar que 57,1% estavam na zona do rio, e 42,9% na do campo. Em números absolutos, quatro e três.

Tabela 2

Patentes milicianas por logradouros parnanguaras, 1808.

Patentes milicianas	alta	baixa
*Rua do Terço**	26,2%	13,8%
*Rua da Praia**	7,1%	3,4%
*Rua do Chargo**	0,0%	3,4%
*Rua do Porto da Matriz**	0,0%	3,4%
Rua da Gamboa	9,5%	13,8%
Rua do Fogo	2,4%	6,9%
Rua do Campo	0,0%	6,9%
*Rua da Baixa**	9,5%	6,9%
Rua Direita	35,7%	17,3%
Travessa do Funil	4,8%	10,4%
*Travessa da Matriz**	4,8%	13,8%
Total	100,0%	100,0%

Fonte: dados obtidos a partir da tabulação da Décima Urbana (1808) e LNH (1801-1809) em Paranaguá.
* Em destaque os logradouros da zona do rio.

Uma segunda visão observa quais eram os postos ocupados e os chefes que não tinham posições na milícia em cada logradouro parnanguara. Neste quesito verificamos que nos logradouros o número de chefes para os quais não foi possível identificar posto na hierarquia miliciana era em número igual ou superior em relação aos ocupantes destes, chegando a aproximadamente 90% nas ruas do Campo e do Porto da Matriz. A exceção era na Travessa do Funil onde para 62,5% dos chefes foram anotados como milicianos de alta ou baixa hierarquia. Ainda não pudemos identificar o porquê dessa diferença.

A habitação em vias próximas ao rio indica uma presença maior de chefes de alta hierarquia em relação aos de baixa como nas ruas do Terço, da Praia e da Baixa onde os números variavam entre duas ou três vezes. Era nesta última via onde tinha habitação o capitão Inácio Lustosa de Andrade, casado, 41, natural da Vila, oito escravos, negociante que pagava 12$800 réis de aluguel anual.

Entretanto, em outras, acontecia o contrário nos casos da Travessa da Matriz, e nas ruas do Chargo e do Porto da Matriz – onde o número de chefes de baixa hierarquia eram maiores – vias da zona do rio. Nesses dois últimos logradouros não foram identificados chefes de postos na alta graduação. Na primeira via era chefe o alferes Francisco Jose Sardinha, solteiro, 61, pequeno comerciante portuense que pagava 3$840 réis de aluguel por ano.

Mais do que a proximidade do rio, o que parece estar correlacionado aos chefes deste último grau era a ocupação exercida, principalmente o comércio o que os levava ocuparem as casas com os maiores preços de aluguéis.

Já os chefes que tinham domicilio no setor do campo eram em maior percentual de ocupantes dos postos de baixa hierarquia miliciana do que os de altas posições, mas ainda assim, os chefes que não tinham posições na mesma hierarquia eram em percentuais maiores dos que os das demais categorias. Essa situação ocorria na Travessa do Funil, e nas ruas do Fogo e do Campo, nesta última não foram localizados chefes de alta.

Tabela 3

Patentes milicianas pelos logradouros, 1808.

Hierarquia	alta	baixa	NI	Total
Rua do Terço	26,2%	9,5%	64,3%	100,0%
Rua da Praia	33,3%	11,1%	55,6%	100,0%
Rua do Chargo	0,0%	25,0%	75,0%	100,0%
Rua do Porto da Matriz	0,0%	11,1%	88,9%	100,0%
Rua da Gamboa *	22,2%	22,2%	55,6%	100,0%

Rua do Fogo*	16,7%	33,3%	50,0%	100,0%
Rua do Campo*	0,0%	11,8%	88,2%	100,0%
Rua da Baixa	25,0%	12,5%	62,5%	100,0%
Rua Direita*	36,6%	12,2%	51,2%	100,0%
Travessa do Funil*	25,0%	37,5%	37,5%	100,0%
Travessa da Matriz	13,3%	26,7%	60,0%	100,0%

Fonte: dados obtidos a partir da tabulação da Décima Urbana (1808) e LNH (1801-1809) em Paranaguá.
* Em destaque os logradouros da zona do campo.

Em situação de igualdade percentual na rua da Gamboa, em números absolutos quatro chefes de cada posição. E somente na rua Direita os chefes de alta eram em percentual mais elevado do que os de baixa posição hierárquica.

Considerações finais:

Este estudo que nos propomos a apresentar integra um projeto maior, uma dissertação de mestrado, que têm como título: *Estudo da organização social espacial dos chefes com domicílio urbano em Paranaguá, Antonina e Curitiba no início do século XIX*. O objetivo desta pesquisa é de buscar entender se existiam diferenças que evocavam qualquer tipo de distinção na organização espacial dos chefes de domicílio no desenho urbano na vila? Caso afirmativo, quais são as relações entre o local de habitação urbana e variáveis socioeconômicas (cor social, origem, profissão, postos milicianos etc.)?

A análise da categoria dos postos milicianos ocupados pelos chefes de domicílio urbano em Paranaguá, no ano de 1808, não indicou uma distinção clássica mar-campo que nos levasse a concluir que o primeiro setor agregasse a maioria dos chefes de alta hierarquia, restando aos de baixas patentes, números menores nesta região e preponderância na área das vias do campo. As ruas do Chargo e do Porto da Matriz podem ser indicadas como exemplos dessa situação que apesar de limítrofes ao curso fluvial não eram locais preferenciais de chefes ocupantes dos postos de alta hierarquia miliciana. Assim como as Ruas da Gamboa e Direita que apesar de estarem distantes do rio eram locais importantes de habitação urbana dos chefes de alta hierarquia miliciana.

Também percebemos que é necessário um aumento das categorias apreciadas para um melhor entendimento da organização espacial destes cabeças de domicílio. E se havia realmente uma distinção social que se refletia no espaço urbano.

Bibliografia

Bueno, B. P. S. "Tecido urbano e mercado imobiliário em São Paulo: metodologia de estudo com base na Décima Urbana de 1809". *Anais do Museu Paulista*, São Paulo, jan./jun., ano/vol. 13, ano, p. 59-97.

Brasil. Leis, etc. *Colecção das Leis do Brazil de 1808*. Rio de Janeiro: Imprensa Nacional, 1891, p. 69-73.

Brasil. Leis, etc. *Colecção das Leis do Brazil de 1809*. Rio de Janeiro: Imprensa Nacional, 1891, p. 72-3.

Carrara, Ângelo. *A Real Fazenda de Minas: guia de pesquisa da coleção Casa dos Contos de Ouro Preto*. Ouro Preto: UFOP, 2003, vol. 1.

Cavalcanti, N. *O Rio de Janeiro setecentista: a vida e a construção da cidade da invasão francesa até a chegada da Corte*. Rio de Janeiro: Zahar, 2004.

Gomes, S. V. *Organização espacial numa vila colonial luso-brasileira, Antonina 1808*. Curitiba: Monografia de conclusão do curso de História (UFPR), 2003.

Reis Filho, N. G. *Imagens de vilas e cidades no Brasil colonial*. São Paulo: Edusp/ Impressa Oficial do Estado de São Paulo, 2000, 1 CD-ROM.

Santos, Antonio C. de A. (org.) "Provimentos do ouvidor Pardinho para Curitiba e Paranaguá (1721)". *Monumenta*, Curitiba, vol. 3, nº 10, 2000.

Vieira dos Santos, A. *Memória histórica de Paranaguá (1850)*. Curitiba: Vicentina, 2001, 2 vols.

ESCRAVOS EM BUSCA DA LIBERDADE

INTERPRETAÇÕES E APROPRIAÇÕES NA AMÉRICA PORTUGUESA DAS LEIS ANTIESCRAVISTAS POMBALINAS (SEGUNDA METADE DO SÉCULO XVIII E INÍCIO DO XIX)

Priscila de Lima[1]

OS ESTUDOS QUE SE DEDICAM a pensar na busca pela liberdade empreendida por escravos a partir do meio jurídico começaram a ganhar expressão na historiografia brasileira na década de 1980. Esta vertente acentuava o dinamismo do relacionamento senhor-escravo e demonstrou que o cativo era sujeito passível de certos direitos.[2] Aqui também serão investigados casos de escravos que utilizavam a justiça para obter a liberdade, mas através de petições enviadas ao Conselho Ultramarino.

---

1 Mestranda pelo Programa de Pós-Graduação em História da Universidade Federal do Paraná (PGHIS) e bolsista da Coordenação de Aperfeiçoamento de Pessoal de Nível Superior (CAPES). Contato: cila_lima@yahoo.com.br.

2 Através de suas pesquisas, invalidaram a ideia da coisificação do cativo – entendido como totalmente sujeito ao senhor – veiculada por pesquisadores desde a década de 1950. A exemplo de trabalhos inseridos nessa vertente renovadora, pode-se citar: LARA, Silvia. *Campos da violência: escravos e senhores na capitania do Rio de Janeiro, 1750-1808*. Rio de Janeiro: Paz e Terra, 1988; CUNHA, Manuela Carneiro da. "Sobre os silêncios da lei. Lei costumeira e positiva nas alforrias de escravos no Brasil do século XIX". In: *Antropologia do Brasil: mito, história, etnicidade*. São Paulo: Brasiliense, 1987. SCHALHOUB, Sidney. *Visões da Liberdade: Uma história das últimas décadas da liberdade na corte*. São Paulo: Companhia das Letras, 1990.

Este era um órgão administrativo – situado em Portugal – responsável pelas questões que envolviam os domínios coloniais e, pode-se dizer, o meio de ligação entre os habitantes do ultramar e o monarca. Nesses requerimentos, objetiva-se analisar as argumentações legais alegadas em prol da causa da liberdade, destacando-se a legislação antiescravista criada durante o ministério pombalino, formada pelos alvarás de 19 de setembro de 1761 e 16 de janeiro de 1773.

O alvará de 1761 proibiu a entrada de escravos em Portugal, assentando que "todos aqueles pretos e pretas" que chegassem ao reino após sua publicação ficariam por benefício dele libertos:

> Do dia da publicação desta Lei nos portos da América, África, e Ásia (...), se não possam em algum deles carregar, nem descarregar nestes Reinos de Portugal, e dos Algarves, Preto, ou Preta alguma: Ordenando, que todos os que chegarem aos sobreditos Reinos, (...) fiquem por benefício dela libertos, e forros, sem necessitarem de outra alguma Carta de manumissão, ou alforria, nem de outro algum despacho, além das Certidões dos administradores, e oficiais das alfândegas dos lugares onde aportarem (...).[3]

Apesar das disposições favoráveis à liberdade dos escravos que chegassem ao reino, a lei salientava que não era da "real intenção" que com o pretexto dela desertassem dos "domínios ultramarinos os escravos, que neles se acham". Ao contrário, ficava determinado que "todos os pretos e pretas livres, que vierem para estes reinos viver, negociar, ou servir, usando da plena liberdade, que para isso lhe compete, tragam indispensavelmente guias das respectivas câmaras dos lugares donde saírem (...) e manifestem que são os mesmos pretos e pretas livres". Aqueles que viessem sem as ditas guias seriam "presos e alimentados, e remetidos aos lugares donde houverem saído, a custa das pessoas em cujas companhias, ou embarcações vierem, ou se acharem".

Todavia, o que a legislação determina na teoria é, por vezes, transgredido na prática, o que é atestado pelos vários casos de escravos da América que rumaram para Portugal em busca da liberdade possibilitada pelo alvará ou situações nas quais os escravos eram levados por outrem para o reino e lá chegando tomavam conhecimento da lei, passando, a partir daí, a requererem a liberdade. Outro fator que evidencia as dificuldades de impor a proibição do tráfico de escravos para Portugal são os

---

3 Cf: Alvará de 19 de Setembro de 1761. In: Silva, Antonio Delgado da. *Collecção da legislação portuguesa desde a última compilação das ordenações*. Lisboa: Typografia Maigrense, 1828, p. 811-2.

vários avisos publicados posteriormente à lei de 1761. Dentre estes, destaca-se, como exemplo, o de 2 de janeiro de 1767, criado para dar fim a interpretação que restringia o benefício do alvará de 1761 aos pretos, visto que era o termo utilizado no texto legal, excluindo dele os mulatos.[4] Já o aviso de 22 de fevereiro de 1776 assentava que "todos os escravos marinheiros", "que vierem aos portos da cidade de Lisboa, e mais portos deste reino, em serviços dos navios de comércio" não estariam incluídos no benefício do alvará de 1761, "contanto que venham matriculados nas ditas equipagens dos navios" e nelas permanecessem até que voltassem para seus lugares de origem.[5]

Como veremos, os embates legais decorrentes do alvará de 1761, que envolviam escravos, senhores e autoridades portuguesas, ganharam amplitude ao longo das décadas que se seguiram a sua publicação e revelam aspectos dessa intrincada busca pela liberdade que ocorria do outro lado do Atlântico.

Seguiu-se à proibição do tráfico de escravos negros para Portugal outra medida jurídica, essa mais contundente, através do alvará de 16 de janeiro de 1773.[6] Logo no início do texto legal faz-se referência ao alvará de 1761, pelo qual ficara "obviado os grandes inconvenientes que a estes reinos se seguiam de perpetuar neles a escravidão dos homens pretos". Desta passagem subtende-se que o fechamento dos portos de Portugal à entrada de escravos negros previa como uma de suas consequências também o fim da prática da escravidão no reino, o que, no entanto, continuava a perpetuar-se. Na retórica da lei, a escravidão, além de ferir os ideais de humanidade e religião, causava perdas ao Estado por ter "tantos vassalos lesos, baldados e inúteis, quanto são aqueles miseráveis que a sua condição faz incapazes

---

4 Cf: Aviso de 2 de janeiro de 1767. Favorecendo a liberdade dos mulatos e mulatas vindos da América, África e Ásia. In: SILVA, op.cit.

5 Cf: Aviso de 22 de fevereiro de 1776. Declarando que os escravos que vierem em serviço dos navios aos portos deste reino não ficam por isso libertos. In: *Ibidem*. Este alvará foi reforçado sob os mesmos termos que os de 1776 em 1800, sob o título: "Alvará de declaração de 10 de março de 1800". In: LARA, Silvia (org). "Legislação sobre escravos africanos na América portuguesa". In: José Andrés-Gallego (dir. e coord.). *Nuevas aportaciones a la historia jurídica de Iberoamérica*. Madrid: Fundación Histórica Tavera, 2000. p. 368 (CD-ROM).

6 Cf: Alvará Com Força de Lei de 16 de janeiro de 1773. In: LARA "Legislação sobre escravos africanos na América portuguesa", p. 359.

para os ofícios públicos, para o comércio, para a agricultura e para os tratos e contratos de todas as espécies".[7]

Após a exposição dos inconvenientes trazidos pelo cativeiro, o alvará assentou, em relação aos escravos que já se encontravam em Portugal anteriormente à sua publicação, "cujas mães e avós são ou houverem sido escravas, fiquem no cativeiro em que se acham, durante a sua vida somente: que, porém aqueles cuja escravidão vier das bisavós, fiquem livres e desembargados, posto que as mães e avós tenham vivido em cativeiro". Já em relação ao futuro, contando do dia da publicação do alvará, todos os que nascessem seriam "inteiramente livres, posto que as mães e avós hajam sido escravas". Ao ler as condições para que a emancipação se concretizasse, entende-se que a medida legal previa uma extirpação gradual da escravidão negra em Portugal, pois se tornariam livres apenas aqueles sujeitos que estivessem na quarta geração de escravidão ou, a partir do dia da publicação da lei, aqueles cujas mães e avós houvessem sido cativas, ou seja, os indivíduos deveriam estar na terceira geração de escravidão.

Destaca-se o fato de que este alvará era destinado tão somente a Portugal e ao reino do Algarves, não se encontrando menção aos domínios ultramarinos. No entanto, o alastramento das notícias sobre sua existência e até mesmo de cópias da lei pela América gerou expectativas em seus habitantes, tanto escravos como pessoas livres de cor, que em suas demandas a Coroa não exitaram em lançar mão da citação literal da lei, ou de elementos que estavam em consonância com seus princípios, a fim de legitimarem suas aspirações.

Os dois alvarás referidos acima foram engendrados num período marcado por diversas reformas, que incidiram sobre os campos econômico, educacional e jurídico. No interior das reformas na legislação, salientam-se aqui aquelas destinadas a garantirem direitos a grupos sociais até então marginalizados. Neste sentido, têm-se, como exemplo, as medidas concernentes à garantia e regulamentação da liberdade concedida aos índios da América, culminando no chamado Diretório (1758); aquelas relativas aos nativos orientais, que passaram a incluí-los nos quadros da burocracia portuguesa (1774); e o fim da distinção entre cristãos-velhos e novos (1773) (Maxwell, 1996: 139; Falcon, 1982: 397). Também o alvará de 1773, além de prever a gradual emancipação dos escravos em Portugal, procurava garantir direitos àqueles que fossem beneficiados com a liberdade, tornando-os "hábeis

---

7 *Ibidem.*

para todos os ofícios, honras, e dignidades, sem a nota distintiva de libertos, que a superstição dos romanos estabeleceu nos seus costumes".[8] Assim, buscava-se dar fim à prática disseminada no corpo social que restringia o acesso dos libertos aos títulos honoríficos e aos cargos administrativos e políticos do Estado português.

A abolição dessas diferenças – ao menos no plano teórico – é abordada pela historiografia essencialmente como reflexo dos imperativos econômicos ou dos interesses estratégicos da coroa (Falcon, 1982: 397; Maxwell, 1996: 139-140). No caso específico dos alvarás relativos à lenta e gradual extinção da escravidão negra em Portugal, os trabalhos tendem a centralizar as causas das ditas leis principalmente no aspecto econômico. Como exemplo dessa leitura pode-se citar o artigo de Fernando A. Novais e José C. Falcon, no qual as causas centrais para a promulgação dos alvarás de 1761 e 1773 seriam de ordem econômica, relacionada com o fomento à industrialização em Portugal e tendo como um de seus princípios a formação de uma população produtiva e consumidora com base no trabalho remunerado. Além disso, a restrição das ditas leis à metrópole, segundo os autores, demonstrava que "as normas éticas eram manipuladas em função de razões outras, de natureza econômica e política" (falcon; Novais, 1973: 420). Juntamente às considerações referidas acima, têm-se as de Charles Boxer, para quem os termos do alvará de 1761 "mostram claramente que essa decisão foi tomada por motivos utilitaristas e econômicos, e não por razões humanitárias" (Boxer, 2002: 278). Stuart Schwartz, ao discorrer sobre esse mesmo alvará, afirma que Pombal adotou tal medida "para assegurar suprimentos adequados de escravos para as colônias" (Schwartz, 1988: 384).

No entanto, apesar das conexões entre essas leis emancipacionistas e os interesses econômicos, essas explicações unilaterais, como já observou Luiz Geraldo Silva, "se afiguram cada vez mais insatisfatórias", advindo daí a necessidade de olhar para os citados alvarás também a partir de suas ligações com o contexto das Luzes (Silva, 2001: 115). Nessa direção, o alvará de 1761 agrega em seu discurso dois motivos principais para sua promulgação:

> Eu El Rei faço saber aos que este alvará com força de Lei virem, que sendo informado dos muitos, e grandes inconvenientes, que resultam do excesso, e devassidão, com que contra as Leis, e costumes de outras cortes polidas se transporta anualmente da África, América, e Ásia, para estes Reinos um tão

---

8 *Ibidem.*

extraordinário número de escravos Pretos, que fazendo nos meus Domínios Ultramarinos uma sensível falta para a cultura das Terras, e das Minas [...].[9]

Através de seu exame fica evidente que tanto a falta que esses escravos fariam nas colônias, notadamente na América, onde constituíam a principal força de trabalho, como a oposição aos costumes das "cortes polidas", figuravam como motivos responsáveis pela extinção do cativeiro em Portugal. Ora, a referência aos costumes e leis de outras cortes polidas revela uma preocupação constante em igualar Portugal aos moldes das outras nações civilizadas, revelando um esforço modernizador (Boxer, 2002: 353; Maxwell, 1996: 10). No que toca ao alvará de 1773, suas disposições reiteram o que já fora sublinhado no de 1761, visando dar solução mais efetiva – mesmo que obtida lentamente – ao problema da escravidão no reino.

Por outro lado, como evidenciou Hebe Mattos, o período do ministério pombalino seria caracterizado por possibilidades de "desnaturalização das hierarquias sociais" e os dois alvarás aqui citados são exemplos disso, justamente por dispensarem a necessidade de qualquer carta de alforria – concedida pelo senhor – para que os escravos obtivessem a liberdade. A autora ainda observa que, apesar da existência dessas possibilidades, a sociedade continuou a ser concebida enquanto um corpo hierarquizado (Mattos, 2001: 156).

Nesse contexto de intenso reformismo, no que toca ao âmbito jurídico, as mudanças colocadas em curso estavam em consonância com o que ocorria contemporaneamente no resto da Europa, onde havia uma tendência à refutação de aspectos considerados arcaicos da sociedade. Entre estes, o direito comum, baseado no direito romano, passou a ser considerado como um entrave ao estabelecimento da justiça, pois, retomando as palavras de Keila Grinberg, "facultava a advogados e juízes uma grande variedade de fontes e recursos para serem usados na retórica jurídica e na tomada de decisões, o que inviabilizava qualquer projeto de unificação da justiça" (Grinberg, 2002: 236). Aliás, o direito pátrio e unificado, como salientou a lei de 3 de novembro de 1768, deveria ser considerado o direito expresso de Portugal, subjugando a ele os direitos comum e costumeiro. Esse novo direito português seria altamente influenciado pelas ideias advindas do direito natural e guiado pelos pressupostos da razão, o que foi afirmado mais categoricamente através da lei da Boa Razão, de 18 de agosto de 1769 (Wehling, A; Wehling, M, 1997: 4-6; Avellar, 1983: 83-4).

---

9 Cf: Alvará de 19 de setembro de 1761. In: *Ibidem*.

Ao buscar compreender a criação dos alvarás pombalinos a partir de uma perspectiva preocupada com as mudanças que ocorreram neste contexto, altamente influenciadas pelo imperativo da razão veiculados pelos intelectuais e estadistas ilustrados, não se perdeu de vista o cuidado com o perigo a uma certa generalização. Apesar das evidências de que a segunda metade do século XVIII presenciou um esforço para a uniformização legislativa, acompanhada das ideias acerca do direito natural, é fato que as normas legais tradicionais, como o direito costumeiro e comum, não foram suprimidas. Chama-se previamente atenção para este aspecto porque é neste contexto legislativo e intelectual plural que as demandas dos escravos que aqui serão analisadas foram geradas. Passemos agora do plano teórico relativo as leis para as práticas reais geradas a partir da circulação dessas ideias sobre direitos.

O caso da petição dos "pretos vindos da Bahia", Amaro, Sebastião, Antonio e Pedro, no ano de 1780, que em Portugal tentaram "reivindicar sua liberdade em virtude do alvará de 1761" e do aviso de 22 de janeiro de 1776, é exemplar.[10] Ao chegarem a Portugal, "induzidos por outros seus iguais nesta corte", aqueles agiram prontamente no sentido de obterem a liberdade que lhes era garantida. A partir de uma petição inicial, entregue na Junta do Comércio, esta atribuiu um procurador para que "fizesse as mais exatas averiguações sobre o destino e exercício dos referidos pretos". Esta investigação concluiu, através do testemunho de "pessoas que vieram no mesmo navio", que "a matrícula de que se vale Teodósio Gonçalves (capitão do navio) é um manifesto e doloso pretexto em fraude da lei e do benefício da liberdade para efeito de voltarem os ditos pretos a cidade da Bahia e nela os conservar em cativeiro, servindo-se deles da mesma forma que fazia antes de os embarcar para esta Corte". Outros argumentos utilizados pelo procurador da Junta do Comércio foram o de que Gonçalves teria ido a Corte só para resolver negócios particulares, que nada tinham a ver com o comércio. Como prova, alega que o dito capitão logo que chegou a Lisboa vendeu o navio no qual vieram, mudando também "inteiramente seus trajes e ocupação". Além disso, ressaltava o parecer da Junta, a atitude do capitão ia contra as leis e costumes das "nações civilizadas"

---

10 Cf: Consulta da Junta do Comércio do Reino à Rainha, D. Maria I, sobre a pretensão dos pretos vindos da Bahia a bordo do navio Santíssimo Sacramento e Nossa Senhora da Arrábia, como de Teodósio Gonçalves da Silva, os quais intentam reivindicar sua liberdade em virtude do alvará de 19 de setembro de 1761. AHU-BA. Caixa 180. Documento 70. 19 de setembro de 1780.

e contra os sentimentos de humanidade. Contudo, dos quatro escravos, apenas Pedro não seria beneficiado com a liberdade, pois realmente exerceria a função de marinheiro, ficando, portanto, incluído nas disposições do aviso de 22 de janeiro de 1776. Um aspecto interessante da argumentação do procurador é o fato de que em casos duvidosos, o que deveria prevalecer era o "direito a favor da liberdade". Essa postura acena para um campo de possibilidades aberto para que escravos tivessem suas causas favorecidas pela lei. Outro pormenor revelado no parecer da Junta eram os meios através dos quais as investigações sobre as verdadeiras funções dos ditos pretos foram levantadas – a partir do testemunho de outras pessoas que estavam no navio. Esse procedimento nos faz pensar se relações pessoais com os ditos pretos ou, quem sabe, relações de desavenças com o capitão, não poderiam influenciar esses testemunhos. Apesar de não se ter nenhuma indicação que levante essa questão na documentação, é perfeitamente plausível afirmar que em contendas judiciais os usos da lei, bem como dos testemunhos, estavam sujeitos a considerações de conveniência e relações pessoais (Lara, 2000: 34; Thompson, 1987: 338).

Ao parecer favorável da Junta, contrapuseram-se o vice-provedor Francisco Nicolau e deputados Jacinto Fernandes Bandeira e Joseph Ferreira Coelho. Alegavam que a Junta não considerava as razões econômicas que estavam presentes no alvará de 1761 e chamavam a atenção para as necessidades práticas de se empregarem escravos nos navios e que, muitas vezes, esses escravos só eram utilizados como marinheiros numa única viagem e não seria conveniente que ficassem por conta dela libertos. Segundo esses indivíduos, não se deveria "dar mais inteligência ao sobredito Alvará", ou seja, a lei não deveria ser seguida ao pé da letra, porque esbarrava nas necessidades econômicas. Nos dois pareceres percebeu-se que as autoridades envolvidas poderiam agir de forma a tentarem cumprir estritamente a lei, selecionar partes de seus termos que legitimassem seus posicionamentos ou negar a aplicação da lei em virtude de alguma razão considerada maior.

Ao lado dos embates ocorridos em Portugal e decorrentes do alvará de 1761 têm-se outros casos de cativos que buscavam obter a liberdade, mas suas demandas eram provenientes da América e encaminhadas ao Conselho Ultramarino.

Comecemos pelo caso do escravo Carlos que, através de seu procurador, em petição enviada ao Conselho Ultramarino em 1775 requeria a liberdade.[11] Nela ficamos sabendo que Carlos já teria pago por sua liberdade, mas mesmo assim continuava tiranizado por seu senhor. Além do mais, vinha sofrendo com duros castigos, sendo tratado desumanamente. Na retórica construída em prol de Carlos está presente o argumento de que a "liberdade é devida ao homem por Direito Natural. É favorável por todas as leis, amplificada, e protegida paternalmente pelas justas, pelas santas, e pelas sábias leis de Vossa Majestade" e que o cativeiro havia sido introduzido "pelas gentes contra o natural direito". Também os maus-tratos eram referidos como justificativa legal para sua libertação.[12] No conjunto da documentação referente ao requerimento de Carlos encontra-se também a defesa de seu senhor, o cônego José da Silva Freire, que alegava não ser seu proprietário – o verdadeiro seria seu pai – e que este (Carlos) havia proposto no juízo da cidade um libelo para obter a liberdade e por estar perdendo a causa "recorreu ao extraordinário meio do presente requerimento, em que para enganar a Vossa Majestade não só ocultou a verdade de todas estas circunstâncias, senão que arguiu tantas falsidades de que ele quis compor o dito requerimento, sem mais outra prova que a sua livre asserção". José da Silva Freire, o cônego, alegava ainda, contra a acusação de maus-tratos, que havia apenas aprisionado Carlos com uma corrente na casa de seu verdadeiro dono "pelas repetidas insolências que havia cometido [estando] fugitivo seis meses" e este castigo era permitido pelo livro 5, título 95, parágrafo 4 das Ordenações Fili-

---

11 Cf. Requerimento do escravo do reverendo cônego José da Silva Freire, Carlos Crioulo ao rei, D. José I, solicitando provisão para lhe seja concedida a respectiva carta de liberdade. AHU-BA. Caixa 176. Documento 13267. 30 de março de 1775.

12 O argumento dos maus-tratos pode ter sua origem numa legislação de fins do século XVII, com as cartas régias de 20/03/1688 e 23/03/1688. Estas cartas assentavam que todos aqueles senhores que tratassem cruelmente seus escravos seriam obrigados a vendê-los. Todas as denúncias, inclusive aquelas feitas pelos cativos, deveriam ser investigadas. No entanto, como esses boatos causassem "perturbações entre eles (os escravos) e seus senhores com a notícia de que tiveram das ordens" as duas cartas anteriores foram revogadas por carta régia de 23/02/1689. Porém, mesmo com a revogação, seus termos continuaram sendo acionados em petições de liberdade. In: LARA, "Legislação sobre escravos africanos na América portuguesa". Para maiores considerações sobre a noção de castigo justo a ser dado ao escravo ver LARA, *Campos...* Rio de Janeiro: Paz e Terra, 1988.

pinas.[13] Por despacho do Conselho Ultramarino ficou assentado que o chanceler da Relação da Bahia deveria averiguar a causa e dar o parecer sobre a concessão ou não da liberdade. A resposta do chanceler foi contrária aos anseios de Carlos, deixando a decisão final para o rei e não se sabe qual foi a decisão final.

Sem fazermos juízo de valor sobre a veracidade ou não dos argumentos alegados na petição do escravo Carlos, destaco que, ao lado dos maus-tratos, o direito natural à liberdade também é alegado como argumento legitimador da causa. A referência ao direito natural remete a debates que estavam ocorrendo na Europa sobre a escravidão e que ganhavam cada vez mais notoriedade principalmente ao longo da segunda metade do século XVIII e, segundo Maria Beatriz Nizza da Silva, pode-se observar que nas petições de escravos a referência ao direito natural a liberdade tornou-se cada vez mais recorrente ao longo desse período (Silva, 2000: 306). Ao mesmo tempo, os usos dessas noções de direito acenam para a circulação dessas ideias na América, que mesmo sendo veiculadas por letrados – procuradores – acabavam chegando ao conhecimento da população comum, de escravos, assim como acontecia em relação à questão dos maus-tratos.

Francisco Cipriano, homem pardo, escravo do reverendo doutor Antonio Caetano de Almeida Vilas Boas, vigário colado da Igreja de Nossa Senhora do Pilar da vila de São João Del Rei, também não exitou em recorrer aos meios legais disponíveis para buscar sua liberdade.[14] Como não poderia arcar com as despesas de um processo comum de liberdade, não só devido à "sua pobreza, tão inerente a sua infeliz condição de cativo, mas por ter de lutar com tanta desproporção de forças com o Reverendo Vigário", Francisco remeteu petição ao Conselho Ultramarino – assinada por ele mesmo, o que pode indicar que sabia ler e escrever – em abril de 1802. Apelar para o monarca era uma medida passível de ser tomada pelos cativos e constituía um meio extraordinário, como foi observado no requerimento

---

13 A lei citada é intitulada "dos que fazem cárcere privado" e nela realmente se encontra a permissão para que tanto os familiares como os escravos fossem encarcerados, visando dar o castigo e a correção a más atitudes.

14 Cf: Requerimento de Francisco Cipriano, homem pardo, escravo do Reverendo Antonio Caetano de Almeida Vilas Boas, Vigário colado da Igreja de Nossa Senhora do Pilar da Vila de São João Del Rei, pedindo para que o ouvidor daquela comarca conheça com imparcialidade as sevícias praticadas com ele e interponha a sua informação, a fim de recorrer na causa de sua liberdade. AHU-MG. Caixa 162. Documento 37. 9.4.1802.

do escravo Carlos, para que estes sujeitos pudessem alcançar a graça almejada. Entende-se que recorrer ao rei também poderia constituir-se em alternativa para que o requerente sem recursos financeiros pudesse ficar isento dos gastos exigidos num processo que corresse nas instâncias judiciais locais.

Na petição, Francisco pedia a graça régia para que "se dignasse mandar conhecer pelo Ouvidor da Comarca de São João Del Rei das sevícias praticadas com o suplicante, interpondo a sua informação sobre a verdade do que alega, para que em tal caso Vossa Alteza Real se dignasse mandar conceder sua liberdade pelo mesmo Conselho". Na argumentação de Francisco, seu senhor é descrito como alguém violento, que antepunha seu "gênio cruel e violento aos sentimentos da natureza e clamores da razão" e que tratava "ao suplicante e aos mais escravos com estranha tirania, praticando severos e desumanos castigos de sorte que repetidas e frequentes vezes tem conservado ao suplicante pelo longo tempo de seis meses em cárceres, carregado de ferro". Este procedimento do reverendo era "ofensivo às saudáveis máximas do Cristianismo e deveres da brandura e caridade". Mas ao lado do aspecto religioso, havia o agravante temporal, pois tratar os escravos com severos castigos era "repugnante com as sábias Leis desta Monarquia, as quais tolerando cativeiro nos domínios ultramarinos guardam os efeitos do poder dominical, proibindo aos senhores com severas penas o uso de cárcere privado".[15] Destaca-se também o argumento de que mesmo quando o escravo incorresse em delitos graves, a punição dos mesmos deveria ser "regulada pela utilidade pública, a fim de se evitar a injustiça e abuso de Direito" e que, segundo as referidas leis, os maus-tratos "induz necessariamente à perda de domínio da parte dos senhores, e constitui um dos legítimos modos porque os escravos adquirem a sua liberdade".

A petição de Francisco Cipriano – que pode ter sido executada por ele próprio sem mediação de um procurador, pois não se encontra referência a tal figura no requerimento – foi tomada como plausível pelos procuradores e secretário do Conselho Ultramarino, pois foi despachada para a América com parecer favorável. Nele determinou-se que o ouvidor da Comarca do Rio das Mortes averiguasse a denúncia de maus-tratos praticados contra o suplicante e informasse ao rei sua conclusão. Se ficasse comprovado que Francisco Cipriano fora tratado com violência, seria assistido com

---

15 Como já foi observado em nota anterior, a lei concernente ao cárcere privado não incluía os casos envolvendo familiares ou escravos.

a graça real e entende-se que ganharia a liberdade. Infelizmente não se sabe qual o desfecho final deste caso, mas o parecer inicial do Conselho Ultramarino indica que as denúncias de Francisco Cipriano foram tomadas como válidas e poderiam lhe garantir a liberdade. As leis alegadas no requerimento poderiam ser provenientes de leituras ou usos distorcidos de alguma lei, como parece ser o caso da questão do cárcere privado, ou serem decorrentes de um repertório de direitos advindos do costume, como aqueles referentes aos maus-tratos. Ainda não se sabe qual a origem destas ideias de direito dos cativos, mas o que tem de ser observado é que elas existiam e eram passíveis de serem consideradas legítimas em casos como os de Francisco Cipriano e Carlos.

Em termos muito semelhantes aos citados na petição individual, tem-se a representação da irmandade dos pardos de São Gonçalo Garcia, em São João Del Rei no ano de 1786.[16] Esta pedia a graça para que pudesse libertar seus irmãos escravos através do pagamento do preço de cada um deles aos seus senhores. Também os maus-tratos e a recusa dos senhores em vender seus escravos mediante o pagamento de seus valores eram referidos na petição visando demonstrar como isso estava em discordância com as leis em vigor. Dentre essas leis é citado o livro 4º, título 11, parágrafo quarto das Ordenações sobre a obrigação dos senhores de escravos mouros em conceder-lhes a liberdade mediante pagamento e que "também o Senhor do Cristão deve ser obrigado a receber o justo valor de seu escravo, e dar-lhe liberdade". Essa disposição que obrigava o senhor do escravo a vendê-lo não estava presente nas Ordenações Filipinas como é declarado na representação e só foi instituída enquanto lei em 1871 (Schalhoub, 1990: 107). Também a liberdade era devida por direito natural aos escravos e era contra a razão que os irmãos e irmãs escravos pardos continuassem no cativeiro mesmo podendo comprar a liberdade. Além disso, esses pardos deveriam estar libertos em virtude das disposições da lei de 1773, que só não era observada na América porque era "interpretada por homens cheios de ambição".

Do que foi exposto acima, pôde-se perceber que os cativos souberam aproveitar-se de um campo discursivo formado por direitos costumeiros e por disposições contidas nas Ordenações para ampliarem suas possibilidades de obter a liberdade de forma legítima. Mas em meio a estratégias que indicam continuidade de argu-

---

16 Cf: Representação da corporação da Irmandade de São Gonçalo Garcia, ereta pelos pardos da Vila de São João Del Rei, solicitando à Rainha a mercê de conceder a referida Irmandade o poder de libertar os seus irmãos e irmãs que fossem escravos, pagando uma indenização a seus donos. AHU-MG. Caixa 125 Documento 20. 22.8.1786.

mentos que podem ser entendidos como tradicionais, têm-se outros que trazem a marca de seu tempo, assentados nas proposições do direito natural e nas leis pombalinas, representadas pelos alvarás de 1761 e 1773. Isso demonstra como as mudanças desse contexto foram prontamente apropriadas por cativos que aparentemente estavam alheios a esses debates, por estarem atados a escravidão, mas que através da circulação de notícias obtidas muitas vezes nas sociabilidades travadas com outros seus iguais, pardos livres ou mesmo brancos, puderam tomar conhecimento deste novo mundo de ideias e possibilidades.

Bibliografia

AVELLAR, H. A. *Administração pombalina*. Brasília: Universidade de Brasília, 1983.

BOXER, Charles. *O império marítimo português 1415-1825*. São Paulo: Companhia das Letras, 2002.

CHALHOUB, Sidney. *Visões da liberdade. As últimas décadas da escravidão na Corte*. São Paulo: Companhia das Letras, 1990.

FALCON, Francisco J. Calazans; NOVAIS, Fernando A. "A extinção da escravatura africana em Portugal no quadro da política econômica pombalina". *Anais do VI Simpósio Nacional dos Professores Universitários de História*. São Paulo, 1973.

_____. *A época pombalina: política econômica e monarquia ilustrada*. São Paulo: Ática, 1982.

GRINBERG, Keila. *O fiador dos brasileiros. Cidadania, escravidão e direito civil no tempo de Antonio Pereira Rebouças*. Rio de Janeiro: Civilização Brasileira, 2002.

LARA, Silvia Hunold. "Legislação sobre escravos africanos na América portuguesa". In: José Andrés-Gallego (dir. e coord.). *Nuevas aportaciones A la historia jurídica de Iberoamérica*. Madrid: Fundación Histórica Tavera, 2000. (CD-ROM).

_____. *Campos da violência: escravos e senhores na capitania do Rio de Janeiro, 1750-1808*. Rio de Janeiro: Paz e Terra, 1988.

MATTOS, Hebe. "A escravidão moderna nos quadros do Império português: O Antigo Regime em perspectiva atlântica". In: BICALHO, M. F.; Fragoso, J; GOUVEIA, M. F (org.). *O Antigo Regime nos trópicos: a dinâmica imperial portuguesa (séculos XVI-XVIII)*. Rio de Janeiro: Civilização Brasileira, 2001.

MAXWELL, Kenneth. *Marquês de Pombal: paradoxo do iluminismo*. Rio de Janeiro: Paz e Terra, 1996.

SCHWARTZ, Stuart. *Segredos internos. Engenhos e escravos na sociedade colonial (1550-1835)*. São Paulo: Companhia. das Letras, 1988.

SILVA, Luiz Geraldo. "Esperança de liberdade". Interpretações populares da abolição ilustrada (1773-1774). *Revista de História*. São Paulo: Departamento de História/USP, 2001.

SILVA, Maria Beatriz Nizza da (org). *Brasil: colonização e escravidão*. Rio de Janeiro: Nova Fronteira, 2000.

THOMPSON, E. P. *Senhores e caçadores. A origem da lei negra*. Rio de Janeiro: Paz e Terra, 1987.

WEHLING, A; WEHLING, M. "Despotismo ilustrado e uniformização legislativa: o direito comum nos períodos pombalino e pós-pombalino". *Revista da Faculdade de Letras*, vol. XIV. Porto, 1997.

Esta obra foi impressa em Santa Catarina pela Nova Letra Gráfica & Editora no inverno de 2010. No texto foi utilizada a fonte Adobe Caslon Pro, em corpo 10, com entrelinha de 15 pontos.